A
ROTA
DA
SEDA
DIGITAL

Jonathan E. Hillman

A ROTA DA SEDA DIGITAL

O plano da China de conectar o mundo e dominar o futuro

TRADUÇÃO
Luis Reyes Gil

VESTÍGIO

Copyright © 2022 Jonathan E. Hillman

Título original: The Digital Silk Road: China's Quest to Wire the World and Win the Future

Todos os direitos reservados pela Editora Vestígio. Nenhuma parte desta publicação poderá ser reproduzida, seja por meios mecânicos, eletrônicos, seja via cópia xerográfica, sem a autorização prévia da Editora.

DIREÇÃO EDITORIAL
Arnaud Vin

EDITOR RESPONSÁVEL
Eduardo Soares

PREPARAÇÃO DE TEXTO
Eduardo Soares

REVISÃO
Alex Gruba

DIAGRAMAÇÃO
Christiane Morais de Oliveira

CAPA
Diogo Droschi
(sobre imagem KC2525/Shutterstock)

Dados Internacionais de Catalogação na Publicação (CIP)
Câmara Brasileira do Livro, SP, Brasil

Hillman, Jonathan E.
  A Rota da Seda Digital : o plano da China de conectar o mundo e dominar o futuro / Jonathan E. Hillman ; [tradução Luis Reyes Gil]. -- São Paulo, SP : Vestígio, 2022.

  Título original: The digital Silk Road : China's quest to wire the world and win the future.
  ISBN 978-65-86551-84-6

  1. China - Relações econômicas exteriores 2. Indústria de serviços de informação - Aspectos econômicos - China 3. Integração econômica internacional - Aspectos estratégicos I. Título.

22-116455   CDD-337.51

Índices para catálogo sistemático:

1. Rota da Seda Digital : China : Relações econômicas exteriores : Economia 337.51

Eliete Marques da Silva - Bibliotecária - CRB-8/9380

A **VESTÍGIO** É UMA EDITORA DO **GRUPO AUTÊNTICA**

São Paulo
Av. Paulista, 2.073 . Conjunto Nacional
Horsa I . Sala 309 . Cerqueira César .
01311-940 São Paulo . SP
Tel.: (55 11) 3034 4468

Belo Horizonte
Rua Carlos Turner, 420
Silveira . 31140-520
Belo Horizonte . MG
Tel.: (55 31) 3465 4500

www.editoravestigio.com.br
SAC: atendimentoleitor@grupoautentica.com.br

Para Liz

Introdução	9
CAPÍTULO UM – Guerras de redes	13
CAPÍTULO DOIS – Ctrl + C	33
CAPÍTULO TRÊS – "Onde quer que haja gente"	69
CAPÍTULO QUATRO – Quinhentos bilhões de olhos	103
CAPÍTULO CINCO – Uma dobra na internet	143
CAPÍTULO SEIS – As *commanding heights*	181
CAPÍTULO SETE – Vencer as guerras de redes	221
Agradecimentos	263
Notas	265

INTRODUÇÃO

ESTE LIVRO NASCEU num edifício de vinte e nove andares, envolto em colunas romanas, na Broadway, nº 195, no agitado distrito financeiro de Nova York. Bem antes que a minha editora americana, a HarperCollins, se mudasse para cá, o prédio abrigou a sede da American Telephone and Telegraph, mais conhecida como AT&T, e foi palco de várias transmissões históricas, como a primeira comunicação transatlântica por rádio sustentada, em 1923, a primeira chamada telefônica transatlântica, em 1927 e a primeira ligação por videofone, em 1930. Durante a Guerra Fria, a AT&T adotou o slogan "As comunicações são o alicerce da democracia", e pela maior parte do século XX esse arranha-céu do nº 195 da Broadway continuou no cerne de um império de comunicações em expansão.

À medida que o presente século avança, as comunicações vão ficando mais rápidas, com maior alcance e capacidade de transmissão – e, cada vez mais, são provenientes da China. Em 2017, engenheiros chineses usaram um satélite especial para realizar a primeira videoconferência intercontinental por criptografia quântica, um grande passo para a construção de uma rede invulnerável a ataques cibernéticos. Em 2018, a Huawei e a Vodafone fizeram uma demonstração de uma das primeiras ligações sem fio por 5G. No mesmo ano, o Grupo Hengtong comemorou a venda de 10 mil quilômetros de cabo submarino de fibra óptica para sistemas que transportam a maior parte dos dados internacionais. A comunicação, como o Partido Comunista da China (PCCh) vem provando, não tem cor política. É uma ferramenta poderosa, tanto para a libertação quanto para a repressão, dependendo de quem a controla.

Há apenas três décadas, a China era totalmente dependente de companhias estrangeiras em todas essas capacitações. A Huawei era uma revendedora de médio porte. Os satélites de comunicações mais avançados da China eram feitos nos Estados Unidos. Os fornecedores mundiais de cabos submarinos de fibra óptica provinham exclusivamente dos Estados Unidos, Europa e Japão. Como a China não dispunha desses sistemas, e menos ainda da capacidade de produzi-los, a primeira conexão do país com a internet global foi por meio de uma rede de satélites Sprint, em 1994.

Desde então, a China passou de cliente a fornecedora, de copiadora a inovadora, de ramificação da rede a operadora.

A rápida ascensão da China só tem seu brilho ofuscado por suas ambições globais referentes às próximas três décadas. O líder chinês Xi Jinping proclama que até 2025 o país dominará a tecnologia avançada de manufatura, liderará o estabelecimento de padrões por volta de 2035 e se tornará uma superpotência global até 2050. Xi mobiliza companhias chinesas para que despejem recursos no desenvolvimento de uma infraestrutura digital no âmbito doméstico e vendam mais seus produtos no exterior por meio de sua Iniciativa Cinturão e Rota. A Rota da Seda Digital, que faz parte dessa iniciativa e constitui o foco deste livro, é que faz a conexão dessa aposta da China para alcançar a independência tecnológica em casa e buscar o domínio dos mercados futuros.

A história adverte que há nisso bem mais em jogo do que cifras de vendas. A AT&T aplicou sua expertise para ajudar a desenvolver armas nucleares, um sistema de alerta de mísseis e uma rede secreta de comunicações para o Air Force One, entre outros projetos de segurança nacional. "A bênção do Estado, implícita ou explícita, tem sido crucial para todo império de informação do século XX", observa Tim Wu, autor de *The Master Switch* [A chave geral], professor da Escola de Direito da Universidade Columbia e integrante do Conselho Nacional de Economia do presidente Biden. Um novo império de informação com amplo apoio do Estado chinês emerge agora. Estas páginas descrevem seu perfil e analisam suas consequências.

Enquanto eu escrevia o livro, as perspectivas tornavam-se cada vez mais áridas, à medida que a pandemia da Covid-19 paralisava o mundo físico. As ruas de Nova York e de muitas outras cidades ficaram silenciosas, e nos dias mais sombrios tudo parecia perigosamente frágil, quando não já rompido: sistemas de saúde, cadeias de suprimentos e mercados financeiros. A infraestrutura digital, normalmente fora de nosso campo visual e mental, de repente parecia ser o único sistema que não havia falhado. Fornecia uma linha vital para família, amigos, trabalho, escola, comida, entretenimento, entre outras coisas. O mundo digital seguiu bravamente em frente.

Por necessidade, minha jornada para compreender a infraestrutura digital tornou-se ainda mais virtual. Em vez de voar até Los Angeles e visitar um dos pontos de tráfego de internet mais movimentados do mundo – portal de fluxos massivos de dados para a Ásia e dela até nós –, fiz um passeio online pelo local e segui até a Cidade do Cabo, onde visitei um dos maiores centros de dados africanos – tudo a partir da minha mesa, enquanto almoçava. Matriculei-me em cursos online sobre sistemas de vigilância, oferecidos pelo maior fabricante de câmeras da China, o que me permitiu um acesso que teria sido difícil, se não impossível, presencialmente. Tornei-me usuário beta do Starlink, a megaconstelação de satélites de Elon Musk que pretende levar banda larga aos pontos mais remotos da Terra.

Essas excursões virtuais tinham suas limitações. Eu não podia perambular, como costumava fazer ao visitar projetos chineses de infraestrutura ao redor do mundo antes da pandemia. Não podia encontrar colegas de classe entre uma aula e outra e conhecê-los melhor, saber por que estavam fazendo o curso. Nenhum vídeo, nem os de mais alta definição, consegue captar o cheiro de um lugar ou a sensação da chuva, do sol e do vento. No entanto, as oportunidades ainda assim eram impressionantes – as informações que acessei, os lugares que vi, as pessoas que conheci, e tudo com segurança, no meio de uma pandemia global.

Mas a vida não migrou online para todos, nem da mesma maneira para aqueles que têm o privilégio do acesso. Cerca de metade da humanidade não tem acesso à internet. Na China, perto de um bilhão de pessoas dispõem de acesso, mas as conexões com o exterior são tão restringidas que a maioria usa essencialmente uma internet à parte. A pandemia também abriu as comportas para formas mais difusas e sofisticadas de vigilância. As câmeras chinesas de supervisão desembarcaram por toda parte, do Parlamento Europeu às escolas públicas do Alabama, equipadas com imagens termais para detectar febres.

Com seu alcance em rápida expansão, a China pode parecer destinada a ser a sede do próximo império da informação. O extenso campus estilo europeu da Huawei em Dongguan, a uma hora de Shenzhen, já faz os detalhes de arquitetura romana da AT&T parecerem modestos. Mas os Estados Unidos ainda detêm uma posição de força. Entre suas muitas vantagens estão universidades de pesquisa líderes mundiais, companhias inovadoras, fortes conglomerados de capital privado, abertura a imigrantes e uma rede global de parceiros e aliados. A questão é se os Estados Unidos conseguirão ficar à altura do desafio, reconstruindo em casa e ao mesmo tempo liderando uma coalizão de países que ofereça reais benefícios ao mundo desenvolvido.

Depois de um ano de trabalho remoto, a própria ideia de uma sede física parece desatualizada. Mas essa jornada me ensinou que o mundo digital está se tornando ainda mais dependente de sistemas físicos. Quase todo dispositivo, e cada nó de uma rede, ainda se insere nos limites físicos ou legais de um Estado soberano. Como partes cada vez maiores da vida cotidiana dependem de infraestrutura digital, e mais objetos físicos estão conectados, o que emerge não são apenas meras versões diferentes da internet, mas mundos diferentes. As comunicações têm um alicerce físico, e a concorrência para controlá-lo está em curso.

CAPÍTULO UM
GUERRAS DE REDES

SE A HISTÓRIA é escrita pelos vencedores, então as fantasias sobre o futuro também são. Uma das mais sedutoras e perigosas dessas histórias, nascida sob o ofuscante brilho da vitória na Guerra Fria, trazia a ideia de que a tecnologia das comunicações inevitavelmente promoveria a liberdade. Como o ex-presidente americano Ronald Reagan declarou a um público londrino em 1989: "Mais que os exércitos, mais que a diplomacia, mais que as melhores intenções das nações democráticas, a revolução das comunicações será a maior força para o avanço da liberdade humana que o mundo já viu".[1]

Recém-saído do cargo, Reagan sentia-se triunfante. Os Estados Unidos estavam em ascensão, e seu arquirrival ofegava. A União Soviética liderara o mundo em aço, petróleo e na produção de armas nucleares, mas os computadores soviéticos estavam duas décadas atrás de seus equivalentes americanos. A indústria pesada, os líderes soviéticos descobriam agora, tinha menor importância na era da informação. "O maior dos Big Brothers está cada vez mais indefeso contra a tecnologia das comunicações", vangloriava-se Reagan.

A democracia avançava na Hungria e na Polônia, e Reagan via seu florescimento até na China, onde as autoridades, algumas semanas antes, haviam tido que sufocar brutalmente manifestações em Pequim e em outras cidades chinesas. Nicholas Kristof, então chefe da filial de Pequim do *New York Times*, testemunhou a violência na Praça Tiananmen e depois escreveu: "O Partido Comunista assinou seu atestado de óbito esta noite".[2] Diplomatas e correspondentes estrangeiros debatiam se o Partido duraria semanas, meses ou um ano.[3]

Apesar de o PCCh ter desafiado essas expectativas, as previsões de que a tecnologia provocaria o fim do partido difundiram-se ainda mais. Em 1993, parabólicas ilegais de satélite pipocavam mais rápido do que o governo era capaz de derrubá-las. "A revolução da informação está chegando à China, e a longo prazo ameaça suplantar a revolução comunista", Kristof escreveu.[4] Os satélites falharam em promover essa mudança, mas então veio a internet, e os blogueiros foram alistados como os novos combatentes da liberdade.

Poucos foram tão corajosos e inspiradores quanto Li Xinde, autor da *Rede de Vigilância da Opinião Pública Chinesa*. Li investigava relatos de corrupção governamental, postava seus achados online e então desaparecia, antes que as autoridades locais conseguissem prendê-lo. "É a própria liderança chinesa que está cavando o túmulo do Partido Comunista, ao dar banda larga ao povo chinês", escreveu Kristof em 2005, num perfil de Li intitulado "Morte por mil blogs".[5]

Mas a fantasia de que a conectividade favorece a liberdade já se dissipou há muito tempo. Em seu lugar, uma realidade bem mais sombria se apresenta. A democracia está em retirada, e o autoritarismo digital está em marcha.

O PCCh vem se armando de tecnologia de comunicações para cimentar seu controle internamente e expandir sua influência no exterior. Como um castelo medieval, a internet doméstica da China tem apenas um punhado de pontos de acesso, o que dá a Pequim uma capacidade sem igual de monitorar, censurar e bloquear tráfego na rede. Câmeras de vigilância equipadas com inteligência artificial (IA) recobrem os espaços públicos, fazendo log-in de rostos, automatizando perfis étnicos e contribuindo para o aprisionamento de mais de um milhão de membros de minorias muçulmanas.

A China se tornou não só o maior dos Big Brothers, mas também o maior provedor mundial de tecnologia de comunicações. A Huawei tem fábricas em mais de 170 países, e está longe de ser a única gigante digital da China. Duas companhias chinesas, Hikvision e Dahua, produzem cerca de 40 por cento das câmeras de vigilância do mundo. O Grupo Hengtong fabrica 15 por cento da fibra óptica do planeta e é um dos quatro maiores fornecedores de cabos submarinos, pelos quais são transmitidos 95 por cento dos dados internacionais. O sistema global de navegação por satélite da China, o Beidou, provê uma cobertura mais extensiva que o GPS dos Estados Unidos em 165 das maiores capitais mundiais.[6]

Do espaço sideral ao fundo do oceano, todas essas conexões fazem parte da Rota da Seda Digital da China, ou RSD. Amorfa quanto ao design, a RSD assenta-se nos interstícios dos esforços políticos característicos do líder chinês Xi Jinping. Ela foi mencionada pela primeira vez em 2015 como componente da Iniciativa Cinturão e Rota da China, que é a concepção de Xi para aproximar a China do centro de tudo, por meio de projetos de infraestrutura, acordos comerciais, laços entre pessoas e coordenação de políticas. Acenando com promessas de investimento e falando às aspirações do mundo em desenvolvimento, a China convenceu 140 países a aderirem ao Cinturão e Rota.[7]

Assim como o Cinturão e Rota, a RSD é um conceito centrado na China, acondicionado numa retórica entusiástica e nebulosa a respeito de cooperação e benefícios mútuos. Não há critérios formais para o que se qualifica como um projeto, mas como as companhias de tecnologia chinesas enfrentam maior escrutínio no exterior, o conceito tem se revelado uma sagaz ferramenta de marketing. As imagens que a expressão "Rota da Seda" evoca são uma versão romantizada dos tempos antigos: caravanas de camelos em trânsito, intercâmbio de influências culturais, fluxo de ideias. Na realidade, ela propõe o "Made in China 2025", outra das iniciativas características de Xi, que objetiva captar fatias de mercado em setores high-tech que se revertam em domínio global.

Antes que a RSD fosse formalmente revelada, o alcance digital da China já havia se difundido silenciosamente pelas comunidades americanas. Estações retransmissoras da zona rural em uma dúzia de estados americanos adquiriram equipamento Huawei.[8] A China Telecom e a China Unicom, as duas maiores companhias de telecomunicações estatais do país, obtiveram licenças para efetuar chamadas telefônicas internacionais nos Estados Unidos. Junto com a China Mobile, elas conectam-se a outras redes em cerca de vinte cidades dos EUA. Câmeras Hikvision vigiam prédios de apartamentos na cidade de Nova York, uma escola pública de Minnesota, vários hotéis de Los Angeles e inúmeros lares.

Depois de acordar para os perigos de permitir a entrada da tecnologia de seu principal concorrente nas redes dos Estados Unidos, Washington começou a cortar essas conexões. O Congresso dos EUA proibiu estações retransmissoras de receberem verba federal para comprar equipamento Huawei, e o Departamento do Comércio proibiu companhias dos EUA de venderem componentes à Huawei. A Bolsa de Nova York excluiu China Telecom, China Unicom e China Mobile de sua lista. A Comissão Federal de Comunicações [Federal Communications Commission, FCC] está revogando as licenças da China Telecom e da China Unicom.[9] Depois de labutar para conseguir identificar as câmeras Hikvision, o governo dos EUA removeu-as de suas instalações. Todas as cinco companhias, e centenas de outras entidades chinesas, foram sancionadas pelos Estados Unidos por delitos que vão desde apoiar o exército chinês a cometer abusos contra direitos humanos.[10]

Os Estados Unidos também têm se defendido no exterior. O alcance global das sanções dos EUA impede qualquer companhia, seja americana ou estrangeira, de vender à Huawei componentes que tenham propriedade intelectual registrada nos EUA. Publicamente e em privado, autoridades dos EUA têm feito lobby junto a líderes e companhias estrangeiras para que evitem recorrer a fornecedores chineses. A Iniciativa "Clean Network" ["Rede Limpa"] do Departamento de Estado, lançada no último ano da administração Trump, visava estabelecer limites aos fornecedores chineses de equipamento 5G, retransmissores chineses, provedores de nuvem chineses, apps chineses e ao envolvimento chinês em cabos submarinos.[11]

A China, convencida de que não pode mais contar com acesso à tecnologia dos EUA, segue adiante com grandes investimentos em casa. Xi projetou 1,4 trilhão de dólares de investimento em "nova infraestrutura" até 2025, abrangendo sistemas 5G, cidades inteligentes, computação de nuvem e outros projetos digitais.[12] Em março de 2021, a China aprovou seu 14º Plano Quinquenal, um guia para o desenvolvimento do país, que pela primeira vez citou a autonomia tecnológica como um "pilar estratégico".[13] Xi também conclamou a China a seguir um modelo econômico de "circulação dual", conceito que visa dar continuidade às exportações da China a mercados estrangeiros e ao mesmo tempo reduzir domesticamente sua dependência de tecnologia estrangeira.[14] À medida que a China apoia suas capacitações internas, passa a ter mais a oferecer externamente.

A RSD já está sendo acelerada na esteira da pandemia da Covid-19. Ao mesmo tempo que expôs os riscos da conectividade física, a pandemia também elevou os custos de se estar no lado perdedor da desigualdade digital. Economias mais bem conectadas foram capazes de lidar com as massivas transições para o mundo virtual. Aquela metade, aproximadamente, da humanidade que continua desconectada da internet teve menos opções. O abalo financeiro da pandemia deixou países em desenvolvimento quebrados, com menos espaço ainda para obter empréstimos. Em comparação com os grandes projetos de transportes e energia que caracterizaram os primeiros anos do Cinturão e Rota, os projetos digitais costumam ser mais baratos e mais rápidos de implantar.

Com essas linhas traçadas, o cenário está posto para que a concorrência entre Estados Unidos e China se intensifique nos mercados de terceiros. As advertências de autoridades dos EUA quanto aos riscos da tecnologia chinesa de comunicações estão agora repercutindo na Austrália, Japão, Coreia do Sul, e em grande parte da Europa Ocidental. Mas os Estados Unidos têm sido menos eficazes em oferecer alternativas de preço acessível. A China aproveita essa brecha para pressionar mais os mercados em desenvolvimento e emergentes, onde a questão da acessibilidade prevalece sobre a da segurança. Está sendo conformado um mundo de ecossistemas digitais concorrentes, cada um com seus equipamentos e padrões. Quase todos foram pegos no meio disso.

Apesar de exaltarem há anos a importância das redes, pensadores importantes falharam muitas vezes em considerar a possibilidade de um mundo em que os Estados Unidos não fossem o eixo dominante. A ascensão da China e o fato de ela estender seu alcance além de suas fronteiras estão agora esvaziando suposições há muito tempo sustentadas a respeito de tecnologia e liberdade, da primazia do Ocidente e da própria natureza do poder. Jornalistas e acadêmicos continuam procurando as palavras certas para descrever essa disputa. Trata-se de uma guerra comercial? De uma nova Guerra Fria? A realidade é mais complexa, e as apostas são fundamentalmente maiores. Os Estados Unidos e a China estão brigando pelo controle das redes do futuro.[15]

As Guerras de Redes começaram. Este livro mostra como chegamos a esse ponto, oferece um passeio pelo campo de batalha, e explica o que os Estados Unidos terão de fazer para vencer.

O RECONHECIMENTO

A história que narra como chegamos até aqui é desconfortável, e por isso temos tido poucos relatos honestos a respeito. Em vez de sondar como os Estados Unidos contribuíram para a ascensão tecnológica da China, Washington e o Vale do Silício preferem contar histórias que minimizem suas falhas. Há variações, mas um tema comum é que a China trapaceou em seu caminho rumo ao topo. Essa sensação de injustiça é comum na psique americana, e procura poupar todo mundo, só que aumenta o risco de se repetir os erros passados. Ficar se queixando não oferece vislumbres estratégicos para competir.

Sem dúvida, não faltaram mentiras, trapaças e roubos. Mas como o próximo capítulo relata, o que é mais chocante ainda é constatar a miríade de oportunidades legais que a China aproveitou. As autoridades chinesas souberam muito bem oferecer a perspectiva de acesso ao mercado da China, maximizando concessões ao mesmo tempo que companhias estrangeiras se dispunham de bom grado a minar umas às outras, baixando o preço, cedendo sua propriedade intelectual e fazendo parcerias com empresas chinesas. Com generoso apoio estatal, essas "parceiras" acabaram se tornando suas concorrentes. Tudo ficou à venda, inclusive as práticas de gestão que transformaram a Huawei de imitadora desorganizada em colosso global.

O que possibilitou esses erros não foi apenas a mera ambição voltada ao exterior ou a sagacidade chinesa, mas uma crença poderosa e genuinamente sustentada de que a tecnologia de comunicações teria efeitos liberalizantes. O colapso da União Soviética parecia provar que a tecnologia de comunicações deslocava o poder dos governos para os indivíduos, permitindo que falassem livremente, se organizassem e responsabilizassem as autoridades. Cada novo tipo de conexão, da máquina de fax à internet e ao telefone celular, foi exaltada como se oferecesse uma via expressa para levar a liberdade ao mundo inteiro.

Poucas ideias foram tão poderosas, persistentes e equivocadas na história recente. E ela foi de fato poderosa porque alinhou uma ampla gama de filosofias políticas aos interesses comerciais das companhias americanas, líderes do desenvolvimento de tecnologias de comunicações. Apesar de algumas poucas e veementes advertências, como as feitas pelos acadêmicos Rebecca MacKinnon e Evgeny Morozov, essa visão persistiu em razão desse alinhamento de interesses e da sedução de acreditar que os Estados Unidos poderiam ter uma atuação benéfica ao serem bem-sucedidos ao redor do mundo, independentemente do contexto local.[16] E foi uma ideia equivocada porque confundiu meios e fins, ignorando que essas ferramentas poderiam ser usadas de outro modo.

Entre os que acreditaram estavam não apenas Reagan e Kristof, um conservador e liberal, mas também John Perry Barlow, um libertário que captou bem o sentimento dos pioneiros da internet dos Estados Unidos no que ele chamou, numa expressão que ficou famosa, de "Declaração de Independência do Ciberespaço". "Governos do Mundo Industrial, vocês, gigantes exaustos de carne e aço, venho do Ciberespaço, o novo lar da Mente", começava ele. "Em nome do futuro, peço a vocês, que são do passado, que nos deixem em paz. Não são bem-vindos entre nós. Não têm soberania onde nos juntamos."[17]

Barlow não estava apenas dizendo que os governos careciam de legitimidade na era da informação, mas ao escrever sua ode à liberdade da internet em 1996 apontava que eles tampouco tinham capacitação para comandar o ciberespaço. "Vocês não têm o direito moral de nos governar, nem possuem métodos impositivos que tenhamos boas razões para temer", explicou ele. "O ciberespaço não está dentro das suas fronteiras. Não pensem que são capazes de construí-lo, como se fosse um projeto de obra pública. Não são. Trata-se de um ato da natureza e ele cresce por meio de nossas ações coletivas."

Mas os estrategistas chineses foram mais espertos. Onde Reagan, Kristof e Barlow viam a marcha inexorável da liberdade, as autoridades chinesas enxergavam uma disputa de poder. Shen Weiguang, um dos pais fundadores da guerra informática chinesa, explicou em palestra na Universidade Nacional de Defesa da China em 1988, "Os países com tecnologia de rede avançada dependem de redes para expandir seu 'território de informação' a vários outros países e ameaçar sua 'soberania de informação'".[18] A Guerra Fria terminava, mas a batalha pelo território da informação estava apenas começando.

O PCCh levou muito a sério as previsões de que teria sua morte decretada pela tecnologia das comunicações. "A estratégia de informação do mundo ocidental consiste numa ofensiva sobre a opinião pública e numa infiltração ideológica, em cultivar forças nos países socialistas para acirrar as hostilidades, promover coerção econômica e subversão aberta e criar todo tipo de divisão", advertiu Shen em 1989.[19] Mas ao contrário de seus equivalentes ocidentais, as autoridades chinesas não viam esses desfechos como inevitáveis. Decidiram construir redes para alcançar as próprias metas.

O Partido começou a afirmar sua autoridade absoluta sobre as atividades online em 1994, um ano antes que a internet fosse disponibilizada comercialmente ao público.[20] Essas restrições foram crescendo ao longo dos anos, e, em 2005, o governo chinês divulgou o que os Repórteres sem Fronteiras apelidaram de "11 mandamentos da internet". A lista proibia informações que "colocassem em risco a segurança nacional", "subvertessem o governo", "minassem a unidade nacional", "disseminassem boatos" ou "solapassem a estabilidade social".[21] As regras eram abrangentes e propositalmente vagas, o que dava às autoridades amplo espaço para interpretação. Era a declaração de Barlow ao contrário, uma visão do ciberespaço tendo o Estado no seu cerne.

As autoridades chinesas, depois de articularem publicamente vários planos para a internet, enfrentaram o colossal desafio técnico de construí-la e impor-lhe essas restrições. Muitos observadores imaginaram que isso seria impossível. "No novo século, a liberdade irá se difundir por meio do telefone celular e do modem a cabo... Imaginem o quanto isso pode mudar a China", afirmou o presidente americano Bill Clinton em 2000 ao defender a entrada da China na Organização Mundial do Comércio. "Bem, não há dúvida de que a China vem tentando impor duras restrições à internet. Boa sorte! Isso é como tentar pendurar gelatina na parede", disse, provocando risadas e aplausos.[22]

Mas as companhias estrangeiras funcionaram nesse caso como o martelo, ao trocarem o controle da tecnologia que detinham pelo acesso ao mercado doméstico chinês. Quando os serviços estatais de segurança chineses realizaram uma exposição em Pequim, a "China Segura 2000", mais de 300 companhias estrangeiras, muitas delas dos EUA, correram para oferecer seus produtos.[23] Publicamente, as companhias de tecnologia estrangeiras apresentavam seus produtos como essenciais para abrir a sociedade chinesa. Seus executivos diziam estar exportando não apenas produtos, mas também valores. Mas ao entrarem nessa disputa por uma fatia do mercado chinês, colocaram em risco tanto seus lucros quanto seus princípios.

Enquanto seu otimismo alcançava o ponto mais alto, as autoridades chinesas ocupavam-se de modificar a tecnologia estrangeira para seus próprios fins. O principal blog de Li foi tirado do ar semanas após o perfil redigido por Kristof, mas ambos seguiram em frente. "Tenho mais de 50 sites diferentes montados. Em geral, uso três por vez. Se eles fecham um, substituo por outro", Li explicou.[24] E Kristof ainda acreditava que a tecnologia enfraquecia o Partido Comunista. "É um jogo de gato e rato. Mas a verdade é que os ratos estão ganhando o jogo, e não os gatos", escreveu em 2008.[25]

A essa altura, porém, a China já estava passando de imitadora a inovadora e vencendo um jogo bem maior. A concorrência global das telecons se transformara numa guerra de desgaste, e as companhias ocidentais, exauridas, começaram a cair fora do negócio de hardware de rede. As empresas chinesas haviam subido de nível, não eram mais totalmente dependentes de companhias estrangeiras e já abocanhavam sua fatia de mercado. A épica quebra da Nortel, a gigante telecom canadense, que examinaremos no próximo capítulo, coincidiu com a meteórica ascensão da Huawei, e não foi coincidência. A Huawei contratou as mentes mais brilhantes da Nortel, e colocou-as para desenvolver a nova geração de redes sem fio.

Enquanto líderes americanos continuavam ocupados em tecer louvores à conectividade, os Estados Unidos não investiam o suficiente para conectar de fato o mundo, deixando até de dar atenção às comunidades rurais e de baixa renda do próprio país. Washington evitou apoiar grandes políticas governamentais e industriais, acreditando que as forças de mercado dariam conta. Mas as empresas ocidentais, em sua corrida para introduzir uma internet de alta velocidade, tinham foco basicamente em mercados maiores e mais ricos, o que criou divisões digitais. Surgiram disparidades de conectividade entre países desenvolvidos e países em desenvolvimento, entre zonas urbanas e rurais, e entre ricos e pobres. A China transformou essas brechas em pistas de decolagem para suas gigantes de tecnologia. E agora essas pistas estão desimpedidas, e as empresas, prontas para decolar.

NAVEGANDO O CAMPO DE BATALHA

O campo de batalha é vasto e cheio de lugares com os quais os especialistas em segurança têm pouca familiaridade. A concorrência acontece em comissões setoriais e grupos de trabalho que decidem os padrões das tecnologias emergentes. Acontece em prefeituras do mundo desenvolvido, cujos líderes buscam atrair investimentos e tecnologia estrangeiros para desenvolver suas economias sem se tornarem digitalmente dependentes. E acontece no conjunto de bilhões de decisões, conforme indivíduos votam com o dinheiro que têm na carteira. As implicações para a segurança são amplas, mas trata-se acima de tudo de uma concorrência econômica e tecnológica.

Para ajudar a navegar esse terreno, os capítulos a seguir fazem um passeio pela área de negócios de infraestrutura digital da China, em expansão, ao longo de quatro camadas: redes sem fio, dispositivos conectados à internet, *backbone* de rede e satélites. Embora não esgotem as atividades digitais da China, essas áreas envolvem IA, aplicações de *big data* ["megadados"] e outras tecnologias estratégicas. Em cada uma dessas camadas, a China está ganhando globalmente e posicionando-se para colher recompensas econômicas e estratégicas.

Essa é uma viagem no sentido mais verdadeiro, porque as redes globais têm uma área de atuação física. Barlow descartou cedo demais a noção de que o ciberespaço poderia ser um "projeto de obra pública" e que os estados seriam capazes de exercer soberania dentro dele. Até mesmo a "nuvem" é tangível, consistindo de centros de dados e cabos de fibra óptica. E mesmo as companhias que operam satélites no espaço têm que prestar contas a autoridades nacionais. A construção de redes, como Shen compreendeu, abre vias para acumular poder e exercê-lo. Ao colocar foco no hardware, este livro ajuda a revelar as conexões entre nossos mundos físico e digital e mostra em que pé está a concorrência para controlá-los.

A cada projeto, a China fortalece sua posição nas redes globais. Por cinco anos, acompanhei a ofensiva em infraestrutura global da China, ao montar um dos maiores bancos de dados de código aberto sobre os projetos chineses e estudando-os *in loco*. Nas várias viagens, dirigi por uma estrada recém-pavimentada até a fronteira China-Paquistão, embarquei numa ferrovia construída pela China que vai da Etiópia até o Djibouti, e andei por docas chinesas no porto de Pireu, na Grécia. Esses são apenas alguns dos projetos carro-chefe da Iniciativa Cinturão e Rota da China.

Mas não se engane, como me enganei no início. A China não está apenas forjando novas redes de transporte. Suas maiores ambições correm por baixo da terra, sob os mares, e pelas ondas de transmissão. Cada um dos três projetos que acabei de citar tem uma dimensão digital menos visível. Cabos chineses de fibra óptica estendem-se pelas fronteiras de China-Paquistão e de Etiópia-Djibouti. Um cabo submarino está assentado para conectar Paquistão e Djibouti e possui um ramal que se estenderá até a Europa. Em Pireu, a Huawei instalou roteadores e switches [interconectores], reformulando a rede do porto e provendo wi-fi gratuito para navios de cruzeiro e outros visitantes do porto. A China tem combinado infraestrutura digital e infraestrutura tradicional, e o mundo precisa desesperadamente de ambas.

O apelo do argumento de vendas da China pode ser visto até mesmo na zona rural de Montana, como o capítulo 3 descreve. Ao visitar Glasgow, em Montana, uma das cidades mais isoladas dos Estados Unidos, imaginei que os residentes estivessem alarmados com o fato de suas chamadas telefônicas serem transmitidas por equipamentos da Huawei. Mas, como descobri, a hierarquia de necessidades de Maslow é diferente no âmbito digital. O risco de perder acesso pode ser sentido como mais imediato e ameaçador do que a presença de equipamento estrangeiro. A maioria dos usuários, tanto na zona rural dos EUA como na Ásia em desenvolvimento, estão menos preocupados com espionagem estrangeira do que em simplesmente evitar uma conta muito alta. Sem oferecer alternativas de preço acessível, tarefa que irá exigir a redescoberta de uma política industrial, as autoridades dos EUA estão lutando uma batalha praticamente perdida.

O medo sozinho não será suficiente para deter a RSD da China. Líderes estrangeiros, numa proporção inquietantemente alta, em vez de ficarem chocados com o uso repressivo que a China faz de tecnologia de vigilância no âmbito doméstico, mostram-se admirados. Enxergam a oportunidade de adquirir ferramentas que podem não só fortalecer seu próprio governo, mas também reduzir o crime e estimular o crescimento em suas cidades, como o capítulo 4 explica. A tecnologia de vigilância chinesa está sendo usada em mais de oitenta países, em todos os continentes exceto na Austrália e na Antártida, segundo Sheena Chestnut Greitens, professora da Universidade do Texas em Austin.[26] Como outros dispositivos conectados, que vão de eletrodomésticos inteligentes a pulseiras fitness, esses sistemas costumam favorecer mais o baixo custo que a segurança, o que os torna vulneráveis a erro e a ataque.

Ganha forma um novo mapa da internet, com contornos que refletem os interesses da China. As "Três Grandes" empresas de telecomunicações estatais da China – China Telecom, China Unicom e China Mobile – estão se expandindo para mercados emergentes na Ásia, África e América Latina. Em apenas uma década, a China passou de dependente de companhias estrangeiras para cabos submarinos a controladora dos quatro maiores provedores mundiais desses sistemas, instalando cabos suficientes para dar a volta à Terra. Esses movimentos, detalhados no capítulo 5, fazem parte de uma estratégia assimétrica: Pequim quer transportar, armazenar e minerar mais dados do mundo, e, ao mesmo tempo, manter as próprias redes fora de alcance.

O espaço é "a nova *commanding heights*",* segundo líderes militares chineses. Concluída em 2020, a rede de satélites Beidou da China orienta não apenas os mísseis chineses, seus jatos de combate e navios da marinha, mas também automóveis, tratores e celulares. A China oferece um kit inicial completo para países com ambições espaciais, composto por satélites que a China lança e controla até que seus parceiros sejam capazes de assumir a tarefa. A concorrência se move para a órbita próxima da Terra, como descrito no capítulo 6. A SpaceX de

---

* A expressão foi usada por Vladimir Lênin em um de seus discursos, para se referir a setores prioritários ou estratégicos da economia, como petróleo, ferrovias, bancos e aço. No Brasil, é bastante utilizada no original nesse sentido de "setores estratégicos ou prioritários". [N.T.]

Elon Musk e mais a Amazon e várias outras companhias estão montando enormes constelações de satélites para prover banda larga global. A China, é claro, tem seus próprios planos.

A China se posiciona para ganhar exponencialmente se conseguir integrar suas atividades dentro e ao longo dessas camadas. Ocorrem efeitos de rede quando um serviço ou produto se torna mais valioso a partir de sua maior utilização. Theodore Vail, criador de um império de telecomunicações quando era presidente da AT&T, explicou isso em 1908: "Um telefone – sem uma conexão na outra ponta da linha – não é sequer um brinquedo ou um aparato científico. É uma das coisas mais inúteis do mundo. Seu valor depende da conexão com o outro telefone – e aumenta com o número de conexões".[27] Claramente, efeitos de rede não são novidade, mas são mais importantes agora do que nunca.

Por meio da RSD, a China se move para o centro das redes de informação globais, num momento em que a informação nunca foi tão valiosa. Como Tom Wheeler, ex-presidente da Comissão Federal de Comunicações [FCC, na sigla em inglês], explica em *From Gutenberg to Google*: "O ativo de capital dos séculos XIX e XX era a produção industrial, proporcionada por redes. O ativo de capital do século XXI é a informação, criada por redes".[28] James Currier, investidor do Vale do Silício, estima que os efeitos de rede são responsáveis por 70 por cento do valor criado por companhias tech desde 1994. Os efeitos de rede mais poderosos e defensáveis derivam de nodos e links físicos, porque requerem grande investimento inicial.[29]

A China está fazendo esses investimentos e reunindo sistemas de ponta. Em 2017, engenheiros chineses realizaram a primeira videoconferência mundial por criptografia quântica. Isso exigiu utilizar um satélite de 100 milhões de dólares especialmente construído para esse fim, além de redes de fibra óptica no solo e algoritmos avançados. Embora o sistema não tenha se mostrado perfeito, foi um grande passo em direção à construção de uma rede ultrassegura. "Eles demonstraram ter a infraestrutura completa", foi o que Caleb Christensen, cientista chefe da MagiQ Technologies, que produz sistemas de criptografia quântica, declarou a Sophia Chen na *Wired*. "Eles conectaram todos os links. Ninguém havia feito isso."[30]

O foco da China nos mercados emergentes pode turbinar seus efeitos de rede. A expectativa é que mais da metade do crescimento populacional até 2050 venha da África, onde a Huawei construiu 70 por cento das redes 4G.[31] Os cabos submarinos chineses que conectam Paquistão e Djibouti constituirão o link de internet mais curto entre a Ásia e a África, as duas regiões onde a largura de banda internacional tem crescido com maior rapidez nos últimos anos.[32] A China conseguiu até se posicionar como o nodo central entre a Nigéria e a Bielorrússia, que têm satélites chineses e, com o incentivo de Pequim, assinaram um contrato para prover serviços mútuos de backup. À medida que a China desenvolve tecnologias da próxima geração, também faz uma aposta em mercados da próxima geração.

Essa combinação de duas frentes pode levar a China a ser capaz de definir padrões globais para a próxima onda de tecnologias de comunicações, multiplicando ainda mais seus efeitos de rede. Padrões amplamente aceitos, como o USB – um padrão para cabos –, permitem que equipamentos trabalhem juntos em vários países e com fabricantes diferentes.[33] Se você define padrões globais, seus produtos se tornam mais universais. Compreendendo isso, as autoridades chinesas vêm há tempos afirmando que países do terceiro escalão constroem coisas, os do segundo escalão projetam coisas e os do primeiro escalão definem padrões. Elas investem fortemente nas organizações de padrões existentes e têm proposto criar um Fórum de Padrões Cinturão e Rota, uma espécie de estrutura paralela, tendo Pequim no centro.[34]

Se a China se tornar a principal operadora de rede do mundo, poderá tirar a sorte grande em termos comerciais e estratégicos. Poderá reformatar os fluxos globais de dados, finanças e comunicações, fazendo-os refletir seus interesses. Isolada do alcance das sanções e da espionagem dos Estados Unidos, poderá adquirir uma compreensão inigualável dos movimentos de mercado, das deliberações de concorrentes estrangeiros e da vida de inúmeros indivíduos emaranhados em suas redes.

A sede da União Africana [UA], que a China financiou e construiu, é uma monumental advertência a respeito desses perigos digitais. Em 2018, o *Le Monde* reportou que, durante cinco anos, toda noite foram enviados secretamente dados dos servidores da UA na Etiópia para a

China.[35] Mas a UA não arriscaria ofender Pequim, seu maior cliente. Em vez de mudar para um provedor de rede não chinês, assinou um novo contrato de parceria com a Huawei.[36] Em 2020, a UA descobriu que as gravações da vigilância do seu prédio estavam sendo surrupiadas para fora – de novo para a China.[37] Esta é talvez a previsão mais otimista para um mundo interconectado pela China. Pequim, afinal, encara a UA como parceira.

Tendo em conta os persistentes ataques da China às redes dos EUA, há pouca dúvida de que ela possa utilizar um poder de rede ainda maior tendo como alvo os norte-americanos. Nos últimos anos, a China roubou os arquivos pessoais de 23 milhões de funcionários do governo dos EUA e mais 80 milhões de registros de saúde e informações de cartão de crédito e passaporte de centenas de milhões de americanos.[38] Com o acesso a esses dados e outros, o Estado chinês já "sabe" mais a respeito de muitos americanos do que essas pessoas são capazes de lembrar a respeito de si mesmas. Essas informações estão sendo usadas para dar às companhias chinesas uma vantagem e neutralizar operações americanas de inteligência no exterior, como Zach Dorfman reportou para a *Foreign Policy*.[39] Esse é o cenário da vantagem em informação: a China vê cada vez mais, enquanto seus concorrentes vão ficando cegos.

Os interesses superam muito o âmbito comercial e de inteligência. Em outubro de 2020, quatro meses após confrontos entre soldados chineses e indianos por territórios em disputa no Himalaia, Mumbai ficou sem energia. Trens tiveram que parar e hospitais já sobrecarregados com casos de Covid-19 precisaram recorrer a geradores de emergência. Tudo isso pode ter sido um sinal de advertência enviado por Pequim, segundo um relatório da Recorded Future, empresa de segurança cibernética. Durante semanas, os hackers chineses alvejaram com malware segmentos estratégicos da infraestrutura da Índia.[40] Talvez tivessem tido seu caminho facilitado: quase todas as estações de energia da Índia construídas ao longo da última década utilizam equipamento chinês.[41]

Essas são apenas algumas antevisões do poder que a China tem condições de exercer caso se torne o centro e o guardião indispensável do mundo. Poderia atrair apoiadores e recompensá-los por seu alinhamento garantindo-lhes acesso e privilégios. Poderia punir quem divergisse e destruir concorrentes negando serviços e impondo sanções. Dominar redes permitiria à China exercer poder em locais distantes de suas fronteiras, como algumas grandes potências fizeram ao longo da história, só que tendo uma área de ação militar global bem menor. A RSD poderia mapear uma trajetória em direção a um novo tipo de império.

PERDENDO O CONTROLE

Em 1º de outubro de 2019, três décadas após Reagan ter imaginado o florescimento da democracia na China, os tanques cruzaram de novo a praça Tiananmen. O desfile de 15 mil soldados marchando para marcar o septuagésimo aniversário da fundação da República Popular da China não deixou dúvidas sobre quem estava no controle. O líder chinês Xi Jinping, trajando roupa ao estilo Mao, desfilou em limusine aberta e passou em revista mísseis, drones e centenas de outros artefatos militares. "Não há força capaz de abalar o alicerce dessa grande nação", afirmou dirigindo-se ao público que agitava bandeiras.[42]

Câmeras de vigilância chinesas, equipadas com a mais recente IA, observavam a multidão. Naquele momento, o acesso à internet para clientes locais desacelerou e virou um fiozinho, enquanto as Três Grandes estatais da China se concentravam em atender ao seu principal cliente, com suas redes transmitindo imagens de vídeo de ultra-alta definição do desfile e até coordenando os tempos dos espetáculos de fogos de artifício.[43] A mídia estatal chinesa transmitiu o desfile em várias línguas a todas as regiões do mundo, via satélite, cabo e internet. O sistema de satélites Beidou da China guiou centenas de veículos militares durante o desfile numa sincronia quase perfeita.

Há muito tempo já se perdeu o otimismo a respeito de uma transformação democrática da China e do papel positivo que a tecnologia poderia desempenhar. A tecnologia de comunicações afigura-se como um apoio ao autoritarismo, isto é, mais como um cassetete do que como um microfone aberto. E à medida que a RSD da China se estende, temos muitas vezes a impressão, vendo de fora, que um regimento de companhias chinesas altamente centralizado marcha no mesmo passo, como os soldados do desfile. E essa é, sem dúvida, a imagem que os líderes chineses querem que o mundo veja.

São imagens alarmantes, e, no entanto, as Guerras de Redes estão apenas começando. A tecnologia de comunicações não é boa nem má, é mera ferramenta. Mas, por não terem aprendido essa lição, as crenças de Washington a respeito de tecnologia passaram do otimismo para o pessimismo e ameaçam avançar ainda mais na direção da paranoia. A China parece estar em toda parte, unida e sempre no controle. Nessa reavaliação, feita com atraso e em meio ao pânico, tanto as vulnerabilidades da China quanto os pontos fortes dos EUA estão passando despercebidos.

Na realidade, a cerimônia militarizada tentava ocultar os profundos medos alimentados pelas autoridades chinesas. Antes da celebração, o acesso à internet foi tão pesadamente restringido que até Hu Xijin, o editor do *Global Times*, jornal nacionalista de propriedade do Estado, reclamou: "O país não é frágil, sugiro deixar uma estreita abertura para os sites estrangeiros".[44] Hu mais tarde apagou seu comentário. Enquanto Pequim celebrava, Hong Kong era sacudida por manifestações, que as autoridades chinesas acusaram os Estados Unidos de fomentar, num eco da avaliação feita anos atrás por Shen Weiguang, o estrategista da guerra da informação.[45]

Paradoxalmente, embora a capacitação tecnológica da China tenha avançado, isso só aumentou o medo de contágio, segundo a visão que as autoridades chinesas têm das redes. "A internet tem se tornado cada vez mais a fonte, o canal e o amplificador de todo tipo de riscos", advertiu Chen Yixin, um protegido de Xi Jinping e líder da poderosa Comissão Central de Assuntos Políticos e Legais do PCCh. "Qualquer coisa ínfima pode virar um turbilhão na opinião pública; alguns boatos [difundidos] por meio de incitação e propaganda podem facilmente produzir uma 'tempestade em copo d'água' e de repente criar um verdadeiro 'tornado' na sociedade."[46] Chen chama isso de "efeito ampliador".

Três semanas após o desfile, Li Xinde, o corajoso cidadão-jornalista, foi detido. A tecnologia permitiu virar o jogo de gato e rato a favor dos inimigos dele, numa situação que vinha obrigando Li a driblar não só hackers como censores e a mudar o nome de seu site até sessenta vezes por ano.[47] A mais recente reportagem investigativa de Li, sobre corrupção envolvendo um órgão de segurança pública em Tianjin, foi imediatamente apagada, assim como numerosos *reprints* publicados pelo WeChat e outros sites.[48] Em janeiro de 2021, Li foi sentenciado a cinco anos de prisão. Mas as autoridades não ficaram satisfeitas com isso. Sentenciaram também seu filho a um ano de cadeia.[49]

Essas ações são assustadoras e, no entanto, também revelam fissuras no autoritarismo digital da China. Por mais poderoso que o instrumental do Estado tenha se tornado, não conseguiu apagar todos os comentários sobre a reportagem de Li, que foi reproduzida em outros blogs. E essas ferramentas digitais tampouco tiveram suficiente poder para aplacar o medo das autoridades, que recorreram aos antiquados métodos da detenção física e da intimidação. O mais revelador de tudo é que a reação foi totalmente desproporcional à ameaça. "Eu não tenho intenção de derrubar o governo", Li explicou. "Não tenho intenção de subverter o domínio do Partido Comunista."[50] Na realidade, o trabalho de Li favorece as alegadas metas anticorrupção do PCCh.

A reação do PCCh a ameaças tem sido severa, porém desordenada. Sua afobação em monitorar tudo acaba sendo maior que a capacidade que ele tem de interpretar o que vê. A corrida para implantar equipamento de vigilância criou um emaranhado de sistemas locais fragmentados, mais do que um sistema nacional unificado, com desperdício de recursos e deixando os cidadãos preocupados com a segurança de seus dados pessoais. É nesse caos que prospera um complexo industrial de vigilância. Embora sua tecnologia esteja ficando mais sofisticada, essas companhias muitas vezes prometem mais do que são capazes de entregar, especialmente nos mercados externos.

Os desafios de conseguir coordenação são ainda maiores no exterior, onde as companhias chinesas operam com menor supervisão e os governos estrangeiros têm as próprias prioridades. O governo da China amplia os problemas, mas geralmente não fornece instruções detalhadas para lidar com tais problemas. Por meio do Cinturão e Rota, por exemplo, Xi tem exaltado a construção de "cidades inteligentes", termo abrangente que se refere a dotar as áreas urbanas de infraestrutura digital. Mas o governo chinês não parece ter oferecido orientações consistentes e de alto nível às companhias que se dedicam a esses projetos no exterior, segundo um estudo de James Mulvenon, destacado especialista em tecnologia chinesa, e seus colegas da Comissão de Revisão da Economia e da Segurança EUA-China [U.S.-China Economic and Security Review Commission].[51]

A falta de coordenação e supervisão pode ser constatada *in loco*. Em Islamabad, capital do Paquistão, metade das câmeras de vigilância chinesas instaladas como parte de um projeto carro-chefe da Huawei apresentaram funcionamento defeituoso.[52] No Quênia, companhias chinesas estão ajudando a construir um núcleo de alta tecnologia orçado em vários bilhões de dólares, nos arredores de Nairóbi, que poucas companhias parecem se dispor a ocupar.[53] Um cabo submarino chinês que se estende por 6 mil quilômetros de Camarões até o Brasil continua severamente subutilizado, acrescentando pouco às perspectivas de desenvolvimento de Camarões, a não ser a dívida contraída. Em vez de criar efeitos de rede, esses e outros projetos desarticulados podem se revelar elefantes brancos digitais.

A paranoia do PCCh talvez seja o que coloca o maior desafio às ambições chinesas de uma rede global. A internet estilo fortaleza da China está projetada para se isolar do mundo, e isso compromete a inovação e restringe a capacidade da China de se conectar a redes estrangeiras. As cidades chinesas continentais estão ausentes dos rankings dos núcleos mundiais mais conectados, que têm, todos eles, intercâmbios abertos de internet – modelo que continua sendo um anátema para os líderes do Partido. A charada com que se deparam é que uma maior conectividade requer abrir mão de algum controle.

Em contraste com isso, a abertura dos Estados Unidos a conexões estrangeiras tem proporcionado ao país imensas vantagens comerciais e estratégicas. Quase uma quarta parte do tráfego mundial de internet flui pelos Estados Unidos, incluindo 63 por cento do tráfego internacional destinado à China,[54] e essa é uma posição dominante que autoridades de inteligência dos EUA descrevem como sendo "uma tremenda vantagem de jogar em casa".[55] O acesso à maior rede mundial de cabos submarinos alimenta os centros financeiros e as companhias tech dos EUA, três das quais controlam mais da metade do mercado global de serviços de nuvem.[56] Essas vantagens costumam ser subestimadas pelo fato de os Estados Unidos serem o poder estabelecido desde que a internet foi inventada.

Os Estados Unidos poderiam equipar seus pontos fortes com uma estratégia que adotasse uma ofensiva sobre os mercados futuros. O setor privado dos EUA está introduzindo tecnologias pioneiras que poderiam causar disrupção nas vantagens da China nos mercados em desenvolvimento, como é o caso dos satélites em órbita próxima da Terra, que fornecem banda larga global. Como líder de uma coalizão de parceiros e aliados, os Estados Unidos poderiam compensar a escala da China com uma massa crítica que desenvolva e proteja tecnologia sensível e ao mesmo tempo ofereça mais ao mundo desenvolvido.[57] Alcançar o sucesso não será barato, ou fácil, e exigirá construir pontes com a União Europeia e a Índia, parceiros com interesses comuns, mas que também têm as próprias aspirações.

Os Estados Unidos estão ameaçados não só pela ascensão da China, mas pelo risco de reagirem de modo exagerado. Washington vem adotando uma postura mais defensiva, com maior escrutínio das redes domésticas, das trocas de tráfego pela internet e dos cabos submarinos. O desejo de maior proteção está bem justificado em razão das atividades de expansão da China e do histórico de ataques cibernéticos, espionagem e cooperação entre companhias chinesas e o Exército de Libertação Popular (ELP). Mas os Estados Unidos devem também considerar de que maneira cada decisão pode impactar sua posição dentro das redes globais. As consequências não são tão diretas como podem parecer inicialmente. Conseguir o equilíbrio certo começa com a compreensão de como chegamos até aqui.

CAPÍTULO DOIS
CTRL + C

NO FINAL DE 1994, a Northern Telecom preparava-se para celebrar seu centésimo aniversário. A companhia começara humilde em Montreal, vendendo alarmes de incêndio e suprimentos telefônicos, foi crescendo e se tornou uma das maiores fornecedoras mundiais no setor de comunicações. Com receita anual de 8,87 bilhões de dólares, 57 mil funcionários ao redor do mundo e milhares de patentes, seu futuro parecia ainda mais promissor. Para marcar a ocasião, ela anunciou a adoção de um nome mais ágil e de um logo ousado, todo em maiúsculas: NORTEL. O "O" era um globo estilizado envolvido por um anel planetário – adequado a "uma corporação que não conhece limites", como sua publicidade anunciava.[1]

Para os executivos da Nortel, a história se acelerava e ia fortemente a seu favor. "Nenhum período da história recente viu uma mudança de tão longo alcance na dinâmica global", observava um ano antes o CEO Paul Stern. "Não se trata apenas do escopo da mudança, mas da velocidade com que está acontecendo. À medida que a velocidade aumenta, uma nova civilização se desdobra: uma sociedade da informação".[2] Seu sucessor, Jean Monty, declarou aos acionistas: "Conforme esse século se encerra, duas grandes correntes trafegam pela economia mundial: a globalização e a revolução da informação. Elas estão criando novas e espetaculares oportunidades de crescimento para companhias como a nossa".

Os capitães da indústria da Nortel viam a si mesmos como agentes de um império. Eram arquitetos e construtores, às vezes até governantes da sociedade da informação que viam emergir. No início da década de 1990, a companhia declarou sua intenção de se tornar, até o ano 2000, a principal fornecedora mundial de equipamentos para telecomunicações. Sua lógica era tão direta quanto qualquer plano para dominar o mundo: primeiro o Canadá, depois o resto da América do Norte e em seguida o mundo. Os executivos posaram para fotos de página inteira com mapas-múndi e artefatos antigos ao fundo, para ilustrar os relatórios anuais da companhia. Invocando Cícero, o filósofo-estadista romano, Stern perguntava: "Será que devemos permanecer os mesmos quando o mesmo não serve mais?"[3] Duas décadas depois, no entanto, pouco restava da Nortel, que em seu 115º aniversário estava em trâmites de recuperação judicial. Seu caminho para o fracasso esteve envolvido por um aparente manto de sucesso. Foi uma das primeiras companhias a entrar no sedutor mercado da China. Inventou tecnologias para redes sem fio e de internet, semicondutores e até um telefone *touch-screen* uma década antes do iPhone.[4] Tornou-se a companhia de maior valor da história canadense.

A derrocada da Nortel deveu-se a erros em tudo, da contabilidade à gestão. Mas seus executivos também cometeram a asneira estratégica de ajudar seus parceiros chineses a se tornarem seus mais ferrenhos concorrentes. Foi um erro dos mais comuns entre as companhias ocidentais que correram para entrar no mercado da China, acreditando que seus valores e suas intenções principais estavam nitidamente alinhados.

As firmas chinesas, usando o imenso mercado chinês como isca, copiaram e ganharam controle da tecnologia ocidental. Elas romperam acordos e solicitaram patentes usando informação confidencial. Beneficiaram-se de generosos subsídios do seu governo. Roubaram segredos dos laboratórios, showrooms e computadores de seus concorrentes, dando razão àquilo que o general Keith Alexander, ex-chefe da Agência de Segurança Nacional dos EUA [National Security Agency, NSA], uma vez chamou de "a maior transferência de riqueza da história".[5]

Mas mais chocante ainda é que muitos desses atalhos da China eram legais e declarados. As empresas chinesas importaram tecnologia ocidental, fizeram parcerias com empresas ocidentais por meio de *joint ventures* na China, adotaram suas práticas de gestão e contrataram suas mentes mais brilhantes. Ao longo de décadas, a Nortel e outras grandes companhias de telecomunicações ocidentais foram cúmplices de seu próprio fim. Mesmo quando se acumulavam os sinais de alerta de que as autoridades chinesas tinham em mente uma revolução da informação distinta, a tecnologia essencial, os processos e até as pessoas continuaram à venda. Poucos jogaram o jogo tão bem quanto a Huawei.

"UM MUNDO DE REDES"

Como aqueles exploradores do passado, de olhos voltados para o Novo Mundo, os executivos da Nortel viam oportunidades por toda parte em 1994. Acreditaram fortemente que o que era bom para os propósitos da Nortel, era bom para o mundo.

Para celebrar seu passado e reivindicar o futuro, a companhia contratou seis destacados pensadores para que escrevessem ensaios curtos sobre "Um Mundo de Redes", isto é, para exporem a visão da companhia sobre as telecomunicações no século XXI. "Há mais de um século, a Northern Telecom e seus funcionários compartilham a convicção de que as tecnologias de informação devem existir para melhorar a condição humana", explicou Jean Monty num prefácio a essa série de ensaios. "Ao entrarmos no nosso segundo século, estamos levando adiante esse espírito – pessoas esforçando-se para enfrentar o desafio de unir o mundo por meio das comunicações."[6]

Os autores recorreram a várias expressões, no estilo adesivo de para-choque, para se referirem às imensas mudanças em curso: "pico de informação", "era da informação" e "sociedade da informação". A maioria delas pretendia dar uma roupagem vistosa a uma visão comum: o deslocamento do poder para os indivíduos, o avanço da democracia, a expansão dos mercados. As pontes substituiriam os muros, e a liberdade iria se difundir. Um mundo de redes era um mundo libertado de suas amarras.

Os limites estavam realmente desaparecendo, e os novos mercados mostravam-se atraentes, nenhum deles com tanta força quanto o da China. Para atrair tecnologia estrangeira e fazer avançar seu setor de telecomunicações, as autoridades chinesas afrouxaram algumas restrições ao investimento estrangeiro. Em 31 de março de 1994, os Estados Unidos e seus aliados da OTAN aboliram o sistema da era da Guerra Fria que impedia a maior parte das exportações de telecomunicações para a China e outras economias comunistas (especialmente a União

Soviética, até seu colapso). Três semanas mais tarde, a China conectava-se à internet global. A corrida para conectar o país mais populoso do mundo estava em marcha.

A dimensão do porte e das necessidades da China era simplesmente impossível de ignorar. Apenas no ano 1994, a China ganhou dez milhões de troncos telefônicos e 930 mil novos assinantes de celular, cifras que tiveram uma taxa de crescimento anual de mais de 50 por cento e de cerca de 150 por cento, respectivamente.[7] Um ano mais tarde, porém, a China ainda tinha menos de três linhas para cada cem pessoas, o que ressaltava sua imensa demanda, que só seria atendida ao longo dos anos seguintes. As empresas ocidentais encararam essa oportunidade com uma mentalidade de corrida do ouro. Os tímidos perderiam a oportunidade de várias vidas. Os ousados fariam fortuna e assegurariam legados.

A Nortel já estava lá. Vinha trabalhando na China desde 1972 e lançara sua primeira *joint venture* com uma companhia chinesa em 1988, para produzir centrais telefônicas para negócios privados, isto é, redes de telefonia geralmente instaladas em hotéis e órgãos governamentais.[8] Quatro anos mais tarde, a empresa vendia mais de 100 mil linhas por ano e planejava triplicar a produção. Quatro gestores canadenses supervisionavam duas centenas de funcionários chineses. Em menos de três anos, a fábrica passou de importar máquinas do Canadá a importar os componentes e cuidar da montagem completa. A companhia começou também a procurar maneiras de usar materiais locais para reduzir os custos.[9] Os executivos da Nortel acreditavam estar fortalecendo os ganhos de sua companhia, mas na realidade estavam criando um concorrente.

As autoridades chinesas, porém, com muita argúcia, colocaram as companhias estrangeiras umas contra as outras. A rede de comutação doméstica da China era criticada, dizendo-se que era constituída por "sete países e oito sistemas", pelo fato de todo o seu equipamento ser proveniente de oito companhias de sete países diferentes. Eram a Nortel do Canadá, a Ericsson da Suécia, a AT&T americana, a alemã Siemens, a Alcatel da França, a BTM da Bélgica e as japonesas NEC e Fujitsu. Aqueles aliados que, durante a Guerra Fria, tinham sido contrários à exportação de tecnologia a estados comunistas agora tinham virado concorrentes comerciais. Os executivos sabiam que havia riscos em formar *joint ventures* na China, mas como viam seus concorrentes entrando, o custo de perder a oportunidade parecia ainda maior. Cada negócio constituía uma batalha, e vencer exigia fazer mais concessões ao governo chinês.[10]

Quando a Nortel e a AT&T entraram na briga para formar uma *joint venture* com o governo chinês em 1994, não mediram esforços. A Nortel recepcionou o vice-primeiro-ministro chinês Zou Jiahua no Canadá, e levou-o a conhecer as cataratas do Niágara e depois a fábrica da Nortel. Serviram-lhe até um ensopado de peixe, preparado por um chef da sua cidade natal. Mas a estada de Zou com a AT&T, uma visita de apenas um dia no decorrer da mesma viagem, foi mais memorável ainda. Ele e sua comitiva foram levados a passear em limusines blindadas, com proteção do Serviço Secreto e escolta policial.[11] Os executivos da Nortel sentiram que o negócio escapava de suas mãos.

Vendo que havia em jogo bilhões em receitas futuras, a Nortel adoçou sua oferta e pediu ajuda ao governo canadense. Concordou, então, em montar uma instalação de P&D (pesquisa e desenvolvimento) em Pequim, tornando-se o primeiro fornecedor estrangeiro a fazer isso. E também em construir uma fábrica de semicondutores em Xangai.[12] O governo canadense, que acabara de reatar relações com a China após os protestos da Praça Tiananmen, concordou em financiar as compras chinesas de equipamentos da Nortel.[13] As negociações ainda estavam se arrastando horas antes de o negócio ser assinado, o que ocorreu durante a visita do primeiro-ministro canadense Jean Chrétien a Pequim, em novembro de 1994. Numa concessão final, a Nortel concordou em permitir que os chineses nomeassem o diretor financeiro da *joint venture*.

O acordo estava fechado, e os líderes da companhia foram francos a respeito do negócio que estavam concluindo com as autoridades chinesas. Como explicou o presidente da Nortel, Arthur MacDonald: "Os chineses estão trocando acesso e uma fatia de mercado por transferência de tecnologia. Estamos comprometidos a ajudá-los com isso. Nossa meta é espalhar serviços de telecomunicações avançados por toda a China. Com o tempo, queremos desenvolver tecnologia na China para o mercado global".[14] O que os executivos da Nortel não haviam levado em conta ainda é que transferir tecnologia é algo que não tem volta, enquanto o acesso ao mercado pode mudar com o vento.

As restrições eram tão flexíveis que uma companhia dos EUA chegou a fazer parceria com as forças armadas chinesas para vender equipamento de rede avançado na China. Adlai Stevenson III, ex-senador americano e filho de um ex-embaixador da ONU e candidato presidencial, chefiou a companhia americana parceira, SCM/Brooks Telecommunications. A parceira chinesa era a Galaxy New Technology, controlada por um órgão militar chinês. A *joint venture*, denominada HuaMei ("ChinaAmerica"), tinha em sua diretoria autoridades militares e membros com vínculos diretos com o ELP, e adquiriu equipamento de rede da AT&T supostamente para uso em hotéis chineses. A mesma tecnologia, segundo observou uma auditoria governamental posterior dos EUA, poderia ter sido usada para melhorar a capacidade de comando e controle das forças armadas chinesas.[15]

A venda teria sido impensável alguns anos antes. Desde 1949, os Estados Unidos e seus aliados da OTAN haviam restringido exportações de equipamentos sensíveis à União Soviética, a países do Pacto de Varsóvia e à China, por meio do Comitê de Coordenação para Controles Multilaterais de Exportação [*Coordinating Committee for Multilateral Export Controls*, CoCom]. O grupo estava longe de ser perfeito, mas ajudou a limitar a capacidade da União Soviética de importar tecnologia que fosse útil em termos estratégicos. A resolução do CoCom derivava de percepções compartilhadas da ameaça soviética, e a ação foi levada adiante com uma liderança efetiva dos EUA. O grupo operava de modo consensual, e a aplicação das medidas ficava a cargo de seus membros individualmente.

O colapso da União Soviética colocou o futuro do CoCom em questão, e quando ele foi desativado, em março de 1994, as restrições à China já haviam sido significativamente afrouxadas. Em 1991, o CoCom adotou uma "lista básica", que na realidade cortava as restrições pela metade.[16] Dois anos depois, autoridades dos EUA propuseram suspender mais algumas restrições, relativas a fibras ópticas, comutadores, sistemas celulares e outros equipamentos de telecomunicações. Justificando as mudanças na política, um memorando confidencial do governo dos EUA observava que a China preparava-se para investir até 17 bilhões de dólares em infraestrutura de telecomunicações na década seguinte.[17] Era como ganhar na loteria para os exportadores americanos, argumentaram os defensores da suspenção das restrições, ou então, caso nada fosse feito, seria como dar um presente a seus concorrentes estrangeiros.

A visão da Casa Branca parecia notavelmente similar à da sede da Nortel. "A mudança nos diz respeito", disse o presidente Clinton num encontro de economias da Ásia-Pacífico em 1993. "As estrelas polares que guiaram nossos assuntos nos últimos anos desapareceram. A União Soviética acabou. O expansionismo comunista terminou. Ao mesmo tempo, uma nova economia global de inovação constante e comunicação instantânea avança no nosso mundo como um novo rio, trazendo ao mesmo tempo poder e disrupção às pessoas e nações que vivem ao longo de seu curso."[18]

O Ocidente viu imensas oportunidades comerciais na China, e riscos manejáveis.[19] No futuro, o controle das exportações, como acreditavam os membros da OTAN, deveria ter foco mais estreito em limitar o fornecimento de armas nucleares, biológicas e químicas e sistemas de lançamento de mísseis a "Estados maléficos", como a Coreia do Norte, a Líbia e o Irã, assim como a atores não estatais. A cooperação da China seria crucial. Em agosto de 1993, os Estados Unidos descobriram que a China havia transferido tecnologia de mísseis ao Paquistão.[20] Mesmo assim, no mês de janeiro seguinte, autoridades dos EUA sugeriam que a China poderia eventualmente se juntar ao novo regime de controle de exportações, que eles pretendiam estabelecer em substituição ao CoCom.[21] Com democracia e mercados abertos em ascensão, qualquer coisa parecia possível.

A exportação de equipamento de telecomunicações encaixava-se perfeitamente na primeira estratégia de segurança nacional dos EUA da administração Clinton, chamada de "Envolvimento e Ampliação" ["Engagement and Enlargement"]. A estratégia visava expandir a "comunidade de democracias de mercado" e ao mesmo tempo desencorajar ameaças. Mais democracia e mais mercados abertos ao redor do mundo, argumentava-se, iriam traduzir-se em maior segurança e prosperidade para os Estados Unidos. A estratégia tinha três componentes: manter a capacidade de defesa, abrir mercados para estimular o crescimento e promover a democracia.[22] As autoridades dos EUA acreditavam que exportar equipamento de telecomunicações poderia atender a esses três objetivos.

Uma massa crítica de altas autoridades dos Estados Unidos encarava as fortes exportações como essenciais para manter a vantagem tecnológica dos EUA. O setor privado movia-se mais rápido que o governo e produzia tecnologia mais avançada. William Perry, acadêmico e executivo da área de tecnologia, nomeado vice-secretário da Defesa e mais tarde promovido a secretário da Defesa, constatou essa mudança e o aumento das licitações no setor privado. Mas Perry também compreendeu que as aquisições do governo dos EUA representariam apenas uma parte do lote das vendas do setor privado. As exportações eram necessárias para manter as companhias americanas bem-sucedidas, permitir que investissem mais em P&D e desenvolvessem a geração seguinte de tecnologia. William Reinsch, que foi subsecretário do Comércio, resumiu bem a lógica da administração: "exportações = companhias de alta tecnologia saudáveis = defesa forte". Em vez de desacelerar seus rivais, que era o que os controles das exportações buscavam fazer, os Estados Unidos decidiram "acelerá-los".[23]

Mais exportações dos EUA significavam crescimento e empregos, como o presidente Clinton gostava de lembrar às suas audiências americanas. "Alguns de nossos controles, regras e regulamentações das exportações vêm de realidades da Guerra Fria que não estão mais aí... Queremos movimentar isso mais rapidamente e vamos tentar cortar um monte dessas lentidões nos locais em que tivermos que atuar", disse Clinton a uma companhia de tecnologia durante sua primeira visita ao Vale do Silício após assumir o cargo, em 1993.[24]

A tecnologia de comunicações também ajudaria a promover a democracia no exterior. Em sua estratégia "Envolvimento e Ampliação", a administração não hesitou em declarar que "a China mantém um regime autoritário, embora o país esteja assumindo um papel econômico e político mais importante nos assuntos globais".[25] Mas a história parecia estar indo a favor do Ocidente. Em Moscou, o centro da antiga União Soviética, Clinton declarou a uma audiência de cidadãos russos em 1994: "Revoluções na informação, nas comunicações e na tecnologia e produção, todas essas coisas tornam a democracia mais provável. Elas fazem com que as economias isoladas, controladas pelo Estado, fiquem ainda mais disfuncionais. Criam oportunidades mais numerosas e ricas do que nunca para aqueles capazes de agarrá-las".[26]

Como resultado dessas mudanças, por volta de 1994 o governo dos EUA não solicitou uma revisão do empreendimento HuaMei.[27] "Essa *joint venture* amplia drasticamente as oportunidades econômicas para os Estados Unidos, em razão das impressionantes mudanças na China",[28] declarou Stevenson ao *Chicago Tribune*. Mas a maior mudança ocorreu dentro dos Estados Unidos. Em abril, o governo americano criou uma licença geral permitindo que companhias dos EUA exportassem computadores de alta velocidade, máquinas-ferramenta e equipamento de telecomunicações – itens que previamente exigiam aprovação governamental, mas que agora eram julgados como não sendo mais de tecnologia de ponta. As licenças de exportação declinaram em mais da metade entre 1993 e 1994, enquanto as exportações americanas para a China escalavam. Por volta de 1995, as companhias dos EUA exportavam perto de 2 bilhões de dólares por ano em bens que teriam exigido licenças pelas antigas regras.[29]

Essa pegada mais leve fazia sentido comercial, mas também trazia riscos de segurança. As companhias dos EUA eram exigidas a se portar com o devido zelo para assegurar que o usuário final fosse civil, tarefa de difícil a impossível na economia da China. No final da década de 1970, as forças armadas chinesas haviam recebido a atribuição mais ampla de se envolver em atividades comerciais, pois o governo esperava que isso redundasse numa redução dos orçamentos para as forças armadas.[30] No início da década de 1990, o ELP supervisionava um império de vários bilhões de dólares com investimentos em hotéis, fazendas e corporações internacionais. Sem as licenças, que criavam um registro centralizado das vendas, o governo dos EUA tinha uma capacidade limitada de supervisionar as transações individuais e as tendências em curso. A agilidade comercial veio à custa de informações.

Os pontos de vista da Nortel e do governo dos EUA refletiam amplamente o otimismo em relação a sociedades e mercados abertos, que estariam não só ganhando impulso, mas seriam impossíveis de deter. Mas essa crença estava ancorada solidamente demais nos últimos eventos, e predominava a suposição de que o futuro seria uma versão mais intensa do passado recente. Gastava-se pouco tempo em sondar os riscos do envolvimento. Em vez de ter cautela e encarar a tecnologia como uma faca de dois gumes, o governo e os líderes da indústria promoviam-na como uma varinha mágica voltada para o bem.

Entre os seis pensadores que deram sua contribuição à série de ensaios da Nortel denominada "Um Mundo de Redes", apenas John Polanyi, um Prêmio Nobel de Química e filho do polímata Michael Polanyi, fez soar uma nota de alerta. "Se as fontes de informação, destinadas a impactar com força cada vez maior, acabarem caindo nas mãos daqueles que rejeitam valores humanos, a tecnologia que poderia vir em auxílio à democracia irá, em vez disso, destruí-la", escreveu.[31] Perguntei a Polanyi, que fugiu da Alemanha para a Grã-Bretanha com a família em 1933, por que ele era a única voz dissonante. Respondeu: "Tanto Hitler quanto Stalin reverenciaram a ciência antes de abraçar a barbárie".[32]

Ignorando esses riscos, a visão da Nortel era uma projeção global de suas ambições, reformatadas como universais. Uma página inteira de seu relatório anual de 1994 tinha por título "A Visão da Northern Telecom para enriquecer o potencial humano por meio das comunicações" e ressaltava o trabalho da companhia na América do Norte, na Europa e na Ásia. No topo da lista, citava Cheng Weigao, secretário do Partido Comunista da província chinesa de Hebei, que havia gasto milhões na compra de equipamentos da Nortel para centrais telefônicas: "A antiga sabedoria chinesa dizia 'Para ficar rico, você tem que construir estradas e depois telecomunicações'. A nova sabedoria recomenda construir redes de telecomunicações, e depois estradas".[33] O pressuposto disso é que a visão da Nortel e a visão da China eram idênticas.

"SERVIR O PAÍS"

Enquanto Jean Monty especulava a respeito do globo em 1994, Ren Zhengfei lutava para sobreviver em casa. Ren batalhava para transformar a Huawei, a companhia que havia fundado em 1987, e fazê-la passar de revendedora de produtos estrangeiros a desenvolvedora da própria tecnologia – enquanto a empresa cambaleava à beira da falência. Fornecedores estrangeiros dominavam o mercado da China com produtos avançados e ofertas de financiamento. O governo chinês canalizava recursos para as próprias empresas estatais. A Huawei estava sendo esmagada, e, no entanto, por volta de 2007 iria ultrapassar a Nortel em receita anual.[34]

Como qualquer boa história sobre origens, a história oficial da Huawei destaca seu início humilde. Segundo a tradição cultuada pela companhia, Ren não tinha contatos políticos, e a Huawei precisou provar seu valor no exterior sem receber nenhum apoio estatal significativo. Exagerar as fragilidades da Huawei faz com que seu sucesso pareça fruto apenas de trabalho duro, e não de algum tratamento especial. Nesse relato, Ren figura como o general visionário que comanda uma força em inferioridade numérica de dedicados funcionários, fazendo um sacrifício atrás do outro para conseguir derrotar companhias estrangeiras. Ao ocultar suas conexões com o Estado, o "milagre" da Huawei acaba parecendo ainda mais uma história digna de orgulho nacional.

Mas as versões mais antigas da história dos primórdios da Huawei são muito diferentes. Antes que os governos ocidentais fizessem um escrutínio mais detalhado da companhia, as próprias declarações da Huawei já creditavam ao Estado chinês um papel maior. "Se não tivesse havido uma política governamental de proteção [às empresas nacionais], a Huawei não existiria mais", disse Ren em 2000.[35] Na versão "atualizada" das origens da Huawei, omite-se totalmente sua conexão com as forças armadas chinesas.

Durante o tempo que serviu o exército, Ren filiou-se ao PCCh. Em 1982, foi um dos 1.545 delegados eleitos para comparecer ao 12º Congresso Nacional do Partido. Realizados a cada cinco anos, esses encontros são os eventos cruciais em que se anunciam as transições na liderança. Sentado no Grande Salão do Povo em Pequim, Ren ouviu Deng Xiaoping incentivar seus camaradas a "abrir um caminho nosso", e ao mesmo tempo aprender com o mundo exterior. "Tanto na revolução quanto na construção, devemos também aprender dos países estrangeiros e extrair lições de sua experiência, mas a aplicação mecânica da experiência estrangeira e a cópia de modelos estrangeiros não irão nos levar a lugar nenhum",[36] alertou Deng.

Por volta de junho de 1994, Ren tinha boas conexões suficientes para encontrar-se com Jiang Zemin, presidente da China e secretário-geral do PCCh. Nesse encontro, Ren relembra que plantou uma ideia: "Eu disse que a tecnologia de equipamentos para centrais telefônicas estava relacionada à segurança nacional, e que uma nação que não tivesse seu próprio equipamento de comutação era como se não tivesse um exército próprio. O secretário-geral Jiang replicou claramente: 'Boas palavras'". Ren mencionou que a única tentativa da China de produzir um equipamento importante havia sido a construção de centrais telefônicas.[37] A Huawei, é claro, estava a apenas dois meses de lançar uma grande reformulação de sua primeira central.[38]

Ren percebeu que as autoridades chinesas encaravam o novo mundo das redes com grande cautela. Era como se andassem em duas cordas bambas, e ambas ameaçavam seu controle do poder. A primeira delas era internacional: um delicado equilíbrio entre desenvolvimento e dependência de companhias estrangeiras. Eles queriam a tecnologia de ponta que apenas as companhias estrangeiras podiam oferecer, mas tinham suspeitas justificáveis em relação aos motivos do Ocidente. No final do século XIX e início do século XX, companhias ocidentais haviam estendido ferrovias e linhas de telégrafo em território chinês, aumentando suas fatias de mercado já grandes e sobrecarregando o governo da China com pesadas dívidas. Essa humilhação não poderia repetir-se.

A segunda corda bamba era doméstica: equilibrar crescimento econômico e estabilidade social. As autoridades chinesas queriam o crescimento econômico que a nova tecnologia de comunicações poderia trazer. Sentiam-se também atraídas pelas aplicações, que ampliariam o controle por parte do Estado. Mas tinham receio de que essas tecnologias se difundissem amplamente demais. "É preciso reconhecer que apenas o Partido Comunista pode liderar a China, senão ela cairá na anarquia", escreveu Ren num documento para novos funcionários. "Uma sociedade econômica em rápido desenvolvimento, sem estabilidade, sem uma forte liderança, e que caia numa condição anárquica, é algo inimaginável."[39]

Ren sugeriu que a China desenvolvesse uma central telefônica própria, o que não era ideia nova. Ele sabia tratar-se de uma meta estratégica do governo e talvez tivesse participado dos esforços do ELP para produzir seu próprio sistema de comutação. A experiência de Ren antes da Huawei é matéria de debate, e alguns relatos indicam que trabalhou como diretor na Academia de Engenharia da Informação (AEI), instituição de pesquisa ligada ao Departamento de Pessoal Geral do ELP, que desenvolvia tecnologia de telecomunicações para as forças armadas.[40] Uma de suas principais prioridades era produzir uma central telefônica digital baseada em tecnologia estrangeira. Ren acionou suas conexões militares para ajudar a Huawei a crescer. Em 1992, a Huawei venceu uma grande concorrência aberta pelo ELP, que buscava desesperadamente equipamento para sua primeira rede nacional de telecomunicações. A Huawei não dispunha de expertise técnica para isso, e o ELP enviou uma equipe de vinte e cinco destacados pesquisadores de suas universidades e institutos filiados para ajudar. Foi com apoio do Estado que a Huawei adquiriu conhecimento crucial para desenvolver seus primeiros produtos.[41]

No ano seguinte, a Huawei lançou seu primeiro produto desenvolvido *in-house*, a central telefônica C&C08, deixando de apenas importar e revender tecnologia, como vinha fazendo até então. Para dar esse salto, a Huawei recrutou engenheiros da empresa estatal que trabalhava com a AEI em engenharia reversa de equipamento estrangeiro, e produziu a primeira central digital nativa da China.[42] A Huawei levou isso adiante e desenvolveu uma central de alta capacidade, capaz de lidar com cinco vezes mais linhas, que lançou em 1994, após a conversa de Ren com Jiang. Com isso, a companhia tornou-se capaz de receber mais encomendas lucrativas do governo.

Ren alcançou o que queria em 1995, quando o governo chinês lançou uma série de políticas para auxiliar a Huawei e outros produtores de centrais telefônicas domésticas. O governo restringiu o investimento estrangeiro nos tipos de centrais que a Huawei produzia, obrigando as companhias estrangeiras a entrarem em *joint ventures*, com ênfase no compartilhamento de tecnologia, e passou a tarifar importações de equipamentos de telecomunicações estrangeiros. O 9º Plano Quinquenal da China, para o período 1996 a 2000, duplicou o investimento em telecomunicações.[43]

A Huawei estava se tornando uma companhia campeã nacional. Entre 1994 e 1996, oito dos líderes mais importantes da China visitaram a Huawei, e gostaram do que viram. Cada visita era encarada como "uma inspeção", na qual se fazia publicidade da Huawei e os líderes chineses podiam demonstrar o progresso tecnológico da nação. Quando o vice-primeiro-ministro Zhu Rongji, do Conselho de Estado, visitou a empresa em junho de 1996, trouxe com ele os presidentes dos quatro principais bancos da China. Zhu incentivou a Huawei a competir com companhias estrangeiras não só no país, mas também no exterior, e prometeu apoio financeiro.[44] Meses mais tarde, Liu Huaqing, vice-presidente da Comissão Central de Defesa, fez também uma visita.[45]

Veio mais apoio estatal. O governo chinês intermediou parcerias, incentivando agências governamentais em nível provincial e municipal a comprar de fabricantes domésticos. Durante duas conferências, realizadas em 1997 e 1998, foram vendidos 25 milhões de linhas de equipamento de centrais telefônicas digitais. A Huawei ficou com 40 por cento dos pedidos.[46] Apenas alguns anos antes, a Nortel havia alardeado em seu relatório anual que sua *joint venture* vendera 500 mil linhas de equipamento de telefonia digital na China, o maior volume dentre os fabricantes estrangeiros de equipamento.

Os bancos estatais também captaram a mensagem. A Huawei ganhou acesso a empréstimos com juros zero, teve as restrições removidas em empréstimos abaixo de 3 milhões de dólares e recebeu duas linhas de crédito de 1 bilhão de dólares em 2000.[47] Entre 1998 e 2019, os bancos estatais chineses forneceram à Huawei 15,7 bilhões de dólares em empréstimos, créditos para exportação e outras formas de financiamento, segundo levantamento do *Wall Street Journal*.[48] A Huawei pagou tudo no prazo, fortalecendo um relacionamento benéfico para ambas as partes.

A identidade da Huawei como companhia privada, que já era motivo de orgulho, virou uma questão de sobrevivência. A companhia insiste no fato de que é independente do Estado chinês. "A Huawei é um negócio independente, nosso compromisso é ficar do lado de nossos clientes quando se trata de segurança cibernética e de proteção da privacidade. Nunca vamos causar dano a nenhuma nação ou indivíduo", declarou Ren ao *Financial Times* em 2019.[49] Sem dúvida, as antigas conexões da Huawei com o Estado chinês eram mais fracas que as da ZTE, entre outros concorrentes. Mas Ren teve, sim, o cuidado de cultivar laços, e o Estado chinês apoiou toda tecnologia crucial que a Huawei desenvolveu.[50]

O principal documento-guia da Huawei destaca suas contribuições ao Estado chinês. A carta de intenções da empresa, que Ren passou dois anos e meio ajustando antes da sua adoção em 1998, observa: "A Huawei considera sua missão servir o país por meio da indústria, rejuvenescer o país por meio da ciência e da educação, e, através de seu desenvolvimento, oferecer contribuições às comunidades em que está situada. Trabalhar incansavelmente para a prosperidade da terra-mãe, para a revitalização da nação chinesa e para a felicidade da família e do indivíduo".[51] A missão da Huawei sempre foi uma missão nacional.

Isso não surpreende nem um pouco, considerando o serviço que Ren prestou ao ELP, suas incursões pela política do PCCh e o apoio crucial que o governo chinês prestou à sua companhia. E reconhecer o auxílio que a Huawei recebeu do governo chinês tampouco depõe contra a sua sagacidade estratégica e todo o esforço humano por trás de seu sucesso. A estratégia de negócios de Ren e a dedicação de seus funcionários foram fundamentais, especialmente em conectar mercados negligenciados, como o capítulo 3 explica. Mas a partir dos primeiros dias da Huawei, Ren cultivou apoio financeiro e proteção em relação à concorrência estrangeira. Tornar-se uma campeã nacional, num país que favorecia empresas estatais, foi essencial para a sobrevivência da Huawei.

"DEVEMOS CALÇAR NOSSOS SAPATOS AMERICANOS"

O aspecto da experiência da Huawei que parece mais extraordinário é a determinação com que emulou suas concorrentes estrangeiras, usando todas as ferramentas à sua disposição para alcançá-las. A Huawei aprendeu copiando equipamento estrangeiro, por meio de *joint ventures* com companhias ocidentais e investindo pesado em consultoria de gestão ocidental. Ela desenvolveu uma rede de esforços de pesquisa em núcleos de tecnologia ocidentais. Contratou talentos de seus concorrentes.

Ren chegou a criar uma equipe de P&D dedicada ao "copismo", isto é, à cópia legal de tecnologias estrangeiras – a ideia que Deng

Xiaoping havia popularizado.[52] Em 2002, Ren declarou a um repórter que a Huawei não tinha nenhuma tecnologia avançada, explicando que já havia várias tecnologias disponíveis no mundo. A Huawei não precisava desenvolver; a companhia podia simplesmente "pegar", disse ele, referindo-se ao conceito de "copismo".[53] Mas, sem dúvida, o caminho da Huawei até superar a Nortel e seus outros concorrentes ocidentais também está cheio de acusações de cópia ilegal.

A viagem de Ren aos Estados Unidos em 1997 foi um momento constitutivo para o desenvolvimento da companhia. Ele e colegas visitaram a IBM, a Bell Labs, a Hewlett Packard e a Hughes, a companhia aeroespacial. Ao final dessa viagem, entrincheiraram-se em seu quarto de hotel, trabalharam o dia de Natal inteiro e saíram de lá com um documento de cem páginas resumindo as lições aprendidas. De volta à China, Ren passou dois dias transmitindo os achados para a alta gestão e fez circular as anotações entre o estafe.[54]

Ren ficou especialmente impressionado com o pensamento ocidental a respeito do desenvolvimento de produtos. Uma vice-presidente da IBM, Arleta Chen, deu-lhe um exemplar de *Setting the PACE in Product Development*, livro popular na época entre consultores de gestão.[55] Segundo o livro, as companhias que usavam esse sistema conseguiam reduzir à metade o tempo exigido para colocar um produto no mercado. "O processo de desenvolvimento de produtos é o campo de batalha da década de 1990 e daí em diante", proclamava a obra.[56] Essas frases com certeza repercutiram em Ren, cujas falas são cheias de metáforas militares. Ele encomendou centenas de exemplares para sua equipe, e, algo que certamente teve maiores consequências, contratou a IBM.

Quando a IBM começou a aconselhar a Huawei em 1997, a companhia chinesa estava um caos.[57] O levantamento inicial da IBM constatou que os representantes de vendas da Huawei aceitavam pedidos sem confirmar se as fábricas da Huawei teriam condições de produzi-los no tempo acertado. O estafe tinha dificuldades em prever a demanda. Algumas peças estavam em nível baixo no estoque, outras em excesso. A Huawei só conseguia entregar no prazo metade de seus pedidos, uma diferença abismal de desempenho em relação aos 94 por cento em média dos fabricantes de telecomunicações ao redor do mundo.[58] Era tão disfuncional que tinha problemas até para conseguir calcular com alguma precisão o lucro anual que realizava – ou que deixava de obter.[59]

Ren despejou recursos nesses esforços e pedia que seus funcionários seguissem à risca as instruções da IBM. "A meta mais básica da Huawei é sobreviver, e, é claro, vamos tentar alcançar nossos equivalentes ocidentais a longo prazo. Para alcançar essa meta, temos que calçar nossos sapatos americanos", Ren comunicou à sua equipe.[60]

A transformação operada pela IBM foi como uma conversão religiosa dentro da Huawei, e Ren tinha pouca paciência com os não crentes. Esperava uma adesão rigorosa, não apenas uma adaptação. "Queremos que cada um de vocês use um par de sapatos americanos, e nossos consultores americanos nos dirão como são esses sapatos", explicou ele. "Vocês talvez se perguntem se é possível fazer alguma adaptação nesses sapatos americanos depois que chegam à China. Bem, não temos direito de mudar nada; isso fica a critério de nossos conselheiros... Devemos humildemente aprender com os melhores para termos condições de vencê-los."[61] Quando um alto executivo expressou seu ceticismo durante uma reunião da direção, Ren puxou um canivete multiuso. "Se você acha que os sapatos IBM estão apertando seus pés, corte um pedaço de seus pés", sugeriu.[62]

Não foram poupados gastos. Para garantir que a IBM estivesse também alinhada ao processo, Ren decidiu substituir os serviços e o software da Huawei por produtos IBM.[63] Quando alguém questionou o valor que era pago à IBM, Ren replicou: "Não seja tonto. Você está pagando 680 dólares a hora, mas adquire um conhecimento que eles desenvolveram durante mais de 30 anos. Se pedir um desconto, eles passarão apenas conhecimento dos últimos três meses. O que compensa mais?"[64] Entre 1997 e 2012, a Huawei gastou pelo menos 1,6 bilhão de dólares em serviços de consultoria e em projetos de transformação voltados à adoção das melhores práticas das empresas ocidentais, nada menos que 1 por cento de suas vendas anuais.[65]

O que a IBM imaginou que fosse demorar nove meses estendeu-se a um esforço de dezessete anos para transformar a Huawei. Em termos de consultoria de gestão, a IBM enviou um pequeno exército à Huawei, que acolhia de uma dúzia a uma centena de consultores por vez.[66]

Os consultores da IBM ofereciam treinamento prático para operações básicas de negócios, mostrando aos funcionários da Huawei até mesmo como conduzir reuniões de maneira mais eficaz.[67] Depois de quatro anos aprimorando os processos de desenvolvimento de produtos da Huawei, a IBM ajudou-a a redesenhar seus serviços financeiros, o que se tornou uma das ferramentas mais poderosas do arsenal da Huawei para fechar acordos.

A transformação interna da Huawei abriu lucrativas portas no exterior. Quando a Huawei abordou a British Telecom (BT) para se qualificar como fornecedora, nenhuma empresa chinesa havia até então atendido aos padrões mínimos da BT. Era uma hipótese remota, mas os consultores da IBM prestaram assistência durante todo o processo. A Huawei qualificou-se, fez sua oferta com preços lá embaixo, e ganhou o contrato em 2005, adentrando as redes do Reino Unido pela primeira vez.

A exportação do Ocidente à China que foi menos valorizada talvez tenha sido a das práticas de gestão corporativa. A consultoria de gestão não tem aquela aura de mistério própria da aquisição de expertise e de tecnologia por meios ilícitos, no entanto, transformou a Huawei. A IBM foi o parceiro mais importante da Huawei, mas Ren também contratou outras consultorias, como Accenture e Mercer.[68] Esses serviços permitiram à Huawei reformular-se e conseguir novos negócios no exterior. Ao sair do caos do início dos anos 1990, a Huawei emergiu como uma companhia globalmente competitiva.[69]

"UM NOVO CAMPO DE BATALHA IDEOLÓGICO E POLÍTICO"

O auge da exaltação dos efeitos liberalizantes da tecnologia teve lugar na primavera de 2000, quando os Estados Unidos apoiaram a entrada da China na Organização Mundial do Comércio (OMC). Autoridades do governo dos EUA e líderes corporativos argumentavam que a filiação da China era não só um imperativo comercial para a abertura de seu mercado, mas um imperativo moral para a abertura de sua sociedade. No entanto, quando correram para buscar seus interesses na China, as companhias ocidentais arriscaram não só seu futuro comercial como os valores que defendiam.

O governo dos EUA mais uma vez pavimentou o caminho para um envolvimento comercial mais profundo. "A China escolheu a reforma, apesar dos riscos. Escolheu superar um grande muro de suspeita e insegurança, e envolver-se com o resto do mundo", explicou o presidente Clinton na Escola de Estudos Internacionais Avançados da Universidade Johns Hopkins, em Washington, D.C., em 9 de março. "A questão para os Estados Unidos, portanto, é se queremos apoiar essa escolha ou rejeitá-la, e então ficar assistindo enquanto o resto do mundo corre para entrar. Seria um erro de proporções realmente históricas."[70]

Clinton precisou do aval do Congresso para garantir a concessão à China de um status de comércio normal permanente, e as companhias dos EUA foram até o Capitólio fazer lobby junto aos legisladores. Companhias de tecnologia tiveram um papel importante, pois estavam em boa posição para aumentar suas exportações, defendendo com isso empregos para os americanos em casa e, pelo menos era essa a expectativa, promovendo benefícios sociais no exterior. Durante uma audiência na Comissão de Relações Exteriores do Senado em abril de 2000, importantes lideranças do governo dos EUA, da Nortel e da Motorola descreveram a grande oportunidade representada pela entrada da China na OMC e fizeram advertências em relação à perda de uma oportunidade histórica como essa.[71]

O tecno-otimismo beirava a tecnoevangelização. "Venho trabalhando na China já há dez anos e acredito, de coração e racionalmente, que a Motorola, por meio de seu envolvimento comercial na China, tem sido uma força poderosa e positiva para a mudança", explicou Richard Younts, alto executivo e consultor do CEO da Motorola. "Temos contribuído, e não foi pouco, para o processo de reforma e transformação da China. Estamos exportando não apenas produtos americanos à China; estamos exportando valores americanos."[72]

O presidente da Nortel, Frank Carlucci, foi uma das vozes mais poderosas na defesa da admissão da China na OMC. Antes de ir para o setor privado, Carlucci fez carreira longa e destacada no governo, começando como funcionário do serviço estrangeiro no Departamento de Estado e ascendendo até tornar-se conselheiro de Segurança Nacional do presidente Reagan e seu último secretário de Defesa. Esse combatente da Guerra Fria argumentou que "o acesso da China à

OMC irá ajudar o povo chinês a ganhar maior acesso a ferramentas de comunicação como a internet. Essas ferramentas não podem ser controladas e irão ajudar a conectar o povo chinês ao resto do mundo como nunca aconteceu antes".[73]

Carlucci acabara de voltar de uma viagem a Pequim, onde encontrara o líder chinês Jiang Zemin. A entrada na OMC, explicou Carlucci, era o "assunto mais discutido na China". Jiang, relatou ele, "disse que eles estavam entrando na nova economia. Encaravam isso como sua abertura ao mundo. Como oportunidade de desenvolver seu país mais rapidamente e como oportunidade de lidar com algumas das questões complicadas que estavam enfrentando". "É uma situação do tipo abrir ou fechar", disse Carlucci ao Congresso. "Garantir [status comercial normal permanente] à China irá assegurar às companhias dos EUA acesso à China nos nossos termos; negar [esse status] irá colocar os termos de nosso acesso nas mãos da China." O Congresso acabou concordando, e, seis meses após a audiência, os Estados Unidos normalizaram as relações comerciais com a China.

Entretanto, um mês antes da audiência de Carlucci, Jiang apresentara uma visão drasticamente diferente aos altos dirigentes do Partido. "As redes de informação já se tornaram uma nova arena de pensamento e cultura e um novo campo de batalha ideológico e político", declarou. "Em resumo, a política básica em relação às redes de informação é a de desenvolvê-las ativamente, fortalecer a supervisão sobre elas, buscar suas vantagens e ao mesmo tempo evitar suas desvantagens, usá-las para nossos propósitos, e buscar alcançar uma posição na qual tenhamos sempre a iniciativa no desenvolvimento global das redes de informação."[74] Jiang reconheceu que a batalha, em vez de terminar, estava se intensificando. E sua intenção era manter as redes da China firmemente nas mãos do Partido Comunista.

A visão que Jiang tinha de tecnologia havia sido moldada por sua experiência à frente do Ministério da Indústria Eletrônica da China na década de 1980. Em 1983, ele liderara uma delegação chinesa em visita a companhias de tecnologia do Canadá e dos Estados Unidos. O relatório de Jiang ao Conselho de Estado, o mais alto corpo administrativo do país, parece um manual para a ascensão da China nas décadas seguintes. "O setor de eletrônica de nosso país está atrasado em ciência e tecnologia", sublinhou ele.[75] Para acertar o passo, Jiang recomendou importar tecnologia dos EUA e do Canadá, montar *joint ventures* e aumentar o intercâmbio acadêmico.

A ideia de Jiang de montar P&D nos Estados Unidos ofuscou a visão das atividades mais controversas da China nas décadas seguintes. "Há muitos especialistas sino-americanos no Vale do Silício, e eles têm várias pequenas companhias de sua propriedade", observou. "Precisamos pensar em montar uma companhia de P&D nessa área, como companhia estrangeira ou como companhia de propriedade de um sino-americano, e mandar pessoal para empreender ali trabalho de design e desenvolvimento. Isso ajudaria muito a fazer pleno uso de condições favoráveis para importar tecnologia e assegurar informações de mercado." À primeira vista, era uma receita não para inovar dentro dos Estados Unidos, e sim para extrair informação dali.

Jiang também acreditava que o setor de tecnologia da China deveria acima de tudo atender às suas forças armadas. Dois meses depois de voltar do Canadá e dos Estados Unidos, Jiang argumentou em um artigo para o *People's Daily*: "O desenvolvimento de equipamento militar eletrônico tem relevância para a segurança nacional, portanto deve ser nossa mais alta prioridade".[76] No ano seguinte, Jiang reiterou que uma das responsabilidades "mais fundamentais" do setor de eletrônica era "prover eletrônica militar avançada para modernizar a defesa nacional".[77] "A ideologia que guia o setor eletrônico é assegurar a produção de artefatos militares e encontrar aplicações civis para a tecnologia militar", explicou ele em 1985.[78]

Na década de 1990, a primeira Guerra do Golfo e o bombardeio da Iugoslávia pela OTAN fortaleceram as visões de Jiang a respeito da importância da nova tecnologia para o poderio militar. A China era uma mera observadora desses conflitos, mas à medida que Jiang ia vendo as forças armadas dos EUA lançarem mísseis guiados com precisão e destruindo equipamento russo, muito parecido com os artefatos militares chineses, começou a pensar mais em tecnologia de comunicações e de combate. Por volta de 2000, ele encarava a informação como parte do campo de batalha. "Em uma guerra high-tech, um exército não é capaz de exercer soberania sobre suas águas territoriais e seu espaço aéreo sem soberania sobre sua informação", declarou numa reunião da Comissão Central de Defesa da China. "É possível prever que a guerra informatizada será a principal forma de guerra no século XXI."[79]

Para os ouvidos ocidentais em 2000, porém, Jiang soava como se estivesse dando boas-vindas a uma internet aberta. Em agosto, ele fez um pronunciamento no Congresso Mundial de Computação, que estava sendo realizado em Pequim. "O fato de a informação poder ser transmitida de maneira rápida e ampla está transformando o mundo num espaço de informação sem fronteiras. A informação atravessa rios e montanhas sem esforço e se espalha pelo mundo inteiro", disse Jiang ao público presente.[80] Mas a principal mensagem do líder chinês foi pedir aos países desenvolvidos que ajudassem a China em seu desenvolvimento tecnológico, e ele não hesitou em usar a mesma retórica desses países para deixá-los mais inclinados a aceitar essa argumentação.

Jiang também citou os desafios impostos pela crescente conectividade e propôs uma grande ideia que recebeu relativamente pouca atenção. "Para promover um desenvolvimento saudável da internet, defendemos adotar um tratado internacional a respeito dela que faça os países trabalharem juntos no sentido de fortalecer a supervisão da segurança da informação, para sermos capazes de desfrutar plenamente dos aspectos positivos da internet." Era uma conclamação a proteger o Estado contra as próprias forças que o Ocidente esperava que a tecnologia pudesse liberar. Mas diante da linguagem floreada de Jiang para se referir ao movimento da informação, isso mal foi percebido. "Jiang pareceu aceitar a inevitabilidade do fluxo livre da informação", reportou o *New York Times*.[81]

A CORRIDA PELO ESCUDO DE OURO

Enquanto o Ocidente focava nos aspectos comerciais da venda de tecnologia, a China concentrava-se nas implicações militares e de segurança nacional. Essas visões, em vez de conflitarem, reforçaram-se mutuamente, pois as empresas ocidentais apoiaram abertamente – e lucraram – com a pauta de segurança da China.

Uma grande exposição comercial realizada em Pequim deixou evidente a desconexão entre as alegações do Ocidente, de estar exportando valores, e a realidade, isto é, que o Partido Comunista importava ferramentas para manter seu poder. A feira "Security China 2000" atraiu centenas de companhias estrangeiras, como Cisco Systems, Motorola e Nortel, entre outras. Greg Walton, pesquisador independente, documentou em extenso relatório que um dos organizadores era o Comitê Central da Comissão de Gestão Abrangente da Segurança Social, um órgão do PCCh. Ou seja, as companhias ocidentais estavam oferecendo seus produtos aos serviços de segurança da China.[82]

A grande atração do evento era o "Escudo de Ouro" da China. Segundo um de seus principais arquitetos, o Escudo de Ouro tinha seis metas: uma rede para conectar forças públicas de segurança, uma base de dados centralizada para a polícia chinesa, padrões para promover compartilhamento de informações entre órgãos, rede de segurança e integridade de dados, capacidades para melhorar o desempenho da rede, e, por fim, mecanismos para monitorar tráfego em tempo real e bloquear conteúdo indesejável.[83] Essa última meta foi a que recebeu mais atenção dos observadores ocidentais, que a apelidaram de "Grande Firewall" [ou "Grande Muralha de Fogo"], deixando de notar que o projeto tinha ambições bem maiores e estava focado mais na vigilância doméstica do que na externa.[84]

O nome "Escudo de Ouro", que ancorava o projeto, seguia uma tradição de várias outras redes patrocinadas pelo Estado. Na década de 1990, o governo chinês apoiara uma série chamada "Projetos Ouro". Alfândegas de Ouro coletava impostos e dados comerciais. O Cartão de Ouro conectava bancos, negócios e consumidores num sistema público de cartão de crédito. O mais ambicioso de todos era o projeto Ponte de Ouro, que conectava órgãos governamentais da China, empresas estatais e o público, servindo essencialmente como uma intranet nacional. Foram lançados também outros projetos para monitorar dados de impostos, agricultura e assistência médica,[85] formando coletivamente o que Zhu Rongji, então vice-primeiro-ministro do Conselho de Estado, chamou de "a rede nacional pública de informação econômica".[86]

O objetivo principal dos Projetos Ouro não era conectar a China ao mundo, mas conectá-la ao PCCh.[87] Ao se tornar o administrador e nó central de todas essas redes, o PCCh posicionava-se de modo a se beneficiar de maior fluxo de informação, conseguindo monitorar melhor e, em última instância, gerir o Estado e a economia. Como o fim da União Soviética vividamente destacara, burocratas têm que fazer um tremendo esforço para conseguir definir preços, alocar recursos e tomar outras decisões com a mesma eficiência dos mercados. Os Projetos Ouro pareciam oferecer uma solução a um dos grandes desafios do Comunismo. O Partido enxergava a conectividade como um meio de melhorar sua coordenação e seu controle.

Mas as autoridades chinesas ainda precisavam de tecnologia estrangeira para tornar o Escudo de Ouro uma realidade. Após garantir apoio à entrada da China na OMC, o governo chinês talvez tivesse diminuído sua preocupação de que as críticas sobre sua política de direitos humanos limitassem seu acesso à tecnologia ocidental. As autoridades chinesas, em vez de minimizarem o escopo daquilo que tinham em mente, salientaram o alcance pretendido com o Escudo de Ouro. Ao final de 2000, elas declaravam gastos de 70 milhões de dólares no projeto e também que planejavam gastar muito mais nos próximos anos, segundo Walton.[88] As companhias ocidentais deveriam ter ficado alarmadas, já que isso equivalia a esquemas para implantar um panóptico digital. Em vez disso, correram para fazer parte.

Na exposição Security China 2000, a Nortel estava promovendo o JungleMUX, um produto de rede digital desenvolvido inicialmente para companhias de geração de energia elétrica.[89] Com a substituição de seus cabos convencionais por cabos de fibra óptica e com a utilização do JungleMUX, as companhias eram capazes de transmitir mais dados, mais rapidamente e vencendo distâncias maiores. Quando a General Electric adquiriu essas tecnologias da Nortel em 2001, a empresa observou: "São ideais para uso em aplicações de telecomunicações de clientes industriais e comerciais com grandes instalações, geograficamente dispersas, como as de petroquímicas, aeroportos e corredores de transporte".[90] Mas foi o uso secundário do produto que despertou maior interesse nas autoridades chinesas: o sistema era também capaz de transportar grandes volumes de vídeos de vigilância, a grandes distâncias, até uma unidade central de controle.[91]

As *joint ventures* da Nortel na China já vinham ajudando a produzir partes desse aparato de vigilância. Como Walton reporta, a Nortel tinha parceria com a Universidade Tsinghua para desenvolver tecnologia de reconhecimento de fala.[92] As potenciais aplicações eram amplas e iam de automatizar linhas telefônicas de atendimento ao cliente a permitir a vigilância pelo governo das conversações telefônicas. Uma das *joint ventures* chinesas da Nortel produziu a primeira central que, embora respeitando as leis americanas e europeias, exigia que os equipamentos de telecomunicações permitissem que o governo interceptasse comunicações.[93] Essas capacitações foram projetadas para uso em países onde a aplicação governamental era regulada e limitada pelas leis. Na China, porém, quem faz a lei é o Partido.

A série OPTera Metro da Nortel, também apresentada na exposição, enfatizava a natureza dual da tecnologia que as empresas ocidentais estavam oferecendo. O produto fazia a gestão do tráfego na rede para melhorar seu desempenho. Mas para tornar isso possível, precisava ser capaz de inspecionar o próprio tráfego e estabelecer controles administrativos, e estes poderiam facilmente ser usados para outros propósitos. Por exemplo, os administradores poderiam configurar alarmes silenciosos, que reportassem eventos mas sem alertar o usuário, transferindo arquivos para e a partir dos computadores da rede, e alterando o roteamento do tráfego.[94] Isto é, um produto desenvolvido para maximizar o fluxo de informação havia sido projetado especialmente para ser capaz também de aprimorar o controle pelo Estado.

A Nortel incluiu os produtos OPTera em sua "Estratégia Pessoal de Internet", uma grande ideia que causou impacto tanto nas salas de diretoria do Ocidente quanto nos órgãos do governo chinês.[95] A meta era entregar conteúdo mais customizado aos usuários de internet e fazer isso com maior eficiência. Mas para tanto era preciso rastrear o comportamento do usuário, as características do dispositivo e até a localização. "Imagine uma rede que sabe quem você é, onde você está e que é capaz de alcançá-lo quer você esteja no celular ou no computador", proclamavam os anúncios da Nortel. "Melhor ainda, imagine que, em vez de encontrar seu conteúdo Web, ela encontra você. Soa pessoal, não é? Exatamente." [96]

Sim, exatamente. Três meses após a exposição, a Nortel conseguiu aquilo que constituía o maior contrato óptico na história da China.[97] O negócio de 101 milhões de dólares em um ano com a China Telecom, maior empresa de telecomunicações da China, estatal, previa entregar e instalar 15 mil quilômetros de rede de fibra óptica de longo percurso, e mais uma batelada de produtos OPTera. "Essa rede óptica de nova geração irá abranger regiões cruciais do norte, sul e sudoeste da China, provendo a China Telecom com banda larga colossal, níveis sem paralelo de inteligência e o menor custo do setor por bit gerido", declarava uma publicação da área.[98] Velocidade, inteligência e eficiência. Soa perigoso.

O desafio do uso dual já é tradicionalmente mais desafiador, digamos assim. A preocupação dos vendedores é que os compradores montem organizações de fachada para mascarar tanto suas identidades quanto a destinação e uso dos produtos. Mas o Escudo de Ouro foi amplamente anunciado e oferecido à vista de todos. As companhias ocidentais chegaram a Pequim para participar de uma exposição sobre segurança que lhes deu um público constituído pelos serviços de segurança da China. Os componentes-chave do Escudo de Ouro foram destacados nos relatórios anuais das companhias que haviam vencido a concorrência para fornecê-los.

A Nortel vislumbrou prêmios ainda maiores no horizonte. O negócio com a China Telecom fortaleceu sua posição como principal fornecedor de infraestrutura óptica na China, e mais vendas se seguiram, o que parecia justificar a estratégia da Nortel. Ela também vendeu sistemas OPTera à Shanghai Telecom, criando a primeira rede óptica de alta velocidade da China abrangendo uma cidade inteira,[99] e também à China Unicom.[100] Mas a investida teria uma vida mais curta do que os executivos ocidentais previam. Seus parceiros chineses estavam a ponto de se tornar seus concorrentes diretos. Sem o conhecimento da Nortel, uma batalha clandestina já estava em curso.

"AS REALIZAÇÕES DA HUAWEI NOS ENCHEM DE ORGULHO"

Um misterioso visitante chegou à sede da Nortel nos EUA por volta de 2000. O complexo de dois edifícios, com uma área equivalente à do Palácio de Buckingham, erguia-se imponente junto a uma estrada de Richardson, subúrbio de Dallas, Texas. A Nortel construiu o escritório em 1991, seguindo o mesmo caminho de uma lista crescente de empresas americanas de tecnologia atraídas pelas isenções de impostos da área de Dallas-Fort Worth e por sua força de trabalho de boa formação. Em razão desse denso ecossistema de companhias de telecomunicações, havia naqueles dias um fluxo constante de pessoas transitando pelo complexo da Nortel.

Mas esse encontro foi tão bizarro que os funcionários da Nortel ainda se lembram do incidente duas décadas depois. O visitante estava devolvendo um cartão de fibra usado em *switches* da Nortel e solicitando um reembolso. O produto, no entanto, estava em pedaços. Havia sido desmontado, provavelmente como parte de uma manobra de engenharia reversa. O visitante trabalhava para a Huawei, ou para uma companhia de fachada, segundo antigos funcionários da Nortel relataram mais tarde a Tom Blackwell, um jornalista do *National Post*.[101]

O incidente parece uma afronta, visto em retrospecto. O cartão de fibra podia ter um custo relativamente alto para um amador, mas seria algo ínfimo para a Huawei. Ao pedir um reembolso, o visitante claramente chamava a atenção para a engenharia reversa. Mas a sua decisão podia indicar que havia um cálculo premeditado, já que as consequências da detecção talvez fossem compensadas pelos potenciais benefícios dessa informação. Afinal, devolver o equipamento dava ao visitante a oportunidade de fazer perguntas, de tentar extrair o máximo possível de informação do processo.

A Nortel poderia ter reagido de outra forma se soubesse que a Cisco, a apenas seis minutos dali na mesma estrada, também estava sob ataque. Mais ou menos à mesma época, a Huawei, segundo relatos, coletava as informações de que precisava para copiar os roteadores da Cisco – é o que indica a documentação judicial do processo movido pela Cisco em 2003, e também algumas manifestações subsequentes do Departamento de Justiça dos EUA.[102] Um especialista independente concluiu que a Huawei copiou o código fonte da Cisco e replicou-o em seus roteadores de maneira literal.[103]

As similaridades eram impressionantes também nos aspectos superficiais. O produto roteador da Huawei, o Quidway, usava até números de modelo similares. A interface do usuário era similar. Os manuais de uso da Huawei plagiavam trechos inteiros dos manuais da Cisco, até mesmo a tipologia.[104] Em 2001, a campanha publicitária da Huawei nos EUA incluía imagens da ponte Golden Gate de São Francisco, na qual o logo da Cisco se baseia. A sutileza não era a meta. "A única diferença entre nós e eles é o preço", dizia o anúncio.[105]

A Huawei talvez tenha se sentido encorajada por essa experiência. Depois de obter informações valiosas e comercializado produtos similares, teve como prejuízos apenas as manchetes negativas e os honorários advocatícios em mercados estrangeiros. Enquanto isso, o "copismo" de Ren continuava atuante na China. Em 1999, a Cisco dominava 80 por cento do mercado chinês de roteadores. Mas à época em que moveu seu processo contra a Huawei em 2004, a Cisco tinha apenas 56 por cento do mercado chinês de roteadores, e a Huawei já contava com 31 por cento.[106]

A questão com a Cisco ressurgiu brevemente em 2012, quando o vice-presidente sênior da Huawei, Charles Ding, fez a falsa alegação de que a Huawei havia sido absolvida por uma revisão independente. Em resposta, a Cisco revelou novos detalhes sobre a apropriação indébita do código. Mas o conselheiro-geral da Cisco, Mark Chandler, teve o cuidado de apontar: "Não se trata de Estados Unidos *versus* China, e respeitamos os esforços que o governo chinês está fazendo para aumentar a proteção à propriedade intelectual".[107] A Cisco mostrou fraqueza e preocupação com a possibilidade de perder o acesso ao mercado da China.

A reação da Nortel ao visitante suspeito foi ainda mais contida. Ela avaliou abrir um processo, segundo antigos funcionários contaram ao *Globe and Mail*, mas decidiu esquecer o assunto. Mas a Huawei não pretendia esquecer da Nortel. Tinha maiores planos para os Estados Unidos, a começar pelo Texas.

No Dia dos Namorados de 2001 [14 de fevereiro, nos EUA], a Huawei inaugurou sua sede norte-americana em Plano, Texas, junto à rodovia pedagiada Presidente George Bush e a apenas dez minutos de carro dos escritórios da Nortel, pela Route 75. Essa subsidiária, que eles chamaram de Futurewei, começou com uma equipe relativamente pequena de trinta pessoas, mas tinha planos de expansão e arrendou uma área de cerca de 2.200 metros quadrados.[108] Para a Huawei, o escritório era uma maneira de cair de paraquedas num dos mais dinâmicos núcleos de empresas de telecomunicações – do jeito que Jiang Zemin havia proposto após sua visita de 1983 aos Estados Unidos e ao Canadá.

O estado do Texas e as autoridades locais fizeram de tudo para ajudar a Huawei a se expandir. Estavam ansiosos para atrair novos investimentos, especialmente depois que explodiu a bolha das "ponto com", causando danos às companhias tech da área. Em 2009, a cidade de Plano aprovou uma subvenção de 712.800 dólares para que a Huawei investisse num novo escritório de marketing e propaganda.[109] Para selar o negócio, o governador do Texas, Rick Perry, fez lobby pessoalmente junto a Ren durante uma viagem a Pequim.[110]

Perry queria exibir o investimento da Huawei como um exemplo da prosperidade econômica do Texas. Em uma cerimônia de inauguração em outubro de 2010, estendeu-se em elogios. "Esta é uma companhia de reputação mundial realmente forte. São inovadores em tecnologia de telecomunicações de qualidade", destacou.[111] "Os efeitos multiplicadores dessa companhia serão substanciais", observou Perry, sugerindo impactos econômicos positivos, sem atentar para a controvérsia política que iria se seguir.

Perry deve ter tido conhecimento de que a Huawei desejava muito uma aprovação pública por autoridades dos EUA, e de bom grado fez elogios a Ren como pessoa. "Que homem realmente interessante é ele. Absolutamente franco. Se você não o conhecesse melhor, diria que foi criado no Oeste do Texas", comentou bem-humorado do pódio. "É realmente um CEO muito poderoso e um indivíduo muito focado e altamente motivado, o que no mundo em que vivemos hoje é uma grande qualidade."[112]

Mas a cultura de alta motivação da Huawei também deixou um rastro de supostas artimanhas, como visar funcionários que tivessem acesso a segredos comerciais e informações confidenciais.[113] Isso é algo disseminado no setor tech, onde as carreiras são fluidas, a competição é acirrada e a propriedade intelectual é muito valorizada. Funcionários ambiciosos veem oportunidades de ascender rapidamente ao passarem de uma companhia a outra, e alguns se mostram dispostos a trair os antigos empregadores e a burlar a lei. Mas mesmo nesse ambiente hipercompetitivo, o escopo e a duração das atividades da Huawei se destacaram.

A Huawei promoveu essas práticas desde o início, segundo o Departamento de Justiça dos EUA. Em 2001, alegadamente recrutou Shaowei Pan, um importante engenheiro da sede da Motorola em Schaumburg, Illinois. Pan, em colaboração com vários outros engenheiros da Motorola, desenvolveu produtos para a Huawei enquanto ainda era empregado da Motorola, e fez inúmeras viagens, sob a cobertura dessa empresa, ao escritório da Huawei em Pequim e ao seu escritório da Futurewei no Texas, entre 2001 e 2004. Seu trabalho, empregando tecnologia proprietária da Motorola, tinha suficiente importância para lhe propiciar acesso direto a Ren, que se encontrou com ele em Pequim e com quem trocava e-mails.[114]

Muitos detalhes da correspondência entre Pan e a Huawei foram destruídos. Depois que um tribunal do Illinois ordenou que Pan entregasse seu computador, ele fez rodar um programa chamado "Eraser", que torna os dados irrecuperáveis, deletando-os e escrevendo por cima deles. Também alterou os relógios do computador, para impedir que os investigadores conseguissem montar uma linha do tempo. Pedir a um engenheiro que entregue um computador que pode levar à sua condenação é como esperar que John Dillinger* educadamente entregue suas armas. A Huawei teve muita sorte.

Mas nem tudo se perdeu, e em fragmentos de dados recuperados os investigadores encontraram o que acreditavam ser uma prova cabal. "Segue em anexo aqueles documento [sic] sobre as especificações que você solicitou a respeito do SC300 (CDMA 2000 1X)", escreveu Pan a Ren e a outro alto executivo da Huawei em março de 2003.[115]Pan estava repassando as especificações de uma das estações sem fio 3G mais avançadas da Motorola para o CEO de uma grande empresa rival. Além disso, segundo argumentaram os advogados da Motorola, fez isso não só por iniciativa própria, mas atendendo às solicitações de Ren.

Ironicamente, foi durante esse período que a Huawei quase se tornou americana. Não muito depois do e-mail de Pan com as especificações, Ren também recebeu da Motorola uma daquelas ofertas que mudam o jogo. Em dezembro de 2003, o diretor de operações da Motorola, Mike Zafirovski, viajou à ilha de Hainan na China e, durante um passeio com Ren pela praia, discutiram o futuro de suas duas companhias. Semanas mais tarde, concordaram que a Motorola compraria a Huawei por 7,5 bilhões de dólares.[116] Mas o conselho

---

* Célebre gângster americano da época da Grande Depressão, líder de um quadrilha de assalto a bancos. [N.T.]

diretor da Motorola não se convenceu do valor da Huawei e acabou desistindo do negócio.

Por volta de 2004, o mundo das redes da Nortel começava a parecer mais perigoso. O relatório anual da companhia, depois de mais de uma década enfatizando as oportunidades que o mercado chinês oferecia, reconheceu que enfrentava "novos concorrentes, particularmente da China" no mercado global.[117] Como reação, sua estratégia era dobrar a aposta na Ásia, particularmente na Índia, na China e na Coreia do Sul, e expandir seu foco na segurança informática. "A Nortel vem trabalhando para prover soluções de nova geração para uma defesa contínua contra uma variedade de ameaças que vão do cerne da rede até o desktop, possibilitando que provedores de serviços e empresas eliminem ameaças específicas antes que elas tenham a oportunidade de se espalhar", anunciou.[118]

Embora enfatizasse seu foco na segurança, a Nortel não mencionou que estava sendo hackeada pela China. Em 2004, o conselheiro de segurança da Nortel, Brian Shields, foi alertado a respeito de um comportamento incomum dentro da rede da companhia. Ao que parece, um alto executivo vinha baixando documentos altamente técnicos e não relacionados com sua área do negócio.[119] Ao ser questionado, disse não ter lembrança dos arquivos. Revisando a atividade, Shields descobriu uma imensa brecha. Desde pelo menos 2000, hackers haviam operado dentro da rede interna da Nortel.

"Depois que você entrava na rede, tudo era fácil e tranquilo", Shields reportou mais tarde ao *Wall Street Journal*.[120] Os hackers conseguiram acesso às contas de e-mail de sete altos executivos, entre eles o CEO Frank Dunn, e extraíram um tesouro de documentos. Durante os seis meses em que Shields rastreou suas atividades, os hackers acessaram mais de 1.400 documentos, como artigos técnicos, planos de desenvolvimento de produtos e até propostas de vendas com informações de preços. A Nortel redefiniu senhas, mas afora isso pouco fez para fortalecer suas defesas. Shields escreveu um relatório, mas este foi arquivado e essencialmente ignorado. Os hackers mudaram suas táticas, e seis meses depois que a invasão inicial foi descoberta o hackeamento voltou com força total.[121] Shields, em seu rastreamento, descobriu que os dados iam para Xangai, até a sede da Unidade 61398, uma das principais unidades cibernéticas do ELP.[122] Embora ele não conseguisse apontar de modo conclusivo a fonte do hackeamento, a conexão com Xangai era significativa em outro aspecto. Apenas alguns anos antes, a Nortel havia construído a primeira rede de fibra óptica da cidade com seus produtos OPTera. Ou seja, os segredos da Nortel estavam sendo tirados de seus computadores na América do Norte e, no caminho até seu destino final, literalmente trafegavam pela rede que ela construíra em Xangai.

A QUEDA

Durante os últimos anos da Nortel, a Huawei já rondava a gigante canadense de tecnologia. Primeiro como pomba, depois como falcão e, por fim, como abutre.

Uma oferta de paz começou a ganhar forma em 2005, quando Mike Zafirovski deixou a Motorola e se tornou CEO da Nortel. O cenário das telecons globais estava mudando. À medida que a Huawei e a ZTE começaram a minar a concorrência com reduções de preço, as companhias ocidentais resolveram se unir. A maior escala prometia ser útil para apoiar financeiramente uma P&D cada vez mais cara, que elas precisavam patrocinar para continuar competitivas. Nos anos seguintes, a Lucent se fundiu à Alcatel, a Ericsson adquiriu a Marconi, e a Nokia e a Siemens fundiram seus negócios de telecomunicações.

Em fevereiro de 2006, a Huawei e a Nortel anunciaram sua intenção de formar uma *joint venture* para oferecer banda larga de maior velocidade.[123] A nova companhia teria sede em Ottawa, e a Nortel seria majoritária. Embora a parceria não tivesse sido fechada ainda, a Nortel já começara a comercializar equipamento Huawei para as operadoras e a desenvolver produtos conjuntamente. Nortel e Huawei esperavam que esses anúncios ajudassem a garantir contratos com as operadoras.

Os interesses das duas rivais pareciam estar alinhados, mas a parceria revelava uma inversão fundamental dos papéis. Antes, a Nortel tinha a tecnologia que a Huawei queria muito ter. E agora iria vender os produtos de banda larga da Huawei. Esta antes detinha o acesso ao mercado da China que a Nortel queria muito abocanhar. E agora era a Huawei que queria o acesso que a Nortel detinha aos mercados da

América do Norte. Ficava evidente qual era a companhia que contava agora com maior impulso. A Huawei estava em ascensão, e a Nortel, prestes a desabar mais rápido do que se imaginava.

No entanto, os contratos com as operadoras não se concretizaram, e o empreendimento então deixou de ser atraente.[124] A parceria terminou em junho de 2006, apenas quatro meses após ter sido anunciada e antes de se tornar oficialmente operacional. "A Huawei não montou nenhuma *joint venture* bem-sucedida com ninguém", Zafirovski declarou ao *Vancouver Sun* vários anos depois.[125] Mas talvez tivesse de todo modo sido algo positivo para a Huawei. A Nortel, na pressa de iniciar o desenvolvimento de produto e a comercialização, mesmo antes de concluir a *joint venture*, pode ter cedido informações adicionais.

Em 2007, a Huawei superou a receita anual da Nortel, e a empresa canadense entrou em espiral descendente. Sem dúvida, a companhia enfrentara grandes desafios, e a concorrência chinesa fora apenas um deles.[126] Nas palavras de um antigo alto executivo, a Nortel enfrentou uma "tempestade perfeita, com expansão rápida, bolha de tecnologia, fusões no setor e o colapso global de investimento de capital pelos clientes".[127] A última dessas forças, a crise financeira de 2008, pressionou a Nortel além das suas possibilidades de recuperação. As ações da companhia, que no seu auge em 2000 valiam cerca de oitenta quatro dólares a ação, despencaram a centavos de dólar. Em 14 de janeiro de 2009, a gigante de tecnologia requisitou falência e se tornou o maior fracasso corporativo da história canadense.[128]

Apesar de apoiar a ascensão da Nortel ao longo dos anos, o governo canadense não se dispôs a intervir para evitar sua queda.[129] Antigos executivos da Nortel argumentam que a companhia era importante estrategicamente e que deveria ter sido socorrida. Eles propuseram usar os cerca de 1 bilhão de dólares canadenses da companhia em créditos de impostos, que ela ganhara ao investir em P&D ao longo dos anos, para construir com isso uma rede nacional de alta velocidade.[130] Mas as autoridades canadenses encararam o declínio da Nortel como uma crise pela qual a responsável era a própria companhia.

Uma decisão como essa teria sido impensável em Pequim. Depois de ter oferecido apoio político e financeiro à Huawei, o governo chinês jamais permitiria que ela fosse à falência sem que uma campeã nacional tomasse seu lugar. "Outras nações viram o setor como estratégico e lutaram para proteger e promover suas companhias dentro do setor", explica Robert D. Atkinson, economista canadense-americano e presidente da Fundação para a Tecnologia da Informação e Inovação. "Em nenhum lugar isso é tão verdadeiro quanto na China."[131]

Numa tentativa final de salvar a Nortel, um grupo de ex-executivos abordou a Huawei em maio de 2009. Planejavam criar uma nova companhia para adquirir os ativos da Nortel, e propuseram que a Huawei fizesse um investimento minoritário. Os dois lados se esforçaram para chegar a um acordo e levá-lo adiante para aprovação. Mas ao contrário do que ocorreu com a Motorola, que decidiu rejeitar o negócio que Zafirovski havia proposto em 2003, dessa vez foi a diretoria da Huawei que rejeitou o negócio.[132]

A Nortel estava morta, mas a Huawei estava longe de encerrar o assunto. Quando a Nortel anunciou seus planos de liquidação, foi a Huawei quem ofereceu a melhor proposta de aquisição. Essa perspectiva fez soar alarmes em Washington, D.C., porque entre os clientes da Nortel estavam a Verizon e a Sprint, que lidam com dados do governo dos EUA. Talvez percebendo que o governo dos EUA poderia descartar esses clientes do acordo com a Nortel, a Huawei retirou sua proposta.[133] A Nortel vendeu seus ativos a outras companhias e acabou conseguindo levantar 7,3 bilhões de dólares para seus credores – menos de 3 por cento do valor mais alto que já havia alcançado, de 250 bilhões de dólares, e 200 milhões menos do que na oportunidade que a Motorola desistiu de comprar a Huawei.[134]

Mesmo que a Huawei não conseguisse acesso ao mercado da Nortel, ela ainda assim queria obter o conhecimento acumulado pela companhia canadense. Em 2011, ela ficou fora da disputa quando as patentes da Nortel foram a leilão. Uma coalizão de companhias ocidentais pagou 4,5 bilhões por 6 mil patentes, um negócio sem precedentes em termos de porte e abrangência.[135] Mas a Huawei ficou com um ativo mais valioso ainda: os funcionários da Nortel. "Quando a Nortel quebrou, o 3G estava apenas começando a se desenvolver no mundo", Ren contou ao *Globe and Mail*. "Conforme o setor evoluiu de 3G para 4G, e depois para 5G, [funcionários da Nortel] também se aprimoraram durante o processo. A contribuição que eles deram à

Huawei consiste naquilo que estava na mente deles. Definitivamente, não se tratou de roubo de propriedade intelectual."[136]

A Huawei chegou às hierarquias mais altas da Nortel. Contratou o antigo diretor-executivo de tecnologia da companhia, John Roese, para comandar suas atividades de P&D na América do Norte, e montou instalações no Vale do Silício e em outros centros de tecnologia.[137] Os veteranos da Nortel queriam garantir seu próximo holerite e também estavam animados com a oportunidade de entrar numa companhia em ascensão, que despejava dinheiro em P&D. "Inauguramos uma grande instalação em San Diego... Fizemos o mesmo em Ottawa. Quando a Nortel desapareceu, por assim dizer, uma das coisas que aconteceram com muita rapidez, de forma intensa, é que alguns dos maiores especialistas técnicos da Nortel praticamente só precisaram atravessar a rua", explicou Roese em 2011.[138]

O colapso da Nortel parecia basicamente um problema canadense em 2011, mas sua derrocada, junto com a da Lucent, principal fornecedora de equipamento de telecomunicações dos EUA, repercutiu mundialmente. "As conversações sobre o 5G na realidade foram perdidas há uma década, quando as nações ocidentais decidiram que não iriam investir nas infraestruturas de sustentação... e o resultado é que simplesmente não temos escolha", declarou em 2021 Jeremy Fleming, chefe da Administração Geral de Comunicações do Governo da Grã-Bretanha [Government Communications Headquarters, GCHQ], um órgão de inteligência.[139]

Ofuscadas por ambições e cobiça, as companhias e os governos ocidentais ajudaram a criar seu maior concorrente num setor que nos anos seguintes se tornaria estrategicamente mais importante ainda. Os executivos pressionaram para que suas companhias se aprofundassem mais nos mercados da China. Autoridades eleitas ansiavam obter o apoio delas e decidiram apoiar seu crescimento. Até mesmo autoridades estaduais e locais participaram, oferecendo incentivos à Huawei para que abrisse escritórios no Texas. Funcionários de empresas rivais agarraram depressa as oportunidades de assumir maiores responsabilidades e obter compensações, e alguns cruzaram as linhas legais nesse processo. Depois de serem demitidos, os funcionários da Nortel tinham menos alternativas ainda.

O mundo de redes da Nortel estava escancarado. A Huawei entrou pela porta da frente. Sua ascensão deixou um rastro de acusações, incluindo a de ser mentora de roubos, assim como beneficiária da espionagem industrial chinesa. Ela conseguiu generosos subsídios, empréstimos, incentivos em impostos e outras formas de apoio estatal, muitas vezes nebulosas. Mas seus maiores movimentos aconteceram à luz do dia. Ganhou acesso à tecnologia ocidental por meio de engenharia reversa, *joint ventures* e laboratórios de P&D. Gastou intensamente com a IBM e outras consultorias para adotar práticas ocidentais de gestão e finanças. Chegou a tirar altos funcionários de seus concorrentes. Copiando tecnologia e processos e contratando pessoas, a captura foi completa.

Como todos os impérios que caem, a Nortel deixou para trás um rastro de artefatos. Seus computadores foram leiloados para companhias que não faziam ideia de que o equipamento havia sido hackeado. Quando o departamento de Defesa canadense comprou a sede da Nortel por um preço bem inferior em 2010, descobriu que o edifício de 200 milhões de dólares estava cheio de dispositivos de escuta.[140] O governo gastou 790 milhões de dólares em reformas, mas concluiu que o edifício não podia atender aos requisitos de alta segurança para compartilhamento de inteligência. Em 2011, a sede americana da Nortel no Texas foi vendida, e seu logo com a letra "O" global, criado para celebrar seu centenário, foi removido da fachada.[141]

Mas mesmo depois que a Nortel encerrou as operações, seu hardware continuou rodando, alheio ao destino da companhia. Os roteadores da Nortel continuaram direcionando fluxos de dados ao redor do mundo. As torres de celular e os switches da Nortel ainda conectavam chamadas. Em seu auge em 2000, a Nortel estimava que 75 por cento do tráfego de internet da América do Norte circulava por seus equipamentos.[142] Quando chegou a hora de substituir esses sistemas, os clientes da Nortel tiveram que procurar um novo fornecedor. O mundo das redes estava mais vulnerável do que nunca, até no próprio quintal dos Estados Unidos.

CAPÍTULO TRÊS
"ONDE QUER QUE HAJA GENTE"

O ZUMBIDO DE CENTENAS de pequenos ventiladores preenchia o subsolo do escritório da Nemont Telephone Cooperative em Glasgow, Montana. Andando entre as fileiras de torres de metal, sob cachos de fios serpenteando pelo teto, notei um velho gabinete de metal marrom com um nome familiar: Nortel. Antes de decretar falência, essa gigante das telecomunicações foi o principal fornecedor da Nemont, que presta serviços para clientes espalhados por 36 mil quilômetros quadrados, mais ou menos o tamanho de New Jersey e Connecticut juntos [quase a extensão do estado do Rio de Janeiro].

O logotipo em formato de flor da Huawei estava por toda parte. Pintado nos gabinetes de metal que abrigavam os equipamentos mais novos da sala. Marcado nas estações-base dentro desses gabinetes, com suas luzinhas verdes piscando conforme os dados trafegavam. Num quartinho de serviço anexo à sala principal, cheio de peças e ferramentas, havia uma caixa de plástico marrom-avermelhado, presa à parede. Por cima de sua etiqueta da Huawei, um técnico, para zoar, havia escrito "Nortel" com um rotulador preto.

Chegar a Glasgow não foi fácil. De todas as cidades americanas com pelo menos mil habitantes, ela é a que fica mais distante de qualquer cidade de maior porte.[1] Os residentes aceitaram essa distinção como uma honraria. Por dez dólares, você pode comprar uma camiseta com a inscrição "No meio do nada" em uma loja local de artigos esportivos. Há poucos hotéis, e o que escolhi tinha um slogan encantadoramente modesto, anunciando-se como "algum lugar no meio do nada".

A escolha da Huawei pela Nemont e por operadoras rurais sem fio de uma dúzia de estados americanos revela um fracasso central da política dos EUA.[2] Ao verem que a população da cidade ficava na casa dos milhares de habitantes, e não das dezenas de milhares, as grandes operadoras dos EUA não se interessaram em fazer os investimentos adequados. A Nemont, mesmo tendo acesso a fundos do governo dos EUA, achou caro demais o equipamento da Ericsson, da Nokia ou da Samsung.

Num eco da estratégia de Mao de "abranger as cidades da zona rural", Ren Zhengfei direcionou a Huawei para que colocasse foco nos mercados que os provedores ocidentais subestimavam.[3] "Vá para o interior, vá para o interior, um vasto mundo e muitas realizações estão à sua espera", instruía um velho manual aos funcionários.[4] A Huawei ganhou tração na China rural, expandiu-se no plano internacional em países em desenvolvimento e chegou às zonas rurais dos EUA com um longo histórico de levar conectividade a mercados esquecidos. A experiência de Glasgow não é muito diferente da de outros mercados em desenvolvimento e emergentes ao redor do mundo. Os mercados menores, da América rural à África, com poucos e preciosos recursos para investir em torres de celular, interconexões para internet de alta velocidade e cabos de fibra óptica, têm poucas opções viáveis. Sabem também que fracassar em se juntar às redes globais equivale a uma sentença de morte. A Huawei não tem sido sua primeira escolha, mas muitas vezes é a única que conseguem bancar.

Ao redor do mundo, empresas chinesas prosperaram na desigualdade digital que as empresas ocidentais deixaram em seu rastro. Poucos enxergaram esses projetos como algo além de oportunidades dispersas. Mas conforme as campeãs da China se aventuraram no exterior, ganharam experiência crucial e posicionaram-se para dominar os mercados de crescimento mais rápido do futuro.

O CONSTRUTOR DE IMPÉRIOS

Quando viajei a Glasgow em agosto de 2019, segui o mesmo caminho que havia sido trilhado para a criação da cidade. Como muitas do noroeste americano, Glasgow é fruto de uma tecnologia de rede de uma era mais antiga. Na década de 1880, o magnata das ferrovias, James Hill, construiu linhas pelas Grandes Planícies e enveredando pelo

Noroeste Pacífico. Nem de longe foi o primeiro a sonhar em conectar o continente com vias férreas, mas sua abordagem foi mais metódica. Em vez de correr para chegar à costa, Hill viu a oportunidade de colonizar aquelas terras e criar novos mercados para o tráfego de cargas.

O império em expansão de Hill deparou poucos obstáculos. O governo incentivava a expansão das ferrovias, concedia terras e empréstimos para construir novas vias, sem atentar para o custo social e ambiental que as companhias ferroviárias deixavam em sua esteira. Executivos de ferrovias subornavam autoridades públicas com transporte gratuito e opções de ações. Vários estados fizeram tentativas fracassadas de regulamentar as ferrovias, que se expandiam através de suas fronteiras.

Iniciando a viagem em Chicago, embarquei num trem de dois andares e acomodei-me para passar a noite, adormecendo em Minnesota e acordando na manhã seguinte na Dakota do Norte. Pela janela, uma sucessão infindável de planícies de cor ocre.

Enquanto o sol se erguia, o trem avançava mais para o norte, escalando até a região superior dos Estados Unidos. Pelas seis horas seguintes, atravessou cidades com nomes que lembravam uma época em que o trem era a tecnologia de ponta: Devils Lake, Minot, Williston, Wolf Point. Foram muitas as comunidades que brotaram ao longo dessas rotas que Hill, apelidado de o "Construtor de Impérios", não teve tempo de nomear ele mesmo.

Quando chegou a hora de dar nome a um trecho do nordeste de Montana, um dos engenheiros de Hill fez rodar um globo terrestre, e seu dedo ao detê-lo apontava para Glasgow, Escócia. A cidade foi oficialmente fundada em 1887 e cresceu à medida que rancheiros e fazendeiros chegavam atraídos pelas tarifas baratas de trem e pela perspectiva de uma nova vida. Por dez dólares, uma família podia encher um vagão de carga com suas posses e ir para o oeste. "Coloque sua fé em Glasgow e você poderá ostentar diamantes", um anúncio pregava.[5]

Mas Hill e os demais magnatas das ferrovias não seguiriam isentos de controles. Em 1887, mesmo ano da fundação de Glasgow, o Congresso criou a Comissão de Comércio Interestadual [Interstate Commerce Commission, ICC], que estipulava tarifas máximas de despacho para as ferrovias e mais tarde estendeu suas atribuições a telefones, telégrafos e companhias de transmissão sem fio. Como primeira agência independente dos EUA, a ICC serviu de modelo para os organismos regulatórios posteriores, entre eles a Comissão Federal de Comunicações [Federal Communications Commission, FCC], que, a partir de sua criação em 1934, assumiu as atribuições de comunicações da ICC.

Glasgow continua sendo uma cidade de ferrovia, mas tornou-se ponto de passagem, mais que de origem ou destino. Duas vezes ao dia, trens de passageiros que percorrem o país de costa a costa param alguns momentos na cidade. Meu trem chegou relativamente lotado, mas fui o único passageiro a desembarcar. Desci os degraus de metal para sair do trem, que naquele momento vivia a agitação da hora do almoço, e ingressei numa relativa calma.

Do outro lado dos trilhos, chamou minha atenção um edifício de tijolos com uma fileira de barzinhos: Montana Tavern, Alley's Palace e Stockmans Bar. Um cartaz ali perto anunciava as celebrações de uma escola secundária local. O giro do globo que aquele engenheiro havia dado ainda projetava sua sombra. O mascote da escola local tem o nome de *Scottie*, abreviação de Scottish Terrier.

Edifícios vagos e salas de aula pequenas são indícios de declínio. Quando uma base da força aérea perto dali foi desativada no final da década de 1960, cerca de 16 mil pessoas saíram da área. O êxodo prosseguiu nas décadas de 1980 e 1990, à medida que algumas estações de trem ao longo das Grandes Planícies eram desativadas. Embora a estação de Glasgow continue operante, o fechamento de paradas próximas a ela diminuiu o número de seus vizinhos.

Gregg Hunter, um nativo de Glasgow, viveu todas essas mudanças e, ao longo delas, fez malabarismos com várias ocupações, com frequência várias ao mesmo tempo. Quando Hunter concluiu o colegial em 1977, sua classe de formatura tinha 158 alunos. Ele começou no setor de automóveis, rebocando carros avariados e vendendo peças para os comerciantes locais. A agricultura é o sangue vital da economia local, e Hunter acabou passando para a venda de equipamento agrícola, e fez isso por vinte e cinco anos.

Hunter é o cara que você chama quando alguma coisa dá errado. Aos fins de semana, dá plantão como técnico de emergências médicas. Também é um chaveiro certificado e presta serviços na diretoria de sua igreja e na câmara de comércio local.

O entusiasmo de Hunter por sua cidade natal continua o mesmo. Ele adora a vida ao ar livre, e ao final do expediente de trabalho pode correr, caçar e pescar, tudo isso perto de casa.

Mas a crise financeira de 2008 obrigou Hunter a reavaliar seus planos. "Eu completara cinquenta anos, não tinha dinheiro algum em meu plano de previdência e precisei pensar na aposentadoria e num plano de saúde", revelou-me.

A Nemont estava contratando e oferecendo benefícios atraentes. Hunter arrumou emprego como relações públicas e especialista de marketing, e nos últimos doze anos tem ajudado a Nemont a crescer, mesmo com a população de Glasgow encolhendo cada vez mais.

Em 2020, a escola secundária local, onde Hunter estudou, formou apenas 52 alunos. É uma cifra pequena, mas significativa para a região – na vizinha Froid, em 2007, apenas uma aluna se formou. Foi ela que escolheu o slogan da classe, as cores e o paraninfo: o governador de Montana.

Na maior parte do mundo, o movimento de pessoas das áreas rurais para as urbanas costuma ser uma tendência positiva, associada ao desenvolvimento. Mas o declínio das comunidades rurais americanas muitas vezes tem mais a aparência de decadência: desindustrialização, rendas cada vez menores e piora nos indicadores de saúde.

A tecnologia contribuiu para esse ciclo vicioso. "A desigualdade digital na América segue uma trajetória sombria", explica Susan Crawford em *Fiber: The Coming Tech Revolution and Why America Might Miss It* [Fibra: A próxima revolução tecnológica e por que a América pode ficar de fora]. "Americanos mais pobres, da zona rural, com deficiências, ou integrantes de algumas minorias mostram probabilidade muito menor de ter acesso a internet de alta velocidade em casa do que as pessoas ricas das áreas urbanas, do mesmo modo que há um século tinham probabilidade muito menor de dispor de eletricidade."[6]

As redes de banda larga mais rápida foram implantadas em áreas urbanas, e isso aumentou essa disparidade em relação a cidades americanas da zona rural como Glasgow. Vários negócios fecharam e foram para áreas com maior conectividade. Os mais brilhantes da nova geração de Glasgow partem para fazer faculdade e, depois de formados, constatam que os empregos em sua cidade são cada vez mais escassos. Quando os moradores de Glasgow se reuniram em 2013 para pensar num plano econômico para a cidade, sua lista de desejos incluía: "Economia mais forte", "Indústria superando a agricultura" e "Manter [nossos] filhos aqui, quando voltam depois de formados".[7] Glasgow ocupa hoje uma nova fronteira. A cidade nasceu da aventura de uma migração para o oeste e de uma rede ferroviária que tornava isso possível. Seus primeiros moradores assumiram grandes riscos em busca de algo maior e melhor do que aquilo que tinham imediatamente disponível. Conforme as redes de fibra e de rádio seguem avançando, a comunidade que eles criaram precisa lutar para evitar ser deixada para trás.

DIVISÕES DIGITAIS

Como uma tempestade se movendo pelas planícies, a desigualdade digital entre a América urbana e rural chegou rápido, mas não sem aviso. Em seu levantamento de 1999 sobre o cenário das comunicações nos Estados Unidos, o primeiro relatório da FCC sobre a implantação de banda larga via um céu azul pela frente: "Estamos animados, e a implantação de telecomunicações avançadas neste momento nos parece em geral razoável e oportuna".[8] Apenas um ano mais tarde, as nuvens de tempestade se acumulavam: "Chegamos à problemática conclusão de que, com toda probabilidade, as forças de mercado sozinhas não garantirão que muitos americanos da área rural tenham acesso a serviços avançados".[9] Desde então, a questão não é mais definir se existe ou não uma divisão, mas quão ampla ela é. Os debates a respeito de como superar a desigualdade digital geralmente começam com divergências a respeito de como medi-la. O antigo relatório da FCC mediu a disponibilidade de banda larga por meio do código postal. Se havia um único assinante em um determinado código postal, isso implicava que aquele código postal inteiro poderia obter aceso.[10] Mas isso é como supor que se existe alguém ali que dirige uma Mercedes, todos os demais naquele código postal também têm condições de adquirir uma. Mesmo em Detroit, Cleveland e outras áreas urbanas densamente povoadas, alguns provedores excluem bairros de baixa renda quando instalam redes mais rápidas, uma prática que o críticos chamam de "discriminação digital".[11] Embora essas abordagens reconheçam que há algumas lacunas no acesso, elas sistematicamente subestimam o desafio.

Os debates mais acalorados dizem respeito aos padrões mínimos. São debates técnicos, mas muitas vezes decorrem de diferenças filosóficas a respeito dos papéis do governo e do setor privado. Em 2004, a FCC considerou que 200 quilobits por segundo (Kbps) era uma largura de banda adequada. Quatro anos mais tarde, aumentou esse padrão para 4 megabits por segundo (Mbps) para download e 1 megabit por segundo para upload, ou 4 Mbps/1 Mbps, abreviadamente. Como as velocidades sempre aumentam, as decisões quanto às velocidades mínimas continuarão sendo temporárias. Enquanto o governo tenta reduzir a desigualdade digital de ontem, novas disparidades vão emergindo.

Tom Wheeler, que presidiu a FCC de 2013 a 2017, fez com que o acesso à banda larga na zona rural se tornasse impossível de ignorar. Em 2015, a FCC concluiu que mais da metade de todos os americanos da zona rural não tinham acesso a um novo padrão de 25 Mbps/3 Mbps.[12] "O padrão levava em conta de que modo os americanos estavam de fato usando a internet em casa", Wheeler me contou. "Mas eu disse na época que isso era a aposta mínima, o mínimo exigido para usar a internet, e que iria aumentar com o tempo."[13]

Nem todo mundo concordou. A FCC permite que seus membros expressem opiniões divergentes, e Ajit Pai escreveu uma crítica contundente. Começava com uma menção à literatura: "Antes de Humpty Dumpty sofrer uma grande queda em *Através do espelho*, ele diz a Alice: 'Quando uso uma palavra, ela significa apenas o que escolho que ela signifique – nem mais nem menos'. E ao que parece é assim também na FCC. Pois o relatório atual declara que 10 Mbps de serviço de acesso à internet não é mais banda larga. Apenas 25 Mbps ou mais é que são considerados assim". Segundo Pai argumentou, o governo estava apenas aumentando o padrão de referência, a fim de poder ampliar seu próprio poder regulatório.[14]

Em 2017, o presidente Trump nomeou Pai para suceder Wheeler na presidência da FCC. Em seu primeiro discurso como presidente, Pai expôs suas prioridades e colocou no topo da lista reduzir a desigualdade digital. "Existe uma desigualdade digital nesse país", disse ele, dirigindo-se aos colegas. "Acredito que uma de nossas prioridades essenciais para avançar deve ser diminuir essa desigualdade – fazer o que for necessário para ajudar o setor privado a construir redes, enviar sinal e distribuir informação aos consumidores americanos... Devemos trabalhar para trazer os benefícios da era digital a todos os americanos."[15]

Wheeler e Pai têm metas notavelmente similares. Ambos acreditam que o acesso à banda larga é uma necessidade para que as comunidades prosperem. Ambos querem melhorar o acesso, especialmente nas áreas rurais. Pai tem grande intimidade com a América rural, pois foi criado em Parsons, Kansas, uma cidade de ferrovia com cerca de 9 mil habitantes. Ambos acreditam que o equipamento Huawei é arriscado demais para ser incluído nas redes americanas.

Mas se você ouvir com maior atenção, perceberá que Wheeler se refere mais ao papel positivo que o governo poderia ter. Pai fala mais sobre as qualidade do livre mercado e adverte quanto aos perigos da regulamentação. É um debate que percorre a história americana, passando pelo setor ferroviário e pela fundação da ICC, e remonta às visões contrastantes de Alexander Hamilton e Thomas Jefferson. É a divisão que está por trás da desigualdade digital da América.

"HÁ VIDAS DE PESSOAS EM JOGO"

Para compreender como esses desafios estão atuando em termos locais, acompanhei Hunter, seu colega Leif Handran e um terceiro funcionário da Nemont, um técnico, durante um dia de chamadas de assistência.

Eu imaginava que os moradores de Glasgow ficavam alarmados ao verem equipamentos chineses no meio deles. Dois meses antes, o presidente Trump havia declarado uma emergência nacional. Quase 70 por cento dos moradores no condado de Glasgow votaram em Trump em 2016, e a visão dos americanos a respeito da China havia piorado em âmbito nacional. Autoridades dos EUA faziam advertências diárias, criando um fluxo constante de manchetes a respeito dos riscos impostos pela Huawei. A CNN destacou que equipamento da Huawei estava sendo usado nas redes de telefonia celular locais perto da base da força aérea de Malmstrom, no centro de Montana, que abriga mais de uma centena de mísseis balísticos intercontinentais capazes de carregar ogivas nucleares.[16]

Mas ao ouvir os moradores de Glasgow, a história que emergia era diferente, e revelava que as autoridades dos EUA travavam uma árdua batalha para alertar sobre os riscos à segurança, mas sem oferecer alternativas de custo razoável.

Cheguei ao escritório de prestação de serviços da Nemont às 8 da manhã de uma segunda-feira, e os técnicos já estavam revisando as requisições e fazendo a triagem das mais importantes. Em um dos casos, o leitor de tela integrado de uma cliente idosa – um dispositivo que lê o conteúdo em voz alta – não estava funcionando. Eles a conheciam. Sabiam que o marido dela acabara de falecer. E sabiam que as chamadas recebidas e os e-mails provavelmente tinham grande relevância. Pela ligação, puderam notar que a casa estava cheia de parentes e amigos. Praticamente todos na casa expressavam alguma opinião sobre o que estava criando problemas com o leitor de tela, mas ninguém conseguia resolver o problema. O técnico então colocou aquela senhora no topo da lista de assistência, pediu que eles não fizessem nenhum ajuste no dispositivo e cinco minutos depois um técnico já estava a caminho.

Enquanto isso se desenrolava, percebi que eu nunca havia encontrado fisicamente alguém do outro lado da linha de uma chamada de serviços ao cliente. Comecei a questionar aquelas banalidades bem conhecidas. Se uma companhia coloca todos os seus "clientes em primeiro lugar", isso não cria uma multidão de pessoas esperando para obter ajuda? E se "o cliente sempre tem razão", como é que você dá a notícia quando eles estão errados? Havia uma honestidade revigorante na abordagem da Nemont.

Os relacionamentos da Nemont são diferentes. Os donos da companhia são também seus clientes. Em 1950, um grupo de residentes, a maioria agricultores, se uniu para fundar a primeira cooperativa de telefone de Montana, e criaram a Nemont, uma abreviação de Northeastern Montana. A vida de cidade pequena oferece incentivos adicionais. Como Hunter explicou, "Somos parte dessa comunidade. Vemos nossos clientes na academia, na igreja, nos jogos de futebol da escola secundária, em toda parte".

A próxima chamada requisitando assistência veio do escritório da Prefeitura de Glasgow. A conexão de internet de lá havia parado de funcionar de repente, e, como as chamadas eram feitas pela mesma conexão, o escritório estava praticamente paralisado. Quando chegamos, o pessoal fazia o possível para se concentrar em tarefas não digitais, mas mesmo na zona rural dos EUA a maior parte da "papelada" é eletrônica.

É nesse local que a Câmara de Glasgow se reúne duas vezes por mês, em encontros que deixariam os fundadores da América orgulhosos. Toda reunião começa com um Juramento de Fidelidade, e os membros do público presentes podem comentar qualquer item da pauta. Em seguida, a Câmara trata das questões da pauta, o que geralmente leva meia hora, e há então outra oportunidade para o público se manifestar, antes que a reunião seja adiada.

O técnico abriu um compartimento, realizou alguns poucos testes e substituiu um roteador. Depois de quinze minutos, que incluíram um pouco de bate-papo descontraído a respeito das atividades do fim de semana anterior e sobre a previsão do tempo para a semana seguinte, o escritório da prefeitura estava funcionando de novo.

O cliente seguinte era um fazendeiro aposentado que havia perdido o acesso à internet. Depois de um trajeto de vinte minutos de carro, saindo do centro da cidade, pegamos um desvio da estrada e percorremos uns cinco quilômetros por uma estrada de terra. Uma bandeira americana pendia de um mastro ao lado da entrada de carro, e no final havia uma casinha branca. "Ele não gosta muito de visitantes", o técnico avisou. Então fiquei do lado de fora apreciando a paisagem.

Estendendo-se por todas as direções, suaves colinas e campos de trigo escondiam conexões high-tech. A agricultura comanda a economia de Glasgow, e todo equipamento agrícola moderno trabalha em rede. Tratores usam redes sem fio para processar imagens de satélite, ajustar a semeadura e aumentar o rendimento dos cultivos. A concessionária John Deere local está mais parecida com uma Apple Store do que com uma ACE Hardware. Seu equipamento usa conexões de celular para transmitir dados a um "centro de operações" virtual que ajuda os clientes a rastrear e otimizar a produtividade.[17]

Do lado de fora da casa, um poste de telefone de madeira sustentava a dez metros do chão uma antena de rádio branca, em forma de prato. Daquela altura, a antena podia captar sinal de uma torre a vários quilômetros de distância. Um fio corria do alto do poste até o telhado da casa. O sistema é capaz de suportar ventos de até 200 quilômetros por hora e temperaturas de 40 graus negativos a 54 positivos. Essas antenas dedicadas provêm velocidades de até 30 Mbps/30 Mbps, por cinquenta dólares ao mês.[18] Em vez de estender cinco quilômetros de cabo de fibra óptica, que podem custar perto de 100 mil dólares, a Nemont só precisou instalar o prato e puxar um fio até a casa.[19]

Em todo lugar que íamos, parecia que a citada emergência nacional ainda não havia chegado. A maioria dos residentes não tinha conhecimento de que suas chamadas telefônicas e e-mails transitavam por equipamento chinês. Até recentemente, não tinham por que se perguntar quem havia fabricado sua rede de hardware. Afinal, você por acaso sabe qual é marca de equipamento que faz o ping de seu celular?

A maioria das pessoas com quem falei não tinha opinião formada a respeito da China, e as que tinham eram mais inclinadas a vê-la positivamente, como um cliente dos cultivos locais. Havia preocupação a respeito da guerra comercial, que resultara em tarifas mais altas e menores exportações agrícolas. Mas a guerra de tecnologia por trás da guerra comercial continuava, em geral, invisível. O jornal local não publicara nenhum artigo mencionando a Huawei. "Para a maioria de nós, *china* ["porcelana" em inglês] é o que você coloca na mesa de jantar no Dia de Ação de Graças", brincou Hunter.

O maior medo é perder completamente a conectividade. Os serviços de emergência dependiam de equipamento Huawei, assim como a maior parte da vida diária. Caçar, pescar e outras atividades ao ar livre eram muito populares entre os residentes e uma atração para turistas. E todas dependiam de comunicações sem fio. "Não é só o Zé ligando pro amigo dele", outro morador de Glasgow explicou. "Há vidas de pessoas em jogo."

Essas prioridades são totalmente racionais e, no entanto, continuam fora das advertências que as autoridades americanas fazem a respeito da Huawei e de outras companhias chinesas de tecnologia. Na hierarquia de Maslow, as necessidades fisiológicas de ar, água, comida e abrigo são as mais fundamentais. A segunda camada envolve segurança pessoal, emprego e outras necessidades de segurança. A terceira inclui a necessidade de se conectar com os outros. À primeira vista, as alegações do governo parecem razoáveis. As autoridades dos EUA estão essencialmente pedindo que as pessoas priorizem as ameaças à segurança que a Huawei representa em relação a suas necessidades de se conectar.

Mas a hierarquia de necessidades de Maslow é diferente quando se trata do digital. A conectividade digital atende não só a necessidades de nível mais elevado, como conectar-se com amigos e família, mas também a necessidades básicas, como o acesso a serviços cruciais de emergência. Para pessoas que usam redes com equipamento Huawei, o risco de perder acesso aos serviços existentes pode ser sentido de maneira mais imediata e ameaçadora do que o medo mais abstrato relacionado à vigilância ou a uma disrupção dos serviços vinda do exterior. A maioria dos usuários, seja na zona rural da América seja em países ao redor do mundo, está menos preocupada com ameaças externas do que em simplesmente evitar uma conta muito alta. As autoridades americanas, por não oferecerem alternativas com preço mais acessível, estão travando uma batalha impossível.

Os executivos da Nemont não foram ingênuos quando decidiram usar equipamento Huawei. Sabiam que a reputação da empresa chinesa estava abalada em Washington. Em outubro de 2012, a Comissão Especial Permanente de Inteligência do Congresso promoveu uma investigação condenatória dos riscos à segurança nacional representados pela Huawei e pela ZTE. "A China tem os meios, a oportunidade e os motivos para usar companhias de telecomunicações para propósitos maliciosos", observou a comissão.[20]

O que os congressistas envolvidos nessa investigação não sabiam é que uma das maiores redes de celular da Holanda, a KPN, havia feito sua própria investigação em 2010 e descoberto riscos ainda mais específicos decorrentes de sua decisão de contratar a Huawei. O relatório interno da companhia descobriu que o pessoal da Huawei na Holanda e na China era capaz de espionar todos os números dentro da rede, incluindo o do primeiro-ministro holandês e os dos dissidentes chineses que viviam na Holanda, e conseguia ver quais números a polícia holandesa e seus serviços de inteligência estavam monitorando. A KPN ficou preocupada com o forte impacto que a divulgação desse relatório teria na reputação da companhia, e isso só veio a público em 2021, quando o jornal holandês *De Volkskrant* obteve uma cópia do relatório.[21]

O veredito da investigação do Congresso foi tão ruim para a Huawei e a ZTE quanto se poderia esperar. A comissão criticou a Huawei por não cooperar e não responder adequadamente às questões. Sua recomendação foi clara: "Os provedores de rede e desenvolvedores de sistemas dos EUA são fortemente recomendados a procurar outros fornecedores para seus projetos. Com base nas informações disponíveis, confidenciais ou públicas, a Huawei e a ZTE não podem ser creditadas como isentas de influência por parte de estados estrangeiros, por isso constituem ameaça à segurança dos Estados Unidos e dos nossos sistemas".

O Congresso ampliou bastante a consciência desses riscos, mas teve pouca imaginação ao considerar soluções. A investigação observou que os produtos da Huawei estavam sendo vendidos por preços abaixo do valor de mercado. Para corrigir isso, recomendou investigar as práticas comerciais desleais da China, melhorar o compartilhamento de informações no setor privado e ampliar o papel da Comissão sobre Investimentos Estrangeiros nos Estados Unidos, que examina os investimentos estrangeiros quanto aos riscos para a segurança nacional.

O que ela não recomendou, porém, foi o apoio do governo à disponibilização de alternativas melhores. Como resultado, a Nemont teve poucas opções atraentes. "Somos uma pequena operadora regional, não temos os recursos das grandes operadoras nacionais", explicou Hunter. No final de 2009 e início de 2010, quando a Nemont decidiu fazer o upgrade de suas redes sem fio para 3G, a Huawei apresentou preços que eram de 20 a 30 por cento mais baratos que os da concorrência.[22] Em vez de exigir que a Nemont comprasse um pacote padrão, a Huawei também se dispunha a customizar o pedido deles por um custo mais baixo.

O governo dos EUA oferece subvenções a áreas rurais para ajudar a financiar custos de internet e telefonia, e então, a fim de não comprometer esse apoio, Mike Kilgore, CEO da Nemont, escreveu a autoridades dos EUA antes de instalar equipamento Huawei em 2011. "Eu estava quase implorando para que eles dissessem 'Não, não compre'", contou ao *New York Times*.[23] E como ninguém fez nenhuma objeção, Nemont decidiu ir em frente.

A Huawei cumpriu bem sua parte. Durante várias semanas, técnicos chineses dormiram nos escritórios da Nemont, trabalhando 24 horas por dia para instalar redes 3G e treinar os técnicos locais. "Havia caixas de pizza por todo lado", um dos funcionários da Nemont lembrou. "Todo mundo estava exausto. Mas trabalhamos juntos e terminamos tudo." Havia orgulho em ter cumprido uma tarefa de porte, com um orçamento apertado. E o parceiro que havia tornado isso possível era impressionante. Uma companhia chinesa ajudara a Nemont a fazer o que o governo dos EUA não se dispunha a fazer e que as grandes corporações dos EUA não se dispunham a oferecer.

"PARA NOSSA PRÓPRIA SOBREVIVÊNCIA"

Quando os engenheiros da Huawei chegaram a Glasgow, a companhia já vinha havia mais de uma década conectando alguns dos lugares mais remotos e perigosos do mundo. Em meados dos anos 1990, Ren Zhengfei compreendeu que a Huawei precisava começar a competir internacionalmente. Se ela falhasse, Ren acreditava, seria obrigada a lutar por uma fatia do mercado doméstico da China, cada vez menor.[24] "Fomos obrigados a ir para o mercado internacional para nossa própria sobrevivência", explicou mais tarde.[25]

Depois de realizar, perto de casa, em Hong Kong, o seu primeiro projeto exterior, a Huawei passou a visar mercados mais arriscados, com maior supervisão. À primeira vista, a escolha não poderia ter sido mais inoportuna. Em várias ocasiões, a Huawei chegou justo na hora em que havia crises se formando ou em plena ebulição. Mas isso também significava que a companhia enfrentaria menos concorrência, já que as companhias ocidentais muitas vezes já haviam caído fora ou aguardavam o ambiente de negócios ficar mais seguro. Para se estabelecer em mercados emergentes, a Huawei se concentrou em âncoras regionais. O sucesso na Rússia, por exemplo, facilitaria a entrada em outros ex-estados soviéticos.

Nesses ambientes de risco, a Huawei foi aprimorando seu discurso de vendas, e seu pessoal ganhou maior experiência em trabalhar com estrangeiros. Ela desenvolveu uma receita poderosa, que combinava preço baixo, entrega rápida e atenção aos clientes. "Os produtos da

Huawei podem não ser os melhores, mas e daí? O que é a competitividade em essência?", Ren perguntava à sua equipe. "É você me escolher em vez de escolher outro!"[26]

A Huawei cortejou os mercados internacionais com um enfoque urgente, mas também com persistência e paciência. Em 1997, entrou na Rússia formando uma *joint venture*, a Beto-Huawei, com uma companhia de telecomunicações local, para fabricar switches. No ano seguinte, o governo russo deu calote na dívida pública, desvalorizou a moeda e suspendeu os pagamentos de bancos comerciais a credores estrangeiros.

Mas a Huawei foi paciente. "A crise financeira que se seguiu foi como uma pesada nevasca que congelou a terra inteira", relatou um dos primeiros funcionários da Huawei na Rússia. "Portanto, não tive escolha a não ser esperar e me transformar de lobo em urso polar em hibernação."[27] Quando esse funcionário encontrou Ren dois anos mais tarde, a única vitória que conseguiu relatar foi uma encomenda de baterias, no valor de trinta e oito dólares. Mas Ren acreditava que ainda era cedo para sair da Rússia. "Se um dia o mercado russo se recuperar, mas a Huawei for barrada na porta, então, sim, você pode saltar desse prédio", ele brincou, com humor ácido.[28]

Foi o governo chinês que abriu as portas para os primeiros empreendimentos da Huawei no exterior. Na Rússia, por exemplo, o embaixador da China interveio para que a *joint venture* da Huawei fosse aprovada. "Fatores políticos eram a única coisa capaz de resolver o impasse", admitiu um ex-funcionário da Huawei e autor de um livro que exalta as realizações da empresa.[29] Houve um grande avanço em 2001, quando uma delegação do governo russo visitou a sede da Huawei e assinou um contrato de 10 milhões de dólares.[30] Por volta de 2003, a Rússia era um dos maiores mercados da Huawei, rendendo mais de 100 milhões de dólares de vendas anuais.[31] A persistência de Ren deu frutos, assim como sua capacidade de alavancar o governo chinês.

A Huawei precisou se esforçar para firmar sua marca. Clientes no exterior não conseguiam pronunciar o nome e associavam a China a uma tecnologia inferior, a produtos de baixa qualidade. Quando soube que a Beto-Huawei era chinesa, um executivo russo perguntou: "Uma companhia chinesa de alta tecnologia? Você não está me vendendo chaleiras elétricas, está?".[32]

Os funcionários da Huawei ainda estavam aprendendo, mas se dispunham a ir aonde as companhias ocidentais não ousavam pôr os pés. Depois de passar treze meses na Rússia, um intrépido funcionário concordou em ajudar a montar uma rede nacional no Iêmen. "O Iêmen é um país pobre, com condições muito duras em todos os aspectos: altas temperaturas, altitudes elevadas. As condições sanitárias, de transporte e de segurança eram todas muito inadequadas", ele relembrou. "O sol escaldante ficava a pino sobre a sua cabeça e não havia energia elétrica. O calor sufocante era insuportável. Dormíamos na adega."[33] Refletindo sobre seu trabalho, ele explicou mais tarde: "Na realidade, em comparação com minha infância, pois fui criado numa aldeia pobre de Hunan e passava os dias correndo descalço pelas valas dos campos, não acho que foi tão duro assim. Encontrei meu lugar na Huawei".[34] A flexibilidade da Huawei permitiu à empresa prosperar em mercados drasticamente diferentes. Em 1999, seu primeiro projeto na África foi uma rede de telefonia celular no Quênia. Quando um funcionário chegou a Naivasha, uma cidade grande, cem quilômetros a noroeste de Nairóbi, constatou que "o quarto do hotel não tinha telefone, nem televisão e nem instalações para banho". Ele passou os nove meses seguintes montando e resolvendo problemas do sistema, trabalhando às vezes até 3 da manhã para repor peças avariadas. No ano seguinte, estava na Etiópia montando o mesmo equipamento de telefonia celular. O terreno montanhoso da Etiópia mostrou-se ainda mais desafiador, e a antena do sistema exigiu modificações especiais para suportar os fortes ventos.[35] Em uma publicação para funcionários da Huawei, ele relata com nostalgia que trabalhava enquanto o nariz sangrava, que sofria de indigestão por causa da comida não habitual e que precisava fazer tudo sozinho.

Mais revelador ainda foi o sucesso da Huawei em lidar com clientes diferentes. O Quênia e a Etiópia têm uma fronteira comum, mas seus setores de telecomunicações são mundos totalmente diferentes. Competir no Quênia exigiu fazer ofertas em concorrências públicas e trabalhar com outras companhias privadas, como a Vodafone. Já na Etiópia, o governo tem um monopólio do setor de telecomunicações que impede a entrada da maioria das empresas ocidentais. A Huawei foi bem-sucedida nos dois ambientes, sabendo cortejar autoridades governamentais, oferecer preços baixos e entregar projetos com extrema rapidez. Mesmo o rastro de acusações de corrupção e de condenações não conseguiu desacelerar seu avanço.[36] Em 2019, estimava-se que a Huawei havia construído 70 por cento das redes de 4G da África.[37]

A cultura da Huawei idolatra o autossacrifício, e Ren tem feito da capacidade de suportar condições difíceis uma expectativa da empresa, mais que uma exceção entre os funcionários. "Há muitos países empobrecidos. Alguns ainda sofrem com a malária", relatou Ren aos funcionários em 2000. "Os funcionários no exterior não recebem mais. Seus salários não diferem muito dos pagos no próprio país. O principal é o espírito de luta dos funcionários da Huawei."[38] Em 2006, em outra conversa interna, Ren, que tem pendor para o exagero, avaliou que mais de 70 por cento dos funcionários da Huawei na África haviam contraído malária.[39]

Os relatos dos funcionários sobre suas experiências no exterior soam como se eles fossem uma mescla de colonizadores do Novo Mundo do passado com exploradores de ficção científica do futuro, isto é, ao mesmo tempo Peregrinos do *Mayflower* e personagens do filme *Prometheus*. "Morávamos num bairro chamado 'Dreamland'", escreveu um funcionário sobre seus cinco anos no Sudão. "Numa cabana escura, de teto baixo, com beliches para sete ou oito pessoas amontoadas num quarto [...] O edifício dilapidado em frente ao nosso quarto era o salão de negócios do cliente."[40] Glasgow, Montana, é um local remoto, mas até luxuoso em comparação.

A companhia esquece logo as tragédias pessoais. Quando Ren sugeriu de brincadeira que seu funcionário pulasse da janela do prédio caso os empreendimentos da Huawei na Rússia não dessem certo, este talvez tenha achado graça. Mas um relatório investigativo contou seis mortes não naturais de 2006 a 2008, incluindo três suicídios.[41]

A preocupação central de Ren, segundo sugerem seus críticos, não é com a segurança dos funcionários, mas com os ganhos corporativos. Em 2007, a Huawei pagou 7 mil funcionários, com longo tempo de casa, para que saíssem e assinassem novos contratos de curto prazo. A manobra foi muito criticada pois contrariava uma nova lei trabalhista chinesa segundo a qual funcionários com dez ou mais anos de casa podiam assinar contratos sem tempo estipulado.[42] Os diretores da Huawei também exigem um compromisso de "autodisciplina", que faz os funcionários declararem, entre várias promessas, "Amamos a Huawei tanto quanto nossas vidas".[43]

Mesmo quando Ren se refere à segurança dos funcionários, não consegue deixar de falar em despesas e lucros. "Devemos lançar mão de tudo ao nosso alcance para mantê-los seguros e impedir que façam qualquer coisa arriscada demais", explicou aos funcionários em 2015.[44] No escritório da Huawei no Iêmen, sugeriu ele, "você pode instalar placas de aço no seu interior, substituir as vidraças das janelas por vidro laminado e introduzir sistemas mecânicos de ventilação". "O escritório do Iêmen só precisará pagar os custos de instalação", especificou. E prosseguiu: "Quando arriscamos nossas vidas para oferecer produtos ou serviços em meio a guerras ou violência, então nossos preços têm que aumentar [...] Não estamos tentando extorquir ninguém, mas precisamos que as operadoras entendam nossa situação. Desse modo, podemos manter a rentabilidade mesmo em países pequenos".

A normalidade com que a Huawei encara a anormalidade às vezes tem sido prejudicial a ela. Por volta de 2000, a companhia tinha escritórios em Cuba, na Birmânia e no Iraque – todos países sob sanções dos EUA.[45] Em 2002, foi acusada de infringir as sanções impostas pela ONU ao Iraque quando forneceu componentes de fibra de vidro high-tech que poderiam ser usados em sistemas de defesa aérea.[46] A Huawei também ajudou o governo norte-coreano a construir e manter uma rede sem fio, segundo documento vazado ao *Washington Post*.[47] Em 2018, os Estados Unidos acusaram a Huawei de violar sanções no Irã, e autoridades canadenses detiveram a diretora financeira da Huawei, Meng Wanzhou, que é filha de Ren.

A Huawei foi entrando em mercados do exterior, geralmente ignorada pelos Estados Unidos, mas às vezes até contando com sua ajuda. No início de 2003, quando a invasão do Iraque pelos EUA parecia cada vez mais provável, a Huawei passou a ficar de olho nas oportunidades. Em fevereiro, um mês antes da invasão, um funcionário da Huawei viajou até a região curda semiautônoma do Iraque e iniciou negociações para expandir uma rede de telefonia celular.

"A cada dia a situação do Iraque ficava mais tensa. Soldados dos EUA iam aos poucos concluindo o posicionamento de suas forças ofensivas. As chamas da guerra estavam para ser deflagradas a qualquer hora", o funcionário relembrou. Mas o início da guerra parece ter sido um obstáculo apenas temporário. "A decisão de se expandir no mercado do Iraque era um assunto que estava em discussão na alta liderança da companhia", explicou o funcionário. Em maio, ele estava de volta ao norte do Iraque para dar continuidade ao projeto.[48]

A invasão do Iraque pelos EUA foi um presente para a Huawei. Para causar disrupção nas comunicações do adversário, as forças dos EUA danificaram a infraestrutura de comunicações do Iraque durante o ataque. Logo em seguida, a Huawei se dispôs de bom grado a reconstruí-la. Em 2007, como as questões de segurança mantinham a maior parte das empresas ocidentais afastadas, a Huawei conseguiu um contrato de 275 milhões de dólares para ajudar a construir uma rede sem fio no Iraque.[49] Em 2013, um funcionário da Huawei refletiu a respeito dos cinco anos que passou no Iraque e relembrou a "fumaça que se erguia às margens do Rio Tigre enquanto morteiros passavam assobiando pelo ar", "os sinistros Hummers e tanques do exército americano patrulhando estradas e ruas" e "a festa para celebrar o lançamento bem-sucedido de novas redes e a concessão de novos contratos".[50]

A Huawei encontrou oportunidades também no Afeganistão. Em 2003, o governo do país assinou um contrato com a Huawei e com a ZTE para uma rede de celular.[51] No ano seguinte, o Banco de Desenvolvimento Asiático [Asian Development Bank, ADB], do qual os Estados Unidos e o Japão são os maiores acionistas, fez um empréstimo à Roshan, maior provedor de celular do Afeganistão. A Roshan de início comprou equipamento da Alcatel e da Siemens, mas após uma revisão adicional, o ADB aprovou sua substituição por equipamento Huawei, que segundo o banco tinha "custos de ciclo de vida mais baixos e maior flexibilidade de configuração".[52] Os Estados Unidos e as forças de coalizão ofereceram segurança a esses projetos, e também para a ZTE, quando ela construiu a rede de banda larga do Afeganistão.

As equipes da Huawei suportaram condições duras no Afeganistão e expandiram suas operações depois que os Estados Unidos anunciaram em 2009 o envio de tropas adicionais. Um funcionário relembrou os desafios: "Uma vez nossa equipe local foi levada como refém [...] Sempre usávamos coletes à prova de bala no escritório. Dois colegas contraíram febre tifoide".[53] Com dinheiro estrangeiro entrando e o ambiente de segurança melhorando, o escritório da Huawei se expandiu e passou de um único funcionário em 2009 para vinte no ano seguinte, e logo estava trabalhando com as quatro principais provedoras de telecomunicações do Afeganistão. A Afghan Wireless, segundo maior provedor de telefonia celular do país e de propriedade de uma companhia dos EUA e do governo afegão, implantou a primeira rede 4G LTE do país em maio de 2017 usando equipamento Huawei.[54]

A expansão do papel da Huawei no Afeganistão e no Iraque levanta questões incômodas a respeito da estratégia dos EUA – ou da sua falta de estratégia. Como um ministro do Exterior asiático disse a Jon B. Alterman, destacado estudioso americano do Oriente Médio, "Os Estados Unidos vêm lutando sem vencer no Oriente Médio há vinte anos, enquanto a China vem vencendo sem lutar esse tempo todo".[55] Os Estados Unidos ofereceram segurança e pagaram alto custo financeiro e humano por isso, e as empresas chinesas foram tirando partido das novas oportunidades comerciais. Antes que os Estados Unidos chegassem a encarar a Huawei como uma ameaça à segurança nacional, as forças dos EUA na realidade confiavam em equipamentos Huawei em suas operações militares no exterior.[56]

Na época em que a Nemont procurava fornecedores para sua rede 3G em Glasgow e em outras áreas rurais, a Huawei já havia acumulado longo histórico na implantação de conexões em localidades difíceis. Mesmo quando cresceu e ganhou contratos em cidades europeias, a Huawei ainda via os mercados rurais e em desenvolvimento como cruciais para seu sucesso. Suas redes conectavam funcionários do governo dos EUA no Iraque, alpinistas no Monte Everest e uma fatia em expansão da humanidade. "Estamos comprometidos em prover redes para a sociedade [...] seja nas terras altas com pouco oxigênio, nos desertos escaldantes, no gélido oceano Ártico, em áreas perigosas cheias de minas, florestas, rios, oceanos [...] Onde quer que haja gente na terra, haverá cobertura",[57] prometia Ren aos seus funcionários em 2011.

"ESSA TAREFA GIGANTESCA"

"Olhe lá! O vertedouro!", Hunter exclamou animado, quando voltávamos de carro para a cidade. Ele apontou para a Represa de Fort Peck, uma grande obra pública que o presidente Franklin Delano Roosevelt (FDR) iniciou na década de 1930. O vertedouro estava liberando a vazão de água, evento raro o suficiente para virar notícia na mídia local. Estacionamos o carro para ver melhor.

Parados na ponte acima das dezesseis comportas do vertedouro, não há como não ficar nostálgico a respeito dos dias em que o governo dos EUA realizava grandes projetos. De um lado, a represa, com um perímetro mais longo do que a costa da Califórnia. Do outro, um vertedouro que parece uma pista de boliche gigantesca de concreto, devolvendo a água para o Rio Missouri. O porte e a extensão da represa são de tirar o fôlego. Com uma barragem que se estende por três quilômetros, era a maior represa hidraulicamente preenchida do mundo quando contava com apenas um quinto de sua capacidade. Depois de oito décadas, ainda fornece eletricidade para Montana e estados vizinhos.

Fiquei um pouco envergonhado quando tive que admitir para Hunter e Handran que nunca ouvira falar dessa obra antes. Trata-se, literalmente, do maior episódio da história americana em que Glasgow teve papel destacado. Mas também fiquei intrigado. Depois de constatar os desafios de conectividade da América rural, a represa me deixou perplexo. Centenas de metros abaixo de nós, a água jorrando com estrondo sussurrou-me que grandes coisas eram possíveis. Seriam possíveis ainda?

Anoiteceu, e a represa ainda pairava na minha mente tão portentosa quanto havia se afigurado naquela paisagem. Desde que eu desembarcara do trem em Glasgow, a maior parte do que havia visto indicava uma lacuna entre os interesses privados e públicos. As grandes companhias dos EUA não viam valor nos pequenos mercados da área. O governo dos EUA oferecia um apoio limitado. Uma companhia estrangeira havia preenchido o vazio. A represa era um monumento a uma abordagem diferente, mas, como eu via agora, também a uma era fundamentalmente diferente.

A vida que se formou em torno da construção da Represa Fort Peck foi rude e caótica. O empreendimento era tão vasto que foi preciso arregimentar milhares de homens e mulheres, sob a supervisão do Corpo de Engenheiros do Exército dos EUA. Foram organizados três turnos para que o trabalho progredisse vinte e quatro horas por dia, sete dias por semana, por cerca de sete anos. O Exército observou num relatório de 1936 que as mortes ocorridas durante o expediente de trabalho estavam abaixo da média americana.[58] Dois anos mais tarde, um deslizamento de terra matou oito homens. No total, sessenta pessoas morreram enquanto trabalhavam no projeto.

Nos primeiros anos, chegavam a Glasgow todo dia de dez a quinze famílias, e isso exerceu uma pressão superior à capacidade da cidade.[59] Brotaram núcleos temporários, com nomes como Square Deal, New Deal e Delano Heights. No jornal local, um anúncio imobiliário prometia: "Defronte ao rio, a cinco quilômetros da barragem, terrenos residenciais e horta para arrendar, água potável e sombra em abundância. Sem inundações. Distanciamento suficiente entre as casas, para que se uma delas pegar fogo não incendeie as demais: 2,50 dólares por mês".[60] Sem condições de bancar esses luxos, muitos trabalhadores viviam em moradias precárias, sem eletricidade ou água encanada.

Era a volta daquele espírito desbravador de meio século antes, quando da fundação de Glasgow. A jornalista Margaret Bourke-White visitou o local da construção de Fort Peck em 1936 e descobriu então "um pontinho nas longas e solitárias extensões do norte de Montana, tão primitivo e tão selvagem que toda a periclitante cidade parecia ter o sabor dos turbulentos dias da Corrida do Ouro. Repleta de peões de obra, engenheiros, soldadores, charlatães metidos a médicos, [e] damas extravagantes [prostitutas]". As fotos da reportagem foram capa da primeira edição da revista *Life*. Ao olhar essas fotos e ler os relatos dos trabalhadores, a Represa Fort Peck transmite ainda mais uma sensação de algo estrangeiro.

O paralelo moderno mais próximo da crueza dessas cenas não é americano. Assim como os primeiros funcionários da Huawei, os trabalhadores da represa abandonaram suas casas e foram para um cenário desconhecido. Chegaram e suportaram condições inclementes. Com apoio do governo, várias companhias estavam ansiosas para ultrapassar os limites do que era tecnicamente possível. Em vez de demorar alguns anos em avaliações de risco, o projeto foi iniciado rapidamente e os construtores foram corrigindo os erros e solucionando os problemas enquanto executavam o trabalho. A labuta continuou, o dia inteiro, todo dia, anos a fio. Mas a obra foi concluída.

Durante a Grande Depressão, a criação de empregos foi um dos vários objetivos de curto prazo do projeto. Foram encomendados suprimentos e serviços por todo o país: sistemas de distribuição de energia elétrica de Dallas, escavação de túneis de Nova York, entradas submarinas de Baltimore, linhas de transmissão de eletricidade de Los Angeles, sistemas de esgoto de Sioux City, edificações para subestações de Pittsburgh e assim por diante.[61] Levando em conta essa cadeia de suprimentos mais ampla, o emprego total gerado pela obra provavelmente chegava perto de 40 mil ou 50 mil trabalhadores.[62]

A escala do projeto dificulta avaliar o quanto foi compatível com o custo. No total, foram gastos 100 milhões de dólares, cerca de 2 bilhões em dinheiro de hoje. É um grande investimento, mas parece pequeno quando comparado com megaprojetos atuais. A primeira fase da linha de metrô da Segunda Avenida em Nova York custou 2,7 bilhões – por milha – [1,6 bilhão por quilômetro] e estima-se que sua extensão custe ainda mais.[63]

Aventurar-se por dentro da represa dá algumas indicações do mistério dessa escala de custos. Construir a represa não foi nada fácil, mas seu design é elegante. A estrutura tem duas centrais elétricas, uma instalada em 1951, a outra em 1961. Uma equipe de vinte pessoas opera a instalação. O sistema que faz a água correr, movimentar as turbinas e gerar eletricidade é simples, o suficiente para poder ser explicado aos grupos de alunos do ensino básico que todo ano fazem passeios por lá. A complexidade da infraestrutura de nossos dias chega a um custo mais elevado.

A construção da Represa Fort Peck esteve longe de ser perfeita, obviamente. Além das mortes de trabalhadores, o projeto teve outros custos sociais e ambientais. Alguns residentes foram realocados e surgiram disputas, questionando se o governo havia pago um preço justo por suas terras. Outras represas foram construídas ao longo do Rio Missouri, e, nesse processo, nativos americanos acabaram expulsos de suas terras, com pouca ou nenhuma indenização. Sedimentos de Fort Peck e de outras represas no Missouri têm dizimado algumas espécies de peixes.[64]

O projeto, porém, também era parte de uma visão de longo prazo. Como FDR explicou numa visita a Fort Peck em 1934, meses após a aprovação do projeto: "É por termos empreendido essa tarefa gigantesca que irá nos custar mais de uma geração para completar; é por termos decidido empreendê-la agora e é porque o povo dos Estados Unidos compreendeu o objetivo dessa ideia que tenho plena certeza de que iremos levá-la adiante a uma conclusão bem-sucedida".[65]

A eletrificação estava entre seus objetivos. Em 1935, FDR criou a Administração da Eletrificação Rural [Rural Electrification Administration, REA] para diminuir a distância entre os 90 por cento de americanos das zonas urbanas que tinham eletricidade e os 90 por cento dos americanos da zona rural que não tinham.[66] Das 37 mil propriedades agrícolas perto da Represa Fort Peck, apenas 12 tinham eletricidade em 1937.[67] As companhias privadas concentravam-se em áreas urbanas, onde a demanda era mais elevada e os mercados maiores. Como ocorre hoje com as grandes provedoras de internet, elas não viam valor em se aventurar em áreas pouco populosas, onde os clientes costumavam ser mais pobres.

A REA incentivou comunidades rurais a criar cooperativas, companhias de utilidade pública privadas, que compravam eletricidade de fontes públicas e particulares ou geravam-na elas mesmas. Para viabilizar esses empreendimentos, a REA concedia empréstimos de longo prazo a juros baixos, tanto para grandes projetos como para domicílios individuais. Quase todos esses empréstimos foram totalmente saldados, o que tornava seu custo para o contribuinte americano relativamente baixo.[68] As cooperativas duplicaram o número de propriedades agrícolas dotadas de eletricidade e construíram mais linhas de distribuição do que as companhias privadas haviam instalado em todo o meio século anterior.[69]

A vida rural foi transformada. "Quando fazíamos a ligação de uma linha elétrica para pessoas da área rural, não era só uma questão de levar eletricidade até a casa. Isso fazia com que elas saíssem da lama, saíssem do escuro. Elas entravam no século XX", relembra um morador de Montana e ex-gerente da cooperativa.[70] Os benefícios econômicos também eram significativos. A eletrificação aumentava o emprego na agricultura, fazia crescer a população e o valor das propriedades rurais.[71] Reduzir essa divisão na disponibilidade de eletricidade produziu benefícios duradouros, e as áreas que contaram com acesso pioneiro tiveram maior crescimento econômico durante décadas. Na época da morte de FDR, em 1945, a proporção havia sido revertida, e 90 por cento dos lares rurais americanos estavam equipados com eletricidade.

É difícil imaginar a Represa Fort Peck sendo construída hoje. Ver o governo tendo um papel de liderança seria um anátema para muitos políticos, talvez até para as próprias autoridades eleitas de Montana. O processo seria atravancado por uma selva de procedimentos burocráticos para atender às regulamentações federais e estaduais. E será que haveria trabalhadores americanos suficientes que se dispusessem a encarar um empreendimento como esse? A grande escala e velocidade desse megaprojeto dá a ele um toque de coisa do passado. E, o que é mais crucial ainda, o mesmo pode ser dito da visão que o orientou.

"A ELETRICIDADE DO SÉCULO XXI"

É quase uma verdade absoluta entre os líderes americanos que a banda larga é tão crucial hoje quanto a eletricidade foi no século passado. Como presidente da FCC, Ajit Pai destacou a necessidade de "garantir que a próxima geração de americanos tenha acesso à versão século XXI da eletricidade, que é a banda larga".[72] "A banda larga tornou-se a eletricidade do século XXI", declara Brad Smith, presidente da Microsoft e seu diretor jurídico.[73] O senador democrata Michael Bennet escreve: "No século XXI, não ter acesso a banda larga de alta qualidade é como não dispor de eletricidade".[74]

Mas usar a eletricidade como critério também revela a disparidade entre uma retórica grandiloquente e uma ação efetiva. O acesso à banda larga tem melhorado nos Estados Unidos, mas a desigualdade digital persiste e vem se ampliando rapidamente. Nas áreas rurais, um de cada quatro americanos ainda não tem acesso a serviços básicos de banda larga fixa, segundo relatório da FCC de 2019.[75] O número real talvez fique mais próximo de um para cada três.[76] No que se refere ao padrão 100 Mbps/10 Mbps, apenas metade dos domicílios rurais tem acesso a ele, em comparação com 92 por cento dos domicílios não rurais.[77]

Embora se fale muito da importância da banda larga, o investimento tem sido decididamente bem menos abrangente. Em 2020, a FCC criou o Fundo de Oportunidade Digital Rural, que prevê gastar 20,4 bilhões de dólares ao longo de uma década para melhorar o acesso à banda larga. Mas a própria estimativa altamente conservadora da FCC sugere que seriam necessários 80 bilhões de dólares para conectar o país inteiro com banda larga. Considerando o aumento da demanda que o 5G introduzirá nas redes, um estudo da empresa de consultoria Deloitte avaliou que seria preciso investir entre 130 e 150 bilhões de dólares durante cinco a sete anos.[78]

Um pacote de infraestrutura digital realmente transformador deveria ter vários componentes. Como Susan Crawford descreve em seu livro *Fiber*, uma solução seria criar um banco nacional de infraestrutura para prover capital, empréstimos, garantia de empréstimos e seguros. Os títulos "Build America", que circularam após a crise financeira de 2008, poderiam ser reabilitados. Ao lado da infraestrutura física, Elsa B. Kania, especialista em tecnologias emergentes e em inovação militar chinesa, sugere que um "programa *digital works*"* poderia também incluir "treinar trabalhadores em conjuntos cruciais de habilidades digitais, como segurança cibernética e ciência de dados".[79]

O American Jobs Plan [Plano Americano de Empregos], um pacote de 2 trilhões de dólares proposto pela administração Biden-Harris, poderia prover o grande impulso para o acesso à banda larga que até o momento se mostrou esquivo. Concordando com membros de ambos os partidos, a administração observa: "Internet de banda larga é a nova eletricidade". A proposta apoia essa afirmação com recursos efetivos, incluindo 100 bilhões voltados para o pleno acesso à banda larga, assim como investimentos em outras infraestruturas, P&D, treinamento de trabalhadores e áreas adicionais importantes para competir globalmente.[80] De modo encorajador, o Congresso também investe em tecnologias emergentes por meio da Lei Americana de Inovação e Concorrência [U.S. Innovation and Competition Act], um esforço bipartidário que

---

* Digital Works é um dos vários programas online existentes nos EUA para treinamento e criação de empregos virtuais. [N.T.]

disponibiliza 250 bilhões de dólares em P&D e manufatura avançada ao longo de cinco anos.

Investimentos domésticos estratégicos poderiam também dar impulso a tecnologias que tornariam os Estados Unidos e seus parceiros mais competitivos em fornecer redes sem fio em escala global. Uma grande mudança está em curso, das redes sem fio tradicionais, que combinam fortemente hardware e software, a uma abordagem aberta que separa hardware e software. Na abordagem tradicional, o hardware e o software da rede são proprietários, obrigando operadoras como a Nemont a escolher um fornecedor para suprir tudo. A Huawei tem se destacado nesse jogo ao prover uma rede de acesso por rádio de baixo custo [*radio access network*, RAN), que responde por parte considerável dos custos da rede.

Uma rede RAN aberta (Open RAN) poderia inclinar o jogo a favor dos Estados Unidos.[81] Ao virtualizar partes da rede que atualmente são servidas por hardware proprietário, a Open RAN permite que operadoras combinem vários componentes de rede de fornecedores diferentes. Para as operadoras, o potencial aspecto positivo é contar de antemão com maior escolha entre fornecedores, custos de implantação mais baixos e menor risco de ficarem presas a um único fornecedor. Os Estados Unidos estão em boa posição para se beneficiar, porque suas companhias são fornecedoras destacadas do software especializado e dos semicondutores dos quais a Open RAN depende.

Já há ao redor do mundo exemplos promissores de Open RAN implantada. A Parallel Wireless, companhia com sede em New Hampshire, tem experiência em construir redes de Open RAN em todas as velocidades, de 2G a 5G, em seis continentes.[82] Vem trabalhando com operadoras na África, América Latina e Sudeste Asiático – superando concorrentes chineses no processo –, assim como em Wisconsin, Idaho e outras áreas rurais nos Estados Unidos. "Nosso mercado comercial de equipamentos para infraestrutura de comunicações está sendo distorcido por um player estatal", diz o CEO Steve Papa, referindo-se à abordagem fortemente subsidiada da China. "Podemos deixar assim ou então enfrentar isso atuando de maneira similar."[83]

Mas a tecnologia ainda está amadurecendo. O outro lado da moeda de se ter maior opção de fornecedores é a maior complexidade.

Apesar da extensiva testagem, ainda há problemas a resolver quando as redes combinam componentes de fornecedores diferentes. Operadoras menores podem não ter expertise técnica suficiente para lidar com essas novas dinâmicas, enquanto as operadoras maiores podem não ter paciência. Algumas talvez ainda prefiram a facilidade de adotar um único fornecedor, mesmo que custe mais caro. As maiores operadoras dos EUA, como T-Mobile, AT&T e Verizon, mostraram interesse pela Open RAN, mas ainda não a acolheram plenamente em seus planos de implantação do 5G.

Pode levar de vários anos a uma década para que a Open RAN substitua a velha maneira de construir redes. A questão tem apoio bipartidário no Congresso americano, que incluiu 750 milhões de dólares para desenvolver redes 5G e acelerar a Open RAN no orçamento da Defesa para 2021. Um pacote maior de infraestrutura digital poderia ser elaborado a partir desses esforços para incentivar a adoção da Open RAN e investir em inovação de chips sem fio. Isso encurtaria o prazo para uma adoção mais ampla dentro dos Estados Unidos e ajudaria as companhias americanas a escalar, posicionando-as para serem mais bem-sucedidas nos mercados externos. Poderia causar uma disrupção no status quo, colocando a China na defensiva não apenas com advertências sobre segurança, mas com alternativas comercialmente superiores.

Avançar na infraestrutura digital doméstica exigiria amplo apoio público, e felizmente, os americanos parecem compreender o "objetivo da ideia", como diria FDR. Nove de dez americanos apoiam usar fundos públicos para expandir o acesso à internet, segundo enquete de 2020, e mais de 60 por cento acreditam que esta deveria ser uma "preocupação imediata" do Congresso.[84] Surgirão empecilhos, é claro. Como Crawford escreve: "As autoridades lutarão até a morte para garantir que o governo federal não faça nada disso".[85] Grupos setoriais correram para atuar de modo a incentivar investimentos em banda larga no American Jobs Plan.[86] Quando visitei Glasgow em 2019, o foco mais imediato do governo dos EUA era destruir. Em maio de 2019, o decreto-lei de Trump que baniu a Huawei obrigou a Nemont a suspender uma planejada expansão de suas redes. Mais tarde naquele ano, a FCC votou pela remoção do equipamento Huawei existente. Mas a verba para substituir o equipamento só foi autorizada quando o

Congresso aprovou o segundo pacote de alívio da Covid-19, no final de dezembro de 2020.

Mesmo com a disponibilização do fundo de 1,9 bilhão, o processo de substituição talvez continue se arrastando. As operadoras precisam abrir concorrência para os fornecedores – um processo que leva meses. E vai demorar mais tempo ainda até que os fornecedores vencedores substituam o equipamento. Enquanto isso, algumas operadoras já começam a ter problemas para conseguir reparar o equipamento existente, e em casos extremos já deixam áreas sem serviço.[87]

Não ficou claro se as medidas do governo conseguirão cobrir adequadamente os custos associados a essa substituição do equipamento. A Nemont, por exemplo, terá que substituir centenas de antenas de rádio de suas oitenta e tantas torres de celular. Além dos custos do equipamento, há os custos do trabalho de remoção e reinstalação. Como outras operadoras da área rural, a Nemont terceiriza as atividades que exigem escalar as torres, pois o seguro é muito caro de manter. No total, a Nemont estima que os custos podem chegar a 50 milhões de dólares.[88] Esse esforço hercúleo está voltado a tornar as redes mais seguras, mas não vai torná-las necessariamente mais rápidas.

Ao contrário da eletricidade, a banda larga é um alvo móvel, e a chegada do 5G provavelmente irá ampliar a divisão. As operadoras dos EUA estão oferecendo serviços diferentes sob o mesmo rótulo "5G", o que criou confusão quanto à sua disponibilidade e utilidade para os diferentes ambientes. A versão mais rápida usa ondas milimétricas de alta frequência e promete velocidades de download de até 1 a 2 Gbps (de quarenta a oitenta vezes a velocidade dos atuais 25 Mbps padrão). Mas essas ondas percorrem apenas 45 a 275 metros, não penetram obstáculos, e a infraestrutura necessária para utilizá-las é cara. Distâncias curtas e altos custos não são uma receita vencedora para áreas rurais. "Isso poderia afetar drasticamente nossa rede nas áreas rurais", preocupa-se Hunter.[89]

A América rural será mais lenta para conseguir 5G, e a versão que ela obtiver também será mais lenta. É fácil imaginar uma agricultura de precisão beneficiando-se de uma banda larga mais rápida na América rural. Mas é difícil imaginar uma massa crítica de clientes rurais que se disponha a pagar o suficiente aos provedores para que implantem os caríssimos *hotspots* [roteadores] 5G. "Os múltiplos gigabits e a latência ultrabaixa prometidos pelo 5G [ondas milimétricas] não irão chegar logo – e talvez só cheguem quando essas comunidades já tiverem crescido o suficiente para não serem mais tão rurais", adverte Jim Salter, repórter do *Ars Technica*.[90]

O 5G que chegar à América rural será menos transformador que aquele anunciado. Como parte de seu acordo de fusão, a T-Mobile e a Sprint prometeram oferecer cobertura para 5G a 97 por cento do país em três anos e a 99 por cento em seis anos. Sua abordagem usa uma frequência mais baixa, 600 MHz, que viaja mais longe e é melhor em penetrar obstáculos. Mas essa abordagem irá produzir ganhos apenas modestos: 20 por cento mais rápida na média que as redes 4G, segundo declarações da T-Mobile. Como resultado teríamos velocidades próximas de 30 Mbps, mais rápidas que as atuais da América rural, mas uma pequena fração apenas daquilo a que seus equivalentes urbanos terão acesso.[91]

Se o 5G entrar nos ambientes ultraconectados como muitos observadores preveem, poderá exacerbar a desigualdade digital de maneiras drásticas. Cidades estão incorporando sensores sem fio para dar maior eficiência a tudo, de fluxo de trânsito a descarte de lixo. Todas as grandes cidades já têm pelo menos um projeto inteligente, segundo uma enquete de 2018 entre prefeitos dos EUA, em comparação com apenas 7,5 por cento das cidades pequenas.[92] Redes sem fio mais rápidas podem expandir muito o âmbito dessas atividades. As áreas rurais, em contraste, ganharão apenas uma versão levemente mais rápida do que aquela que têm atualmente. A longo prazo, a divisão entre conectados e superconectados poderá parecer tão acentuada quanto a divisão entre não conectados e conectados se afigura hoje.

Com certeza, existe mais que um contido entusiasmo em torno das afirmações feitas hoje sobre o 5G. É realista lembrar que os entusiastas que tempos atrás anunciavam o 3G como "a chegada de uma grande revolução na telefonia celular" passaram alguns anos batalhando para implantar a tecnologia, e várias grandes companhias acabaram não conseguindo recuperar seus investimentos.[93] Mas assim como redes sem fio mais rápidas permitiram serviços de transporte de passageiros por aplicativo como Uber e Lyft, o 5G pode propiciar atividades que de momento não se mostram evidentes. Nem todas essas mudanças serão manifestamente "boas". Haverá também disrupções, criação de novos empregos e também perda de empregos no processo. A conectividade aumentada dos dispositivos – a Internet das Coisas – também cria desafios em termos de segurança, como o capítulo a seguir explica.

Mas áreas com 5G estão prontas a ganhar muito mais do que a vantagem inicial de baixar filmes. As suas escolas poderão usar realidade virtual aumentada nas aulas, permitindo que os alunos visitem virtualmente e interajam com os lugares e as coisas que estiverem estudando. Seus carros poderão se comunicar com a estrada, com outros veículos e com os arredores, e tais melhorias podem dar maior rapidez aos deslocamentos e reduzir acidentes. Seus hospitais poderão oferecer assistência médica de qualidade com melhor monitoramento dos pacientes, gestão de pessoal e sistemas de rastreamento de suprimentos. O chão de fábrica ficará mais produtivo. A soma desses desafios todos – escolas mais inteligentes, estradas mais seguras, melhores hospitais, negócios mais fortes – começa a dar a sensação de dois mundos diferentes. Os Flintstones *versus* os Jetsons.

Ninguém quer ser deixado para trás, especialmente os mercados em desenvolvimento e emergentes. No plano doméstico, o governo dos EUA pode obrigar a Nemont a substituir seu equipamento, mas vai precisar de um argumento mais convincente para persuadir comunidades além das fronteiras dos EUA. A oferta da China é financeiramente atraente, e a maioria dos países em desenvolvimento encara a segurança da informação como uma preocupação secundária, não como uma necessidade vital. Suas escolhas, como no caso da Nemont, acabam se resumindo a preço. É por isso que concorrer com o capitalismo de Estado da China exigirá que o governo dos EUA pense tanto na economia quanto na segurança.

O argumento da segurança tem limitações mesmo entre os aliados dos EUA, como descobriu o antigo secretário da Defesa Mark T. Esper em seu pronunciamento na Conferência de Segurança de Munique, em fevereiro de 2020. "Confiar em fornecedores chineses de 5G [...] pode tornar os sistemas cruciais de nossos parceiros vulneráveis a disrupção, manipulação e espionagem", advertiu ele. "Pode também comprometer nossas capacidades de compartilhar comunicação e inteligência, e por extensão nossas alianças."[94] Esper tinha toda a atenção da sala voltada para ele. Sentados na plateia estavam autoridades de vários países da OTAN. Toomas Hendrik Ilves, ex-presidente da Estônia, levantou e fez uma pergunta específica para a qual já sabia a resposta: "Muitos de nós na Europa concordamos que há significativos perigos em relação à Huawei, e os Estados Unidos passaram pelo menos um ano dizendo-nos para não usar a Huawei. Mas vocês estão oferecendo alguma alternativa?"[95] A sala aplaudiu. Ao longo do ano seguinte, governos e grandes operadoras de redes em quase todos os países da OTAN ergueram barreiras à participação da Huawei em seus lançamentos do 5G – com exceção de Hungria, Islândia, Montenegro e Turquia –, mas Ilves apontou uma fragilidade crucial na estratégia dos EUA.

Mesmo que os países europeus restrinjam o acesso da Huawei às suas redes 5G, eles estão longe de conseguir se desconectar totalmente da tecnologia chinesa. A Alemanha e a França, maiores economias da União Europeia, têm preocupações com uma possível retaliação da China em outros setores. "A ideia de cair numa situação na qual as companhias alemãs fiquem divididas entre dois ecossistemas tecnológicos emergentes – sendo obrigadas a decidir entre esferas digitais diferentes – assusta os negócios", diz Maximilian Mayer, pesquisador da Universidade de Bonn.[96]

Diplomatas chineses não têm sido sutis. "Se a Alemanha tomar uma decisão que leve a excluir a Huawei do mercado alemão, haverá consequências", advertiu Wu Ken, embaixador da China na Alemanha, em dezembro de 2019. "O governo chinês não ficará indiferente."[97] Um de cada três carros produzidos na Alemanha é vendido na China, e Wu sugeriu que a China pode declarar os carros alemães inseguros.

Nenhum líder alemão quer arriscar perder os empregos que essas vendas sustentam, mas permitir que a indústria automobilística dirija a política externa da Alemanha é mais perigoso ainda. Afinal, se os diplomatas chineses se dispõem a ameaçar as vendas de automóveis, e com isso estão, na realidade, transformando o fluxo de bens físicos em armas, como irão se comportar no futuro quando estiverem lidando com países cujas redes dependem de tecnologia chinesa? Para os líderes alemães, ceder às demandas da indústria do século passado pode significar ter que abrir mão do futuro.

No entanto, quando olham o futuro, os líderes alemães e franceses também ficam preocupados com a possibilidade de depender de companhias de tecnologia americanas. "Nós europeus temos uma decisão a tomar. E digo com toda franqueza que para mim nem o modelo digital chinês nem o americano constituem uma opção", declarou o ministro do Exterior alemão Heiko Maas, em outubro de 2020.[98] "É hora de termos nossa própria soberania, sem depender das soluções americanas ou chinesas!", disse o presidente francês Emmanuel Macron em dezembro de 2020.[99] Esses definitivamente não são gritos de guerra de aliados transatlânticos ansiosos para defender os Estados Unidos.

Claro que a Europa não se resume à Alemanha e à França. Mas o poder dos interesses de negócios pode ser sentido em outras partes, especialmente no Reino Unido, que vem buscando fortalecer os laços comerciais e de investimento depois que saiu da União Europeia. A atração do dinheiro chinês é maior ainda no lado oriental da Europa, onde Hungria, Grécia e outros países competem para atrair investimentos. Dificilmente podemos esperar que as economias menores da Europa afrontem as ameaças chinesas se as maiores economias do continente não se dispõem a fazê-lo.

Além da Europa, os países em desenvolvimento mostram-se bem mais relutantes em limitar suas opções. Quando autoridades dos EUA visitaram o Brasil em outubro de 2020, ofereceram financiar os provedores de telecomunicações brasileiros em compras de equipamento que não fosse chinês.[100] Apesar de ter sido um passo na direção certa, as autoridades americanas podem estar pedindo demais, ou deixando de oferecer o suficiente. No mês seguinte, as quatro maiores companhias de telecomunicações do Brasil declinaram o convite para um encontro. "Devemos ser capazes de tomar nossas melhores decisões financeiras com liberdade", uma fonte do setor explicou.[101] Para muitos países, isso significa permanecer equidistante e colocar as ofertas concorrentes umas contra as outras, em vez escolher um lado.

No final de suas considerações, Esper conclamou a audiência: "Em resumo: vamos ser espertos; vamos aprender com o passado; e vamos implantar o 5G direito para não nos arrependermos de nossas decisões mais tarde. A realidade do século XXI é que muitas decisões econômicas são também decisões de segurança nacional". No entanto, a realidade é que para a maioria das pessoas as preocupações econômicas são fundamentais, seja na América rural ou no Afeganistão. Ser esperto requer oferecer-lhes alternativas acessíveis, que atendam às suas necessidades e aspirações. E o passado sugere que, na ausência de uma visão atraente dos EUA, apoiada por recursos que correspondam à retórica, as redes da China continuarão prosperando.

CAPÍTULO QUATRO
QUINHENTOS BILHÕES DE OLHOS

ERA UM DIA frio e luminoso, e as câmeras automaticamente se ajustaram, semicerrando suas lentes ao sol do fim da tarde.[1] Elas observavam Guo Bing, professor de Direito, saindo de seu escritório na Universidade Zhejiang de Ciência e Tecnologia, em Hangzhou. Acompanharam-no pela rua. O caminho todo, até ele chegar em casa.

Guo tem sorte. Ele desfruta de um grau de privacidade que não é compartilhado pelos moradores de Hangzhou. Em algumas moradias alugadas, há câmeras observando os residentes de *dentro* de suas casas. A polícia, incapaz de deter o fluxo de migrantes internos da China, que foi o maior deslocamento de pessoas já ocorrido em qualquer lugar no século passado, decidiu copiar uma página do *1984,* de George Orwell. Eles chamam esse programa de "Construção de Comunidades Inteligentes".[2]

O PCCh sempre vigiou os cidadãos, mas a tecnologia agora estende seu olhar sobre suas vidas de maneira mais vasta e profunda do que já fazia.[3] Sua meta explícita é nada menos que a total vigilância de cada centímetro do espaço público, e de cada rosto, introduzido de volta numa base de dados central. Ele se dispõe a conseguir isso construindo um sistema "onipresente, totalmente em rede, sempre operante e totalmente controlável". É uma "investida de alto nível para vigilância por vídeo que não tem precedentes globalmente", explica Charles Rollet, destacado analista do setor.[4] No final de 2020, a China planejava instalar 626 milhões de câmeras, praticamente uma para cada duas pessoas.[5]

Hangzhou é a capital não oficial do complexo industrial de vigilância da China. É onde ficam os três maiores fabricantes de câmeras de vigilância do país: Dahua, Hikvision e Uniview. Com generoso apoio do governo, elas evoluíram da venda de equipamento básico à produção de sistemas cada vez mais avançados. Entre 2010 e 2020, a capitalização de mercado somada da Hikvision e da Dahua passou de 8 bilhões para 76 bilhões de dólares.[6]

Depois de crescer rapidamente em casa, as gigantes de vigilância da China partiram para dominar os mercados globais. Juntas, a Hikvision e a Dahua fornecem cerca de 40 por cento das câmeras de vigilância do mundo.[7] A tecnologia de vigilância chinesa é usada em mais de oitenta países, em todos os continentes, exceto Austrália e Antártida, segundo Sheena Chestnut Greitens, destacada especialista em regimes autoritários e em política externa.[8] "Se os planos de Xi e do Partido derem certo, significará o retorno do totalitarismo em roupagem digital", escreve Kai Strittmatter, um veterano jornalista, em *We Have Been Harmonized* [Fomos harmonizados]. "E para autocratas do mundo inteiro, isso oferecerá um atalho para o futuro: um novo sistema operacional que eles têm como encomendar da China, provavelmente até com um acordo de assistência técnica."[9]

Na realidade, essas duas tendências gêmeas – a vigilância draconiana da China em casa e sua exportação no atacado desses sistemas – levaram muitos observadores a concluir que a China está "exportando autoritarismo".[10] Só a China tem companhias competitivas em todos os estágios do processo, da manufatura de câmeras ao treinamento em IA e implantação de analítica, ressalta Rollet. As companhias chinesas nunca questionam o uso que o governo fará dessas capacidades, e são alimentadas por subsídios do governo para sua expansão global.[11]

No entanto, a narrativa da "exportação de autoritarismo" também simplifica demais o desafio.[12] Ela deixa de abordar questões mais complicadas a respeito de por que os países estão importando essas tecnologias, dos fatores que influenciam como estão sendo usadas e das limitações das próprias tecnologias. É uma versão espelhada do mesmo erro que os políticos dos EUA cometeram ao final da Guerra Fria, quando acreditaram que os Estados Unidos estavam exportando democracia ao venderem sua tecnologia. O tempo todo, a tecnologia continuou como uma ferramenta.

"A vigilância é usada em democracias e em autocracias", observa Steven Feldstein, autor de *The Rise of Digital Repression* [A ascensão da repressão digital].[13] "A grande questão é se o regime escolhe usar essas ferramentas violando as normas e princípios vigentes." De fato, companhias ocidentais há muito tempo vendem equipamento de vigilância ao redor do mundo. Após os protestos na Praça Tiananmen em 1989, as autoridades chinesas recolheram os vídeos das câmeras de trânsito para transmiti-los pela televisão estatal e identificar os manifestantes. Eram câmeras fabricadas no Reino Unido e pagas pelo Banco Mundial.[14]

Hoje, câmeras de fabricação chinesa observam a Praça Tiananmen, assim como espaços públicos no Reino Unido, Estados Unidos e outras democracias. A ubiquidade do equipamento chinês sugere que as razões para adquiri-lo não são puramente políticas e têm fortes motivações comerciais, que receberam menor atenção das autoridades dos EUA. Dependendo das condições locais, a mesma tecnologia pode ser usada de modo radicalmente diferente, desde contar clientes e melhorar a segurança no trânsito a impedir reuniões públicas e contribuir para as piores violações de direitos humanos da história recente.

OLHOS AGUÇADOS

O modelo de vigilância da China é impressionante por sua abrangência e crescente sofisticação, embora esteja longe de ser perfeito. Em sua busca de uma visão onisciente, o PCCh também criou confusão, desperdício e ressentimento. O Partido exige que as autoridades locais implantem redes de vigilância, apesar de suas comunidades carecerem das infraestrutura de apoio, e chega a exigir que as comunidades pobres substituam as velhas câmeras por modelos de alta definição.[15] Em 2019 apenas, um terço de todos os condados da China tiveram que comprar equipamento de vigilância.[16]

Turbinadas pelos enormes subsídios estatais, as câmeras invadiram os espaços públicos como bandos de pássaros, pousando nos semáforos dos cruzamentos, nas esquinas das ruas, no alto dos prédios e acima das portas de entrada. Em 2005, a China anunciou o Skynet, um programa de vigilância urbana "para combater o crime e evitar possíveis desastres."[17] Seu nome vem de um ditado chinês: "A rede do céu é vasta – espalha-se amplamente, mas não perde nada". Uma década depois, a China estendeu esses esforços ao interior com um programa denominado "Olhos Aguçados" ["Sharp Eyes"]. O nome do projeto em chinês em tradução literal é "neve-clara", referência a um velho slogan maoísta: "Os olhos das massas são claros como a neve".

O programa Olhos Aguçados chega a ir além da distopia de Orwell. Na Oceania, o Estado autoritário descrito em *1984*, a Polícia do Pensamento vigia os cidadãos. O programa Olhos Aguçados possibilita isso numa escala sem precedentes e, em algumas comunidades, permite que os cidadãos vigiem uns aos outros. Do sofá de casa, os residentes podem passar do canal estatal de notícias para cenas de vídeo da vizinhança. E podem usar vídeo de seu app no celular para alertar as autoridades com um simples toque de um botão, caso detectem algo não usual. O sistema é de uma inteligência cruel, oferecendo alimento para voyeurs e dando lugar a pressões sociais que remontam a mais de mil anos, quando foram criadas as primeiras organizações coletivas de bairro.[18] Os governos locais mostram-se ansiosos para obter reconhecimento por seus esforços, e a mídia estatal destaca quase diariamente os feitos do Olhos Aguçados. Nessas histórias, os sistemas de vigilância são os super-heróis. Eles combatem o crime, encontram crianças perdidas e ajudam cidadãos idosos em casa. O que não é mencionado é o uso desses sistemas para monitorar suspeitos de serem dissidentes ou de participarem de manifestações – isto é, alvos de vigilância aos quais as autoridades chinesas se referem como "pessoas-chave".[19] Poucos se atrevem a questionar se o dinheiro gasto em equipamento de vigilância, que às vezes chega a milhões de dólares para um único condado, não seria mais bem aplicado em outras prioridades.[20] E isso se justifica – afinal, o governo está sempre de olho.

Mais recentemente, um bando de câmeras mais inteligentes pousou nos espaços públicos da China. São câmeras de alta definição que automaticamente se ajustam a clarões, baixa luminosidade e neblina, captando imagens mais nítidas, quaisquer que sejam as condições ao longo do dia. Elas automaticamente fazem panorâmicas, mudam sua angulação e dão zoom para acompanhar objetos em movimento. Os vídeos dessas câmeras passam por software de IA que cataloga placas de veículos, conta pessoas e analisa rostos. Esses dados podem ser submetidos a recursos que capturam códigos específicos de telefones celulares, aumentando a confiança das autoridades em conseguir identificar indivíduos.[21]

No Estado de vigilância da China, todo mundo é famoso. Mas o olhar das câmeras vai mais fundo que o olhar dos paparazzi que perseguem celebridades do cinema. Fazem mais do que registrar sua aparência. Avaliam seu gênero, idade e etnia. Checam a temperatura de seu corpo, buscando sinais de doença. Medem e avaliam seu jeito de andar. Depois de suficientes tomadas, algumas companhias afirmam que suas câmeras são capazes de reconhecer você mesmo de costas. Elas não só vigiam você. Elas quantificam.

Embora as expectativas de privacidade sejam mais baixas na China do que em muitos países ocidentais, os cidadãos chineses ainda assim se preocupam com esse escrutínio constante e com as aplicações que podem ser feitas do reconhecimento facial. Na primeira grande enquete pública da China sobre as visões a respeito da proteção de dados, realizada em 2019, um terço dos entrevistados disse não ter assinado termos de concordância para ter seus rostos escaneados.[22] Mais da metade expressou a preocupação de ser rastreado. Maiorias esmagadoras preferiam os métodos tradicionais de identificação e se preocupavam com a segurança dos dados. Essas preocupações não são uma rejeição do reconhecimento fácil, mas sugerem um desejo de pôr limites e estabelecer proteções mais firmes.

Em novembro de 2019, o professor Guo tornou-se a face pública das preocupações chinesas com privacidade ao entrar com um processo contra o Hangzhou Safari Park. O parque fica na região sudoeste da cidade, e seus leões, tigres e macacos fizeram dele uma das atrações turísticas mais populares de Hangzhou. Apesar do nome, que sugere um ambiente natural, trata-se essencialmente de um zoológico convencional, que segrega animais para expô-los ao público. O elemento mais ligado ao ar livre é um trenzinho que leva os visitantes por áreas mais extensas de exposição, onde a equipe do parque fica vigiando, às vezes a poucos metros dos animais.

Em outubro, o parque enviou a Guo uma estranha mensagem de texto: "Caro portador de nosso passe anual, o sistema de passes do parque foi aprimorado para um sistema de reconhecimento facial de acesso ao parque. Eliminamos o sistema anterior de identificação por impressão digital. A partir de hoje, os usuários que não se registrarem para o reconhecimento facial não poderão entrar no parque. Se você ainda não se registrou, por favor traga seu passe anual de verificação por impressão digital ao centro de passes anuais, o quanto antes. E boa visita!"[23]

"Eu não me vejo como um 'conservador' em termos de tecnologia", explicou Guo, "mas quando me deparo com reconhecimento facial e inovações tecnológicas similares, costumo querer saber de alguns outros 'porquês'."[24] Depois de conversar com colegas, ele entrou com um processo no tribunal local. Guo também apresentou uma proposta às autoridades locais para proibirem que gestores de propriedades coletassem dados biométricos.[25] Empreender iniciativas como essa em Hangzhou, a sede das maiores companhias de vigilância da China, é como fazer campanha contra o chocolate em Hershey, Pennsylvania.

Mas a intenção de Guo não era fazer o papel de um Davi disposto a aniquilar o Golias do Estado de vigilância. Suas ações legais têm foco naqueles negócios que usam tecnologia de reconhecimento facial, e não no governo. "Eu ainda posso aceitar que a segurança pública e departamentos do governo vinculados a ela coletem informação facial, a partir de considerações de interesse público, mas quando é um parque de diversões com animais que decide coletar informações faciais, tenho minhas dúvidas em relação a segurança e privacidade", explicou Guo. "Se ocorrer uma violação, quem vai assumir a responsabilidade?"[26]

O governo chinês não é surdo a essas preocupações, mas reluta em abrir mão de algum poder. Um projeto de lei sobre informações pessoais, previsto para ser concluído em meados de 2021, propõe pesadas penalidades para companhias que fizerem uso indevido de informações pessoais, e exige que os dados coletados por sistemas de vigilância em áreas públicas sejam usados apenas para propósitos de segurança pública.[27] Guo considerou esse primeiro esboço de projeto de lei "um avanço", mas também observou que ele foi enunciado de maneira vaga.[28]

Em novembro de 2020, o tribunal deu parcial razão a Guo e ordenou que o parque deletasse seus dados de reconhecimento facial e lhe pagasse o equivalente a 158 dólares. Mas não concordou com as alegações de Guo de que a notificação emitida pelo parque sobre a coleta de reconhecimento facial fosse inerentemente inválida e infringisse o direito de privacidade dos visitantes.[29] Tanto Guo quanto o parque apelaram da decisão.

Seja qual for o desfecho, a posição de Guo já é rica em simbolismo. O desafio oficial mais sério às leis de vigilância da China vem de um local de entretenimento. Mais fundamentalmente, o negócio em questão é a expressão mais rematada da vigilância levada ao extremo. Permite que as pessoas observem criaturas que não entendem como e por que estão sendo observadas – e que certamente nunca deram seu consentimento para isso. Em nome da segurança, o negócio priva os que estão sendo observados de suas vidas na natureza. Na realidade, o maior parque de safari do mundo é o próprio Estado de vigilância da China.

"A HISTÓRIA PAROU"

Na província de Xinjiang, noroeste da China, o governo segregou mais de um milhão de uigures, cazaques e outras minorias predominantemente muçulmanas em campos. Embora os uigures já venham sendo perseguidos há décadas, o governo chinês tomou medidas mais extremas em 2009, após protestos em Urumqi, capital de Xinjiang, que deixaram perto de duas centenas de mortos e centenas de feridos.[30] Quando vazaram relatos sobre os campos, as autoridades chinesas negaram, alegando que as pessoas estavam ali voluntariamente.

Mas alguns documentos de planejamento do Partido Comunista que foram vazados detalham um sistema para gerir aquilo que as autoridades dos EUA têm chamado de "o maior encarceramento em massa de uma população minoritária existente hoje no mundo".[31] Bethany Allen-Ebrahimian, que liderou a divulgação desses documentos ao Consórcio Internacional de Jornalistas Investigativos, observou que seu "estilo combina a burocracia padrão chinesa com a fala dúplice orwelliana [o "duplipensar"]".[32] Do mesmo modo que o "Ministério do Amor" da Oceania, que pratica tortura, a China chama seus centros de detenção de "campos de reeducação" e seus prisioneiros de "alunos".

A vida dentro desses campos é brutal, segundo relatos de sobreviventes. O dia inteiro é gerido rigorosamente no sentido de privar os prisioneiros de sua individualidade e convertê-los em suplicantes do Estado. Os internos são forçados a arrepender-se e confessar. São bombardeados com vídeos de propaganda do Estado e sabatinados com lições em mandarim sobre a ideologia do Partido Comunista.

Nas refeições, a única escolha que eles têm é desumana, segundo relataram ex-detentos ao *The Telegraph*. Eles podem gritar "Vida longa a Xi Jinping!" e receber então um pãozinho ou uma ração de arroz. Ou ficar em silêncio e experimentar a dor aguda de um bastão elétrico de tocar gado.[33] "Poder é estraçalhar a mente humana e depois juntar outra vez os cacos, dando-lhes a forma que você quiser", observa O'Brien, o antagonista do *1984* de Orwell.[34]

Os campos se apoiam em vigilância constante e em pesadas punições. Documentos do Estado instruem as prisões a garantirem "plena cobertura de vigilância por vídeo nos dormitórios e salas de aula, sem pontos cegos". As infrações mais irrisórias podem estender o cativeiro de um prisioneiro. "Você entra no campo com 1.000 pontos. Não há como ganhar pontos. Você só pode perdê-los, ao bocejar ou sorrir, por exemplo", explicou um sobrevivente.[35] "Se por acaso ficar com menos de 500 pontos, terá que permanecer ali mais um ano." Esse é o cálculo de um sistema projetado para fazer danos, e que só aponta para baixo. A libertação é conseguida não porque você ganha algo, mas por ter conseguido minimizar o quanto perde.

Não há libertação dos campos de trabalho da China. Os prisioneiros voltam a comunidades que estão totalmente cobertas por câmeras e forças de segurança. Os métodos do governo chinês, depois de anos usando *malware* para monitorar telefones uigures, tornaram-se mais ostensivos.[36] Ele exige que os uigures instalem aplicativos que monitoram sua localização e suas chamadas e mensagens. Também têm que se submeter a "checagens de saúde", nas quais são colhidas amostras de sangue e DNA que vão para a crescente base de dados biométricos do Estado.[37]

A repressão digital da China anda de mãos dadas com técnicas de controle de baixa tecnologia. É estritamente proibido deixar crescer a barba e usar *hijabs*, e as companhias de vigilância chinesas oferecem não só "detecção de minorias" como "detecção de barba", no seu pacote de analítica facial.[38] O governo não se restringe a separar os uigures de suas identidades. Em exercícios diários de segurança "antiterrorismo", treina-os para combater um inimigo invisível e fictício, que tem similaridade com uma caricatura sinistra e profundamente distorcida de suas antigas identidades.

Ao mesmo tempo que as autoridades chinesas tentam apagar identidades, elas vêm destruindo ou adaptando a outros propósitos os espaços físicos nos quais a cultura uigure se assenta. Em Kashgar, posto comercial histórico que abriga santuários uigures, os edifícios mais antigos da cidade foram destruídos em 2009 – uma perda histórica que as autoridades alegam ter sido motivada por segurança em terremotos.[39] A paranoia estatal transformou a Mesquita Id Ka de Kashgar, um edifício secular e tranquilo de culto, numa máquina de catalogar muçulmanos. Pontos de inspeção ao redor da cidade monitoram os movimentos de indivíduos e colocam as informações numa base de dados, reunindo detalhes sobre suas famílias, grau de instrução e atividades passadas.[40]

Hotan, cidade-oásis na parte sudoeste da Xinjiang, foi durante séculos um próspero núcleo de comércio e ponto de reunião de peregrinos uigures. Agora, para entrar em seu bazar é preciso submeter-se a escaneamento facial e apresentar documento de identidade.[41] Na praça da cidade há uma estátua de Kurban Tulum, fazendeiro e político uigure, cumprimentando Mao. A pouco mais de um quilômetro, um cemitério uigure, que tinha mil anos de existência e era também um santuário, foi arrasado em 2019.[42] As autoridades alegaram tratar-se de uma ação em prol do desenvolvimento e que "propiciava um ambiente espaçoso e bonito a todas as pessoas da cidade".[43] Parte do espaço foi substituída por um estacionamento.

"Você percebeu que o passado, a começar de ontem, na realidade tem sido abolido?", pergunta Winston, o protagonista de *1984*. "Todos os registros foram destruídos ou falseados, todos os livros foram reescritos, todos os quadros repintados, todas as estátuas e ruas e edifícios renomeados, todas as datas alteradas. E esse processo continua dia após dia, minuto a minuto. A história parou. Nada existe, exceto um infindável presente no qual o Partido está sempre certo."[44]

O PCCh quer controlar o futuro reescrevendo o passado. Imagens de satélite sugerem que dois terços das mesquitas de Xinjiang foram destruídas ou danificadas por políticas governamentais desde 2017, segundo o Instituto Australiano de Políticas Estratégicas.[45] As que não foram demolidas estão agora equipadas com câmeras. Um projeto da Hikvision exigiu instalar câmeras na entrada de aproximadamente mil mesquitas, isso num único condado de Xinjiang.[46] Entre 2016 e 2017 apenas, a Hikvision e a Dahua venceram contratos para projetos de vigilância em Xinjiang no valor de mais de 1 bilhão de dólares, segundo a pesquisa de Rollet.[47]

Longe de ficarem assustados com as táticas repressivas da China, muitos líderes estrangeiros estão intrigados. Eles veem uma oportunidade de adquirir ferramentas que poderiam reduzir o crime e estimular o crescimento em suas cidades.[48] Claro que as tendências autoritárias que alimentam também enxergam uma oportunidade para monitorar aqueles que os desafiam internamente e para fortalecer seu controle. Mas os prefeitos em países em desenvolvimento têm também foco em criar empregos e melhorar os serviços urbanos, como fazem seus equivalentes em países mais ricos. Mas contam com menos recursos, o que pode tornar a tecnologia chinesa ainda mais atraente.

A Hikvision, a maior do trio de Hangzhou, tornou-se o peso-pesado mundial da vigilância graças ao generoso apoio estatal em casa e às suas vendas por baixo custo no exterior. Suas instalações são capazes de produzir 260 mil câmeras por dia – duas para cada três pessoas que nascem diariamente.[49] Em 2019, produziu cerca de um quarto das câmeras de vigilância do mundo, com vendas em mais de 150 países.[50]

A companhia começou como um órgão do Estado, com o qual mantém laços estreitos. O China Electronics Technology Group Corporation (CETC), conglomerado integralmente estatal de indústrias voltadas à Defesa, é a maior acionista da Hikvision e tem um pé no setor militar e outro no civil, produzindo de equipamentos a laser a máquinas de lavar roupa.[51] Foi a CETC que forneceu o sistema militarizado de controle e vigilância de Kashgar, e também o sistema de reconhecimento facial do bazar de Hotan e um amplo programa policial que coleta dados e dá o alerta sobre pessoas consideradas potencialmente ameaçadoras, além de outros projetos de Xinjiang.[52] "Nossa meta é liderar o desenvolvimento do setor eletrônico da China e construir o pilar fundamental da segurança nacional", afirmou o presidente da CETC em 2017.[53]

Desde sua oferta pública de ações na Bolsa de Shenzhen em 2010, a Hikvision tem fortalecido seus laços com o governo chinês. Em 2015, em sua primeira reunião com o Partido, o presidente da Hikvision enfatizou a importância da integrar as políticas do Partido às metas de desenvolvimento do negócio.[54] Semanas mais tarde, o líder chinês Xi Jinping visitou a sede da Hikvision para verificar os produtos da companhia e seu centro de P&D. "O grande rejuvenescimento da nação chinesa está logo ali, dobrando a esquina", declarou aos trabalhadores.[55] Mais tarde naquele ano, o governo concedeu à Hikvision uma linha de crédito de 3 bilhões de dólares.[56]

Os gigantes de vigilância da China também se beneficiaram de tecnologia e investimento dos EUA. A Hikvision comprou chips programáveis da Nvidia para treinar seus algoritmos de IA. A companhia também declara parcerias com Intel, Sony e Western Digital – esta última, além disso, anunciava sua parceria com a Hikvision em eventos de negócios no início de 2019.[57] Em 2005, a Seagate fez parceria com a Hikvision para lançar o que chamou de seu primeiro disco rígido desenvolvido especificamente para equipamentos de vigilância. Quando a Seagate anunciou o primeiro disco rígido para vigilância com IA em 2017, citou representantes da Hikvision, Dahua e Uniview. "Como parceira estratégica, a tecnologia avançada da Seagate ajudará a Dahua a alcançar novo patamar em IA", disse o diretor do centro de operações de vendas internas da Dahua.[58]

"CONSTRUA SUA VIDA INTELIGENTE"

Mesmo que nunca tenha posto os pés na China, se você vive nos Estados Unidos, as câmeras da Hikvision provavelmente já o viram. Em 2017, a Hikvision havia conquistado 12 por cento do mercado norte-americano.[59] Suas câmeras vigiavam edifícios de apartamentos em Nova York, centros públicos de entretenimento na Filadélfia e hotéis em Los Angeles.[60] Departamentos de polícia usavam-nas para monitorar ruas em Memphis, no Tennessee, e em Lawrence, em Massachusetts, e na vigilância de um laboratório de criminalística no Colorado.[61] Londres e mais da metade das vinte maiores cidades do Reino Unido haviam comprado e instalado câmeras Hikvision.[62]

É necessário um mapa para apreciar melhor o alcance da Hikvision. A ferramenta de busca Shodan permite ao usuário localizar dispositivos conectados à internet. Em abril de 2020, fiz uma busca de câmeras Hikvision e encontrei mais de 105 mil dispositivos nos Estados Unidos. O mapa dos resultados, que mostra dispositivos como pontos vermelhos, parecia um rastreador de pandemia, com bolsões de atividade em grandes cidades. Houston liderava com mais de 2.500 dispositivos. Los Angeles, Chicago e Miami tinham mais de 1.000 dispositivos. Mesmo na rural Montana, pontos vermelhos apareciam aqui e ali. Conforme aproximei o zoom, descobri um dispositivo conectado a um cliente Nemont em Westby, Montana (população: 168 habitantes).

Os preços competitivos da Hikvision superaram fornecedores em alguns dos locais mais sensíveis do governo dos EUA. Com sua oferta de imensos descontos às redistribuidoras americanas, as câmeras da companhia acabaram achando um jeito de entrar na Base Peterson da Força Aérea, no Colorado, onde fica o Comando da Defesa Aeroespacial da América do Norte (NORAD) e várias unidades militares que mais tarde foram integradas à Força Espacial dos EUA.[63] As embaixadas dos EUA em Kiev, Ucrânia, e em Cabul, Afeganistão, também tinham câmeras Hikvision instaladas.

As câmeras Hikvision tornaram-se tão onipresentes que o governo dos EUA teve dificuldades para localizar todas elas. Quando o Congresso proibiu as agências do governo de usarem câmeras Hikvision e Dahua em 2018, por preocupações de que os dispositivos pudessem secretamente enviar informações de volta à China, deu-lhes um ano para remover o equipamento.[64] Mas mais de noventa companhias diferentes haviam substituído os rótulos dessas câmeras por suas próprias marcas, segundo o IPVM, o grupo de pesquisa do setor de vigilância. Em alguns casos, as agências não tinham alternativa a não ser desmontar o equipamento suspeito e inspecionar suas peças.

Uma subsidiária americana da Hikvision, a EZVIZ, vem tentando dar uma cara mais amistosa aos seus produtos. Minimizando suas reais origens, a EZVIZ destaca que tem sede na City of Industry, Califórnia. A certa altura, seus anúncios até sugeriam que a companhia havia sido fundada por três *millennials* do Meio-Oeste que eram "obcecados por vídeo".[65] Desde que chegou aos Estados Unidos em 2015, a marca EZVIZ expandiu-se e, além de câmeras, produz campainhas de porta para residências, fechaduras e até cortinas automatizadas. Seus produtos são vendidos na Home Depot, no Walmart e em outros grandes varejistas. "Monte sua vida inteligente com a EZVIZ," anunciava sua página na Amazon em 2020.[66]

Casas inteligentes estão no centro do crescimento de dispositivos conectados à internet. Como o custo dos processadores e sensores baixou muito, e as velocidades de banda larga aumentaram, cada vez mais dispositivos estão sendo conectados à internet. Máquinas de lavar, televisores, até torradeiras agora vêm com funções automatizadas que requerem conectividade com a internet. Em 2020, a Cisco estimou o número de todos os dispositivos conectados à internet, dentro e fora das casas, em cinquenta bilhões. Por volta de 2030, ela projeta que haverá quinhentos bilhões de dispositivos conectados à internet.[67] Em outras palavras, são quinhentos bilhões de olhos e ouvidos.

As câmeras de vigilância podem parecer um exemplo extremo, mas a constante coleta de dados por outros dispositivos coloca também sérios riscos. Relógios e *fitness bands* [pulseiras inteligentes] são cada vez mais populares e costumam rastrear movimentos, ritmo cardíaco e padrões de sono. A Xiaomi, importante fabricante chinesa de telefones e outros aparelhos, vende pulseiras fitness com sensor de nível militar e bateria com vida útil de trinta dias por 35 dólares. Seu slogan é "Entenda cada um de seus movimentos".[68] Produtos desse tipo oferecem novas conveniências, mas costumam não ter salvaguardas adequadas de privacidade e segurança.

Os consumidores não parecem muito preocupados, mesmo que alguns governos estejam examinando mais atentamente essas questões. Em meados de 2020, a Xiaomi produziu mais de treze milhões de pulseiras inteligentes, mais do que qualquer outro fornecedor no mundo.[69] O modelo mais recente da companhia recebeu mais de dezesseis mil avaliações cinco-estrelas na Amazon no final daquele ano. Em seguida, em janeiro de 2021, o Departamento de Defesa dos EUA incluiu a Xiaomi numa lista negra de companhias com alegadas vinculações às forças armadas chinesas.[70] A ordem, que foi sustada por um juiz federal e depois retirada, obrigou os investidores dos EUA a se afastarem da companhia, mas não impediu os americanos de continuarem comprando produtos Xiaomi.

Casas conectadas são um sonho de praticidade e um pesadelo de segurança. Há microfones não apenas nos smartphones, mas em alto--falantes, despertadores, TVs, carros, refrigeradores e na maioria dos lugares onde as pessoas passam seu tempo. Uma geladeira conectada à internet parece inofensiva, mas, como Laura DeNardis explica em *The Internet in Everything* [A internet em todas as coisas], pode revelar detalhes privados a respeito da saúde de um indivíduo, assim como os horários em que a pessoa está em casa.[71] Pode prover também uma via para acessar outros dispositivos na mesma rede.

As advertências públicas de autoridades dos EUA foram em grande medida ignoradas. Como o diretor da Inteligência Nacional dos EUA, James Clapper, declarou ao Congresso em 2016, "serviços de inteligência podem usá-la [a Internet das Coisas] para identificação, vigilância, monitoramento, rastreamento de localização e seleção para recrutamento, ou obter acesso a redes ou a credenciais de usuários".[72] Os dispositivos podem também ser usados para lançar ataques. Sete meses após a advertência de Clapper, um *botnet* ["rede de terminais 'escravos'"] de nome "Mirai" infectou mais de meio milhão de dispositivos, muitos deles câmeras Dahua, e usou-os para tirar do ar grandes sites da internet.[73]

À medida que a internet se expande ainda mais no mundo físico, a segurança permanece com excessiva frequência uma preocupação secundária, em vez de um argumento de venda básico para os dispositivos oferecidos ao consumidor. "Ser o primeiro no mercado é o principal", explica DeNardis. Projetar dispositivos que sejam mais seguros e possam ser corrigidos no futuro quando forem descobertas vulnerabilidades requer mais tempo e dinheiro. Esses incentivos sugerem que as companhias irão manter a segurança no nível mínimo indispensável até que os consumidores ou reguladores façam exigências de outro tipo. E esses riscos tampouco se limitam às companhias chinesas. Como observou o especialista em segurança cibernética James A. Lewis, "agentes chineses parecem ter pouca dificuldade em acessar dados e dispositivos dos EUA, mesmo que não usem serviços chineses ou não sejam feitos na China".[74]

A Hikvision empenha-se em conseguir uma oportunidade lucrativa de vigiar sua porta da frente e também tem a expectativa de que você lhe dará boas-vindas dentro de casa. Em 2018, o Consumer Electronics Show, equivalente para produtos eletrônicos ao que o Detroit Auto Show é para os automóveis, deu à EZVIZ um prêmio de inovação por seu "Smart Door Viewer" [Olho-mágico inteligente"]. O dispositivo observa por um olho-mágico, examina rostos e os compara aos de uma base de dados de usuários.[75] Em um press release sobre o prêmio, a EZVIZ afirmava que a companhia tinha origens humildes, "tendo começado como uma pequena equipe com a ambição de oferecer tecnologias inovadoras a mais pessoas".[76]

Bem, agora aperte "pausa" por um momento e deixe que isso se assente melhor. A mesma tecnologia que contribui para a maior tragédia humana desse século pode também vigiar as ruas da sua cidade, os prédios da sua vizinhança e até a sala do seu vizinho.

A presença de tecnologia comum é assustadora, mas as diferenças em como ela é usada são gritantes. Nos Estados Unidos, por exemplo, as leis de vigilância ainda estão em desenvolvimento, com algumas cidades proibindo o reconhecimento facial e outras permitindo-o, e cresce o impulso para a imposição de limites. Mas ao mesmo tempo leis americanas de longa data sobre liberdades civis e privacidade limitam a capacidade do governo de usar essas ferramentas. Na China, e em outros países autoritários, não há limites reais para os serviços de segurança, e nem sinais de nada que possa desafiá-los seriamente.

O PONTO CEGO DO BIG BROTHER

Enquanto tentava aprender mais sobre o funcionamento dessas ferramentas, descobri que a Hikvision ainda oferecia cursos de treinamento e certificação. Os tópicos abrangiam todo o espectro, de reconhecimento de placas de carro a câmeras térmicas. Fiquei curioso para ver como a companhia oferecia seus produtos, especialmente diante das crescentes preocupações sobre direitos humanos, e então me inscrevi em dois cursos de certificação profissional.

O primeiro deles, de treinamento de vendas da Hikvision para a América do Norte, prometia abordar "os tópicos fundamentais para posicionar e vender com eficácia produtos Hikvision". Os trainees iriam "aprender os fundamentos da vigilância por vídeo", "dominar a configuração essencial dos dispositivos Hikvision" e "superar desafios gerais de instalação para o uso de dispositivos Hikvision". O que ele oferecia era uma rápida olhada numa realidade alternativa.

O curso começou com um orgulhoso relato da ascensão da Hikvision, de participante menor a líder de mercado em apenas uma década. Uma linha do tempo ilustrava esse rápido crescimento e os principais marcos, como a abertura de seu primeiro escritório nos Estados Unidos em 2006, seguido por operações na Índia, Amsterdã, Rússia e Dubai. Mencionava a força de vendas de 14.500 funcionários da Hikvision, seu investimento de 8 por cento da receita anual em P&D e sua presença em mais de 150 países. Essas estatísticas seriam úteis para os representantes de vendas ao apresentarem a companhia chinesa a potenciais clientes. "Como é mesmo o *nome* da companhia?", eu podia ouvir falantes de inglês perguntando.

Alguns clientes, é claro, já teriam ouvido falar da companhia. E suas primeiras impressões talvez não tivessem sido positivas. Considerando os crescentes desafios enfrentados pela companhia nos Estados Unidos, eu esperava que o curso incluísse algumas sugestões de respostas a perguntas que vinham sendo feitas com frequência: Qual é a relação entre a Hikvision e o governo chinês? A Hikvision vende equipamento às forças de segurança chinesas em Xinjiang?

Mas esses tópicos eram totalmente ignorados. Não havia menção a questões de direitos humanos e menos ainda a alegações de violações. Não havia nenhuma explicação das razões pelas quais um grande cliente, o governo dos EUA, se tornara o crítico mais contundente da Hikvision. Não havia sequer uma insinuação às dificuldades enfrentadas pela companhia no mercado americano. A Hikvision descrevia a si mesma como uma companhia próspera sem obstáculos e que só queria saber de avançar.

No entanto, o curso fazia um apelo direto para ajudar a promover a imagem da Hikvision. "A exposição às mídias sociais, as palestras e a promoção de iniciativas de segurança cibernética ajudam o instalador e integrador a se relacionar com seus clientes. Se o domicílio ou o negócio pesquisarem a respeito da Hikvision verão que se trata de uma grande companhia. Não entenda mal, somos de fato uma grande companhia, mas a internet é onde as pessoas procuram se inteirar dos fatos atualmente. Se tivermos uma boa aparência, você ficará bem com seu cliente." A realidade, obviamente, é muito menos lisonjeira. No início de 2021, a pergunta mais sugerida pelo Google para uma busca pelo nome da companhia era "Por que a Hikvision foi proibida?".

O segundo curso era mais revelador das capacidades e limitações do equipamento. Projetado para profissionais do setor de vigilância, abordava como projetar, instalar e operar sistemas Hikvision. Enquanto o curso de vendas descrevia o que os aspectos "inteligentes" são capazes de fazer, esse curso técnico explicava como funcionam e como montar adequadamente as câmeras para utilizá-las. Funções inteligentes como "detecção de remoção de objetos", que notifica quando há itens faltando, exigem que a câmera crie um modelo do fundo da cena e use esse modelo para detectar alterações.

A maioria dos estudos de caso focava na proteção da propriedade privada. "Detecção de intruso", que dispara um alarme quando uma pessoa ou veículo entram em determinada zona, foi mostrada vigiando uma bomba de óleo. "Detecção de ultrapassagem de linha" protegia uma cerca ao longo de uma estrada. As funções "Contagem de pessoas" e "Mapeamento de calor" eram exemplificadas numa loja de departamentos para monitorar tráfego a pé. O curso argumentava que a vigilância muitas vezes é vista como custo, mas os dados que ela fornece, por exemplo, mostrar ao dono de uma loja onde os clientes circulam a maior parte do tempo, são uma informação valiosa que pode ser usada para aumentar a receita.

O que não foi mencionado é que essas capacidades podem ser usadas de maneiras drasticamente diferentes. A contagem de pessoas pode aumentar a receita de uma mercearia, e pode também alertar governos repressores quando há um grande grupo se reunindo. Detecção de ultrapassagem de linha pode alertar a polícia local quando um carro trafega na rua pela contramão, mas pode igualmente alertar quando há pessoas entrando e saindo da casa de um dissidente. Alarmes automatizados podem tirar as pessoas de situações de perigo, e também impedir que sejam livres. Toda noite, a horas de distância mas sob a mesma lua, câmeras Hikvision vigiam escolas públicas de Minnesota e campos de Xinjiang.[77]

Um aspecto se destacava dos demais. "Escudos de privacidade" permitem que o usuário bloqueie áreas dentro do campo de visão da câmera e impeça que sejam monitoradas. Imagine traçar uma sombra virtual na fachada de uma casa para impedi-lo de olhar dentro dela. Em mais de vinte horas de material do curso, essa foi a única menção a uma função projetada para limitar a vigilância. Talvez fosse um argumento de vendas poderoso para mercados preocupados com privacidade, particularmente na América do Norte, mas foi mencionado apenas de passagem. O curso logo voltou a discutir como ampliar o campo de visão de uma câmera.

O arsenal da Hikvision para reconhecimento facial oferece um sistema único para distribuir punições e recompensas. Um folheto diz "Identifique pessoas de sua lista negra e notifique a segurança para tomar ações para reduzir riscos". "Identifique clientes da lista branca de modo que possam experimentar serviços VIP exclusivos a partir da hora em que chegam."[78] Relevando os termos racistas, que profissionais do setor têm defendido substituir, não requer muita imaginação ver o potencial para abusos. Com o reconhecimento facial, o dono de um clube pode localizar os clientes que valoriza e oferecer-lhes drinques grátis. Um déspota pode usar a mesma tecnologia para identificar, rastrear e silenciar oponentes. Quer você esteja sendo bem-vindo ao céu ou ao inferno, graças à vigilância em IA, a espera está ficando mais curta.

Ambos os cursos estavam naturalmente focados em mostrar as capacidades dos produtos, mas mesmo assim eles ocasionalmente davam pistas de suas limitações. A função contagem de pessoas, segundo explicava a Hikvision, tem uma precisão de apenas 90 por cento quando o tráfego é pesado. Para atenuar as expectativas do cliente, um slide observava: "O entretenimento da TV é ficcional. O que eles conseguem fazer em programas como *CSI* e *NCIS* e outras séries não é realidade. Um sistema de circuito fechado de tevê NÃO possui um zoom ilimitado com imagens nítidas".

Esses sistemas são cada vez mais sofisticados, mas ainda assim achei um exagero chamá-los de "inteligentes". A luz que é refletida de vidro e azulejos, por exemplo, pode confundir a câmera. Folhas oscilando ao vento podem ser falsamente identificadas como novos objetos. Animais e até mesmo pequenos insetos, especialmente os que têm asas, podem disparar alarmes. Os usuários têm como ajustar a sensibilidade de alarmes e são incentivados a colocar as câmeras em pontos privilegiados. Mas os erros ainda são relativamente comuns, o que torna os usos autoritários dessas ferramentas mais perigosos ainda.

Esses riscos não são prontamente comunicados aos potenciais clientes. A Hikvision às vezes anuncia a taxa de precisão de seu reconhecimento facial como "acima de 90 por cento", o que dá campo a seus clientes imaginarem que possa ser maior, talvez até próxima da perfeição. Um revendedor de produtos Hikvision afirma que suas câmeras permitem reconhecimento facial com uma precisão acima de 99 por cento.[79] Produtos de reconhecimento facial têm distorções que decorrem dos dados usados para treiná-los. Os algoritmos da Hikvision são mais precisos para pessoas do Leste Asiático, e menos precisos para pessoas da África, segundo testes realizados por organizações independentes.[80]

A Hikvision comercializa sua série DeepinMind como "um Network Video Recorder (NVR) [Gravador de Vídeo em Rede] de pensamento inteligente, com uma 'mente' própria, capaz de analisar o conteúdo e tomar por você decisões bem informadas".[81] Mas em 2018, uma avaliação independente feita pelo IPVM, um importante grupo de pesquisa do setor de vigilância, constatou que o sistema estava cheio de erros.[82] Ele equivocadamente identificava coelhos e veículos como pessoas e em outras situações deixava de identificar pessoas. Quando o sistema equivocadamente identificou um SUV como uma pessoa, o teste concedeu que o sistema estava parcialmente correto, afinal o SUV de fato não estava portando uma mochila. Outro teste no ano seguinte, depois que o sistema foi atualizado, indicou que o DeepinMind cometia menos erros, mas ainda falhava consistentemente em identificar pessoas e emitia falsos alarmes.[83]

Com mais treinamento e dados, esses sistemas estão melhorando, mas eu não confiaria neles para tomar decisões. Uma coisa é um sistema deixar de contar com precisão o número de pessoas que passam um tempo na seção de produtos de uma mercearia e outra bem diferente é o sistema identificar erradamente um indivíduo como suspeito de um crime. Testes demonstram que a tecnologia de reconhecimento facial em particular tem desvios importantes em gênero e raça, levando a um aumento de falsos positivos para mulheres e minorias.[84] Esses não são riscos teóricos e tampouco se restringem a fornecedores chineses. No final de 2020, três americanos haviam sido detidos por engano em razão de falsos positivos em reconhecimento facial.[85] Todos eram homens negros.

Conforme o curso avançou, aprofundou-se nas capacidades de vigilância, ao mesmo tempo em que se ignorava suas limitações. O objetivo de cada cenário de treinamento era expandir a capacidade de vigiar e detectar. Em todos os casos, a pessoa atrás da câmera sempre acumula poder, para o bem ou para o mal, e a pessoa à frente da câmera se torna um alvo. A abordagem autoritária não questiona esse desequilíbrio. Faz pouco ou nenhum esforço para minimizar danos.

O curso não ofereceu nenhum princípio para uso responsável. "PENSE antes de olhar", eu imaginei. Não constava do curso nenhum lembrete para checar as orientações locais. Algumas cidades dos EUA, por exemplo, proibiram as autoridades municipais de usar o reconhecimento facial. Nos exemplos de negócios que usam o equipamento de vigilância para coletar informações, não havia nenhuma sugestão para solicitar permissão aos clientes. Lembrei do processo que Guo moveu contra o Hangzhou Safari Park.

O uso de linguagem militar, comum no setor de vigilância, aumenta a sensação de que essas ferramentas com muita facilidade podem tornar-se armas.

As câmeras podem ser ajustadas para "patrulhar", o que significa que realizam panorâmicas e mudam a angulação a intervalos predeterminados, escaneando áreas por meio de um loop. "A detecção de intruso" soa como um método de defender um banco ou base militar, ou seja, um sistema que pega apenas bandidos. As câmeras Hikvision não checam identidades. Elas "capturam" rostos.

Ao concluir os dois cursos, fiquei aliviado por chegar ao final, mas também insatisfeito. Aprovado em dois exames, eu estava tecnicamente qualificado para vender e instalar sistemas que usam IA para identificar rostos e analisar comportamento. O curso me ensinou a diferença entre sistemas de armazenamento de dados RAID 0 e RAID 5. Aprendi como ajustar uma área de detecção de intrusos e a configurar para onde os alertas seriam enviados. Mas continuei totalmente desequipado para lidar com a privacidade e as preocupações com direitos humanos que esses sistemas despertam.

Esse ponto cego ético dificilmente pode ser considerado como restrito às companhias de vigilância chinesas, ou mesmo ao setor de vigilância em geral. A Oracle tem comercializado aplicações de polícia de seu software em países com registros muito baixos de respeito aos direitos humanos, como China, Brasil, México, Paquistão, Turquia e Emirados Árabes Unidos, segundo relatos de Mara Hvistendahl.[86] Mais fundamentalmente, a volumosa coleção de dados pessoais de companhias privadas, que a professora de Harvard Shoshana Zuboff apelidou de "capitalismo de vigilância", tem implicações de longo alcance não só para a privacidade, mas para o controle social.[87]

Muitas companhias de tecnologia têm procurado se posicionar como lojas de hardware high-tech, simplesmente vendendo ferramentas a clientes que em última instância são os responsáveis pela maneira como serão usadas. Quando perguntaram a Ren Zhengfei se a Huawei poderia ser considerada responsável pelo uso que o governo chinês faz de seus produtos em Xinjiang, ele respondeu: "A situação é similar, digamos, à de uma fábrica de automóveis na Espanha. Será que o fabricante é capaz de determinar a quem irá vender os carros? O que o fabricante de veículos vende é só o próprio carro. O que será colocado dentro dele é determinado pelo motorista. O fabricante não vende motoristas, vende só os carros".[88]

Mas a Huawei, a Hikvision e outras companhias não são meros exportadores de bens de consumo. Elas vendem capacitações, assim como métodos. Tomando emprestado a metáfora de Ren, elas oferecem treinamento a motoristas e às vezes até os motoristas. Não checam se você tem um péssimo histórico como condutor de veículos ou mesmo se sequer tem habilitação para dirigir. Elas se dispõem a vender qualquer produto seu a quem queira comprar, com muito poucas exceções.

Essa abordagem *laissez-faire* parece cada vez mais insustentável. À medida que mais comunidades debatem os méritos da vigilância alimentada por IA, as companhias serão obrigadas a ter um papel mais ativo em prevenir danos. As companhias que se envolverem construtivamente nesse debate poderão conquistar a confiança e se posicionar de maneira a lucrar, ao contribuírem para lidar com preocupações sociais. Como ocorre com o movimento ambientalista, é possível que vejamos emergir um mercado para IA socialmente responsável.

Os Estados Unidos poderiam atuar com seus parceiros e aliados no sentido de liderar esse movimento. "À medida que as economias da África, América Latina e Sudeste Asiático avançam em seu desenvolvimento e processos de urbanização, por que não apoiar uma iniciativa global em torno de cidades inteligentes que reúna apoio a inovação tecnológica, sustentabilidade ambiental e boa governança", argumenta Liz Economy, destacada especialista em China e membro sênior do Conselho de Relações Exteriores.[89] Tal esforço iria desafiar as atuais atividades da China ao estabelecer um forte contraste e oferecer uma alternativa superior. Companhias que seguem adiante sem salvaguardas podem acabar vendo sua clientela reduzir-se a uma lista de nomes para os quais elas não tenham mais interesse em anunciar.

Para uma companhia cujo slogan é "Enxergue longe, vá além", a Hikvision parece estar míope ou mesmo obstinadamente cega em relação à reação contrária que vem se armando contra sua marca. Evidências do papel da companhia nos campos de Xinjiang vieram à tona já em 2018.[90] Mas foi só em 2019, depois que os investidores ocidentais começaram a cair fora, que a companhia divulgou seu primeiro relatório ambiental, social e de governança.[91] "Ao longo do último ano, houve numerosos relatos quanto às maneiras pelas quais alguns produtos de vigilância em vídeo estiveram envolvidos em violações de direitos humanos", destacou ela. O relatório reforçava a voz passiva e evitava ser específico.

A preocupação da Hikvision com direitos humanos parece superficial. Ela prometeu incorporar a Declaração Universal de Direitos Humanos da ONU, entre outras medidas, em suas práticas e contratou uma empresa de advocacia dos EUA, a Arent Fox LLP, para conduzir uma revisão interna, que ela não tornou pública. Depois de aguardar uma cópia dessa revisão, um fundo de pensão dinamarquês finalmente saltou fora da Hikvision em novembro de 2020, observando que havia "perdido a paciência com a companhia".[92] A Hikvision também nomeou um diretor-geral de compliance, vagamente responsável "por promover a construção de compliance nas áreas de proteção dos direitos humanos, segurança de dados e proteção da privacidade, assim como de responsabilidade social, etc.". Ao que parece, a Hikvision não se sentiu obrigada sequer a concluir a frase e articular explicitamente a posição de seu diretor-geral, que poderia ser chamado talvez mais apropriadamente de diretor-geral de reclamações. Talvez sua suposição fosse que os investidores e clientes precisassem apenas ser tranquilizados, e não tinham intenção de ir fundo nessa questão.

Os riscos sociais são um ponto cego ainda maior para a clientela da Hikvision, que inclui o governo chinês. O medo de agitação social é o que motiva a construção de um Estado de vigilância disposto a penetrar mais na vida dos cidadãos. Mas quando ele impõe de modo canhestro mais medidas invasivas, pode acabar intensificando as próprias forças de ressentimento que ele mais teme. Quando os sistemas da China não entregam a precisão que prometem, o desapontamento se manifesta não só entre os defensores da privacidade e os grupos dissidentes. Depois de certo nível de erros, até os apoiadores de medidas de vigilância começam a levantar questões.

"CIDADES SEGURAS"

A distância entre o que as companhias chinesas de vigilância prometem e o que entregam pode ser ainda maior no exterior. Com o apoio financeiro e diplomático de Pequim, elas estão atuando em mais cidades ao redor do mundo. Seu discurso de vendas é incrivelmente atraente: tecnologia da próxima geração entregue a preços acessíveis hoje. Mas em sua afobação para obter um domínio quantitativo dos mercados externos, a qualidade de seus projetos pode ficar aquém.

Imagine que você é prefeito de uma cidade grande de uma economia emergente. Você enfrenta uma cascata de crises que se reforçam mutuamente. A pandemia da Covid-19 quebrou seu sistema de saúde e ameaça rebrotar. Piores ainda são as consequências financeiras. A dívida fica perigosamente elevada, limitando sua capacidade de tomar empréstimos e financiar projetos de desenvolvimento. Ao mesmo tempo, há o tique-taque de uma bomba-relógio demográfica: sua população é preponderantemente jovem, e já não há mais empregos suficientes em oferta. A criminalidade aumenta e ameaça afugentar investidores externos. Suas perspectivas políticas são incertas, assim como o futuro da cidade. Você irá concorrer à reeleição em dois anos.

Como se fosse um gênio da lâmpada, uma companhia chega e promete atender a três de seus desejos. Você pede que ele o ajude a superar a crise de saúde, que lhe dê maior crescimento econômico e reduza a criminalidade. Todos esses três desejos, diz a companhia, podem ser atendidos se você tornar sua cidade mais inteligente. Câmeras com sensores de temperatura podem ajudar a identificar pessoas com febre. Medir o fluxo de trânsito e fortalecer a aplicação de suas leis pode reduzir os congestionamentos. O reconhecimento facial e a análise de comportamento podem identificar criminosos procurados e alertar a polícia sobre comportamentos suspeitos, como correr ou vagar perto de áreas de circulação restrita. Essas capacidades serão introduzidas numa base de dados central e num centro de controle.

O centro de controle que irão lhe mostrar parece saído de uma missão da NASA, algo que só os países mais ricos do mundo têm. Fileiras de estações de trabalho dispostas em círculos concêntricos, todas voltadas para uma parede cheia de telas gigantescas. Mapas mostram a localização de veículos, as identidades de pessoas e uma variedade de alertas. Enquanto todo o resto segue numa espiral descontrolada, o centro de controle é um Paraíso para um administrador do governo. A imprensa local irá implorar para fazer uma reportagem sobre o lugar. Serão publicadas matérias sobre o salto para a linha de frente da inovação e sobre o futuro próspero oferecido por uma cidade mais inteligente. O mundo exterior ficará sabendo disso. Investidores estrangeiros verão maiores oportunidades e riscos menores.

Tudo isso num único pacote que pode ser customizado para as suas necessidades e seu orçamento. "A Solução Cidade Segura [Safe City] da Hikvision oferece uma segurança saudável, estável e confiável para a cidade", explica a companhia. "Todos os componentes, software e serviços da Solução Cidade Segura reforçam a administração pública, melhoram a vida das pessoas e promovem um desenvolvimento substancial de longo prazo."[93] Para adoçar o negócio, os bancos estatais da China irão prover um empréstimo subsidiado, pagável em vinte anos. A essa altura, a cidade estará transformada. O projeto irá se pagar.

Mesmo que não o faça, você já terá seguido adiante, portanto não será mais problema seu.

A sedução da oferta da China é fácil de entender. Governos ao redor do mundo querem a eficiência e a segurança que é prometida pela nova tecnologia de vigilância por sensores remotos. Como o custo do poder da computação despencou e as velocidades da banda larga aumentaram, as cidades estão implantando câmeras e sensores automatizados para melhorar tudo, da coleta de lixo ao atendimento de emergências.

A expansão da tecnologia chinesa até cidades estrangeiras preocupa os gestores de políticas dos EUA, que encaram esses projetos não como algo meramente feito pela China, mas feito para a China. Em sua viagem a Nairóbi, capital do Quênia, o senador Marco Rubio ficou alarmado ao ver que os movimentos da delegação eram monitorados por um dos projetos carro-chefe da Huawei. "Literalmente a cada cruzamento era tirada uma foto", declarou Rubio em 2019.[94] "Eles sabem em que hotel você se hospedou, sabem em que rede de wi-fi está. Isso cria mais e mais oportunidades para que essa companhia [e Pequim] acessem sua informação corporativa e possam roubá-la."

A conexão que a China promove em cidades ao redor do mundo vai num ritmo superior à capacidade de reação dos gestores políticos. Em agosto de 2019, Rubio e o senador Ron Wyden pediram ao Departamento de Estado que alertasse os americanos sobre o risco de viajar a cidades estrangeiras que usam tecnologia chinesa. "Fornecer tecnologia a países com escassa proteção de direitos humanos pode beneficiar não apenas os líderes autoritários locais; pode também beneficiar a China", alertaram eles.[95] Ambos citaram uma reportagem do *New York Times* segundo a qual há mais de dezoito países usando sistemas chineses. A realidade é ainda mais de fazer cair o queixo: as empresas chinesas têm exportado produtos e serviços de "cidade inteligente" a mais de uma centena de países, segundo pesquisa realizada por Katherine Atha, James Mulvenon e colegas da empresa de pesquisa SOS International.[96]

Até mesmo líderes locais no Reino Unido interessaram-se por fornecedores chineses. A cidade de Bournemouth negociava um contrato de cidade inteligente com a Alibaba, que colocaria a companhia chinesa no controle de grande volume de dados, segundo o *Financial Times*.[97]

O negócio foi abortado pela intervenção do governo central. Mas a ameaça permanece significativa, pelo menos o suficiente para levar o órgão de inteligência britânico GCHQ a publicar linhas de orientação, como em maio de 2021, alertando as autoridades locais quanto ao uso de fornecedores estrangeiros em sistemas de cidades inteligentes.[98]

As companhias mais ativas da China vendem seus produtos sob a bandeira de "Cidades Seguras", um rótulo que coloca a segurança em primeiro lugar. Não há uma definição universal do que seja uma cidade segura, e aplicações de um mesmo equipamento podem variar ao sabor das condições locais. A Hikvision e a Huawei são as principais fornecedoras globais da China, seguidas pela Dahua e pela ZTE, segundo a SOS International.[99] Suas vendas para países não democráticos têm alimentado críticas de que a China "exporta autoritarismo".

A verdadeira história, obviamente, é mais complicada. Muitos países não são exatamente democracias plenas quando importam equipamento chinês. As companhias chinesas de vigilância não vendem capacidades de nível superior, mas estão mais dispostas a vendê-las a quem quer que se disponha a pagar. Certas companhias dos EUA até evitam deixar seus produtos de reconhecimento facial expostos às leis dos EUA, e aguardam que uma lei federal regulamente a questão.[100] Algumas até pediram que o governo dos EUA baixasse restrições à exportação de tecnologia de reconhecimento facial.

Se o mercado para equipamento de vigilância fosse uma feira de armas, as empresas chinesas seriam aqueles negociantes que não exigem uma checagem dos antecedentes. Elas não se preocupam muito em saber quem você é, ou como poderá usar seus produtos. E se você preferir que a venda seja feita no estacionamento, e não dentro do espaço da feira onde todo mundo vê o que acontece, elas concordarão de bom grado. Menos condições, mais opções e menor verificação, essa é a essência do apelo de vendas da vigilância chinesa – tudo isso por um custo que você pode pagar ou que fazem você acreditar que vale a pena pagar em razão de todos os benefícios que essas ferramentas trarão.

Surpreendentemente, poucas pessoas têm se perguntado se o gênio de fato fará esses desejos se realizarem. Os defensores anunciam enormes ganhos em eficiência e segurança. Os críticos advertem que esses sistemas tornam o governo onipresente. Ambos os lados desse debate, embora discordem do objetivo último dos projetos de infraestrutura digital da China, tendem a supor que a tecnologia funciona. Um olhar mais atento, porém, sugere que as exportações da "Cidade Segura" da China têm um histórico mais variado. Ansiosas para fechar negócios, as companhias vêm se dispondo a distorcer a verdade.

Algumas argumentações de vendas prometem nada menos que um milagre.[101] Em seu material de marketing, a ZTE promete que seus sistemas irão melhorar a eficiência do governo ao reduzir os custos de transporte em 20 a 30 por cento, os tempos administrativos para aprovação em 40 a 50 por cento e os custos de telecomunicações em 50 a 70 por cento. Como se não bastasse, o mesmo slide promete reduzir a pobreza e o analfabetismo, criar oportunidades de emprego e atrair investimento externo.[102]

Depois de adotar a solução Cidade Segura da Huawei, afirma a companhia, uma cidade anônima chamada "XX" experimentou redução de 15 por cento nos crimes violentos, aumento de 45 por cento na taxa de elucidação de casos, além da redução no tempo de atendimento a emergências de 10 minutos para 4 minutos e meio. Mas, espere, não é só isso: a "satisfação do cidadão" na cidade aumentou de 60,2 para 98,3 por cento. Ao que parece, esse 1,7 por cento de cidadãos que não estavam satisfeitos eram ou excessivamente exigentes ou propensos demais a expressar sua insatisfação.

Os construtores da Cidade Segura da China deixaram um rastro de suspeitas e de afirmações potencialmente perigosas. Hikvision, Dahua e Uniview, as três, falsificaram alguns testes exigidos para exportar seus produtos para a Coreia do Sul.[103] Nas vendas realizadas em meio à reação global à pandemia da Covid-19, a Hikvision e a Dahua exageraram as capacitações de suas câmeras com sensores de temperatura, com falsas alegações de que seriam capazes de aferir temperaturas de até trinta pessoas por segundo.[104] Essas promessas convenceram um distrito escolar do Alabama a gastar 1 milhão de dólares em câmeras medidoras de febre da Hikvision, com desperdício de recursos públicos e colocando a comunidade em risco.[105]

Muitos governos assinam contratos por verem um benefício político disso, quer o projeto de fato funcione ou não. O prestígio é um fator de peso. Anunciar um projeto de "cidade inteligente" sinaliza uma ação voltada para a vanguarda do desenvolvimento. Explora o que os sociólogos chamam de "sublime tecnológico" – uma poderosa atração que incentiva os tomadores de decisões a acrescentar coisas supérfluas àquilo de que realmente precisam.[106] Cada câmera instalada na cidade é um lembrete visível de que o governo está observando. Centros de controle, com nomes de impacto e aparência sofisticada, são projetos perfeitos para governos que querem parecer tecnologicamente avançados e no controle das coisas. A estética da segurança – a aparência de controle – atrai governos aos sistemas Cidade Segura como carros Lamborghini atraem pessoas que querem ostentar sua riqueza.

O Paquistão gastou 100 milhões de dólares para equipar sua capital Islamabad com o sistema Cidade Segura da Huawei. A empresa instalou cerca de 2 mil câmeras, mais de 500 quilômetros de cabos de fibra óptica e uma rede sem fio LTE [Long Term Evolution]. O acréscimo mais impressionante visualmente foi sem dúvida um centro de controle estilo caverna, de 3 mil metros quadrados, com setenta e duas telas, projetado para resistir a terremotos de escala nove e a grandes explosões. A Huawei fez apresentações às autoridades governamentais para conseguir apoio ao projeto. "Aqueles que estiveram em nosso Centro de Comando Cidade Segura CCC ficaram definitivamente muito impressionados com nossas imensas telas", relembrou um representante da Huawei.[107]

O real desempenho do sistema tem sido menos impressionante, como Sheridan Prasso reportou à Bloomberg.[108] Em 2018, assassinatos, sequestros e roubos em Islamabad superaram os do ano anterior, e a criminalidade no total aumentou 33 por cento, segundo dados da Agência Nacional de Polícia do Paquistão.[109] Metade das câmeras não estava funcionando. Naquele mesmo ano, o porta-voz da Assembleia Nacional do Paquistão levantou essas questões num encontro com representantes da Huawei e do governo chinês, e destacou num comunicado à imprensa que "houve alguns erros e defeitos no projeto de Cidade Segura de Islamabad, e queremos eliminar esses defeitos após consulta às autoridades concernentes para [uma] capital protegida e segura".[110]

Alguns erros eram humanos. No início de 2019, imagens mostrando pessoas dentro de seus carros, obtidas ao que parece de câmeras da Cidade Segura de Islamabad, vazaram online. As autoridades insistiram que as imagens não eram de suas câmeras e que haviam implantado procedimentos operacionais no centro de controle para evitar acesso não autorizado. Mas admitiram que três órgãos de governo do exterior também haviam tido controle sobre câmeras da Cidade Segura na capital.[111] O centro de controle estava admitindo que não estava sempre no controle.

Em Lahore, cinco horas ao sul de Islamabad, autoridades da cidade obtiveram mais da Huawei do que imaginavam ter pago. A cidade instalou 1.800 câmeras, que técnicos mais tarde descobriram que eram equipadas com cartões de transmissão wi-fi aos quais eles não tinham acesso.[112] A Huawei explicou que os cartões haviam sido descritos nos documentos da proposta comercial para o sistema de vigilância e destinavam-se a permitir aos técnicos acesso remoto. Mas os céticos apontaram que o sistema já possuía acesso remoto por meio da rede primária por fio das câmeras. Portanto, um segundo ponto de entrada aumentava o risco de acesso não autorizado.

Estaria a China espionando o Paquistão? A evidência de Lahore está longe de ser conclusiva. Tendo em conta o desafio que é conseguir que cidades inteligentes chinesas funcionem em capitais do exterior, é difícil acreditar que as atuais câmeras de Lahore ofereçam uma visão centralizada e nítida às autoridades em Pequim. Mas os interesses da China no Paquistão são maiores que na maioria dos outros lugares. As autoridades chinesas vêm promovendo o Corredor Econômico China-Paquistão – uma série de projetos de infraestrutura num valor de 25 bilhões de dólares, sem contar os prováveis adendos – como o carro-chefe da visão de política exterior expressa por Xi, a Iniciativa Cinturão e Rota.[113] A China também tem cerca de 10 mil a 15 mil chineses trabalhando no exterior nesses projetos, aos quais precisa dar proteção.[114] Não seria surpresa, portanto, se alimentasse o desejo de conseguir uma vigilância em tempo real.

O método, porém, é questionável. O acesso via wi-fi talvez permitisse que algum terceiro elemento fizesse o download de um trecho de vídeo selecionado, ou de extensões maiores de vídeo se um equipamento adequado fosse instalado bem perto. Isso poderia funcionar se o invasor tivesse conhecimento de que uma ou duas câmeras vigiavam alvos de alto valor estratégico. Mas a transmissão de um lote grande precisaria ser feita por meio de cabos de fibra óptica. Na realidade, porém, a Huawei instalou uma linha de fibra óptica entre Paquistão e China em 2018.[115]

Seja como for, o risco maior e mais imediato para o Paquistão não é que as câmeras possam ter função dual, mas que não funcionem. O Paquistão, depois de tomar empréstimos de somas significativas para os equipamentos da Cidade Segura em Islamabad, Lahore e outras grandes cidades, precisa que esses produtos funcionem bem. Considerando os empréstimos de valor bem mais elevado que o país fez para tocar outros projetos, com vistas a desafios de prazo mais longo, as finanças do Paquistão deixam pouco espaço para uma desaceleração da economia ou para eventos imprevistos.

Como o senador Rubio pôde constatar, o Quênia é outro orgulhoso cliente das soluções Cidade Segura da Huawei. A Huawei produziu um vídeo promocional sobre esse projeto, que instalou 1.800 câmeras em Nairóbi e Mombasa, com imagens que lembram um thriller de espionagem.[116] O vídeo abre com uma visão do alto, de satélite, estilo militar, com mira reticulada e zooms de Nairóbi. "Até o momento, os quenianos imaginavam que essas câmeras de circuito fechado de TV instaladas nos condados de Nairóbi e Mombasa estivessem inativas", diz o narrador. "No entanto, isso está longe de ser assim. Sem que os quenianos saibam, agências de segurança já ativaram nosso sistema de segurança Safaricom." Ou seja, em vez de minimizar as capacidades do sistema e tranquilizar a população quanto às questões de privacidade, as forças de segurança do Quênia fazem alarde disso. "Essas câmeras são muito precisas e fornecem imagens muitas nítidas", um veterano gestor da polícia diz no vídeo. "Todo aquele que faz alguma coisa está sendo observado."

Quando visitei Nairóbi em 2019, achava que o olhar dessas câmeras iria me deixar desconfortável. Meus movimentos seriam rastreados e vigiados. Eu seria enquadrado numa mira reticulada. Mas ao andar pelas ruas, percebi o quanto era ridícula essa expectativa, que beirava a paranoia. Eu era apenas um turista entre muitos outros. O Estado chinês, se decidisse me observar, precisaria ter muito tempo disponível. Como perambulei de quarteirão em quarteirão durante horas, tentando captar a sensação dos indícios físicos daquele sistema de vigilância, eu com isso teria feito um burocrata chinês de baixo escalão desperdiçar boa parte de seu expediente de trabalho.

À medida que o sol foi se pondo, comecei a entender que a ameaça de um perigo físico superava minhas preocupações com privacidade. Os olhos que me seguiam mais de perto estavam nas próprias ruas, e não em nenhum governo me observando. Eu era obviamente um estrangeiro, e um alvo fácil numa cidade com altos índices de criminalidade. Naquele terreno não familiar, a última coisa que eu queria era privacidade. Mantive-me então sempre que possível bem exposto à iluminação pública. Em vez de evitar as câmeras, procurava ficar dentro de seu campo de visão. Sentia-me mais seguro sabendo que estavam me olhando, sensação oposta à da paranoia que imaginei que fosse sentir. E talvez fosse algo tão falso quanto.

Mais tarde, soube que essas câmeras têm se revelado menos impressionantes do que se anuncia. A Huawei afirma que suas soluções Cidade Segura reduziram drasticamente o crime em Nairóbi e Mombasa.[117] No entanto, um ano após a instalação do sistema, o Serviço Nacional de Polícia do Quênia reportou uma diminuição do índice de criminalidade em Nairóbi menor que aquela divulgada pela Huawei, e que esses índices em Mombasa haviam aumentado significativamente.[118] Em 2017, a criminalidade em Nairóbi aumentou nada menos que 50 por cento em relação aos níveis pré-instalação. Obviamente, a criminalidade aumenta e diminui em razão de uma miríade de fatores. Mas as companhias que tentam capitalizar os créditos pela redução da criminalidade devem prever que serão questionadas se o crime se mover na direção oposta.

Poucos se dão ao trabalho de questionar. Muitos governos têm órgãos de proteção ao consumidor para se defenderem de fraudes. Mas quando o governo é o cliente, que é a situação típica nos projetos de cidade inteligente, o escrutínio público fica limitado. Depois que a venda é fechada, ambos os lados são incentivados a retratar o produto como um sucesso. Apontar que os sistemas não funcionam como prometido expõe o governo a críticas por ter desperdiçado dinheiro público e não cumprir direito suas atribuições. Muitos países também se mostram relutantes em correr o risco de prejudicar sua relação com o governo chinês, que é importante fonte de empréstimos e também parceiro comercial. Em razão disso, os governos acabam gastando menos tempo em avaliar com rigor se esses projetos funcionam do que em apresentá-los publicamente como bem-sucedidos.

No condado de Machakos, a duas horas de carro de Nairóbi, a China está ajudando o Quênia a construir uma cidade digital a partir do zero.[119] Em 2008, o governo anunciou a Konza Technopolis, que espera transformar num núcleo de tecnologia de nível mundial.[120] "Ao alavancar a estrutura da cidade inteligente, Konza será capaz de otimizar seus serviços urbanos, criando uma cidade sustentável que atenda às necessidades de seus residentes, trabalhadores e visitantes", declara o governo.[121] Mas o projeto atrasou, e o governo espera concluir as ruas, o fornecimento de água e outras obras de infraestrutura básica da cidade até o final de 2021.[122]*

Fundar um núcleo de tecnologia é o tipo de projeto abrangente, de construção de um legado, que deixa os líderes entusiasmados. Todo prefeito gostaria de ter seu próprio Vale do Silício. O problema é que muitos dos núcleos de inovação mais conhecidos ao redor do mundo cresceram por meio de uma combinação de apoio estatal e crescimento orgânico. Criar um núcleo tecnológico a partir do zero é de uma dificuldade alucinante. Mesmo oferecendo isenção de impostos e outros incentivos financeiros, Konza ainda assim batalha para convencer companhias quenianas e ocidentais a se transferirem de Nairóbi e de outras grandes cidades, onde o verdadeiro movimento comercial permanece.

O governo queniano parece não dar ouvidos a esses desafios, mesmo após doze anos desde que o projeto foi anunciado. As autoridades estão agora estudando a viabilidade de criar uma "Digital Media City" dentro de Konza.[123] É uma perspectiva intrigante, considerando o vibrante setor de entretenimento e mídia do Quênia, que experimentou crescimento de dois dígitos nos últimos anos. Mas criar uma cidade dentro de outra que ainda não foi concluída tem também um aroma de viés promocional levado longe demais. Quanto mais missões forem atribuídas a Konza, menor a probabilidade de que alguma delas vingue.

---

* Até a data desta publicação, a Konza Technopolis não estava pronta, apresentando 80% de conclusão das obras. [N.E.]

Mas as companhias chinesas correm atrás das oportunidades de ação. Diante da incerteza quanto ao futuro financeiro do projeto, o Banco de Exportação-Importação da China interveio e ofereceu um empréstimo especial de 172,7 milhões.[124] A Huawei foi contratada para desenvolver o projeto, que previa um sistema de vigilância e um centro de dados, destinado a prover serviços ao governo e ao setor privado. John Tanui, ex-vice-diretor da filial queniana da Huawei, foi nomeado CEO de Konza em 2015.[125]

Para o fornecimento de eletricidade à cidade, o governo queniano contratou o Grupo de Construção Aeroespacial da China [China Aerospace Construction Group] e deu-lhe a missão de construir uma linha de transmissão de quarenta quilômetros para ligar o empreendimento à rede elétrica nacional, iniciativa também financiada pelo Banco de Exportação-Importação da China.[126] Mesmo que a bolha da Konza Technopolis exploda, as empresas chinesas ainda assim serão pagas por sua construção.

OLHOS MAIS INTELIGENTES

Em 31 de março de 2020, o líder chinês Xi Jinping colocou uma máscara cirúrgica azul e foi visitar Hangzhou. A Covid-19 disseminava-se ao redor do mundo, mas na China era reportada uma diminuição das novas infecções e mortes. A cada dia as pessoas ficavam mais ansiosas para ver a vida voltar ao normal, e crescia no mundo a irritação com a China. Xi queria encorajar os cidadãos chineses a manter a disciplina. Queria mostrar ao mundo que a reação da China ao surto era sofisticada, e que ele estava no controle da situação.

O destino que escolheu foi o Centro de Controle Operacional Cérebro Urbano, em Hangzhou. Em 2016, a Alibaba e a Hikvision, em parceria, construíram esse sistema que usa algoritmos de IA e inputs de mais de 4.500 câmeras de trânsito para gerir semáforos, alertar autoridades sobre acidentes, aliviar congestionamentos e prover os usuários com recomendações sobre trânsito e trajetos em tempo real.[127] Desde que passou a operar, o sistema tem ajudado a reduzir o congestionamento de trânsito em 15 por cento e a cortar os tempos de atendimento de emergências pela metade, segundo declarações da companhia.[128] "Somos capazes de localizar pessoas a partir de uma única foto, até mesmo uma foto com a pessoa de costas", afirmavam pesquisadores da Alibaba em referência a um sistema similar em Quzhou.[129]

Embora o "Cérebro Urbano" ["*City Brain*"] receba os créditos por essas melhorias, métodos mais antigos certamente ajudaram. Hangzhou é líder em número de novos veículos registrados por ano e mantém o maior programa de bicicletas compartilhadas do mundo.[130] E tampouco há algo de particularmente revolucionário na automatização de semáforos. Em 2018, a Alibaba exportou uma segunda versão do sistema para Kuala Lumpur, capital da Malásia.[131]

Os congestionamentos continuaram crescendo, segundo dados da companhia de geolocalização TomTom, mas a marca "Cérebro Urbano" continua imaculada.[132]

No centro de controle, Xi examinou as telas high-tech da Alibaba. Uma tela grande mostrava um mapa 3D de Hangzhou, indicando os deslocamentos da população nos diferentes distritos e edifícios da cidade. Outra tela mapeava os congestionamentos de trânsito da cidade, com um banner no alto mostrando o número de veículos em trânsito e as velocidades médias nas principais ruas e estradas. Uma terceira tela monitorava a saúde dos moradores de Hangzhou, categorizando seu status de infecção por Covid-19 por meio de um código de cores e calculando a mudança diária nos níveis de infecção.[133]

Xi conclamou as cidades a se tornarem "mais inteligentes" e entremeou seus comentários com referências a megadados, computação de nuvem, *blockchain* e IA. Ele incentivou o uso dessas tecnologias, que chamou de "nova infraestrutura", a fim de modernizar totalmente o sistema de governança da China.[134] As tecnologias eram novas, mas mantinham-se as metas gêmeas, isto é, de desenvolvimento e controle.

Xi não mencionou os perigos decorrentes da coleta de tantos dados pessoais. Em janeiro, um pesquisador independente descobriu que os dados do Cérebro Urbano estavam disponíveis a usuários não autorizados.[135] No ano anterior, um banco de dados hospedado na Alibaba e que monitorava cidadãos em regiões de Pequim foi deixado sem proteção durante semanas, permitindo que qualquer pessoa tivesse acesso aos dados de reconhecimento facial do sistema.[136] O banco de dados fez referências ao Cérebro Urbano e incluía funções para identificar uigures, mas a Alibaba negou que sua plataforma exclusiva de IA estivesse sendo usada.

Xi não tinha tempo para dar atenção a essas sutilezas. Sua intenção era ressaltar um dos maiores truques mágicos de relações públicas da história recente. Embora a China fosse a origem do surto de Covid-19, e tivesse desperdiçado um tempo precioso tentando encobri-lo, estava agora apresentando sua resposta como um modelo para o mundo. Fazia isso enviando máscaras e especialistas médicos a outros países e defendendo soluções tecnológicas para detecção do vírus e rastreamento do contágio.[137]

As companhias chinesas já estavam atendendo ao chamado de Xi. Mais de quinhentas empresas chinesas afirmaram usar IA como reação à pandemia, segundo Jeffrey Ding, especialista em IA e autor da newsletter "ChinAI".[138] Algumas dessas aplicações desviavam-se fortemente da verdade. A Dahua, por exemplo, comercializava agressivamente suas câmeras de detecção de temperatura como um auxílio à identificação de pessoas com febre. Ela sugeria enganosamente que seu equipamento era capaz de ler com precisão até mesmo pessoas que estivessem usando chapéu e de checar multidões que saíam de trens, por exemplo – alegações rebatidas pelo IPVM.[139]

A reação da China à pandemia do coronavírus também revelou as dificuldades de integrar e centralizar diferentes conjuntos de dados. Conforme os vários níveis do governo lançavam seus sistemas de monitoramento da saúde, e conforme as companhias chinesas faziam a parte delas para ajudar, o resultado foi duplicação e confusão.[140] Residentes eram orientados a usar vários aplicativos de saúde em seus celulares, que empregavam diferentes pontos de dados. O governo precisou recorrer a técnicas de vigilância e controle de baixa tecnologia, estilo Mao, batendo de porta em porta para tabular os moradores.[141] Ao que parece, as cidades da China não são ainda suficientemente "inteligentes".

Esse desafio fragmentou a visão central que as autoridades chinesas esperavam alcançar por meio do Olhos Aguçados. As comunidades mais pobres não têm ainda infraestrutura básica para fazer esses sistemas funcionarem. Não há um plano padrão para instalar esses sistemas, que, portanto, vêm sendo implantados de maneira não uniforme.

Na realidade, as autoridades chinesas estão longe de alcançar sua meta de uma vigilância centralizada e acionável.

A capacidade do Partido Comunista de enxergar tem sido menor que sua capacidade de pensar. A questão é que simplesmente há feeds de vídeo demais, espalhados por um número excessivo de sistemas diferentes, para que possam ser observados e processados no atacado. Autoridades do governo e acadêmicos debatem como evitar essas "ilhas de dados". Até mesmo o cérebro por trás do "Cérebro Urbano" tem manifestado preocupações. "As cidades estão ficando sobrecarregadas com o excesso de sistemas inteligentes", Wang Jian, o fundador da Alibaba Cloud, declarou em 2018. "Instalar dez câmeras num poste não é um plano inteligente."[142] Mas é um bom negócio para a Hikvision, a Dahua e outras companhias de vigilância chinesas. "A construção de cidades inteligentes está transformando as cidades em monstros", Wang advertiu.

Algo semelhante pode ser dito do Hangzhou Safari Park. Apesar da disposição do parque em adotar sistemas de vigilância baseados em IA para rastrear seus clientes, ele parece ter falhado em oferecer formas muito mais essenciais de segurança. Em maio de 2021, depois que moradores locais postaram nas redes sociais ter avistado grandes felinos em vias públicas, o parque admitiu tardiamente que três leopardos haviam fugido.[143] Estavam à solta há mais de duas semanas. Grupos de busca se espalharam, com cães, drones e galinhas vivas – como isca. Ao que parece, a "detecção de felinos" ainda não havia sido incluída no parque e nos sistemas de vigilância da área dos arredores.

O modelo de vigilância estatal da China é ineficiente em termos de projeto e de aplicação. Ele propositalmente arregimenta as massas para que uns policiem ou outros, e alimenta um setor que prospera com base na duplicação. Esses incentivos são tão poderosos que na realidade podem impedir o governo de alcançar a visão totalmente centralizada que almeja. Mesmo que o desafio estritamente tecnológico possa ser resolvido, e ele é colossal, o governo ainda provavelmente manterá a "massa" em seu modelo de vigilância, como Mulvenon e seus colegas explicaram.[144]

Um Estado de vigilância mais eficiente poderia implicar em menos câmeras e menos forças de segurança. Mas a meta do PCCh é o máximo controle, e não a eficiência. A perspectiva de enxugar as forças de segurança, mesmo que a tecnologia permitisse fazê-lo, criaria seus próprios riscos à estabilidade. Se existisse um guia prático para a governança autoritária, as demissões em massa de forças de segurança estariam perto do topo da lista de coisas a "Não fazer". O governo continua contratando forças de segurança aos montes.

As atrocidades em Xinjiang são também reveladoras das limitações do modelo. A maneira chocante e desumana com que a tecnologia está sendo usada pode fazer os métodos da China, e a própria tecnologia, parecerem mais avançados do que são de fato. "Ao associar a repressão da China em Xinjiang a modelos de policiamento sofisticados, alimentados por IA, podemos estar exagerando nas suposições", adverte Yuan Yang, vice-diretor da filial de Pequim do *Financial Times*.[145] Na realidade, a abordagem da China é "movida por objetivos políticos rudes e indiscriminados". Em vez de orientar a tecnologia para identificar apenas uns poucos indivíduos, as autoridades têm como alvo um grupo étnico inteiro.

Essa abordagem pode ser vista nas próprias linhas de código de um aplicativo de celular de policiamento de Xinjiang, obtidas por engenharia reversa como parte de uma investigação feita pela Human Rights Watch. O app, que alimenta um sistema que agrega dados e designa pessoas como potencialmente ameaçadoras, dá alertas para comportamentos como "não socializa com vizinhos, costuma não usar a porta da frente" e uma quantidade de outras ações e características. "Reunir informação para combater o terrorismo genuíno ou a violência extremista não é a meta central do sistema", explica Maya Wang, pesquisadora que chefiou a investigação.[146] Ao dar nota aos usuários quanto à sua capacidade de realizar tarefas, o app também serve como uma ferramenta para supervisores do governo monitorarem funcionários de nível mais baixo. Afinal, aqueles que estão na linha de frente do controle também precisam ser controlados.

Todos os sistemas de vigilância têm que lidar com um jogo de compensações entre precisão e erro, explica a cientista política Jennifer Pan em *Welfare for Autocrats* [O bem-estar social para os autocratas]. Os sistemas que favorecem a "precisão" minimizam falsos positivos (pessoas equivocadamente assinaladas como sendo uma ameaça). Já os sistemas que favorecem o "erro" minimizam os falsos negativos (pessoas que de fato constituem ameaça e não são apontadas). Autoridades chinesas, empenhadas em evitar agitação social e em justificar grandes orçamentos de segurança, claramente têm priorizado esses últimos. Sua meta não é minimizar danos decorrentes de falsas identificações, mas assegurar que nenhuma ameaça potencial passe despercebida.[147]

Pegando a deixa de Xi, a Hikvision centrou forças em se tornar inteligente. Em 2019, ela foi acrescentada à lista das principais empresas nacionais chinesas de IA, uma designação que lhe concede acesso preferencial a contratos do governo.[148] O foco da Hikvision em IA faz sentido, considerando sua expertise em processar imagens e grandes volumes de dados, mas ela enfrenta concorrência de SenseTime, Megvii e outras companhias chinesas. Os relatórios anuais da Hikvision não inspiram muita confiança e podem ser lidos mais como nuvens de termos do jargão técnico do que como janelas que permitam vislumbrar as operações da companhia. Em seu relatório de 2019, ela afirma numa única e longa sentença que "propôs o conceito 'fusão megadados-IA', que integra IA e megadados perceptivos para alcançar inteligência perceptiva, e integra IA e megadados multidimensionais para alcançar inteligência cognitiva; ela se expande do foco em produtos ao foco em sistemas, do foco em tecnologia ao foco em expansão de negócios, do foco num único negócio ao foco em negócios de múltiplos setores; no ecossistema de cooperação construído por meio de plataforma aberta, provê os usuários com soluções completas no setor de informações e de cidades inteligentes".[149]

É impossível saber exatamente o quanto disso é real e o quanto é retórica pura – ou mesmo se a confusa sentença não foi escrita por IA. Em termos globais, não há uma definição amplamente aceita do que seja IA, e isso abre mais espaço para as companhias promoverem seus produtos. Quando a MMC Ventures, uma empresa de investimentos, examinou 2.830 startups europeias classificadas como companhias de IA, descobriu que 40 por cento delas simplesmente não usava qualquer tipo de IA.[150] A Hikvision tem ampliado os limites das aplicações de vídeo de IA, mas como seus produtos às vezes ainda identificam veículos como pessoas, suas alegações de que estão oferecendo "inteligência cognitiva" a cidades inteiras parece exagerada.

Mas a Hikvision sabe o que seu maior cliente quer. E embora a tecnologia não esteja ainda madura, a oportunidade de vendas já se apresentou. Em 2020, cidades e condados chineses começaram a implementar a fase seguinte do Olhos Aguçados, que tem foco em IA, nuvem, megadados e outras "tecnologias essenciais", segundo informa a mídia estatal. É tentador não dar crédito a essas palavras da moda e optar por vê-las como "conversa mole", mas de qualquer modo alguns projetos já estão a caminho. O Olhos Aguçados começa a parecer ainda mais ameaçador.

Na cidade de Zhucheng, na província de Shandong, sudeste da China, as autoridades locais estão implantando "mediação inteligente" e "correções inteligentes".[151] Cidadãos podem fazer reclamações eletronicamente, e então mediadores do governo coletam informações e fazem recomendações por streaming de vídeo. Segundo a mídia estatal, não só houve uma taxa de satisfação de 100 por cento, como a análise de megadados do sistema gera alertas precoces, que conseguem evitar litígios. Essa falsa certeza faz o sistema se parecer mais com a *Judge Judy* do que com o *Judge Dredd*.[*]

As autoridades locais também fazem lembrar o filme *Minority Report* [No Brasil, "A nova lei"]. Cidadãos que tenham cometido infrações, de prostituição a discordância política, são rastreados literalmente a cada passo. Pulseiras eletrônicas monitoram sua frequência cardíaca, a pressão sanguínea e fazem outros diagnósticos, enviando os dados às autoridades locais em tempo real. Pela análise de grandes volumes de dados sobre localização, as autoridades constroem perfis "espaço-temporais" sobre a reabilitação de ex-detentos, que permitem prever comportamentos. Segundo a mídia estatal, isso dá amplos poderes "de acabar com os modelos tradicionais de supervisão, que se baseiam só no presente, não no passado, e permite obter caracterizações precisas das trajetórias de atividade de ex-detentos da comunidade".

Não precisamos de análises de megadados para ver a aterradora trajetória do perfil espaço-temporal do próprio PCCh. O passado do

---

[*] Judge Judy é a personagem-título de um programa da tevê americana, um reality-show de tribunal, comandado por Judith Sheindlin, ex-juíza da vara da família de Manhattan. Judge Dredd é um personagem de quadrinhos de uma cidade distópica do futuro, Mega-City One, na costa leste dos EUA – um "juiz de rua", autoritário, que prende, condena, sentencia e executa criminosos de modo sumário. A comparação é entre uma postura mais conciliadora e outra draconiana, arbitrária. [N.T.]

Partido mostra sua disposição de esmagar pela força mesmo uma oposição pacífica. Seu presente inclui genocídio e crimes contra a humanidade.[152] O PCCh está construindo uma sociedade na qual qualquer desafio às suas determinações, incluindo protestos de qualquer escala, pode ser sufocado antes que cresça. Toda ferramenta – redes de próxima geração, dispositivos conectados, computação de nuvem – está sendo direcionada a essa meta.

O PCCh ainda aprimora seu arsenal de vigilância digital conforme novos sistemas surgem aleatoriamente, mas não precisa de um sistema perfeito. Combina vigilância high-tech com intimidação à moda antiga. "O olho que tudo vê não precisa estar olhando você para que o panóptico funcione", Strittmatter escreve. "O que importa é que você sinta que ele pode estar vendo – mesmo que na realidade não esteja ali ainda."[153] Os relatos oficiais que exageram a capacidade de vigilância da China cumprem essa finalidade e com isso podem até atrair maior interesse de compradores estrangeiros.

Mas o que funciona para o PCCh em casa enfrenta maiores desafios no exterior. A China investe bem mais que qualquer outro país nesses sistemas, o que torna seu próprio modelo oneroso e, às vezes, impossível de ser replicado por muitos países, mesmo que algumas das ferramentas e técnicas possam ser transplantadas. As companhias de vigilância chinesas, talvez mimadas demais pelos elogios do Estado, exageram às vezes suas capacidades e ficam vulneráveis a um questionamento do desempenho de seus sistemas.

"Se acreditarmos em tudo que vemos no noticiário, iremos achar que nosso mundo está à beira de uma mudança dramática e possivelmente terrível em razão da inteligência artificial e das novas tecnologias computacionais", escreve Pan. "Mas ao lermos pesquisas sobre ciência política, ao lado de pesquisas sobre mídias sociais, as tecnologias computacionais podem também dar a impressão de que não fazem tanta diferença. A realidade talvez esteja num lugar intermediário, provavelmente encoberta pelas nuances do funcionamento da política."[154]

Em se tratando de política, há pouca dúvida de que o PCCh continuará explorando a tecnologia para fortalecer ainda mais seu controle em casa. As gigantes de vigilância da China, enquanto isso, continuarão a vender a quem quer que se disponha a comprar.

CAPÍTULO CINCO
UMA DOBRA NA INTERNET

APENAS 230 MILISSEGUNDOS. Esse é o tempo que os dados levam para transitar de Los Angeles até Hangzhou, capital da indústria de câmeras de vigilância da China. É como uma piscada de olhos, difícil de perceber se você não estiver prestando muita atenção. Mas em dezembro de 2015, Doug Madory *estava* prestando de fato muita atenção, e não gostou do que viu. Alguns dados que deviam ir de Los Angeles a Washington, D.C., em vez disso entravam por um cabo submarino no fundo do Oceano Pacífico, batiam na China, e só então voltavam como um bumerangue a Los Angeles e de lá seguiam adiante até Washington.

Madory começa a maioria de suas manhãs absorvido na leitura de tabelas de dados que medem a internet. Numa pequena startup chamada Renesys, ajudou a construir um vasto sistema de monitoração que envia centenas de milhões de sondas todo dia. Cada um desses "rastreadores de rotas" é disparado de uma origem conhecida até um alvo de destino. No trajeto, registra informações sobre os nodos pelos quais vai passando e o tempo entre a origem e cada um desses nodos. No atacado, essas medidas geram um mapa granular, embora imperfeito, da internet.

A especialização de Madory é o roteamento com Protocolo de Passagem de Fronteira [*Border Gateway Protocol*, BGP], que é uma espécie de sistema postal da internet.[1] O roteamento BGP decide de que modo enviar dados entre sistemas autônomos, os chamados ASs [*Autonomous Systems*], que são como agências de correio locais. Os provedores de serviços de internet, como Verizon e Comcast, têm ASs, assim como universidades e grandes negócios, e cada um desses ASs tem um bloco de endereços de protocolos de internet (IPs) que são atribuídos a ele. Quando você acessa um site, seu computador conecta-se ao seu AS local, que usa o protocolo BGP para achar o melhor caminho até o AS que hospeda o site. A escolha da melhor rota depende de velocidade, custo e outros fatores.

No entanto, diferentemente do que ocorre com o sistema postal, os ASs não fazem parte da mesma organização. São "autônomos", como o próprio nome indica, e se relacionam de maneiras diferentes entre eles. Entidades maiores vendem acesso a entidades menores. Alguns ASs são parelhos, o que significa que concordam em intercambiar tráfego de graça. Cada um tem a própria tabela de rotas, que aprendeu de ASs adjacentes, que por sua vez aprendeu essas rotas de outros ASs, e assim por diante, num processo chamado de "*route by rumor*" [algo como, "rotear por ouvir dizer"]. É como quando alguém pede orientações de trajeto a um estranho, que só conhece os caminhos porque ouviu seus amigos falarem a respeito.

Navegar redes tornou-se mais perigoso nos últimos anos. Antes que o BGP fosse inventado, durante um almoço em 1989, rabiscado em dois guardanapos de papel, a internet era pequena o suficiente para que os pesquisadores conhecessem pelo nome muitas das pessoas que estavam na outra ponta dessas conexões.[2] Ao final de 1989, havia cerca de 500 ASs, número que escalou para cerca de 100 mil em 2020.[3] O que começou como um bairro singular ampliou-se de modo espetacular e virou uma agitada metrópole, com o ruído de fundo gerado por uma atividade valiosa, assim como por acidentes e crimes.

Conforme Madory foi examinando os dados, descobriu a fonte do problema.[4] A SK Broadband, uma companhia sul-coreana, havia anunciado mais de 300 rotas Verizon durante apenas um minuto, mas isso foi suficiente para iniciar uma cascata que convenceu outros ASs da internet de que a SK Broadband era a Verizon. O anúncio foi feito por meio de um AS da China Telecom, que estava à espreita junto com a SK Broadband. Como resultado, redes ao redor do mundo começaram a enviar dados para a Verizon através da China Telecom. Era uma dobra no mapa da internet.

Destacando esse e outros incidentes, especialistas americanos em segurança nacional advertem que a China está intencionalmente redirecionando fluxos de dados. Ao alterar as condições de roteamento, essas táticas de "moldar a rede" aumentam a probabilidade de que o tráfego se mova por conexões que a China tem capacidade de monitorar. "Há vastas recompensas que podem ser colhidas do sequestro, desvio e posterior cópia de tráfego rico em informações, que está indo ou passando pelos Estados Unidos e pelo Canadá", escreveram os pesquisadores Chris C. Demchak e Yuval Shavitt num estudo sobre comportamentos de roteamento da China Telecom que sugeriam "intenções maliciosas".[5]

Especialistas em roteamento concordam que a China Telecom falhou em tomar ações preventivas, mas advertem que muitas vezes é impossível diferenciar erros honestos de um hackeamento malicioso do BGP.[6] Um estudo detalhado do incidente mais escandaloso da China Telecom, ocorrido em 2010, concluiu que talvez tenha se tratado de um acidente, mas que não era possível excluir uma intenção maliciosa.[7] Foi um vazamento que impactou cerca de 8 por cento das rotas dos EUA, incluindo dados que iam para o Senado dos EUA e para órgãos militares americanos, assim como para sites comerciais como os da IBM, Microsoft e outros.[8] Como os dados sensíveis são criptografados, alguns especialistas especulam que a China está copiando esses dados redirecionados para futuramente decodificá-los, quando forem feitas novas descobertas em computação quântica. Madory, porém, adverte que o vazamento de 2010 foi "tão mínimo e breve, que seria impossível interceptar tráfego efetivamente – estivesse ele criptografado ou não".[9]

Não importa se são as autoridades chinesas que estão redirecionando tráfico ou se são as operadoras chinesas que dirigem de modo imprudente: seja como for, não há dúvida de que Pequim quer muito ter um controle ainda maior dos fluxos globais de dados. Em 2014, quando conclamava a China a se tornar uma "grande potência cibernética", o líder chinês Xi Jinping explicou que "a informação de rede transita vencendo fronteiras nacionais". "O fluxo de informação orienta o fluxo de tecnologia, de capital e de talento", enfatizou. "A quantidade de informação controlada se tornou um importante indicador do *soft power* [poder de persuasão] de uma nação e de sua competitividade."[10] O desafio de Pequim é que, para obter maior conectividade, é preciso abrir mão de algum controle. Os maiores núcleos de internet do mundo são neutros e abertos, o que facilita a interconexão das companhias. A neutralidade, no entanto, é um anátema para as autoridades chinesas, que encaram a internet global como ameaça ao seu domínio. Sua obsessão inflexível em controlar torna mais difícil alcançar escala em redes globais.

Essa tensão manifesta-se em três áreas. Domesticamente, o Grande Firewall da China requer que todo o tráfego que entra passe por suas operadoras, de propriedade estatal, permitindo que as autoridades chinesas monitorem, censurem e causem disrupções nos fluxos de dados. No mar, a China aumenta sua cota de cabos submarinos que transportam a vasta maioria dos dados internacionais. Nos mercados externos ao redor do mundo, os provedores de nuvem chineses estão montando novos centros de dados. Pedaço por pedaço, a China redesenha o mapa da internet.

AS TRÊS GRANDES

Como um castelo medieval, a rede doméstica da China tem apenas um punhado de pontos de entrada. Ao obrigar as conexões internacionais a ingressarem por esses pontos de estrangulamento e exigir que operadoras estrangeiras usem uma das três empresas de telecomunicações chinesas de propriedade estatal, Pequim concentra uma capacidade sem igual de monitorar, censurar e excluir tráfego. Mas essa abordagem estilo "fortaleza" também gera custos econômicos em casa e vulnerabilidades no exterior.

As Três Grandes [*Big Three*] – China Telecom, China Unicom e China Mobile – são as guardiãs de rede da China. Coletivamente, essas companhias estatais controlam 98,5 por cento da largura de banda internacional da China.[11] Quem quiser conectar-se a uma rede da China precisa entrar em acordo com elas. As Três Grandes, por sua vez, prestam contas ao Conselho de Estado da China, o que dá ao governo a palavra final sobre suas operações.

Provedores de nuvem estrangeiros tampouco têm facilidade para passar por cima do Grande Firewall. A China proíbe companhias estrangeiras de prover diretamente serviços de computação de nuvem e exige que entrem em parcerias com empresas chinesas, transferindo a elas sua tecnologia e propriedade intelectual e tendo que se submeter a avaliações do governo.[12] A Amazon e a Microsoft foram em frente, mesmo aceitando ajustes que impõem uma seleção mais limitada de seus serviços. O guia do usuário da Microsoft para serviços de nuvem na China observa diplomaticamente: "A latência de rede entre a China e o resto do mundo é inevitável, em razão das tecnologias intermediárias que regulam o tráfego de internet transfronteiras".[13]

Nos últimos anos, a China tem reforçado essa sua abordagem estilo fortaleza, apesar do crescimento explosivo de sua população na internet. Em 2021, tinha apenas 564 ASs registrados, segundo Kirtus G. Leyba, especialista em ciência da computação da Universidade do Estado do Arizona.[14] Os Estados Unidos, em contraste, tinham 17.715 ASs. Em 2009, as autoridades chinesas podiam interceptar 90 por cento do tráfego internacional monitorando os dez maiores ASs do país. Uma década mais tarde, conseguiam realizar a mesma meta usando apenas dois ASs.[15]

O Grande Firewall opera nesses "pontos de estrangulamento" e nos pontos de acesso em nível provincial situados logo em seguida. Essa "Grande Muralha de Fogo da China" lê o tráfego entre a China e o mundo exterior e usa vários métodos para negar solicitações de conteúdo proibido. Na realidade, esse seu apelido é um pouco enganoso, pois o Grande Firewall da China causa menos disrupção que um firewall tradicional, que poderia excluir pacotes de dados em pleno voo e produziria maior atraso no tráfego internacional.[16]

No entanto, o tráfego de entrada na China ainda enfrenta o que um grupo de pesquisadores chama de "o Grande Gargalo".[17] Os fluxos de dados internacionais da China são assimétricos. Os dados que entram na China experimentam uma significativa desaceleração e instabilidade, enquanto os dados que saem são relativamente rápidos e estáveis. As Três Grandes são responsáveis por gerir os pontos nos quais os dados são desacelerados. Mais de 70 por cento desses gargalos estão localizados dentro da China, fato que sugere que são um aspecto da estratégia de rede da China mais do que um bug ou o resultado de conexões internacionais inadequadas.

O atrito é uma das ferramentas mais poderosas na estratégia de censura da China. Tornar a informação um pouco mais difícil de obter ou mais cara acaba sendo um forte desestímulo para muitos indivíduos, como explica a cientista política Margaret E. Roberts em *Censored: Distraction and Diversion Inside China's Great Firewall* ["Censurado: Dispersão e desvio de atenção na Grande Muralha de Fogo da China"].[18] Você se dispõe a esperar mais tempo para poder baixar aquele filme estrangeiro, ou acaba preferindo baixar na hora um título aprovado?

Indivíduos mais ricos ou mais equipados tecnicamente ainda podem encontrar alternativas para acessar informação. No passado, um método popular era usar uma rede privada virtual [*virtual private network*, VPN] para acessar conteúdo bloqueado. Nos últimos anos, porém, mesmo essas ferramentas têm sido pesadamente restringidas. O atrito é estratégico porque revela aqueles que se dispõem a pagar um custo maior, e isso permite que o governo os coloque como alvo mais tarde, se desejar.

Em outubro de 2020, um app fantasma para Android parecia oferecer uma nova maneira de driblar o Grande Firewall. O app Tuber permitia que usuários chineses da internet acessassem conteúdo do Google, Twitter, YouTube e outros sites normalmente bloqueados em Pequim. Foi um sucesso instantâneo, baixado mais de cinco milhões de vezes em menos de 24 horas. Mas isso na verdade não foi uma ação de desobediência. A maior empresa de segurança cibernética da China estava por trás do app, e tudo indicava que ele havia recebido aprovação estatal. Então, apenas um dia após seu lançamento oficial, o app sumiu.

"A breve existência do Tuber sugere que o Grande Firewall pode ser substituído pelo Grande Filtro", explica David Bandurski, codiretor do China Media Project na Universidade de Hong Kong.[19] Em vez de proibir sites, esse sistema permitiria um rastreamento mais localizado do comportamento do usuário. O app, segundo aqueles que tiveram a oportunidade de testá-lo, era capaz ainda de filtrar conteúdo de vídeo e resultados de busca. Também exigia que os usuários fornecessem seu número de celular, que é "linkado" a um único documento de identidade nacional, além de pedir permissão para acessar contatos.[20]

Baixar a ponte levadiça de uma maneira tão controlada pode também permitir que os comentaristas nacionalistas da China entrem em plataformas estrangeiras em grande número, e ali passem a debater com críticos da China e defender posições oficiais. Também lhes dá munição para alegar, se bem que de modo implausível, que a China está relaxando as restrições e promovendo uma abertura.

Mas o Grande Gargalo tem também seus defensores, entre eles alguns poderosos grupos de interesses.[21] Como o tráfego internacional é instável, mais companhias estrangeiras precisam que seus servidores fiquem localizados dentro da China. Isso dá maiores oportunidades aos serviços de segurança chineses de monitorar as atividades estrangeiras e também traz negócios adicionais aos centros de dados chineses. As companhias chinesas de busca, de mídias sociais, e-commerce e outros serviços online também se beneficiam quando seus concorrentes estrangeiros são mais difíceis de acessar. O Grande Gargalo dá proteção adicional às companhias chinesas em relação à concorrência estrangeira.

As Três Grandes transformaram seu tráfego de entrada lento numa oportunidade de mercado. Como outras operadoras, elas vendem diferentes camadas de trânsito internacional. A China Telecom, por exemplo, vende quatro camadas de largura de banda a operadoras de ASs, a mais rápida das quais custa 38 mil dólares por mês para manter, e mais a taxa de serviço de 10 mil dólares.[22] Naturalmente, esses serviços são caros demais para qualquer um, exceto grandes companhias. Desse modo, o atrito que sustenta a censura na China é preservado e as empresas de propriedade estatal têm outra fonte de receita. O Estado ganha duas vezes.

As Três Grandes não se dão bem com outras companhias – e nem sempre também entre elas. Na maior parte do mundo, grandes operadoras concordam em ficar próximas e trocar quantidades equivalentes de tráfego gratuitamente. Mas na China tais intercâmbios têm um preço. A China Mobile tem sido obrigada a pagar às suas duas irmãs até 280 milhões de dólares por ano.[23] Embora as autoridades chinesas tenham eliminado essas taxas para a Três Grandes em 2020, operadoras domésticas de redes continuam efetuando pagamentos. Afinal, ao limitar a conectividade entre as redes da China, as taxas preservam uma estrutura de rede hierárquica que atende aos interesses de segurança do país.[24]

Por trás de sua fortaleza, a China está perfeitamente posicionada para continuar fora da internet global.[25] Em 2009, o governo chinês demonstrou essa capacidade em escala regional como parte do cerco a Xinjiang. Por seis meses, o acesso à internet foi cortado, bem como a maioria das mensagens de texto por celular e os serviços de telefone internacionais. Mesmo quando os serviços começaram a ser restaurados, as pessoas descobriram que suas mensagens de texto estavam restringidas e os sites internacionais bloqueados.[26]

Essas paralisações da internet mostram de maneira evidente o alcance do Estado, mas sua rudeza pode também ser um tiro pela culatra. Mais que penalizar indivíduos e comportamentos específicos, essas paralisações atingem a todos numa área geográfica. Quando Xinjiang perdeu acesso à internet, gerentes de negócios precisavam viajar até Gansu, província vizinha, para se comunicar com clientes.[27] Essas medidas costumam ser justificadas em nome da estabilidade, mas podem incitar ressentimento.

A China vem desenvolvendo métodos mais sofisticados de controle. A Access Now, empresa sem fins lucrativos que rastreia paralisações da internet, contou uma única paralisação na China em 2019, dentre as 213 ao redor do mundo, ocorrida às vésperas do trigésimo aniversário dos protestos da Praça Tiananmen. A contagem certamente é mais elevada, já que a censura da China dificulta detectar e verificar paralisações, mas pode também indicar que há um controle mais forte do governo sobre os fluxos de informação.

Além de incorporar a "massa" ao seu modelo de vigilância, como o capítulo 4 explicou, a China faz o mesmo em relação ao seu modelo de censura. O governo emprega algo em torno de dois milhões de censores, o que lhe proporciona um exército de conteúdo online com o porte aproximado das forças do serviço ativo do ELP, e lhe permite contar com o apoio de uma rede de mais de vinte milhões de trolls de internet voluntários em meio-período.[28] Essa força somada tem poderes que vão além de bloquear e deletar conteúdo. Roberts e seus colegas estimam que o governo posta por ano 448 milhões de comentários *fake* nas mídias sociais, muitas vezes para apoiar posições do governo ou mudar de assunto quando circulam tópicos indesejados.[29]

Os censores da China entraram em ação no início de janeiro de 2020, revéla uma investigação da ProPublica.[30] Quando começaram os rumores de um novo vírus, removeram vídeos de corpos na rua e de discussões em hospitais. Eliminaram mensagens de condolências a Li

Wenliang, médico chinês que alertou a respeito do surto, o que o levou a ser ameaçado pela polícia antes de vir a falecer em razão do vírus. Promoveram artigos que tiravam importância da severidade da crise, evitando as palavras "fatal", "lockdown" e outros termos que poderiam causar alarme. Destacaram os feitos heroicos de membros do PCCh.

Mas a covardia do PCCh transparece na linha do tempo dos eventos. Mesmo antes que o vírus fosse definitivamente identificado, autoridades correram para minimizar sua importância. Os censores da China adiantaram-se aos especialistas médicos. O controle social foi priorizado em detrimento da segurança pública. Em vez de compartilhar informação vital com os cidadãos chineses, e com a comunidade global, o governo suprimiu-a. E enquanto os censores chineses trabalhavam freneticamente para garantir a todos que o PCCh estava firme no controle, o surto espiralava numa pandemia global. A verdade foi a primeira vítima da pandemia.

Há uma natureza dual nesse poder. O PCCh evitou a agitação da massa. Mas a que custo? Na próxima crise, os cidadãos poderão lembrar que o governo manteve o vírus sob controle, mas certamente lembrarão também que foram enganados. Ao rememorar o que ocorreu com Li Wenliang, qualquer um com bom-senso provavelmente ficará em silêncio. Quanto mais os censores da China forem bem-sucedidos em convencer os outros a adotarem suas narrativas positivas, menor será a probabilidade de que as informações negativas, isto é, as verdades vitais, como a da emergência de um novo vírus, cheguem até as autoridades.

Mesmo assim, numa era de rivalidade crescente, a fortaleza da China oferece outras vantagens estratégicas. O tráfego doméstico não sai do país, o que torna a vigilância estrangeira mais difícil. Menos pontos de acesso limitam a "superfície de ataque", isto é, o conjunto de rotas disponíveis que agressores estrangeiros poderiam utilizar. Mas essa abordagem tem também desvantagens. Os agressores podem concentrar seus esforços num punhado de rotas e, ao obter acesso a uma das grandes operadoras da China, impactar uma parcela maior de usuários chineses do que se a rede do país fosse mais complexa.

Obrigar o fluxo de dados internacional a entrar por pontos rigidamente controlados pode também tornar mais fácil para a China adotar medidas agressivas, como o Grande Canhão, uma ferramenta que direciona visitantes estrangeiros a sites chineses. Em 2015, o Grande Canhão interceptou tráfego que ia a servidores da Baidu e, para uma parte dessas requisições, substituiu a resposta por um script malicioso, segundo uma investigação feita por Bill Marczak e seus colegas no Citizen Lab.[31] O script afetou computadores estrangeiros num ataque distribuído de negação de serviço contra a GreatFire, organização sem fins lucrativos que provê ferramentas para usuários chineses driblarem a censura.

Mas a fortaleza da China também gera custos colossais. "A topologia extremamente hierárquica [...] e o controle rigoroso de um pequeno número de gateways [portas de entrada] internacionais, controlados de forma centralizada, significa que o país não tem contato nem interage com a internet global, mas apenas com parte dela", explica a Internet Society.[32] Isso beneficia as Três Grandes, mas prejudica milhões de empresas chinesas, particularmente as pequenas e médias, que têm que lidar com taxas mais elevadas, tempos de espera mais longos e acesso limitado a redes internacionais.

Impor regras de censura requer que as companhias transitem por uma corda bamba entre interesses concorrentes, os legais e os comerciais.[33] Por um lado, as companhias precisam seguir as ordens do governo para poder permanecer no negócio. Por outro lado, precisam atrair usuários com conteúdo. Conseguir o equilíbrio ideal – pesar bem o custo entre não seguir as regras e deixar de atrair usuários – requer tempo e pessoal. Os gestores navegam por diretivas concorrentes de órgãos do governo. Companhias de mídias sociais contratam de dezenas a centenas de pessoas como censores.[34] A censura gera burocracia. Restringir acesso à informação também prejudica a inovação. Depois que a China proibiu o Google em 2014, o valor das patentes chinesas caiu 8 por cento, segundo uma estimativa.[35] Essas restrições poderiam prejudicar as maiores empresas chinesas se fossem aplicadas de maneira mais rigorosa. A Huawei, por exemplo, usou um artigo de um matemático turco para ajudar a desenvolver seus processos 5G. Mas ela tem os recursos para manter o acesso ao mundo exterior, o que muitas startups não têm. É impossível calcular o dano total que essas medidas criam – em companhias que não chegam a ser criadas, patentes não solicitadas e ideias que nunca conseguem ser formuladas.

A fortaleza da China também restringe a influência do país nas redes globais. As cidades continentais da China estão consistentemente ausentes das classificações sobre os centros mais conectados do mundo. Em 2020, oito dos principais desses centros no mundo, conforme medição feita pelo critério de capacidade de largura de banda internacional, ficavam na Europa e Estados Unidos. As outras, em Hong Kong e Singapura.[36]

Hong Kong serve como amortecedor entre a rede doméstica da China e o mundo, mas a aprovação pela China de uma lei de segurança nacional draconiana em 2020 ameaça seu status de centro. Em janeiro de 2021, um dos maiores provedores de internet de Hong Kong bloqueou um site pró-democracia – primeira situação de censura total a um site de internet sob a nova lei e uma advertência de que a fortaleza da China pode estar se expandindo.[37]

Hong Kong e os demais principais centros mundiais têm todos eles pontos de interconexão de internet que são "neutros em relação a operadoras", ou seja, não são de propriedade estatal e operam de modo independente. A neutralidade promove crescimento ao remover barreiras ao acesso e estimular a concorrência. Quando operadoras contam com interconexões, podem bloquear concorrentes e impedir que operem dentro dessas conexões ou que cobrem taxas exorbitantes. Menos operadoras tornam o local menos atraente para outras redes.

A primeira tentativa da China de interconexão neutra em relação a operadoras mostra que a insistência do Estado em controlar limita uma maior conectividade. Em dezembro de 2015, Song Wang, CEO e cofundador da ChinaCache, imaginou que havia uma abertura. O líder chinês Xi Jinping, falando na Conferência Mundial de Internet de Wuzhen, conclamou os países a "acelerar a construção de uma infraestrutura global de internet e promover a interconectividade".[38] É claro que essa proposta foi precedida por uma conclamação ainda mais extensa sobre a proteção da soberania digital. Mas Wang preparava-se para lançar a primeira interconexão continental neutra de internet da China e interpretou a ênfase de Xi na conectividade como apoio ao seu projeto.[39]

Wang e seus colegas montaram uma oferta atraente. Escolheram a Zona de Livre-Comércio de Tianzhu, perto do principal aeroporto

153

internacional de Pequim, esperando ter ali uma supervisão governamental menos rigorosa. Também recorreram à ajuda da Amsterdam Internet Exchange, uma entidade sem fins lucrativos que é um dos maiores centros de interconexão do mundo, hospedando mais de 800 redes. "Ao trabalhar com AMS-IX, esperamos introduzir os avançados padrões internacionais IXP na China Continental o mais cedo possível", Wang escreveu num blog no site da ChinaCache.[40] A companhia construiu duas outras interconexões, em Xangai e Guangzhou, e inscreveu grandes companhias tech chinesas, como Alibaba, Tencent, Baidu e JD.[41]

Mas a ChinaCache lutava para conseguir escalar, com tropeços operacionais e deixando uma longa trilha de litígios atrás dela. Em 2016, uma de suas instalações foi desconectada por várias horas, o que configura o pior pesadelo de uma operadora de interconexões. Os principais provedores de serviços prometem 99,999 por cento de tempo ativo, ou "cinco noves", equivalente a menos de cinco minutos e meio de paralisação imprevista por ano. No ano seguinte, a companhia perdeu mais de um terço de seus clientes.[42] Seus parceiros, fornecedores e investidores vêm acusando a companhia de atrasos na construção, demora em pagar equipamento e de fazer declarações enganosas. Em maio de 2019, autoridades chinesas detiveram Wang por suborno. Quatro meses depois, a NASDAQ parou de negociar ações da ChinaCache e excluiu a companhia de sua lista.

Mesmo que a ChinaCache tivesse evitado esses passos em falso, sua missão – oferecer uma interconexão de internet aberta e neutra – era fundamentalmente incompatível com a fortaleza da China. No início de 2021, a China tinha 14 interconexões de internet, e sua maior interconexão comercial, com sede em Pequim, hospedava 18 companhias, todas elas chinesas.[43] Os Estados Unidos tinham 140 interconexões de internet.[44] O acolhimento das Três Grandes pela China, e o fato de banirem operadoras estrangeiras, achata a demanda por interconexões que existiria num ambiente mais diversificado e aberto.

No cenário global, as Três Grandes parecem bem menores. Um estudo sobre tráfego com foco nos cem sites mais populares do mundo concluiu que oito dos dez ASs que carregavam a maior parte do tráfego tinham sede nos Estados Unidos, entre eles os três primeiros.[45] A China tinha apenas dois entre os trinta ASs principais, ocupando a décima primeira e a décima terceira posições e comandados pela China Telecom e pela China Unicom, respectivamente. Esse desempenho fraco impressiona mais ainda tendo em conta a grande população de internet e o fato de catorze dos trinta sites mais populares serem chineses.[46] As Três Grandes se beneficiam de um mercado massivo protegido, mas, ao contrário de seus concorrentes dos EUA, não são capazes de acolher facilmente conexões internacionais em casa. Em vez disso, precisam ir fisicamente ao exterior.

Quando fazem isso, as Três Grandes dependem muito de redes dos EUA, Europa e Japão. Na China Telecom, seu AS internacional mais ativo provê trânsito para 326 ASs globalmente.[47] A Level 3 opera o AS mais ativo dos Estados Unidos, que provê trânsito 17 vezes maior aos ASs e atende 32 vezes mais clientes.[48] Na realidade, a Level 3 é uma provedora da China Telecom, assim como dos principais ASs do Japão (operados pela NTT), da União Europeia (operados pela Telia) e da Austrália (operados pela Telstra). O predomínio dessas operadoras decorre das vantagens que elas têm por serem pioneiras em montar as primeiras conexões da internet, assim como da abertura dos países nos quais elas investiram pesadamente.

Com suas conexões concentradas em solo estrangeiro, o tráfego internacional da China é mais vulnerável a vigilância. As ferramentas de Madory para monitorar a internet, usadas na detecção e no exame de incidentes de roteamento, enviam rastreadores de rotas a partir de servidores ao redor do mundo. Quase dois terços (63 por cento) dos rastreadores de rotas destinados à China entraram em redes chinesas através dos Estados Unidos, enquanto outros 17 por cento entraram pela Europa Ocidental. A matemática é simples, mas uma parcela impressionante de 80 por cento do tráfego internacional da China passa pelas mãos dos Estados Unidos e da Europa.[49]

ROTAS TOTALMENTE VERMELHAS

Para reduzir essa dependência de operadoras estrangeiras, a China está construindo mais cabos submarinos, que transportam a grande maioria dos dados internacionais. A tecnologia é nova, mas as atividades globais da China são parecidas com as da Grã-Bretanha imperial no final do século XIX. Como ocorreu no passado com a estratégia dos cabos telegráficos britânicos, a China investe em rotas comercialmente viáveis, assim como naquelas que poderiam atender a funções estratégicas. Cabo por cabo, ela está construindo uma rede de alta capacidade, alta velocidade, abrangendo Ásia, África, Europa e América do Sul.

De início, a motivação britânica era principalmente comercial. Suas companhias instalaram seus primeiros cabos submarinos na década de 1850, e seus materiais inovadores e técnicas de instalação de cabos dominaram o mercado. As maiores companhias telegráficas britânicas produziram dois terços dos cabos do mundo durante o século XIX e quase a metade a partir de então.[50] A China pretende alcançar um domínio similar por meio do Made in China 2025, que prevê capturar 60 por cento do mercado global de fibra óptica.[51]

Por volta do final do século XIX, quando já era patente a importância estratégica dos cabos telegráficos, o governo britânico começou a desenvolver um sistema de cabos menor, chamado de "Rotas Totalmente Vermelhas" ["All-Red Routes"], apenas para o Império Britânico e suas possessões. Sem esse sistema, suas comunicações ficavam vulneráveis a monitoramento quando passavam por território estrangeiro e podiam ser facilmente interrompidas durante um conflito. Às vésperas da Primeira Guerra Mundial, uma revista militar britânica alardeava que a Grã-Bretanha tinha um sistema de cabos "espalhado como uma rede pelo mundo inteiro".[52]

A China agiu mais rápido que seus predecessores no solo do oceano. Em 2009, foi criada a Huawei Marine, por meio de uma *joint venture* entre a Huawei e a Global Marine, companhia com sede no Reino Unido, cujas origens podem ser rastreadas até a British Eastern Telegraph Company. Ao se aventurar nesse novo território, a Huawei seguiu um roteiro familiar. Fez parceria com uma companhia estrangeira que possuía a expertise técnica que lhe faltava, beneficiou-se do financiamento estatal chinês para empreender projetos que lhe permitiram aprender e, aos poucos, foi assumindo mais funções técnicas. Em sua primeira década de operação, a companhia estava envolvida em 104 projetos e instalou cabos submarinos suficientes para dar a volta ao planeta.[53]

Três projetos carro-chefe revelam as ambições da China de conectar continentes e sugerem que sua motivação não é puramente comercial. O primeiro deles, voltado a transportar informação financeira e comercial através do Atlântico, acabou constituindo uma prévia das dificuldades que a Huawei enfrentaria mais tarde nos mercados ocidentais. Em 2010, a Hibernia Networks, uma provedora americana de serviços de telecomunicações, anunciou que estava construindo um novo sistema, o Hibernia Express, para conectar centros comerciais em Nova York, New Jersey e Londres. Para a Huawei Marine, uma companhia jovem ansiosa para se afirmar, o projeto oferecia um atalho para ingressar na elite dos produtores de cabos, há muito tempo dominada pelas companhias ocidentais e japonesas.

O pequeno histórico da Huawei Marine já indicava suas grandes ambições. Estrategicamente, a companhia procurou entrar em projetos cada vez mais desafiadores para aprender e demonstrar sua competência. Seu primeiro cabo, conectando Tunísia e Itália, era curto e não exigiu o uso de repetidoras, que são cruciais para projetos de maior extensão.[54] Mas mesmo os cabos internacionais curtos são empreendimentos complexos. "Além de ter que lidar com o mar e a meteorologia, durante o processo de construção também precisamos nos envolver em árduas negociações com alfândegas, a marinha, pescadores, portos, transportes marítimos e outros departamentos", relembra um funcionário da Huawei. O cabo Hannibal, homenagem ao general cartaginês, foi concluído no final de 2009.[55]

O primeiro cabo da Huawei com repetidoras e ramificações foi uma experiência humilhante.[56] O projeto destinava-se a conectar Trinidad e Tobago à Guiana, com uma ramificação para o Suriname, totalizando apenas um sexto do comprimento do Hiberna Express. A Nexans, uma companhia norueguesa, manufaturou o cabo. Embora a Huawei fornecesse as repetidoras e o hardware, dependia fortemente de sua parceira do Reino Unido, a Global Marine, para juntar tudo e estender o cabo. Os engenheiros da Huawei passaram muitas horas em Chelmsford, Reino Unido, testando o hardware antes de viajar a Rognan, Noruega, onde juntaram o hardware e o cabo. "O trabalho de integração do cabo submarino era um conceito completamente desconhecido para nós", um funcionário da Huawei relembrou.[57]

Nesse teste, foram constatados muitos erros.[58] A equipe que planejou o cabo não levou em conta que os três países tinham feriados em datas diferentes e enfrentou dificuldades para reservar hotéis. Depois que o cabo foi instalado, engenheiros na Guiana tentaram ligar para Trinidad usando uma linha telefônica instalada com o cabo e que permite a comunicação com as estações em terra. Quando a estação em terra do Suriname atendeu o telefone, perceberam que o transportador de sinal havia sido instalado invertido. Mas a equipe foi em frente, aprendeu com seus erros e concluiu o cabo em maio de 2010.[59]

Com o Hibernia Express a história foi diferente. O projeto objetivava cortar cinco milissegundos do tempo total de ida e volta entre Nova York e Londres. Embora esse aprimoramento possa parecer minúsculo, as instituições financeiras estavam ansiosas para contar com o primeiro novo cabo transatlântico em mais de uma década. A negociação algorítmica trouxe um aumento nos volumes de transações, e os negociadores queriam contar com a vantagem que sistemas mais rápidos são capazes de oferecer.

Segurança e confiabilidade são essenciais para as negociações financeiras. Cabos submarinos transportam mais de 10 trilhões de dólares em transações todos os dias, incluindo a atividade que flui pelas bolsas de valores do mundo.[60] Se essas redes de cabos sofrem disrupções, segundo explicou uma vez um chefe de pessoal do presidente do Federal Reserve dos EUA, "não é que o setor de serviços financeiros possa sofrer uma desaceleração até parar, ele para instantaneamente".[61]

A Huawei sabia que precisava fazer à Hibernia uma oferta irrecusável. Em 2007, a Hibernia escolheu a Huawei para fazer uma atualização de seus sistemas terrestres na Europa e também de sistemas submarinos que conectam o Canadá, a Costa Leste dos EUA e a Inglaterra.[62] Mas o histórico de trabalhos submarinos da Huawei ainda era pouco expressivo. Ansiosa para demonstrar que era capaz de construir um cabo transatlântico, ela ofereceu 250 milhões de dólares para financiar o projeto. Os principais produtores de cabos tinham históricos mais extensos, mas nenhum deles conseguiu chegar perto do pacote financeiro da Huawei.

Em 2012, a Huawei Marine ganhou o contrato para produzir e instalar o cabo.[63] "O Project Express é um desafio estimulante para a

Huawei", declarou Nigel Bayliff, o CEO da companhia, que o considerou "um sistema importante e tecnicamente desafiador".[64] Para a jovem companhia, era como passar de figurante num programa vespertino de TV para astro principal de um filme de grande bilheteria. Provar que era capaz de realizar o serviço e de atender aos padrões dos órgãos reguladores dos EUA e da Europa, especialmente em área tão crucial quanto a do fluxo de informações financeiras, prometia abrir acesso ainda maior a seus mercados. O governo chinês também teria uma grande empresa nacional incorporada à infraestrutura de informações financeiras do Ocidente.[65]

A celebração da Huawei, no entanto, foi prematura. Depois que o Congresso divulgou seu relatório sobre a Huawei e a ZTE, as autoridades dos EUA passaram a ver a proposta com maior ceticismo. A Hibernia tentou garantir às autoridades dos EUA que seria ela em última instância que controlaria os sistemas, independentemente de quem fosse produzi-los e instalá-los, mas as autoridades dos EUA não se convenceram. Ao ver que talvez tivesse que enfrentar uma protelação indefinida, a Hibernia dispensou a Huawei em favor da SubCom, uma produtora de cabos dos EUA.

Desde que foi descartada do Hibernia Express em 2013, a Huawei Marine não construiu nenhum cabo que tocasse os Estados Unidos.[65] A companhia tem sido forçada a deixar sua marca no Sul Global, onde seus incentivos financeiros são ainda mais sedutores e o ambiente geopolítico é mais receptivo. Evitada no Ocidente, a Huawei decidiu então que iria conectar o resto.

O primeiro cabo transatlântico da Huawei Marine mostrou-se ainda mais histórico que o Hibernia Express. Em 2017, ela anunciou a Interconexão Atlântico Sul [South Atlantic Inter Link, SAIL], um sistema conectando Brasil e Camarões que visava tornar-se a primeira conexão cruzando o Atlântico Sul. Sua abordagem para a construção do cabo reuniu todos os ingredientes característicos de megaprojetos no exterior: negociação entre governos, financiamento pelo Estado chinês e preferência por acelerar passando por cima de salvaguardas. Mesmo apresentando lacunas em sua lógica comercial, o SAIL seguiu adiante, sustentado por ventos políticos.

A rapidez era essencial, pois o projeto enfrentava concorrência. Três anos antes, a empresa japonesa NEC, uma das três maiores fornecedoras mundiais de cabos submarinos, anunciou a instalação de um cabo entre Brasil e Angola chamado Sistemas de Cabos do Atlântico Sul [South Atlantic Cable Systems, SACS]. A Huawei Marine precisou seguir um cronograma apertado para que os concorrentes japoneses não ganhassem as manchetes antes dela. Esse desejo prioritário de ser o primeiro pode ter sido atendido, mas ao custo da viabilidade comercial do projeto.

O Projeto SAIL da Huawei Marine foi um assunto entre governos. A China Unicom assumiu uma participação acionária na Camtel, que é de propriedade do governo de Camarões e estava em dificuldades financeiras. Para tornar palatável o projeto de 136 milhões de dólares, o Banco de Exportação-Importação da China ofereceu um empréstimo de 85 milhões de dólares e a China Unicom financiou 34 milhões.[66] Com os dois governos alinhados, o negócio foi fechado, e o projeto teve início imediatamente.

Em 4 de setembro de 2018, a Huawei redigiu o comunicado à imprensa com o qual seus executivos sonhavam desde que haviam sido descartados do projeto Hibernia: "Trata-se de um marco significativo: pela primeira vez, dois continentes, África e Américas, no Hemisfério Sul, estão plenamente conectados".[67] Era também o primeiro cabo internacional da América do Sul em dezoito anos que não ia diretamente até os Estados Unidos. A Huawei tinha em mente consequências geopolíticas mais amplas: "Esse cabo permitirá vinculação imediata do BRICS a conexões com Brasil e África do Sul, no Hemisfério Sul, e com China, Rússia e Índia, na Eurásia".

Dois anos mais tarde, ainda faltavam evidências de que o cabo SAIL abrigasse tráfego significativo, segundo dados de Madory. "Conseguimos confirmar e analisar a ativação do cabo SACS desde o primeiro dia", disse ele, ao compará-lo com o projeto japonês. "Uma rota similar de baixa latência entre Brasil e Camarões simplesmente nunca foi constatada."[68] Camarões apoiou o projeto SAIL para ajudar a modernizar sua economia, que é dominada pela agricultura. Mas, para começar, não havia demanda para o projeto no início, e ela tampouco se materializou depois. A Huawei Marine conseguiu seu projeto de demonstração, e Camarões conseguiu uma dívida enorme.

A China pode converter essa dívida em vantagem estratégica. Com sua posição financeira enfraquecida na esteira da pandemia da

Covid-19, Camarões talvez queira se livrar do cabo. A China Unicom é o candidato óbvio a adquirir a participação na Camtel. Em termos comerciais e políticos, seria uma jogada arriscada. O tráfego do cabo provavelmente continuará baixo. Ao assumir total propriedade do cabo, a China daria munição aos seus maiores críticos, que alertam que Pequim está usando a "diplomacia da armadilha da dívida" para capturar ativos estratégicos. Por outro lado, a China se tornaria a única proprietária de um cabo que conecta dois continentes nos quais ela se mostra cada vez mais ativa. Controlaria uma linha no hemisfério ocidental que não toca território dos EUA.

Ao instalar seus próprios cabos, a China segue os passos das potências imperiais ocidentais.[69] A concorrência pelas modernas redes é feroz, e as apostas são ainda maiores pela importância do fluxo de dados, mas ela difere de uma maneira essencial. Como a antropóloga Nicole Starosielski explica em *The Undersea Network* [A rede no fundo do mar], "Com a quebra dos impérios coloniais, o foco em assegurar redes de cabos mudou de rotear por meio do próprio território ou de possessões coloniais a controlar nacionalmente os processos de construção, operação e manutenção das redes de cabos".[70] Examinada por esse prisma, a criação da Huawei Marine foi o atalho que a China encontrou para uma maior segurança de rede.

A China não precisa ocupar território para controlar sistemas de cabos. Atender às necessidades de conectividade de países em desenvolvimento requer investimento significativo, e os pacotes financeiros da China costumam parecer atraentes. A China também tem como explorar o desejo de diversidade de alguns países que querem se afastar das redes dominadas pelos EUA. "Nossas rotas de comunicação com o mundo são principalmente através dos Estados Unidos", reconheceu em 2013 o secretário de Radiodifusão do Brasil, Maximiliano Martinhão, segundo consta nos vazamentos de Edward Snowden. "Isso cria uma vulnerabilidade nas comunicações brasileiras."[71] Com a construção dos cabos SACS e SAIL, o Brasil ganhou dois links independentes com a África.

A China não está sozinha em capitalizar a demanda de alternativas. Um cabo com financiamento europeu, o EllaLink, conecta Brasil a Portugal e está em operação desde junho de 2021. "A segurança de dados foi previamente considerada razão-chave para o cabo, com as comunicações entre Brasil e UE atualmente sendo roteadas via América do Norte", afirmou o CEO do projeto, Philippe Dumont.[72] O projeto ainda incluirá uma extensão partindo de Sines, Portugal, até Marselha, França, um centro em expansão para operadoras asiáticas e um nó crucial também para o projeto mais ambicioso da Huawei Marine.

O terceiro projeto carro-chefe da China, com o criativo nome de cabo PEACE, é o que mais lembra a estratégia britânica de cabos telegráficos. O projeto era originalmente chamado de Cabo Expresso Paquistão Leste da África [Pakistan East Africa Cable Express]. Anunciado como a conexão mais curta entre a Ásia e a África, ele também traça uma linha entre as ambições militares chinesas atuais e futuras.

A ponta asiática do cabo pousa no porto de Gwadar, no Paquistão, que é o terminal sul do Corredor Econômico China-Paquistão [China-Pakistan Economic Corridor, ou CPEC], um portfólio de projetos de infraestrutura de mais de $25 bilhões de dólares, que as autoridades chinesas têm colocado como carro-chefe da Iniciativa Cinturão e Rota. Apesar do nome "corredor", o empreendimento tem poucos projetos de infraestrutura transfronteiras.

Uma exceção importante é o cabo de fibra óptica que a Huawei instalou em 2018 cruzando a fronteira China-Paquistão. Antes de essa conexão ser concluída, o Paquistão precisava recorrer aos cabos submarinos que pousavam em Karachi, o que deixava o país dependente de companhias da Índia, sua rival. "A rede que leva tráfego de internet ao Paquistão por meio de cabos submarinos foi desenvolvida por um consórcio no qual companhias indianas são não só parceiras como acionistas, o que levanta sérias preocupações de segurança", afirmou um alto militar paquistanês em 2017, ao defender a aprovação do cabo da Huawei.[73]

A China se posiciona também para ganhar. "Todos os cabos que conectam a China a países na Europa são roteados via Hong Kong e Singapura, pontos de rotas relativamente simples e carentes de um mecanismo eficaz de proteção. Na eventualidade de desastres geológicos ou destruição promovida pelo homem, a estabilidade do cabo submarino será afetada", explica um press release do cabo PEACE.[74] Um documento chinês de planejamento que vazou vai além e observa que "os serviços de telecomunicações da China para a África precisam ser transferidos na Europa, portanto há um certo perigo oculto quanto à segurança geral".[75]

Até o momento, porém, o cabo terrestre tem transportado relativamente pouco, segundo analistas do setor. O Paquistão só anunciou que o cabo era operacional em julho de 2020, dois anos após sua inauguração. É possível que a rota esteja ativa e operando de alguma maneira difícil de detectar. Além disso, a conexão talvez fique mais ativa depois que o cabo PEACE conectar Gwadar ao Djibouti. Ou então é possível que se conecte ao Porto de Gwadar na lista de projetos do tipo elefante branco.

O fraco desempenho comercial do Porto de Gwadar alimentou especulações a respeito de seu propósito. A China tem ajudado a financiar e expandir o porto bem além de qualquer perspectiva de demanda comercial imediata. Os líderes paquistaneses estão há décadas querendo criar um porto nessa área subdesenvolvida e podem ter oferecido acesso naval. "Temos pedido aos nossos irmãos chineses que, por favor, construam uma base naval em Gwadar", declarou o ministro da Defesa do Paquistão ao *Financial Times* em 2011.[76]

Do Paquistão, o cabo PEACE faz sua próxima parada no Djibouti, onde a China abriu sua primeira base militar ultramarina em 2017. O Djibouti tentou convencer algumas das maiores potências mundiais a pagarem por acesso a suas praias, oferecendo um porto relativamente seguro numa região tempestuosa. Também abriga instalações militares de Estados Unidos, França, Itália e Japão. "Deus não nos deu petróleo", diz um alto conselheiro do presidente do Djibouti, "mas deu-nos uma localização estratégica".[77]

A China chegou à festa com atraso, mas nos últimos anos tem expandido sua marca no Djibouti. Além de ter sua base militar, a China investe numa zona de livre-comércio, dotando-a de logística, negócios e instalações fabris. A fase inicial dessa zona cobre apenas um quilômetro e meio quadrado, mas a intenção é fazê-la abranger cerca de 46 quilômetros quadrados de área nobre do litoral.[78] Em 2019, durante um passeio de barco ao longo da costa do Djibouti observei que a base militar chinesa se funde quase sem interrupção ao porto e à infraestrutura logística erguida nos arredores. Pescadores locais dizem que são interceptados por soldados chineses quando se aproximam demais da base. A China aluga esse território, mas sua presença não dá a impressão de ser temporária.

Tirar a China dali seria difícil para o Djibouti, já que o país permitiu que seu inquilino mais ruidoso se tornasse seu maior emprestador. A farra de construções no país elevou perigosamente o nível de sua dívida, e estima-se que 57 por cento da dívida externa do país seja com a China.[79] Autoridades dos EUA têm advertido que a China poderia tomar outro porto, que o Djibouti recuperou da companhia DP World, sediada em Dubai, em 2018.

A ação por baixo das águas do Djibouti tem recebido menos atenções, mas talvez seja ainda mais importante. O Djibouti é um ponto de estrangulamento das comunicações globais, e suas praias são o destino de pelo menos onze cabos concluídos ou planejados.[80] As Três Grandes são investidoras em cinco desses cabos. A Huawei e a ZTE têm trabalhado com a Djibouti Telecom, o monopólio de propriedade estatal do país, desde meados de 2000.

A expansão da presença da China complica as operações dos EUA na região. As forças militares dos EUA têm conexões submarinas dedicadas, que costumam ser chamadas de *black fiber* [fibra óptica preta]. Mas elas dependem de infraestrutura que é de propriedade privada para a maioria de suas comunicações, em até 95 por cento, segundo estimativa de 2009.[81] A utilização de drones, equipados com sensores cada vez mais sofisticados, força ainda mais a demanda por uma largura de banda confiável. Quando três cabos submarinos entre o Egito e a Itália foram cortados em dezembro de 2008, os voos de drones americanos no Iraque diminuíram de centenas para dez por dia.[82]

As forças armadas dos EUA também estão de olho na planejada expansão do cabo PEACE até as Seychelles, que ficam a quase 1.600 quilômetros do litoral da África. As Seychelles irão se beneficiar de uma segunda conexão submarina, que aumentará sua resiliência a disrupções. Mas a nação dessas ilhas também hospeda forças dos EUA, entre elas operações de drones que voam até a Somália. Após a chegada do cabo PEACE, talvez fique mais difícil garantir que as comunicações do governo dos EUA não passem por sistemas construídos ou operados pela China.

O cabo PEACE conecta as capacidades militares chinesas presentes e futuras também de outras maneiras. O maior investidor do cabo, o Grupo Hengtong, ganhou elogios do Estado chinês por sua "fusão militar-civil", expressão particular que denota companhias cujo trabalho beneficia as forças militares da China. A companhia conquistou 25 por cento do mercado da China para cabos de fibra óptica e tem parcerias formais de pesquisa com o ELP chinês. O diretor-geral de operações do cabo PEACE é ex-funcionário do Grupo Hengtong.

O cabo PEACE cresceu desde que foi anunciado. Em 2018, a Orange, maior operadora da França, concordou em levar o cabo até Marselha via Canal de Suez. O cabo foi renomeado como sistema Pakistan and East Africa Connecting Europe, para preservar a preciosa sigla. A Orange é estatal, mas sua participação não deve ser vista ingenuamente. Levar o cabo até lá pode oferecer à França oportunidades de monitoramento. "Os franceses na realidade estão dizendo: 'Tudo bem, podem deixar o cabo estacionado aqui. Vamos tomar conta dele pra vocês'", um especialista do setor comentou comigo.[83]

Vistos em conjunto, esses projetos são indícios de um novo mapa que está emergindo. Com o cabo SAIL, a China ganhou uma rota entre a América do Sul e a África. Com o cabo PEACE, ganha rotas entre Ásia, África e Europa. A China também tem explorado oportunidades de conectar América do Sul e Ásia. Coletivamente, essas rotas desenham uma rede global centrada na China que não existia há uma década. Há limitações nessas novas rotas. Como todos os cabos internacionais, eles continuarão vulneráveis a interferência estrangeira ao passarem por águas internacionais. Não são contíguos, e ao contrário das "Rotas Totalmente Vermelhas" britânicas, a China não será dona dos territórios estrangeiros sobre os quais esses sistemas pousam. Mas muitas dessas novas conexões pousam em países nos quais as crescentes atividades comerciais da China, e seu pesado portfólio de empréstimo, poderiam mantê-la protegida de um escrutínio.

Nessa competição sob os mares, a China ainda não está no mesmo nível das companhias estrangeiras. Em 2019, o Grupo Hengtong adquiriu a Huawei Marine, colocando a companhia ainda mais sob controle chinês. A companhia, renomeada como HMN Technologies, detém menos de 10 por cento do mercado de cabos submarinos, ocupando a quarta posição, em crescimento, mas ainda distante das concorrentes americanas, europeias e japonesas.[84] O Grupo Hengtong ainda depende da Global Marine para testar, instalar e reparar alguns sistemas. Sua dependência está menos em adquirir navios do que em dominar as aptidões exigidas para ter sucesso em entregar esses projetos complexos ela mesma.

Apesar dessas limitações, a rápida ascensão da China impressiona. Em apenas uma década, ela passou de depender de firmas estrangeiras a uma posição que lhe permite controlar a quarta maior companhia de cabos submarinos do mundo. Deixou de ser compradora de cabos para produzi-los domesticamente. O próximo objetivo do Grupo Hengtong é fácil de adivinhar: tornar-se autossuficiente em instalar e reparar cabos, o que dará a essa grande empresa chinesa controle de ponta a ponta do processo de cabos submarinos. Do ponto de vista estratégico, ser capaz de instalar e reparar cabos é tão importante quanto produzi-los e ser dono deles.

O Grupo Hengtong mal consegue esconder sua missão nacionalista. Um comunicado à imprensa disponível apenas na versão em língua chinesa de seu site declara: "A Hengtong Marine teve a coragem de romper com o monopólio industrial nas mãos das gigantes internacionais de cabos submarinos, para desenvolver seus próprios cabos submarinos de fibra óptica, promover o desenvolvimento da informatização global, prover sólido apoio à modernização da defesa nacional de nosso país, marchar para o mercado internacional, construir um cabo submarino internacional de alta qualidade, e alcançar a 'qualidade global da China'".[85]

A chave para o domínio global que a Grã-Bretanha exercia das redes de telégrafos não estava apenas na propriedade dos cabos, mas na sua expertise técnica inigualada. No final da década de 1890, a Grã-Bretanha era dona de vinte e quatro dos trinta barcos de reparação de cabos do mundo.[86] Quando começou a Primeira Guerra Mundial, os britânicos eram os mais bem preparados para manter as comunicações entre suas forças e também para monitorar e causar disrupções nas comunicações inimigas. Navios britânicos agiram rapidamente para cortar as linhas do inimigo no início da guerra. Para alguns oficiais alemães, os canhões de agosto foram seguidos por um silêncio mortal.[87]

A NOVA PERIFERIA

A atual periferia de rede da China, os locais onde ela se conecta à internet global, situa-se muito longe de suas fronteiras e concentra-se em países com os quais suas relações políticas estão desgastadas.[88] Movidas por necessidades comerciais e estratégicas, companhias chinesas estão procurando mercados emergentes na Ásia, África e América Latina para crescer e construindo uma nova periferia de rede, que utiliza tecnologia chinesa em países nos quais a China tem maior influência.

Ao se aventurarem em novos mercados no exterior, as provedoras de nuvem chinesas enfrentam forte concorrência. A Amazon foi pioneira em ofertas de nuvem em 2006 e tem investido pesado em seu negócio de nuvem. Todos os dias de 2016, ela acrescentava capacidade de servidores suficiente para fazer frente às necessidades de armazenamento e computação de alguma companhia da Fortune 500.[89] Em 2020, a Amazon controlava perto de um terço do mercado global de serviços de nuvem, segundo a empresa de pesquisa Canalys, e foi seguida por Microsoft e Google. Coletivamente, essas três provedoras de nuvem, todas americanas, controlam mais da metade do mercado global.[90]

A Alibaba é uma gigante de computação de nuvem dentro da China, mas é uma criança fora dela. Em 2009, lançou a Alibaba Cloud, também conhecida como Aliyun ou AliCloud, e por volta de 2020 havia conquistado cerca da metade do mercado da China. Seu serviço internacional, lançado cinco anos mais tarde, oferece menos capacidades e tem sido mais lento em conseguir clientes. Em 2019, a Alibaba Cloud ganhava apenas 10 por cento de sua receita fora da China e, ao contrário das maiores provedoras dos EUA, só se tornou lucrativa ao final de 2020.[91] Mas o mercado doméstico da China é tão grande que a Alibaba se tornou a quarta maior provedora de nuvem do mundo, com quase 6 por cento do mercado global.[92]

Inteligentemente, a Alibaba se posiciona como uma ponte para entrar na China, tirando vantagem das barreiras que as empresas estrangeiras enfrentam. Mesmo em suas interações mais magnânimas, o Grande Firewall da China desacelera o tráfego. Pacotes de dados muitas vezes se perdem no meio do caminho, o que pode provocar o caos em serviços que são eficientes em outras condições. A Alibaba oferece-se como empresa experiente em navegar essas barreiras, para guiar quem fica empacado do lado de fora. Seus serviços funcionam melhor para aqueles que se conectam perto das fronteiras da China, e superam a concorrência em fazer o link entre a China continental e Singapura ou entre a China continental e Hong Kong, segundo a empresa americana ThousandEyes.[93]

A AliCloud mostra-se mais atraente ainda para empresas chinesas que estão entrando no mercado global do que para empresas ocidentais tentando entrar na China. A Alibaba tem acordos de parceria com as Três Grandes, que incluem cooperação em computação de nuvem. Posicionou-se como o provedor preferido do Estado chinês e conseguiu 105 contratos do governo entre 2016 e 2019.[94] As empresas estatais chinesas oferecem um caminho natural para a expansão. Muitas já têm operações no exterior e, naturalmente, preferem ter acesso aos mesmos dados e serviços. Em 2020, a Alibaba anunciou investimento de 28 bilhões de dólares em sua divisão de nuvem ao longo de três anos.[95]

Mas a Alibaba não é a única provedora de nuvem em ascensão na China. Semanas mais tarde, a Tencent superou o anúncio da Alibaba com uma promessa de investir 70 bilhões de dólares em computação de nuvem, IA e outras prioridades ao longo de cinco anos.[96] Como a maior companhia de games do mundo e desenvolvedora do popular app WeChat, a Tencent posicionou-se como provedora de aplicações de nuvem em IA, como reconhecimento de imagem, reconhecimento de linguagem natural e aprendizagem de máquina. No início de 2021, a Tencent operava vinte centros de dados fora da China e planejava abrir de seis a dez operações no exterior até o final do ano.[97]

Muitas outras estão competindo para fazer parte desse movimento. Em novembro de 2020, a China Telecom anunciou que iria transformar a computação de nuvem em seu "principal negócio no futuro".[98] A Baidu tenciona implantar cinco milhões de "servidores de nuvem inteligentes" até 2030.[99] A Kingsoft controlava 5,4 por cento do mercado chinês em 2019, e documentos da companhia declaram que "iremos colocar foco nos países do 'Cinturão e Rota', nos quais os mercados de nuvem estão menos saturados e apresentam oportunidades mais atraentes".[100] Embora cada companhia tenha sua proposição de valor específica, todas enfrentam desafios comuns para escalar globalmente.

A Huawei afirma estar fornecendo serviços de nuvem a mais de 140 países, incluindo mais de 330 projetos para governos.[101] Anúncios públicos, porém, sugerem que apenas cerca de quarenta países estavam usando esses serviços no início de 2021.[102] Talvez alguns casos não tenham sido anunciados publicamente, e pode ser que vários desses "governos" sejam entidades subnacionais dentro da própria China. Ainda assim, é um volume significativo de atividade exterior, e trata-se de uma área na qual a Huawei tem intenção de crescer. Depois que as sanções dos EUA restringiram seu acesso a semicondutores, a Huawei tomou a decisão estratégica de dobrar seus esforços em computação de nuvem.[103] "Nossa meta é fazer os clientes acharem que o uso de serviços de nuvem da Huawei é tão prático quanto usar eletricidade", declarou Ren Zhengfei a seus funcionários em 2020.[104] A pandemia deu impulso, acelerando a adoção global de serviços de nuvem por um a três anos, e aumentou a receita de nuvem da Huawei em 168 por cento em 2020, segundo Ken Hu, presidente rotativo da companhia.[105]

É impressionante o sucesso da Huawei em prestar serviços de nuvem a governos de mercados em desenvolvimento, especialmente quando comparado com o exame minucioso que seu hardware 5G tem recebido em mercados desenvolvidos. Nesses últimos, muitos governos debateram se a Huawei poderia ser mantida com segurança na periferia das redes nacionais e acabaram decidindo restringir seu equipamento completamente. No primeiro caso, a Huawei está provendo algumas das funções governamentais mais sensíveis. Seus serviços de nuvem abrangem tudo, de comunicações do governo a previdência social e registros de saúde, orçamentos e até urnas eletrônicas.[106] À medida que a Huawei é boicotada nas economias avançadas, ela passa a cavar fundo não apenas nos mercados em desenvolvimento, mas literalmente em seus governos.

O boom global dos centros de dados está apenas começando, como explica James Hamilton, vice-presidente e destacado engenheiro da equipe do Amazon Web Services.[107] A Netflix tem uma das maiores redes mundiais de entrega de conteúdo, com cerca de 1.000 locais globalmente, o que dá uma medida aproximada do número de "regiões" que cada provedor de nuvem global em última instância precisará cobrir. Cada uma dessas "regiões", no entanto, precisará de algo entre três a dez centros de dados, a fim de estar suficientemente protegida contra cortes de energia, desastres naturais e outros riscos. Dependendo do número de provedores globais, o resultado poderia ser algo em torno de 10 mil a 100 mil centros de dados ao redor do mundo.

Esse mapa teria um aspecto muito diferente do atual. Globalmente, em meados de 2020, havia cerca de 540 centros de dados de escala hipergrande, cada um abrigando pelo menos 5 mil servidores em 1 quilômetro quadrado, segundo o Synergy Research Group. Os Estados Unidos tinham 38 por cento desses centros. O Reino Unido, a Alemanha, o Japão e a Austrália somavam juntos 21 por cento. A China tinha 9 por cento.[108] Vários fatores estão levando os centros de dados a novas localizações, como a maior demanda em mercados emergentes, pedidos para armazenar os dados localmente e tecnologias que se beneficiam de processar os dados mais perto do usuário. As instalações em grande escala já vêm tendo o acréscimo de outros centros de dados menores, mais difundidos, que tendem a se multiplicar nos próximos anos.

As ambições de nuvem da China em mercados avançados enfrentam feroz concorrência e preocupações com segurança. A Alibaba Cloud deu tímidos passos nos Estados Unidos e na Europa usando partilha de locais com provedores, mas tem que fazer grandes esforços para competir com as gigantes de nuvem americanas. Depois que os clientes escolhem um provedor, a maioria permanece com ele para evitar o transtorno de migrar para um novo sistema. Embora as companhias chinesas ofereçam preço mais baixo, dificilmente clientes estrangeiros topariam arcar com esses custos de transição e escolher um provedor estrangeiro que oferece menos funcionalidade.

As preocupações crescentes com a tecnologia chinesa e com a cibersegurança de dados acrescentam outro obstáculo. As leis chinesas de cibersegurança, que têm longo alcance, colocam dados estrangeiros em risco. "Nenhuma informação contida em qualquer servidor dentro da China fica isenta [...] Nenhuma comunicação que venha da China ou que vá para lá fica isenta. Não há sigilo. Não há VPNs, nem mensagens privadas ou criptografadas. Nada de contas online anônimas ou segredos comerciais. Nenhum dado confidencial. Todo e qualquer dado é disponível e aberto ao governo chinês", explica Steve Dickinson, especialista em leis chinesas.[109]

Lidar com essas preocupações exigirá que as companhias ofereçam aos clientes maior controle sobre seus dados e maior transparência. A Alibaba escolheu Singapura como quartel-general de sua unidade internacional de serviços de nuvem, e os executivos da companhia afirmam que ela segue as leis de dados de Singapura.[110] Mas a Alibaba também observa que seus clientes não podem escolher o caminho que seus dados seguem, incluindo as jurisdições pelas quais irão passar, e não podem obter documentação sobre o caminho que seus dados seguem.[111]

Os provedores de nuvem chineses também enfrentam barreiras regulatórias que limitam sua capacidade de atender o setor financeiro, uma importante fonte de receita e de oportunidades para aprimorar suas capacidades. Como explica Kevin Xu, autor de *Interconnected*, uma newsletter sobre tecnologia chinesa, "Os fornecedores de nuvem chineses, com clientes de bancos e seguradoras fora do alcance, não terão como construir produtos nativos na nuvem para dois dos usos de maior demanda do setor".[112]

Em razão desses desafios, provedores chineses voltaram seu olhar para mercados emergentes na Ásia, África e América Latina. Em 2020, mal conseguiam mordiscar esses mercados, segundo a International Data Corporation, uma pesquisa de mercado e consultoria.[113] A Alibaba abocanhara apenas 0,3 por cento do mercado da Ásia-Pacífico para serviços de nuvem públicos, excluindo Japão e China. A Huawei liderava entre as empresas chinesas na América Latina, assim como no Oriente Médio e na África, conquistando 0,9 e 0,7 por cento desses mercados, respectivamente. Mas de um ano para outro o crescimento da Huawei nesses mercados foi de 155 por cento e 125 por cento, respectivamente, indicando que algo maior está acontecendo.

Para a China, a concorrência global na nuvem é mais feroz perto de casa, no Sudeste Asiático, cuja economia de internet tem a previsão de triplicar de valor até 2025, batendo os 300 bilhões de dólares.[114] Ao se candidatar para esse prêmio, a Alibaba Cloud anunciou em 2021 que está aplicando 1 bilhão de dólares para treinar 100 mil desenvolvedores e apoiar 100 mil startups na região ao longo de três anos. Singapura é o centro regional visado, pois oferece um ambiente amigável aos negócios e oportunidades de conexão com vinte e sete cabos que pousam em suas praias.[115] Todos os principais provedores de nuvem da China têm operações em Singapura, pois veem a cidade-Estado como uma plataforma de lançamento regional. Mas o espaço em Singapura já está disputadíssimo, é um dos centros mais caros do mundo.[116]

Há mais espaço para crescimento ao longo do Estreito de Singapura, onde Jacarta, capital da Indonésia, emerge como centro alternativo. Em 2018, a Alibaba foi a primeira provedora global de nuvem a abrir um centro de dados local na Indonésia e inaugurou um segundo centro no ano seguinte. O Google veio em seguida, em 2020. Ambos os provedores têm usado a partilha de local, buscando aproveitar os centros de dados já existentes em vez de construir instalações autônomas. A Tencent planeja abrir dois centros de dados na Indonésia, a Microsoft monta novas operações e a Amazon também anuncia planos de lançar serviços em 2022.[117]

A Índia, antes um mercado promissor, tornou-se uma grande interrogação para as companhias chinesas. Em junho de 2020, soldados chineses e indianos entraram em choque pela disputa de um território nos Himalaias, e com isso as relações entre as duas nações chegou ao seu nível mais baixo em décadas. Nova Délhi, logo depois, baniu mais de 100 apps chineses, entre eles o TikTok, que segundo avaliações tinha 125 milhões de usuários na Índia. Mas o mercado indiano não está de modo algum fechado para a China, como o capítulo 7 explica com maiores detalhes, e continua altamente dependente de hardware chinês. Em 2019, a Índia importou da China e de Hong Kong cerca de dois terços de seu equipamento para centros de dados.[118]

Na África, a marca da nuvem global da China vem de suas empresas de propriedade estatal. O continente abriga cerca de 17 por cento da população mundial, mas tem menos de 1 por cento da capacidade mundial de centros de dados. No início de 2020, a cidade de Londres tinha quatro vezes mais capacidade de centros de dados do que toda a África Subsaariana.[119] "A África é a última fronteira para crescimento sustentável de dois dígitos", afirma John Melick, ex-presidente do Centro de Dados do Djibouti.[120]

Para a Alibaba Cloud, no entanto, a África continua sendo um território em grande medida não mapeado. Em meados de 2021, o maior provedor de nuvem da China ainda não tinha um centro de dados dedicado na África, o que é surpreendente tendo em vista o grande envolvimento das companhias chinesas em todo o continente.

A Whale Cloud, subsidiária da Alibaba, fornece serviços de nuvem na África do Sul.[121] A companhia era parte da ZTE, e conhecida como ZTEsoft, antes de ser adquirida e renomeada pela Alibaba.

Os maiores clientes africanos nos últimos anos têm sido os governos. A Huawei presta serviços de nuvem a pelo menos quinze governos africanos e à União Africana, segundo pesquisa da CSIS, e tem ambições de fornecer serviços de nuvem públicos no continente. Ela vem alugando capacidade em um centro de dados em Joanesburgo, África do Sul, núcleo já estabelecido no continente, e planeja montar centros adicionais no Quênia e na Nigéria, que têm as maiores concentrações de empresas internacionais depois de Joanesburgo.[122]

À medida que a África se desenvolve, as companhias norte-americanas de nuvem estão em posição comparativamente forte para se expandir. Os investimentos da Microsoft e da Amazon na África do Sul ofuscam os da Huawei.[123] Novos cabos submarinos estão melhorando o acesso do continente à banda larga internacional.[124] O Google está construindo o Equiano, um cabo que vai de Portugal à África do Sul, com uma ramificação para conectar a Nigéria.[125] O Facebook apoia o 2Africa, um cabo que fará a conexão de dezesseis países do continente e tem entre seus parceiros a China Mobile.[126] Em contraste com a abordagem governo-governo da China, é o setor privado que costuma comandar esses esforços.

A terceira fronteira é a América Latina. A região, que se estende do México e percorre todo o Chile, tem uma população total de 650 milhões, com dois terços dispondo de acesso à internet. Os Estados Unidos são o centro estabelecido na América Latina, embora tecnicamente não façam parte da região. Fazendo sombra aos Estados Unidos, porém, as companhias chinesas têm ângulos de ataque políticos.

No Brasil, que é o próximo nodo crucial da região, e também em outras partes, as companhias chinesas posicionam-se como alternativas aos Estados Unidos. No Brasil, um impressionante volume de tráfego passa pelos Estados Unidos, incluindo 84 por cento dos caminhos de suas redes para os 100 principais sites do mundo.[127] Amazon, Google e Microsoft estabeleceram centros de dados no Brasil. Ao mesmo tempo, autoridades brasileiras querem diversificar as conexões do país, como indica seu interesse pelos cabos SACS, SAIL e EllaLink.

A Huawei vem tentando capitalizar esse interesse e superar acusações antigas na região, e saiu à frente da Alibaba para construir centros de dados próprios no México, no Chile e no Brasil. A estratégia, como explica o presidente regional da Huawei, é "formar um triângulo gigante de cobertura aprimorada e melhor conectividade na América Latina".[128] A Alibaba assumiu uma abordagem mais cautelosa, com parcerias locais que revendem seus serviços de nuvem no México e no Brasil. Até meados de 2021, a Alibaba não havia inaugurado um centro de dados na região.[129]

A Huawei vem tecendo críticas aos EUA como parte de seu discurso de vendas. "A América Latina caiu em várias armadilhas, como a armadilha da renda média, a da distância cada vez maior entre ricos e pobres, e a da crise financeira", relatou Ren Zhengfei a jornalistas da região em dezembro de 2019. "Tudo isso foi causado pela Doutrina Monroe dos EUA. Os EUA queriam controlar a América Latina e trataram a região como se fosse seu quintal, o que causou tudo isso. A China agora está investindo na América Latina, mas a região ainda preserva sua soberania, e, ao investir na América Latina, a China na realidade constrói uma escada para ajudá-la a sair dessas armadilhas."[130]

O Chile, que se autodenomina o país dos poetas, talvez pareça um local improvável para armazenar zeros e uns, mas tem recebido a atenção das maiores provedoras de nuvem do mundo. A população do país equivale a menos de um décimo da do Brasil, mas o país ostenta um litoral de 6.400 quilômetros, com um número crescente de cabos submarinos pousando em suas praias, um clima confortável para operar centros de dados de energia intensiva e incentivos fiscais favoráveis.

Em 2015, o Google foi a primeira grande empresa do setor a lançar um centro de dados no Chile, expandindo-o três anos mais tarde. A instalação emprega uma matriz solar no deserto de Atacama para prover 100 por cento de energia renovável. Em 2019, o Google concluiu um novo cabo submarino com extensão de 10.500 quilômetros que vai de Valparaíso, Chile, a Los Angeles, Califórnia, e anunciou um segundo centro de dados. De acordo com o governo chileno, em 2019 havia quinze centros de dados sendo ampliados ou em construção.[131] A Alibaba ao que parece pretende juntar-se a essa lista.[132]

O Chile pode tornar-se um nó mais crucial na rede de expansão da China. Em 2019, a Huawei Marine concluiu um cabo submarino de 2.840 metros ao longo da costa sul do Chile, que a empresa orgulhosamente anuncia como o "cabo submarino mais ao sul do mundo".[133] Vários meses depois, a Huawei inaugurou um centro de dados em Paine, perto da capital Santiago, e anunciou planos de investir 100 milhões de dólares no país. Embora o centro de dados seja colocalizado, e não independente como as instalações do Google, esses passos indicam maiores ambições.

Ambos os projetos objetivavam posicionar a Huawei para sua maior conexão internacional: a primeira conexão direta da América do Sul com a Ásia. O governo chileno queria um cabo submarino até a Ásia, e naturalmente a Huawei Marine se apresentou para construí-lo. Mas em julho de 2020 o governo chileno selecionou a proposta do Japão para o cabo, que deverá ir do Chile até a Austrália e Nova Zelândia, parando antes da China.[134] O Chile não excluiu a possibilidade de um segundo cabo, embora seja difícil justificar isso de um ponto de vista puramente comercial. Mas, assim como o Brasil e outros núcleos emergentes, o Chile poderia se beneficiar de incentivar a competição em áreas relacionadas. Determinada, a Huawei anunciou em setembro de 2020 que estava inaugurando um segundo centro de dados.[135]

À medida que a China mapeia uma nova periferia de rede, a ponta sul da América do Sul pode continuar atraente. Como Ren explicou a um jornalista da vizinha Argentina, "Seu país fica no extremo do globo e é geograficamente seguro. Mesmo que haja uma grande guerra no resto do mundo, a Argentina continuará sã e salva".[136] Como estudioso de história, Ren com certeza sabe como foi a corrida para instalar os primeiros cabos sob o mar, que começou como competição comercial, intensificou-se conforme as preocupações com a segurança nacional aumentaram e por fim se tornou parte do campo de batalha.

DEFESA DO MAPA

A corrida pela implantação do telégrafo também traz lições para os Estados Unidos. Conforme novas rotas se espalhavam pelo globo nas décadas que antecederam a Primeira Guerra Mundial, não era incomum que os países impusessem taxas a operadoras estrangeiras pelo acesso ao seu território. A Grã-Bretanha adotou estratégia diferente e reduziu as taxas e outras barreiras para atrair mais conexões estrangeiras. A abertura foi crucial para transformar Londres no núcleo central das comunicações e das finanças internacionais, como continua sendo até hoje.

Depois de adotar uma estratégia similar há décadas, os Estados Unidos adotam agora uma postura mais defensiva, exercendo maior escrutínio em suas redes domésticas, interconexões de internet e cabos submarinos. O desejo de maior proteção é muito natural em razão das atividades em expansão da China e do histórico de ataques cibernéticos, espionagem e cooperação entre companhias chinesas e o ELP. Mas os EUA precisam avaliar de que modo cada decisão impacta sua posição nas redes globais. As consequências não são tão diretas como pode parecer à primeira vista.

Quase duas décadas depois de garantir licenças a companhias chinesas, a FCC, Comissão Federal de Comunicações, começou a mostrar a porta da rua à China Telecom e à China Unicom. Em 2019, a agência rejeitou a solicitação da China Mobile de uma licença para transportar chamadas entre os Estados Unidos e países estrangeiros, que ela havia apresentado em 2011. "A base subjacente de confiança necessária para que um acordo de mitigação atenda à segurança nacional e a preocupações com o cumprimento da lei não está presente",[137] concluíram os membros da comissão em decisão unânime, e foi a primeira vez que a FCC negou uma solicitação com base na segurança nacional e na observância das leis.[138]

Esse foi o desfecho de um suplício de oito anos para a China Mobile, mas, para a China Telecom e a China Unicom, uma nova batalha estava apenas começando. Em abril de 2020, a FCC pediu a quatro operadoras chinesas, entre elas a China Telecom e a China Unicom, que demonstrassem "não estar sujeitas a influência e controle por parte do governo chinês".[139] Como Kate O'Keeffe do *Wall Street Journal* destacou, a FCC estava essencialmente pedindo que companhias de propriedade estatal provassem que não eram de propriedade estatal.[140] Em novembro, Trump expediu um decreto presidencial proibindo investimento dos EUA em companhias ligadas ao ELP da China, entre elas a China Telecom e a China Unicom.[141] Nos meses seguintes, a FCC deu início ao processo de revogação das licenças da China Telecom e da China Unicom.[142]

Os Estados Unidos também estão reavaliando suas conexões submarinas. Em junho de 2020, o governo dos EUA bloqueou parcialmente a ativação da Pacific Light Cable Network, primeira conexão direta entre Los Angeles e Hong Kong. As seções do cabo entre Los Angeles, Filipinas e Taiwan foram ativadas, mas a seção que se estende a Hong Kong recebeu ordens de permanecer desativada. Autoridades dos EUA concluíram que o pouso do cabo em Hong Kong e a participação majoritária nele da Dr. Peng Telecom, uma companhia chinesa, criava um risco que não era possível ignorar. Semanas mais tarde, a lei de segurança nacional da China efetivamente tirou Hong Kong do mapa, e as companhias que planejam rotas submarinas já procuram outros pontos na região.[143]

Mas se os Estados Unidos cortarem ou bloquearem muitas conexões, as redes globais talvez se adaptem de maneiras que não favoreçam os interesses americanos. As companhias dos EUA poderiam construir cabos com pontos de pouso alternativos e transferir maior proporção de seu poder computacional a opções acima do mar. Canadá e México poderiam ser gateways alternativos. Tijuana, por exemplo, se tornaria um centro na Costa Oeste. Várias operadoras dos EUA já têm conexões que correm pela área e poderiam prover trânsito para os Estados Unidos. Os Estados Unidos talvez acabassem perdendo negócios, assim como acesso para monitorar projetos.

Tirar companhias chinesas de pontos de interconexão de internet dos EUA implica jogos de compensações similares. Em 2021, as Três Grandes da China haviam montado um total de sessenta e dois pontos de presença nos Estados Unidos, alguns deles em Los Angeles, Seattle, Nova York e outras grandes cidades.[144] As companhias têm custos marginais baixos quando fazem novas conexões em locais onde já estão presentes, portanto operadoras dos EUA têm aceitado de bom grado intercambiar tráfego com operadoras chinesas em seu próprio quintal. A desvantagem é que mais conexões entre operadoras dos EUA e da China significa mais oportunidades para a propagação de erros de roteamento. Se fossem obrigadas a conectar operadoras chinesas no exterior, poucas operadoras americanas aceitariam isso.

Demchak e Shavitt, os pesquisadores que consideraram que o comportamento de roteamento suspeito da China Telecom não era um acidente, têm reivindicado "Reciprocidade de Acesso".[145] Eles destacam que há um desequilíbrio flagrante: a China impede que companhias estrangeiras tenham pontos de presença dentro de suas redes, mas as companhias chinesas têm acesso a redes dos EUA. Os dois pesquisadores propõem estabelecer um equilíbrio mais equitativo. Por exemplo, se os pontos de presença fossem proporcionais às populações de clientes, as companhias dos EUA deveriam ter mais pontos de presença na China para atender à sua maior base populacional. Se a China recusa o pedido de acesso recíproco, então abre caminho para que os Estados Unidos, e países potencialmente aliados, bloqueiem o tráfego que vai e vem dos pontos de presença chineses.

Outros especialistas alertam que seria comercialmente benéfico as companhias dos EUA terem acesso na China, mas não eliminaria os riscos implícitos que as redes dos EUA enfrentam. Criar mais pontos de cessão de tráfego em território chinês poderia aumentar o risco de as autoridades chinesas espionarem empresas dos EUA. Mais fundamentalmente, se as redes dos EUA permanecerem abertas a operadoras que não tomam as devidas precauções – sejam elas estrangeiras ou americanas –, essas redes continuarão vulneráveis a erros de roteamento e a sequestro de dados. Em junho de 2019, por exemplo, um erro de roteamento de uma companhia suíça enviou tráfego destinado a uma das maiores redes de celular da Europa, incluindo tráfego dos Estados Unidos, através da rede da China Telecom.[146]

Focar na reciprocidade também deixa de considerar as vantagens desproporcionais que fluem para os Estados Unidos através de suas redes abertas. Os pontos de presença chineses em território dos EUA aumentam a cota global de tráfego de internet que flui pelos Estados Unidos. Essa onda de dados traz benefícios comerciais e é também um presente para os órgãos de inteligência americanos responsáveis por monitorar as comunicações externas. Qual é exatamente o tamanho desse presente, e de que maneira é "desembrulhado", é obviamente algo sigiloso. Mas declarações públicas e documentos divulgados sugerem que a centralidade dos EUA no fluxo de dados global provê informações vitais.[147]

Inadvertidamente, uma abordagem que esteja aliada a uma reciprocidade obrigatória pode tornar algum tráfego menos seguro quando ele deixa os Estados Unidos. A não ser que houvesse um desacoplamento completo do fluxo de dados, o tráfego ainda precisaria viajar entre redes aliadas e chinesas. Em vez de essas interconexões acontecerem em território aliado, elas se dariam em países estrangeiros com padrões de segurança mais baixos, o que tornaria os dados aliados mais vulneráveis.[148] De uma maneira perversa, esses países estrangeiros, não aliados por definição, iriam ganhar em termos comerciais e estratégicos ao atrair fluxos de dados redirecionados.

Redesenhar o mapa da internet teria ainda outras consequências involuntárias. Menor eficiência geraria custos mais elevados para as companhias e consumidores dos EUA, e as suposições básicas sobre roteamento deixariam de ter validade. Isso dificultaria ainda mais detectar o comportamento de roteamento anormal. Inspecionar anomalias seria ainda mais trabalhoso, pois Madory e outros analistas teriam que descobrir se uma rota abaixo do ideal seria a melhor opção em vista dessas restrições.

Em vez de limitar os fluxos de dados a parceiros de confiança, os Estados Unidos poderiam desenvolver tecnologias que não dependessem de confiança, e incentivar uma adoção mais ampla das melhores práticas. Técnicas de criptografia quântica, por exemplo, prometem aumentar a segurança mesmo nos ambientes de maior risco. Melhores práticas, como as Normas Consensuais de Segurança no Roteamento [Mutually Agreed Norms for Routing Security, ou MANRS], da Internet Society, ajudariam a prevenir incidentes de roteamento e permitiriam reagir a eles mais rapidamente.[149] "Uma solução real", aconselha a Internet Society, "não está em controlar as interconexões, mas em assegurar que o protocolo de roteamento da Internet, o BGP, opere de modo seguro".[150]

Assim como ocorre ao utilizar uma máscara para prevenir a propagação de um vírus, as MANRS beneficiam as pessoas ao redor do usuário mais do que o próprio usuário. A participação universal melhoraria a vida de todos. Mas ao andar por aí sem máscara, a China Telecom corre o risco de ser expulsa das outras redes. Com atraso, a China Telecom aderiu oficialmente às MANRS em dezembro de 2020, no mesmo dia em que a FCC anunciou a cassação de sua licença. De modo um pouco irônico, o diretor de comunicações da subsidiária das Américas da China Telecom agradeceu Madory pelo Twitter por "defender essa questão ao longo dos anos".[151]

O incidente de dezembro de 2015 e o atraso em corrigi-lo, como aponta Madory, não foi responsabilidade apenas da China Telecom.

Ele passou vários meses tentando convencer a Verizon a tomar alguma providência. Como a Verizon mostrava-se lenta em agir, Madory conseguiu convencer outras grandes provedoras a colocarem filtros que bloqueassem as rotas da Verizon operadas pela China Telecom. O erro de roteamento acabou sendo corrigido por volta de abril de 2018. O incidente original durara menos de um minuto, mas suas consequências persistiram por dois anos e meio.[152] Em meados de 2021, a Verizon ainda não havia aderido às MANRS. Tampouco a China Unicom ou a China Mobile.[153]

Desde sua invenção, a abertura da internet global trouxe grandes recompensas, mas também riscos significativos. As atividades da China desencadearam uma necessária recalibragem e maior escrutínio desses riscos, particularmente dentro das redes dos EUA. Mas colocar travas nas portas e se recolher com os amigos não é uma estratégia viável a longo prazo. Seria um erro os Estados Unidos darem passos significativos no sentido de emular a abordagem estilo fortaleza de Pequim.

Afinal, a China está desenhando um novo mapa da internet global, pois a versão atual favorece de modo esmagador os Estados Unidos e seus aliados. O predomínio dos provedores de nuvem dos EUA decorre das vantagens de terem sido pioneiros, mas também de investimentos domésticos em infraestrutura física e da sua abertura a conexões estrangeiras. Os provedores de nuvem chineses são gigantes em casa, mas continuam crianças no exterior. À medida que a China se esforça para transformar suas campeãs nacionais em verdadeiras campeãs globais, monta-se o cenário para uma intensificação da concorrência nos demais mercados.

Para vencer, os Estados Unidos precisarão equilibrar as medidas de segurança doméstica com uma ênfase maior na ofensiva comercial no exterior. Precisam falar às necessidades e aspirações da metade do mundo que ainda não está online. Ao trabalhar com parceiros e aliados, precisam pensar criativamente em como ajustar o cálculo de riscos-recompensas que tem mantido suas companhias fora desses mercados. Uma abordagem mais intrépida incluirá construir centros de dados e estender cabos submarinos para conectar economias emergentes. Pode também incluir aproveitar novas tecnologias e, de maneira bem literal, alcançar as estrelas.

CAPÍTULO SEIS
AS *COMMANDING HEIGHTS*

"DEZ!", BRADOU O comandante Yin Xiangyuan, iniciando a contagem regressiva final no Centro de Lançamento de Satélites de Xichang, às 9h43 de 23 de junho de 2020. Se ele e seus colegas no controle da missão estavam nervosos, só era possível ver isso em seus olhos, pois para evitar a disseminação da Covid-19 tinham os rostos cobertos por máscaras cirúrgicas. Todos observavam o veículo de lançamento, um foguete branco do porte de vinte andares sobre a plataforma de lançamento. À medida que a pressão crescia em seu interior, uma fumaça branca escapava dele e tomava o ar da manhã.[1]

De cima a baixo, o veículo de lançamento era um monumento ao nacionalismo chinês. Perto do topo, uma bandeira chinesa vermelha havia sido pintada na lateral de seu bico. A base era um foguete Longa Marcha 3B, nome que remete à retirada estratégica das forças comunistas chinesas iniciada em 1934, que levou Mao Tsé-Tung ao poder. O mais importante era a carga: tratava-se da parte final do Beidou, sistema global chinês de navegação por satélite de terceira geração, alternativa ao sistema GPS dos Estados Unidos.

O sistema Beidou é filho de um casamento entre as comunidades científica e militar da China, e muitos membros dessas duas famílias estavam ali presentes. O governo chinês costuma divulgar vídeos de seus lançamentos de satélites apenas depois que se revelam bem-sucedidos, mas, numa rara mudança de política, esse lançamento foi transmitido ao vivo, para que o mundo pudesse ver a China se juntar à elite das potências espaciais. Apenas Estados Unidos, União Europeia e Rússia construíram sistemas de navegação por satélite realmente globais.

Desenvolvidos na Guerra Fria para posicionar armas nucleares, os satélites de navegação global são fundamentais para operações militares, auxiliando as forças na coordenação de seus movimentos e guiando as munições até seus alvos. São usados com maior intensidade ainda fora do campo de batalha, nos 6,4 bilhões de receptores instalados em telefones celulares, automóveis e outras aplicações de consumo ao redor do mundo.[2] Utilizando relógios atômicos ultraprecisos, esses sistemas fornecem tempos para tudo, de caixas eletrônicos a bolsas de valores e redes de telefonia móvel. Mantêm o mundo em movimento.[3]

Depois do lançamento de seu primeiro satélite Beidou em 2000, a longa marcha da China em direção a uma posição global independente aproximava-se agora da linha de chegada.[4] Mas o sucesso não estava garantido, e as ambições de elevada altitude da China já haviam se espatifado antes. Em 1996, o voo inaugural do foguete Longa Marcha 3B terminou em tragédia, quando um erro no sistema de controle fez o foguete e o satélite americano que ele carregava desabarem numa cidade próxima. Oficialmente, morreram seis pessoas e cinquenta e sete ficaram feridas. Mas, segundo testemunhos posteriores, as mortes de habitantes daquela vila teriam chegado a centenas, o que faria desse lançamento o pior desastre desse tipo da história.[5]

Nos anos seguintes, o foguete foi aprimorado, mas seu histórico recente está longe de ser isento de falhas. Em abril de 2020, um defeito no foguete Longa Marcha 3B lançado de Xichang fez chover fragmentos em Guam.[6] O lançamento que completaria o sistema Beidou, marcado originalmente para início de junho, foi então adiado em razão de problemas com o motor do foguete.[7]

"Ignição. Decolar!" disse o controle da missão, e o foguete começou a subir. A transmissão da Televisão Central da China acompanhou o foguete e cortou para uma tela dividida. À esquerda, uma animação de computação mostrava as coordenadas do foguete, bem como sua altitude e velocidade. À direita, uma câmera instalada na seção intermediária do foguete transmitia imagens ao vivo dos motores e do solo, cada vez menor. Todo lançamento de satélite é cuidadosamente coreografado, mas esse foi feito especialmente para a TV.

O último ato do veículo de lançamento ocorreu vinte e seis minutos após o início do voo, quando o satélite se desacoplou. Enquanto o estágio superior do foguete flutuou no espaço, ele manteve a câmera focalizando o satélite, uma estrutura em forma de caixa pairando 225 quilômetros acima de oceanos azuis. Dois braços se desdobraram como um acordeão de ambos os lados do satélite. Ao ficarem totalmente estendidos, cintilaram com o reflexo da luz do sol em seus painéis solares.

O onda de aplausos bem-comportados preencheu por um breve momento o controle da missão. Não houve gritos. Ninguém assobiou. Ninguém bateu palmas mais alto ou por mais tempo que os demais. "[O] satélite fez uma entrada bem-sucedida em sua órbita predeterminada", anunciou Zhang Xueyu, o diretor do centro de lançamento, desde o pódio, de maneira bem formal. Acima dele havia uma grande tela com uma mensagem curta em caligrafia dourada sobre fundo vermelho: "Parabéns... o 55º satélite do sistema de navegação por satélite Beidou foi um sucesso completo".

O tom sóbrio era revelador. A China havia se juntado a um dos clubes mais elitistas do mundo, embora as autoridades chinesas já estivessem de olho no próximo marco. Mesmo antes que o sistema Beidou de terceira geração estivesse totalmente implantado, eles já anunciavam planos para aprimorá-lo por volta de 2035. As autoridades chinesas viam o sistema como em constante evolução e nunca concluído.

Se a China quer alcançar os Estados Unidos no espaço, não vai poder desacelerar. Enquanto as empresas estatais da China labutavam com o sistema Beidou – uma tecnologia que os Estados Unidos já haviam basicamente dominado na década de 1990 – as companhias dos EUA lançavam pioneiramente mais tecnologias inovadoras. Apenas uma semana depois que a China completou seu sistema Beidou, a SpaceX de Elon Musk lançava um satélite GPS de terceira geração do Cabo Canaveral, na Flórida, para a Força Aérea dos EUA.

Após ter sido rejeitada como uma fantasia, a SpaceX cuida hoje de cerca de dois terços dos lançamentos da NASA e reduziu drasticamente os custos ao aproveitar componentes reutilizáveis de foguetes.[8] A NASA gasta cerca de 152 milhões de dólares em cada lançamento, custo que a SpaceX conseguiu reduzir para 62 milhões. Musk confia que a companhia será capaz de reduzir ainda mais os custos de lançamento no futuro e chega a especular que conseguiria baixá-los para apenas 2 milhões.[9] Musk, que tem talento para produzir manchetes, também sabe como sensibilizar burocratas americanos. Ele ofereceu essa projeção no primeiro Space Pitch Day ["Dia de Lançamentos no Setor Espacial] da Força Aérea dos EUA.

A SpaceX também trabalha para entregar uma nova constelação de satélites, que soa como ficção científica e pode promover uma reviravolta nas comunicações globais. É uma das várias companhias que planejam lançar massivas constelações de satélites de órbita terrestre baixa [*low earth orbit*, ou LEO], para fornecer banda larga global. Se esses esforços renderem frutos, alguns dos lugares mais remotos do planeta poderão ficar online.

O que está em disputa são imensas quantidades de dados, um prêmio que pode colocar as companhias ocidentais em confronto com as chinesas estabelecidas nos mercados em desenvolvimento. Quase todas as maiores companhias de tecnologia, da Amazon ao Facebook ao Google, estão olhando para o céu. "Quem conseguir mais dados ganha", afirmou em 2017 Masayoshi Son, CEO do Softbank e grande investidor na OneWeb, outro provedor de banda larga de satélite.[10]

Nos próximos anos, a concorrência para prover internet por satélite irá se desdobrar em três níveis. No espaço, entre as companhias que disputam os lotes finitos na órbita da Terra. Na batalha pelo espectro, isto é, pelas faixas de frequência que transportam as comunicações, e que ficou ainda mais acirrada. E a competição acaba voltando ao solo, onde os estados detêm o poder de garantir "direitos de pouso" aos provedores de serviços de satélite.

A China é vulnerável nesses três níveis, mas não irá recuar. O espaço é essencial para sua estratégia militar e, cada vez mais, para suas ambições comerciais. Como Xu Qiliang, alto general da China, explicou em 2009, "O século XXI é o século da informatização, e também o século aeroespacial. As eras aeroespacial e de informação já chegaram, as duas ao mesmo tempo, e os campos aeroespacial e da informação tornaram-se as novas *commanding heights** da competição estratégica internacional".[11]

---

* Como apontado em nota anterior, essa expressão, que entre nós vem se consolidando em inglês, indica setores prioritários ou estratégicos da economia, como petróleo, ferrovias, bancos e aço. O livro de Daniel Yergin e Joseph Stanislaw, The Commanding Heights: The Battle for the World Economy, foi publicado no Brasil em 1998

A expressão *"commanding heights"* é adequada por razões tanto políticas quanto militares. Ela remete ao pensamento marxista e foi usada por Vladimir Lênin para argumentar que o Estado deve controlar a produção de aço e carvão, as ferrovias e outros setores cruciais. Em outras palavras, essas são atividades importantes demais para que o Estado as deixe por conta da mão invisível do mercado. À medida que o PCCh direciona mais a economia da China para o século XXI, sua intenção é ter maior controle do setor aeroespacial.

Mas a expressão também soa verdadeira como metáfora militar. A evolução da guerra pode ser resumida como uma busca de terreno cada vez mais elevado. Nos tempos antigos, os generais aprenderam a posicionar suas forças sobre montanhas, para obter vantagem estratégica. O advento do poderio aéreo elevou de novo o campo de batalha. Como Xu explicou, "Se você controla o céu, controla as terras, os oceanos e o domínio eletromagnético, e desse modo assume a iniciativa estratégica".[12] Tanto as forças armadas dos EUA quanto o ELP da China concordam: o espaço é o último ponto elevado.[13]

"HUMILHAÇÃO INESQUECÍVEL"

A China chegou mais tarde ao espaço, mas com o seu Sistema Beidou de Navegação por Satélite provou que tem como se mover com rapidez quando há alinhamento entre suas estrelas militar e comercial. O Beidou, nome que deriva do termo chinês para a Ursa Maior, foi formalmente iniciado em 1994. Durante o quarto de século seguinte, os engenheiros chineses lidaram com o desafio de construir uma constelação de navegação por satélite global em três fases. Em cada estágio, ameaças externas pressionaram seu avanço.

Inteligentemente, a China propôs o programa Beidou como um bem público puramente benigno e como exemplo de seu retorno à linha de frente da inovação. Em 2019, a China chegou a patrocinar uma exposição no Centro Internacional de Viena, na Áustria. "Da bússola

---

com o título "Commanding Heights: A batalha entre o governo e o mercado que está refazendo o mundo moderno", e virou documentário em 2002 com o título Commanding Heights: A Batalha pela Economia Mundial [N.T.]

ao BeiDou" ficou ativa nos meses que antecederam a conferência anual da ONU sobre satélites e destacou as contribuições do país à navegação e aos sistemas de controle do tempo. "Gostaríamos de mostrar a importância da navegação no desenvolvimento da sociedade para ampliar a compreensão das pessoas", declarou o vice-diretor da agência de navegação por satélite da China na inauguração da exposição.[14]

Mas o sistema Beidou chinês, do mesmo modo que seu equivalente americano, tem raízes militares. Em 1970, a China lançou seu primeiro satélite, o Dong Fang Hong-1, ou "O Leste é Vermelho-1", nome inspirado no icônico hino revolucionário maoísta. O satélite pesava mais que os primeiros satélites lançados pela União Soviética, Estados Unidos, França e Japão – todos eles juntos. Tinha apenas funcionalidade básica e foi projetado para coletar dados de telemetria e transmiti-los de volta à Terra.[15] Mas o satélite elevou as ambições nacionais da China, e em seu breve tempo de vida de vinte e oito dias transmitiu ininterruptamente a canção que lhe dava nome.[16]

O investimento da China no espaço e em outras tecnologias estratégicas ganhou impulso em março de 1986, quando quatro de seus altos cientistas de armas estratégicas escreveram a Deng Xiaoping.[17] A carta enfatizava que o desenvolvimento tecnológico era inerentemente associado à luta internacional por poder, advertindo que se a China permanecesse indiferente, ficaria para trás.[18] Deng levou apenas dois dias para decidir. "Deve ser tomada ação a respeito desse assunto imediatamente; ele não pode ser postergado", escreveu numa cópia do relatório.

Dois eventos na década de 1990 destacaram nitidamente o poder dos EUA no espaço e a vulnerabilidade da China. A primeira Guerra do Golfo ofereceu uma demonstração espetacular do GPS no campo de batalha.[19] Autoridades militares chinesas viram os Estados Unidos usando sua capacidade no espaço para acertar alvos, coletar informações e para as comunicações no campo de batalha.[20] "Os eventos desse conflito mostram que a guerra eletrônica já se tornou o meio primário de combate nas modernas campanhas conjuntas", um jornal militar chinês observou mais tarde. "A estreia oficial do espaço como campo de batalha é apenas uma questão de tempo."[21]

A vulnerabilidade da China ficou mais clara ainda durante a crise do estreito de Taiwan em 1996. A crise começara um ano antes, quando o presidente de Taiwan, Lee Teng-hui, apoiado pelo Congresso dos EUA, desafiou a pressão chinesa e fez um discurso na Universidade Cornell. Conforme a reeleição de Lee se aproximava, a China anunciou exercícios militares em larga escala e disparou três mísseis no Mar do Leste da China, a pouco mais de quinze quilômetros de uma base militar de Taiwan.

O primeiro míssil atingiu seu alvo, mas as forças armadas chinesas perderam o segundo e o terceiro. Anos mais tarde, um coronel chinês aposentado atribuiu a falha a um corte da cobertura de GPS por parte dos Estados Unidos. "Foi um grande vexame para o ELP [...] uma humilhação inesquecível. Então decidimos desenvolver nossa própria navegação global [por satélite] e sistema de posicionamento, por mais imenso que fosse seu custo", declarou ao *South China Morning Post* em 2009. "O Beidou é obrigatório para nós. Aprendemos isso do jeito mais difícil."[22]

Para melhorar sua capacidade com satélites, a China já vinha observando os Estados Unidos. Pequim solicitou a ajuda de companhias dos EUA, entre elas a Loral Space and Communications e a Hughes Electronics Corporation, para diagnosticar e solucionar uma série de falhas em lançamentos recentes. Suas recomendações melhoraram a confiabilidade dos foguetes Longa Marcha da China, segundo um relatório do Congresso divulgado em 1999.[23] O governo dos EUA multou as companhias, e o Congresso endureceu as restrições sobre as exportações de satélites para a China. Mas a China já adquirira peças-chave do quebra-cabeças dos satélites, como o design e melhorias no sistema de orientação.

A China lançou seu primeiro satélite Beidou em 2000, bem na hora em que as autoridades militares chinesas começavam a descrever o espaço como vital para travar a guerra em todos os outros domínios.[24] A China, é claro, continuou insistindo no fato de que o programa Beidou, e suas outras atividades no espaço, tinham fins pacíficos. Depois de se juntar ao projeto da União Europeia para a construção do Galileo, um sistema global de navegação por satélite anunciado em 2003, o Ministério do Exterior chinês declarou: "A China se dispõe a participar ativamente do desenvolvimento e aplicações futuras do sistema Galileo de acordo com os princípios de igualdade de benefício mútuo".[25]

O Galileo ofereceu um atalho que permitiu à China melhorar seu sistema Beidou.[26] Em seu arranjo com a União Europeia, expresso em doze contratos que até agora não foram disponibilizados ao público, a China recebeu a tarefa de fabricar e testar tecnologias relacionadas a interferência de sinais, posicionamento de satélites e receptores baseados em terra, entre outras funções. A participação deu aos cientistas chineses melhor acesso a seus colegas europeus, e a China foi capaz de comprar e fazer engenharia reversa em relógios atômicos, componentes vitais dos sistemas de navegação.

Ao mesmo tempo, a contribuição de 228 milhões de dólares da China ao programa foi gasta com companhias chinesas, que conservaram a propriedade do hardware e a propriedade intelectual.

A China concluiu a primeira fase do Beidou em 2007, lançando com sucesso seu quarto satélite, o número mínimo requerido para um sistema operar. O sistema cobria principalmente território chinês, e sua performance era em grande parte experimental. Mas com isso a China havia dado um grande salto. Tinha agora os ingredientes essenciais e mostrava ser capaz de combiná-los corretamente e colocar o produto final no espaço.

A partir de então, a China correu em direção à cobertura global. Ao final de 2012, o sistema Beidou tinha dezesseis satélites em órbita e abriu para uso comercial, atendendo a China e também países vizinhos da Ásia-Pacífico.[27] Em 2018, a China acrescentou outros dezoito satélites para alcançar cobertura global, lançando mais missões bem-sucedidas do que qualquer outro país – um feito pioneiro histórico para o programa espacial chinês.[28] "A partir de agora, não importa onde você esteja, o BDS estará sempre com você", proclamou um porta-voz do programa.[29]

Conforme avançava para concluir o sistema Beidou, a China combinava suas capacidades espaciais e cibernéticas com olhos voltados a vencer futuras guerras. No final de 2015, o ELP criou a Força Estratégica de Apoio, uma nova organização encarregada de integrar capacidades de guerra espaciais, cibernéticas e eletrônicas em operações militares.[30] Uma única organização era agora responsável pelo que os planejadores militares chineses chamam de "apoio de informações" e "domínio de informações", posicionando o ELP para operar durante um conflito e ao mesmo tempo ser capaz de paralisar os sistemas inimigos.[31] No ano seguinte, a China divulgou um livro branco que anunciava sua intenção de concluir uma "estrutura de espaço estável e confiável" por volta de 2021.[32]

Em alguns aspectos o sistema Beidou da China até supera o desempenho do GPS. É mais preciso que o GPS na região da Ásia-Pacífico, embora um pouco menos preciso globalmente.[33] Seus satélites ocupam menos planos orbitais, facilitando a manutenção, uma vantagem que decorre de terem aprendido com os sistemas que vieram antes.[34] O sistema também permite aos usuários enviar mensagens de texto curtas, e sua área de cobertura maior aumenta sua disponibilidade. Em 165 capitais, os satélites Beidou oferecem cobertura mais extensiva que o GPS, segundo investigação do *Nikkei Asia*.[35]

O ELP tem acesso a serviços ainda mais poderosos do Beidou, que oferecem uma precisão de localização de dez centímetros, e não perdeu tempo em utilizá-los. Em agosto de 2020, colocou sistemas de foguetes equipados com funcionalidade Beidou para as forças terrestres de seu Comando do Teatro do Leste, que supervisiona atividades no estreito de Taiwan.[36] Exercícios chineses naval-ar conjuntos no estreito de Taiwan no mês seguinte podem também ter testado as capacidades dos ativos militares propiciados pelo Beidou.[37] A humilhação dos eventos ocorridos um quarto de século antes não foi esquecida.

INCENTIVANDO DEPENDÊNCIA

A China, como tem feito em outras dimensões digitais – redes sem fio, dispositivos conectados e cabos submarinos –, passou de retardatária a líder em prover serviços de satélite, especialmente para mercados em desenvolvimento. Ela está posicionada de modo a beneficiar-se comercial, política e estrategicamente. Seus parceiros, enquanto isso, correm risco de ficar dependentes de Pequim.

Os parceiros da China querem ganhar acesso a capacidades avançadas de navegação, o que torna o Beidou uma ferramenta de barganha lucrativa. "A diferença de precisão pode ser crucial em ambientes bélicos, tornando a precisão de dez centímetros um fator muito importante para potenciais parceiros [Iniciativa Cinturão e Rota] com aspirações militares", explica Rob Miltersen, analista do Instituto de Estudos Aeroespaciais da China, da Força Aérea dos EUA.[38] O Paquistão foi o primeiro país a ter acesso às capacidades militares do Beidou, e a Arábia Saudita e o Irã assinaram acordos de cooperação.[39] No futuro, Pequim poderia também oferecer acesso ao Beidou como um bônus em transações de venda de armas.

A diplomacia de satélites da China é ainda mais intrigante, porque o país não tem nenhum aliado militar no sentido tradicional do termo. Diferentemente de Washington, que tem uma rede de relacionamentos formalizados em tratados, Pequim tem preferido cultivar parcerias. Durante suas visitas de Estado, a China emprega rótulos que impressionam, do rotineiro "parceiro" ao imponente "parceiro estratégico abrangente", com muitas variações entre ambos. No final de 2016, a China tinha vinte e quatro variedades de parcerias com setenta e oito países, isto é, quase metade dos países com os quais mantinha laços diplomáticos oficiais.[40] Mas esses arranjos são menos formais. A disposição de compartilhar os serviços militares restritos do Beidou sinalizaria laços mais profundos.

Ironicamente, o setor militar dos EUA às vezes também se beneficia do sistema Beidou. "Meus rapazes do U-2 voam agora com um relógio que se conecta ao GPS, mas também ao Beidou e ao sistema russo [GLONASS], bem como ao sistema europeu [Galileo], de modo que se alguém interferir no GPS, eles ainda têm os outros", disse em 2020 o general James Holmes, então chefe do Comando de Combate Aéreo dos EUA, referindo-se à aeronave U-2 de reconhecimento de alta altitude.[41] Os Estados Unidos obviamente têm acesso apenas às versões civis dos sistemas de posicionamento chinês e russo. A Garmin, uma companhia dos EUA, é quem fabrica os relógios, disponíveis ao público.

A China quer que mais pessoas no mundo tenham Beidou no pulso, no bolso e em seus carros. Há centenas de milhões de dispositivos que incluem funcionalidade Beidou, de telefones a equipamento agrícola. Naturalmente, o uso do Beidou é maior na China, onde mais de 70 por cento dos celulares são compatíveis com Beidou. Há 6,5 milhões de veículos usando Beidou, que a mídia estatal orgulhosamente anuncia como "o maior sistema de monitoramento dinâmico do mundo para operação de veículos". No conjunto, o setor de navegação por satélite da China faturou 64 bilhões de dólares em 2019.[42]

Quando a China exporta eletrônicos, cada vez mais exporta também o sistema Beidou. Marcas de ponta de celulares chineses, como Huawei, Xiaomi, Oppo e Vivo, têm o serviço Beidou como padrão. Em 2020, as quatro marcas venderam 42 por cento de todos os smartphones ao redor do mundo, com uma abrangência que se estende a pelo menos noventa países e territórios.[43] A DJI, que produz mais de 80 por cento dos drones comerciais do mundo, equipa seus produtos com funcionalidade Beidou.[44] Relógios, pulseiras fitness e outros "*wearables*" ["usáveis no corpo"] estão cada vez mais equipados com posicionamento por satélite, e os fabricantes chineses são fortes nessas áreas também. A projeção é que o mercado para dispositivos de navegação por satélite cresça até alcançar 360 bilhões de dólares por volta de 2029, quando haverá dez bilhões de receptores instalados ao redor do mundo.[45]

Na sua competição por uma fatia de mercado, os fornecedores estrangeiros incorporam o Beidou também em seus dispositivos. A Samsung oferece desde 2013 produtos que dão suporte à funcionalidade Beidou, enquanto o iPhone da Apple começou a fazê-lo em 2020.[46] As duas maiores indústrias automobilísticas do mundo, Volkswagen e Toyota, planejam incluir a funcionalidade Beidou em seus veículos. O custo de acrescentar o Beidou ao lado de outros sistemas é marginal, e ele se torna cada vez mais necessário para companhias que precisam competir dentro da China e numa região mais ampla. A região da Ásia-Pacífico, onde a cobertura Beidou é melhor, responde por mais da metade do mercado global de sistemas de navegação por satélite.[47]

A Geely, fabricante chinesa de veículos, está indo um passo além e planeja lançar sua própria constelação de satélites para prover dados para veículos autônomos. Tendo em vista os investimentos da Geely em várias marcas de carro estrangeiras, como Volvo, Daimler e Proton – uma fabricante da Malásia –, seus esforços em relação a satélites, se bem-sucedidos, podem ir bem além da China. A companhia produziu dois satélites experimentais e está construindo uma fábrica de 326 milhões de dólares que produzirá anualmente quinhentos satélites LEO menores até 2025. "Com nossos pés no chão, devemos sempre ter um olho no universo mais amplo", diz o fundador e presidente da companhia, Li Shufu.[48]

Muitas pessoas não sabem que seus dispositivos têm a possibilidade de usar serviços de navegação chineses. O Beidou trabalha com os sistemas existentes porque a China coordenou sua implantação com União Europeia, Rússia e Estados Unidos.[49] Ter acesso a vários serviços de navegação pode melhorar o desempenho, ao passo que a não coordenação pode interferir com outros sistemas. Uma pedra no sapato do programa Beidou da China é que muitos dispositivos se referem a todos esses serviços como padrão GPS, que é o nome do sistema americano. As autoridades chinesas têm proposto substituir o rótulo "sinal GPS" nos dispositivos por uma denominação mais geral: "Sinal de navegação por satélite".[50] Ao se juntar finalmente ao clube global de navegação, a China quer obter reconhecimento.

O reconhecimento que o Beidou recebe pode não ser o que a China tem em mente. Alguns comentaristas advertem que a China poderia usar sua rede para rastrear dispositivos habilitados para Beidou. No entanto, a maioria dos dispositivos tem apenas a capacidade de receber sinais, não de enviá-los ao sistema Beidou. Alguns dispositivos, particularmente aqueles com função busca-e-resgate, de fato incluem a capacidade de transmitir sinais ao Beidou. Essa capacidade é expressamente anunciada e usada para justificar um custo mais elevado do produto.

É improvável que a China oculte funções em dispositivos Beidou de massa. A maioria dos receptores de navegação por satélite custa menos de seis dólares.[51] Acrescentar a capacidade de transmitir sinais é consideravelmente mais caro, e alguém teria que pagar a conta. Usar a função "enviar" também consome energia, o que degradaria o desempenho do dispositivo. E custaria ainda mais disfarçar essa capacidade, pois isso tipicamente requer hardware físico adicional. E introduzir todas essas coisas no atacado também praticamente garantiria que alguém descobrisse a funcionalidade oculta.

Há maneiras bem mais fáceis de obter dados sobre localização. O método mais simples é comprá-los. Muitos usuários não sabem que seus dados de localização estão sendo registrados, embalados e vendidos.[52] Outros compartilham esses dados sabendo que estão fazendo isso, mas sem entender direito os riscos. O crescimento dos *wearables* cria mais oportunidades para coletar dados e gerar consequências não previstas. Em 2018, o setor militar dos EUA revisou suas políticas de tecnologia depois que o Strava, um app de fitness, divulgou um mapa de aquecimento global associado às atividades dos usuários.[53] Nathan Ruser, um universitário com vinte anos de idade na época, foi o primeiro a apontar que o mapa indicava a localização de bases militares sigilosas dos EUA.[54]

A China também usa a rede Beidou para fortalecer parcerias científicas, aprofundar laços políticos e comercializar produtos. Em 2018, a China e a Liga Árabe estabeleceram um centro na Tunísia para promover o uso de Beidou. "O centro serve não só como vitrine para mostrar o BDS, mas como plataforma para promover intercâmbios e cooperação internacionais", declarou o diretor da Agência de Navegação por Satélite da China. O centro faz arranjos para pesquisa conjunta, atividades de testagem e oficinas, que destacam os benefícios do Beidou e dos produtos chineses que o utilizam.[55] A China concede bolsas a estudantes árabes que pesquisam sistemas de navegação, o que eleva suas perspectivas assim como as do Beidou.

O Fórum de Cooperação Beidou China-Estados Árabes oferece outro patamar para as companhias chinesas venderem seus produtos. Além de palestras e exposição de produtos, esses encontros incluem "treinadores" que demonstram as mais recentes aplicações do Beidou em segurança, transportes e agricultura.[56] Em 2019, o fórum divulgou os resultados de um teste técnico a respeito do sistema Beidou, que usou estações terrestres construídas por companhias chinesas.[57] Como seria de esperar, declarou que o sistema era um retumbante sucesso.

A infraestrutura terrestre do sistema Beidou recebe menos atenção que seus satélites, mas tem se expandido silenciosamente em todos os continentes, chegando até o Ártico. A China construiu trinta estações globais de referência, o que melhora a precisão do sistema. É tecnicamente possível que essa infraestrutura terrestre possa ser usada também em atividades maliciosas, como interferir em sinais inimigos.[58] Os Estados Unidos não permitiram a presença de estações Beidou em seu território, e tampouco de estações GLONASS da Rússia.[59] Mas nem todos os aliados dos EUA têm essa cautela. A Austrália abriga duas estações, enquanto o Canadá e o Reino Unido, uma estação cada.[60]

A presença terrestre do Beidou é ainda mais forte no âmbito da Iniciativa Cinturão e Rota da China. Brasil, Paquistão, Nigéria, Rússia e Sri Lanka participam do Cinturão e Rota e hospedam estações globais de referência. A China tem mostrado intenção de construir uma rede mais ampla de estações terrestres menores, incluindo mil no Sudeste Asiático, e vem prestando extensivo auxílio à Tailândia.[61] Autoridades sugerem até a construção de um "Corredor de Informação Espacial Cinturão e Rota", que integre sensores remotos, navegação e satélites de comunicações – uma meta ambiciosa e indefinida que eles imaginam que levará uma década para ser alcançada.[62]

Existe uma lógica consistente em acrescentar essas capacidades ao longo do Cinturão e Rota. As companhias chinesas estão ocupadas construindo redes de comunicações, oleodutos e centrais elétricas em países estrangeiros, e todos esses sistemas dependem de sincronização precisa. "Isso significa que o Beidou terá um papel não apenas para avaliar e planejar locais cruciais para construção, mas também para a operação básica de boa parte da infraestrutura depois que estiver concluída", explica Dean Cheng, especialista em capacidades militares e espaciais da China.[63] De modo similar, já que os países se voltam para a China para esses sistemas completos, podem achar tentador escolher fornecedores chineses para obter tecnologia relacionada. Compre uma rede 5G da Huawei, por exemplo, e você poderá se beneficiar de um sistema de satélites chinês que se integre mais facilmente a ela.

A experiência dos Estados Unidos com o GPS sugere que a China poderia também ganhar imensamente com uma adoção ampla do Beidou. Desde que o GPS foi disponibilizado para uso comercial na década de 1980, ele contribuiu com 1,4 trilhão de dólares para o setor privado dos EUA, segundo estudo patrocinado pelo governo.[64] A tecnologia está incorporada de modo tão disseminado ao cotidiano que, segundo esse mesmo estudo, perder acesso ao GPS custaria à economia dos EUA 1 bilhão de dólares por dia. Esse custo poderia ser ainda mais elevado, chegando até 1,5 bilhão de dólares por dia, se o acesso fosse perdido durante a estação de plantio dos agricultores americanos. Tudo isso ressalta o quanto as economias modernas dependem dos sistemas de navegação por satélite.

À medida que o sistema Beidou da China vai sendo implantado, as apostas aumentam. Novas tecnologias estão emergindo e elas dependem muito de precisão de sincronização e posicionamento. O Beidou poderia chegar a atender cidades inteligentes, veículos autônomos e redes avançadas de comunicações ao redor do mundo. A China se posiciona para obter ganhos comercialmente, assim como as companhias dos EUA se beneficiaram do GPS. Mas à medida que uma infraestrutura mais crucial passa a depender do Beidou, a China pode também ganhar em alavancagem coercitiva sobre seus parceiros. Pode ameaçar cortar o acesso, ou fazer isso sem avisar na eventual eclosão de um conflito, invertendo os papéis em relação à sua experiência na crise do estreito de Taiwan de 1996. Ficar independente do GPS foi apenas o primeiro passo. Pequim quer que o mundo dependa do Beidou.

"ESSE PASSO OUSADO E ESTRATÉGICO"

A China também está abrindo um nicho como provedora favorita de países em desenvolvimento que querem ter os próprios satélites de comunicação.[65] Por cerca de 250 milhões de dólares, dos quais apenas uma parte é exigida antecipadamente, países conseguem adquirir seu satélite de comunicações. A China oferece ainda um financiamento generoso, que costuma cobrir até 85 por cento do custo, por meio do Banco de Exportação-Importação e do Banco de Desenvolvimento da China. O financiamento para satélite leva em geral seis meses ou mais para sair depois que o contrato inicial é assinado, mas a China paga já na assinatura. Junto com o satélite, a China também provê estações terrestres, testagem, treinamento e apoio às operações.

O kit inicial da China para países com ambições espaciais tem um forte apelo – e riscos amplamente ignorados. Todo líder acaba fazendo o mesmo papel do presidente John F. Kennedy, no sentido de atiçar a imaginação dos cidadãos quanto a tentar alcançar as estrelas, mesmo que seja a China que faça o serviço pesado. O orgulho nacional é evidente até nos nomes dos satélites. A Venezuela deu ao seu satélite de fabricação chinesa o nome de "Simón Bolívar". A Bolívia chamou o seu de "Tupac Katari", líder indígena do século XVIII. No início de 2021, pelo menos nove países haviam comprado ou estavam no processo de adquirir satélites de comunicações da China, que segue os passos de companhias dos EUA e Europa, que vendem satélites há décadas.[66]

O modelo mais popular da China é o DFH-4, um mastodonte que pesa como um elefante e tem painéis solares que se estendem por trinta metros.[67] Ele é geoestacionário, isto é, a velocidade de sua órbita coincide com a da rotação da Terra, portanto parece pairar acima de um ponto. Para evitar restrições de exportação, é manufaturado sem componentes dos EUA.

Todas as vendas de satélites da China ao exterior são feitas por meio da China Great Wall Industry Corporation, que autoridades dos EUA têm rotulado de "proliferadora em série", por compartilhar tecnologia militar.[68] Fundada em 1980, a companhia é uma subsidiária de um conglomerado estatal do setor de defesa, a Corporação de Ciência e Tecnologia Aeroespacial da China [China Aerospace Science and Technology Corporation, CASC] e foi sancionada por exportar ao Paquistão na década de 1990 e ao Irã na década de 2000.[69] Além de vender satélites e capacidade para satélites, a China Great Wall oferece serviços de lançamento, atraindo clientes que já têm seu hardware e procuram pegar uma carona. À medida que crescia, a companhia gerou a própria rede de subsidiárias, que incluem hotéis e empresas imobiliárias. A Great Wall na realidade não constrói nada e age como uma espécie de companhia comercial, extraindo rendas da CASC e aumentando a ineficiência da abordagem estatal da China.

Muitos dos clientes da China têm enfrentado dificuldades. O custo do satélite, afinal, é apenas uma parte da criação de uma companhia de satélite, que abrange engenharia, marketing e serviços ao cliente, além da construção de infraestrutura terrestre em locais remotos. Depois de se juntarem ao clube de elite de operadores de satélites, esses novos membros precisam competir com outros que têm melhores recursos e maior experiência. E a demanda por largura de banda tampouco é ilimitada. Na Ásia – e cada vez mais ao redor do mundo – a abundância de novos estreantes no mercado de satélites supera a demanda por acesso a largura de banda, especialmente porque satélites de alto rendimento estão em melhor posição para ampliar sua capacidade.[70]

Os resultados com frequência são desalentadores. Como explica Blaine Curcio, destacado especialista em companhias aeroespaciais chinesas e fundador da Orbital Gateway Consulting, "Embora um país possa sentir orgulho nacional ao ver um foguete com sua bandeira sendo lançado no espaço, o orgulho vem tendo vida curta, já que muitos satélites mais antigos acabaram custando ao país mais dinheiro do que o que trouxeram em benefícios".[71]

A Nigéria se tornou o primeiro cliente estrangeiro de satélite da China em 2004. Seu satélite, o primeiro da África, trouxe prestígio a ambas as partes. "Esse passo ousado e estratégico no desenvolvimento de uma infraestrutura essencial de ICT irá mudar para sempre o destino não só da Nigéria, mas de toda a África",[72] previu Robert Boroffice, diretor da agência espacial da Nigéria.

A missão de Boroffice era ambiciosa. Como ele explicou, "A principal meta do projeto NigComSat-1 é prover uma colaboração crucial e inovadora para a construção de capacidade e para desenvolver tecnologia de satélites que propicie uma transformação quântica das telecomunicações e do setor de comunicação e de banda larga na África, e que, ao mesmo tempo, crie novas oportunidades e plataformas desafiadoras para negócios em regiões rurais e remotas por meio do acesso a informações estratégicas na nova ordem econômica mundial".[73]

Todos esses objetivos eram nobres, mas havia uma tensão entre eles. Se a meta principal do projeto era desenvolver as capacidades técnicas nativas da Nigéria, seu desempenho comercial deveria ter sido preocupação secundária. Se a meta principal do projeto era transformar o setor, o desempenho comercial e a lucratividade deveriam ter sido prioritários. Se a meta principal era expandir o acesso rural e remoto, o treinamento técnico e o desempenho comercial deveriam ter ficado em segundo plano em relação a contar com condições para adquirir esse acesso. Ao vincular todas essas metas a um único satélite, a Nigéria estava preparando o caminho para se decepcionar.

Os problemas ficaram evidentes bem antes do lançamento. Quando a Nigéria anunciou a abertura da licitação em 2004, vinte e uma companhias mostraram interesse, mas a concorrência logo se reduziu. Empresas israelenses e russas supostamente não tinham capacidade para atender aos requisitos do projeto, e as companhias dos EUA e da Europa irritaram as autoridades nigerianas por questionarem suas especificações. "Um alto representante dessa companhia veio nos visitar e foi arrogante, dizendo o que nós precisávamos e afirmando que não queríamos o que dizíamos querer [nossa requisição de propostas]", relatou Boroffice à *SpaceNews*. "Eu disse que esperava que ele fizesse duas perguntas que não havia feito, e então decidi fazê-las eu mesmo: Você está vendo gente morando em árvores aqui? Está vendo leões ou hienas andando pelas ruas? Aquela empresa não estava nos levando a sério".[74]

A China Great Wall foi a única companhia que apresentou uma proposta dentro do prazo. Tendo investido pesado no desenvolvimento do DFH-4, que ainda não havia sido lançado, estava ansiosa para demonstrar o satélite e entrar em mercados externos.

Apesar de ter em mãos apenas uma alternativa não testada, a Nigéria foi em frente. No final de 2004, fechou um negócio de 311 milhões de dólares que incluía o satélite e seu lançamento, além de treinamento, seguro e opções para um futuro satélite.[75] Mas a Nigéria só precisaria arcar com cerca de um terço desse custo. Em 2006, dias antes de se tornar o primeiro país africano a entrar em "parceria estratégica" com a China, a Nigéria recebeu um crédito de 200 milhões de dólares do Banco de Exportação-Importação da China para o projeto.[76]

Enquanto a Nigéria aguardava a entrega, a China lançou seu primeiro satélite DFH-4. A Sinosat, outra subsidiária da CASC, comprou o satélite para prover serviços de TV digitais e de transmissão ao vivo. Essa missão inaugural teve a intenção de demonstrar o DFH-4 a um público internacional. O satélite conseguiu entrar em órbita, mas seus painéis solares e antena não funcionaram. Morreu antes de desabrochar.

O satélite da Nigéria foi apenas um pouco melhor. Em maio de 2007, foi lançado de Xichang, e ambas as partes declararam que a operação havia sido um sucesso. O presidente nigeriano Olusegun Obasanjo exaltou o lançamento como "o melhor presente" que ele e o povo nigeriano poderiam ter recebido.[77] Uma autoridade chinesa declarou: "Esse satélite representa a consistente missão de meu país em direção a um uso pacífico do espaço sideral para o benefício da humanidade".[78] Um ano mais tarde, porém, os painéis solares do satélite apresentaram falhas, e ele começou a perder potência. Projetado para durar quinze anos, durou apenas um ano e meio.

Em vez de saltar fora do projeto, a Nigéria dobrou a aposta. A seguradora chinesa cobriu a perda e a Nigéria entrou em novo contrato com a China Great Wall para um satélite substituto, que foi lançado em 2011. O satélite substituto foi bem-sucedido, mas a companhia nigeriana responsável por sua gestão, a NIGCOMSAT, continua sem dar lucro e inchada de funcionários de nível médio.[79] A China Great Wall interveio, segundo especialistas do setor, para tentar ajudar a NIGCOMSAT a vender capacidade de satélite e conseguir com isso receber pagamento pelo primeiro satélite e quem sabe justificar ter vendido o segundo.[80]

O apoio político, porém, tomou novo rumo. Em junho de 2020, o Congresso nigeriano ordenou uma auditoria na companhia. "Há pouco ou nada a mostrar em relação a esses imensos investimentos", destacou Ndudi Elumelu, o líder da minoria. Ele apontou irregularidades nas compras, gastos não autorizados e supostas propinas. Dois meses mais tarde, uma comissão do Congresso abriu uma investigação sobre os negócios que financiaram o lançamento do satélite substituto, que incluíram 500 milhões de dólares em empréstimos chineses.[81]

O incerto caminho da Nigéria rumo à privatização poderia aproximá-la ainda mais da China. Em 2018, a China Great Wall e a Nigéria anunciaram um negócio de 550 milhões de dólares envolvendo dois satélites.[82] Segundo o contrato original, a Nigéria comprometia-se a assumir 15 por cento dos custos totais, com a China provendo o resto do financiamento. Mas quando esse arranjo tornou-se insustentável, a China Great Wall ofereceu prover os satélites em troca de uma participação acionária na NIGCOMSAT, segundo Adebayo Shittu, ministro das comunicações da Nigéria na época.

O negócio permanece envolto em mistério. Ainda precisa ser finalizado, e desde que Shittu deixou o cargo em 2019 houve pouca menção a essa oferta de participação. Talvez a oferta não tenha se efetivado, e tenha sido anunciada apenas com propósitos políticos domésticos. Mas mesmo essa possibilidade é intrigante. Ela implica que a elite governante nigeriana acredita que os cidadãos do país ficam mais entusiasmados com o anúncio de um segundo satélite do que preocupados com a participação acionária chinesa em uma companhia tão claramente ligada à segurança nacional. Esse cálculo político sugere uma vez mais que o medo por si só não irá deter a Rota da Seda Digital da China nos mercados emergentes.

A China, ao se propor como centro de uma emergente rede de satélites posiciona-se para ganhar comercial e politicamente fazendo o papel de casamenteira entre seus parceiros. Depois de comprar um satélite DFH-4 da China, a Bielorrússia procurava um parceiro para prover os serviços de monitoramento do satélite.[83] A China Great Wall supervisionou o processo de licitação, vencido pela Nigéria, e recepcionou autoridades nigerianas para o lançamento do satélite bielorrusso em 2016. A China também manteve uma aposta no satélite, por meio da China Satcom, como proprietária de vários *transponders* do satélite para prover cobertura na África, Oriente Médio e sul da Europa.[84] No ano seguinte, a Nigéria e a Bielorrússia expandiram sua cooperação com um acordo para prover serviços recíprocos de backup de satélite. Representantes da China Great Wall compareceram à cerimônia de assinatura.[85] Os investimentos que a China já fez na participação acionária em operadoras estrangeiras de satélite, embora até o momento sejam limitados, têm também uma dimensão estratégica. O Laos, país com 7,5 milhões de pessoas e renda média anual de 2.570 dólares, dá a impressão de ter necessidades mais prementes do que adquirir seu próprio satélite. Mas, em 2015, a China entregou à nação seu primeiro e único satélite de comunicações. "O lançamento do satélite pela China é um presente especial ao Laos para marcar o 40º aniversário [do nosso país]", declarou Hiem Phommachanh, o ministro dos Correios e Telecomunicações do Laos.[86] O líder chinês Xi Jinping referiu-se ao satélite como "uma significativa manifestação da abrangente parceria de cooperação estratégica China-Laos sob novas circunstâncias".

Mas essas circunstâncias são menos uma parceria do que um jogo de monopólio, no qual o Laos entra como perdedor. A dívida do Laos, por ter feito grandes empréstimos para outros projetos de infraestrutura, está perigosamente alta, e a China é de longe seu maior credor. Os 259 milhões de dólares do satélite de comunicações somaram-se a essas obrigações. Essencialmente, a China foi ao mesmo tempo vendedora e compradora, e posicionou-se como acionista majoritária do satélite. Isso reduziu drasticamente os custos iniciais para o Laos, mas ao preço de fazer o país perder o controle de seu próprio satélite.

Ao cooptar o Laos, a China ganhou acesso a um recurso raro: um ponto para estacionar outro satélite geoestacionário. A International

Telecommunication Union (ITU), órgão da ONU, é quem designa esses pontos, chamados de slots orbitais, com base em ordem de chegada, portanto a concorrência é acirrada. Os países lidam com esse sistema solicitando mais recursos orbitais do que precisam. Como resultado, nem todos os slots são ocupados por um satélite em órbita, mas todos foram solicitados por meio dos chamados "satélites no papel".[87] Ao trabalhar com e por meio do Laos, a China ganhou acesso a um slot adicional.[88]

Nigéria e Laos não são os únicos países que podem estar se arrependendo de fazer negócios com a China Great Wall. O primeiro e único satélite de comunicações da Venezuela cessou de operar em março de 2020, quatro anos antes do previsto.[89] No mês seguinte, o satélite da Indonésia não conseguiu ser posto em órbita, pois o foguete Longa Marcha 3B que o carregava explodiu. O satélite estava assegurado, mas sua falha foi embaraçosa. Apesar dessas decepções públicas, a China escapou, em grande parte, de receber críticas abertas de seus parceiros, que talvez queiram evitar prejudicar outras oportunidades econômicas.

A preferência da China por negócios não transparentes aumenta o custo social de seus satélites. Em 2012, a China lançou o primeiro satélite do Sri Lanka em meio a questões sobre sua real propriedade. Uma companhia do Sri Lanka, a SupremeSAT, alugou parte do satélite fabricado na China, declarou que o aluguel era um investimento e participação acionária e tentou nomear o satélite como "SupremeSAT-1", dando a impressão de ser sua proprietária. Depois de falhar em receber aprovação estatal para os recursos financeiros, a companhia pode ter desviado fundos destinados ao setor elétrico do país com a ajuda de Rohitha Rajapaksa, filho do então presidente Mahinda Rajapaksa.[90] Com financiamento chinês e assistência técnica da China Great Wall, o Sri Lanka construiu também um centro de controle de satélites e fundou uma academia do espaço – projetos vistosos que custaram pelo menos 20 milhões de dólares.

De todo modo, o apelo político das ofertas de satélite da China continua forte, ainda mais pelo fato de a China se dispor a vender a quem quer que se interesse e de manter os detalhes secretos. Camboja, República Democrática do Congo e Nicarágua fizeram negócios, e o Afeganistão demonstrou interesse.[91] Com todos esses países enfrentando sérios desafios financeiros, os cronogramas de seus projetos de satélite sofrem repetidos atrasos, e alguns deles podem não alcançar as estrelas por um bom tempo. Enquanto isso, os clientes atuais da China, como Nigéria, Paquistão e Brasil, planejam adquirir mais satélites.[92] Mesmo que tais programas acarretem perdas, a sua expansão é politicamente mais conveniente do que evitá-las.

À medida que os satélites geoestacionários de comunicações se tornem mais sofisticados e menos caros, o kit inicial da China poderá encontrar mais compradores.[93] Satélites de alto rendimento, que usam múltiplos acessos e reutilizam espectro, prometem reduzir drasticamente os custos da transferência de dados.[94] No final de 2017, a China colocou na Argélia seu primeiro satélite comercial internacional bem-sucedido que emprega essa tecnologia.[95] No futuro, tais avanços podem prover os países com largura de banda significativamente maior que a dos satélites geoestacionários mais antigos, e mais ou menos pelo mesmo custo. Mas podem também enfrentar concorrência de novas tecnologias em altitudes mais baixas.

"RECONSTRUIR A INTERNET NO ESPAÇO"

A próxima geração de satélites de comunicação irá voar ainda mais perto de casa e pode provocar uma reviravolta na corrida pela conectividade global. No início de 2021, havia cerca de 1.800 satélites de comunicações em operação, que coletivamente transportavam apenas 1 por cento dos dados internacionais. Mas o espaço está prestes a ficar bem mais povoado, à medida que os maiores nomes da tecnologia concorrem para levar internet por satélite às massas.

Ao longo da próxima década, dezenas de milhares de satélites de comunicações poderão ser lançados, a maior parte na órbita baixa da Terra, ou LEO, entre 500 e 2 mil quilômetros de altitude. As companhias por trás desses esforços competem para prover globalmente uma internet de baixa latência e alta velocidade. As vencedoras poderão ganhar fortunas conectando usuários e transportando incalculáveis quantidades de dados.

A SpaceX de Elon Musk está construindo a maior de todas as constelações. Chamada Starlink, a constelação emprega satélites de

220 quilos, cada um do tamanho de uma mesa de escritório. A Starlink lançou sua primeira leva de satélites em 2019, planeja ter perto de 12 mil satélites operando em meados de 2027 e quer lançar outros 30 mil depois disso. "A longo prazo, seria como reconstruir a internet no espaço", explica Musk.[96]

Essas megaconstelações podem inaugurar o próximo capítulo da conectividade global.[97] Seu impacto provavelmente será sentido primeiro nos mercados rurais das economias desenvolvidas, mas eventualmente elas expandirão o acesso à banda larga também aos mercados em desenvolvimento e emergentes. As companhias na vanguarda desses esforços são quase todas dos EUA e da Europa. Elas enfrentam grandes obstáculos técnicos e comerciais, mas, se forem bem-sucedidas, podem captar boa parte dos mais promissores mercados em crescimento da China.

Mais baixo quer dizer mais rápido. Com menor distância a percorrer e menos interferências, os sinais dos satélites LEO entregam comunicações mais rapidamente que seus irmãos geoestacionários das altitudes mais elevadas. Mas os satélites LEO também se movem em velocidade maior que a da rotação da Terra. Por isso têm que ser lançados em grande quantidade para prover cobertura a uma única área. Uma constelação LEO é como uma equipe de revezamento. Cada satélite oferece cobertura durante cerca de cinco minutos e então passa o bastão para o satélite que entra em seguida na área de cobertura.[98]

Utilizando links intersatélites, isto é, lasers que enviam informações de um satélite a outro, os satélites LEO podem ter desempenho até superior ao das redes terrestres.[99] No vácuo do espaço sideral, os dados viajam mais rápido do que pelos cabos terrestres de fibra óptica. Links intersatélite na realidade transformam as constelações de satélites em redes *mesh*, potencialmente mais resilientes, menos dependentes de sistemas terrestres e capazes de levar internet a algumas das localidades mais remotas da Terra.[100]

Nações que controlam constelações LEO podem desfrutar de várias vantagens estratégicas. Os satélites LEO são mais baratos de substituir, e a falha de um ou mesmo de um punhado deles não impede que o resto da rede continue operando. Os sinais são mais resistentes a interferências em baixas altitudes, portanto os satélites LEO podem também servir como backup de satélites geoestacionários de navegação global. Os futuros sistemas LEO irão prover serviços de posicionamento mais precisos, assim como maiores capacidades de alerta precoce, e são capazes de detectar até armas hipersônicas, que os sistemas geoestacionários mais antigos às vezes não conseguem detectar.

O setor militar dos EUA já faz experimentos com satélites LEO.[101] Entre outros esforços, o Pentágono recorreu à Starlink na decisão do governo de desenvolver um sistema global seguro e resiliente de comunicações e controle que conecte ativos de terra, mar, ar e espaço.[102] A Força Aérea dos EUA já testou conexões Starlink usando aeronaves de ataque e reabastecimento. "O que andei vendo da Starlink tem sido impressionante e positivo", declarou o chefe de aquisições da Força Aérea, William Roper, a repórteres em 2020, após um exercício de fogo real usando esses satélites.[103]

Para consumidores, os principais argumentos de vendas são a disponibilidade e a velocidade. Em longas distâncias, os satélites LEO reduzem o número de "pulos" entre sistemas. Musk gosta de dar o exemplo de dados viajando de Seattle, onde a SpaceX estabeleceu seu segundo escritório, à África do Sul, onde ele cresceu. Sem satélites, os dados transitariam por um cabo submarino, acompanhariam o contorno de vários continentes e poderiam passar por vinte roteadores e repetidoras nesse seu percurso. Usar a Starlink pode reduzir essa cadeia a três ou quatro pulos, diz Musk.[104]

O exemplo de Musk é essencialmente prático, ao contrário da distância entre Seattle e a África do Sul – são localidades a mais de 16 mil quilômetros uma da outra. Para viagens mais curtas, como de Los Angeles ao Rio de Janeiro, de cerca de 6 mil quilômetros, a Starlink apresentará uma vantagem menor. Ele contará com "pontos de contato" [*tipping points*] a certas distâncias – aproximadamente 3 mil quilômetros –, e abaixo disso a Starlink e outras constelações LEO serão mais lentas que seus equivalentes terrestres.[105] As constelações LEO podem ajudar a reduzir a desigualdade digital, e muitas operadoras afirmam estar promovendo um bem social mais amplo. "A informação do mundo não deveria ser acessível a todos?", pergunta a OneWeb, que desenvolve sua própria constelação LEO. "Como cidadão global, estamos numa missão de fechar a lacuna de conectividade, e isso inclui não deixar de lado aqueles que vivem nas regiões mais remotas e rurais do mundo", diz um alto representante da Intelsat, outra provedora.[106]

A Amazon e o Facebook têm divulgado poucos detalhes sobre seus planos para os satélites LEO, mas parecem ter em mente benefícios sociais mais amplos. O fundador da Amazon, Jeff Bezos, anunciou um investimento de 10 bilhões de dólares no Projeto Kuiper, que talvez chegue a 3.200 satélites, segundo informações que a companhia forneceu à FCC. Para a Amazon, o projeto "tem feito significativos progressos em direção à nossa meta de atender dezenas de milhões de pessoas que carecem de acesso básico a uma internet de banda larga" e está sendo liderado por uma "equipe diversificada, de alto nível, com especialistas que têm paixão por reduzir a desigualdade digital".[107]

O Facebook é ainda mais sigiloso. Seu projeto de satélite, com o codinome Athena, é gerido por uma subsidiária chamada PointView LLC, segundo investigação da *Wired*. A inscrição da companhia na FCC observa que ela visa "prover de maneira eficiente acesso a banda larga em áreas não atendidas ou que estão mal atendidas ao redor do mundo".[108] A Athena está experimentando com a banda E e visa prover velocidades ainda mais rápidas, de até 10 Gbps para downloads e 30 Gbps para uploads.[109] O Facebook também experimentou com drones gigantes alimentados por energia solar, mas concluiu que a manufatura de aeronaves envolve custos excessivos.[110]

Por uma década, o Google partiu para o céu com o Projeto Loon. "Tínhamos a impressão de que balões voando livremente ao vento poderiam exigir controle apenas o suficiente para atuarem como torres de celular flutuantes no céu", relembra Astro Teller, o chefe do Google X, frequentemente chamado de "*moonshot factory*" da companhia [algo como, "fábrica de projetos inéditos e extravagantes"].[111] Os balões do Google voavam na estratosfera, entre 50 mil e 70 mil pés, utilizando bombas movidas a energia solar para inflá-los e desinflá-los automaticamente. Cada balão custou dezenas de milhares de dólares e fornecia velocidades de largura de banda similares às das redes 4G/LTE.[112]

A tecnologia foi sendo aprimorada ao longo dos anos, à medida que os balões do Google registravam mais de um milhão de horas de voo e viajavam distância suficiente para fazer cem viagens à Lua.[113] Os dados atmosféricos que o Google coletou permitiram que os balões otimizassem suas rotas de viagem, e com isso era possível que menos balões cobrissem mais território por períodos de tempo mais extensos e chegassem aos seus destinos mais rapidamente. Em 2017, o Projeto Loon forneceu comunicações a Puerto Rico na esteira do Furacão Maria, mostrando seu valor para esforços humanitários em situações de emergência.

Os maiores desafios do Loon eram menos técnicos do que políticos e comerciais. Alguns países tinham receio de que os balões pudessem se tornar uma rede de vigilância flutuante do governo dos EUA, enquanto outros países queriam blindar companhias locais da concorrência estrangeira. Autoridades indianas bloquearam o Projeto Loon afirmando que ele poderia interferir nos serviços de celular. Em 2020, o Quênia tornou-se o primeiro país a usar equipamento do Projeto Loon em situações não emergenciais.[114] Detalhes a respeito do contrato continuam sigilosos, apesar de os executivos do Google terem dado indícios a certa altura de que poderiam eventualmente cobrar muito barato, em torno de cinco dólares por mês, pelo serviço.[115]

Mas em janeiro de 2021, o CEO da Loon, Alastair Westgarth, anunciou que o empreendimento estava sendo desativado. "Conversamos muito a respeito de conectar o *próximo* bilhão de usuários, mas a realidade é que o Loon tem se debatido com o problema mais difícil de todos na questão da conectividade – o *último* bilhão de usuários: As comunidades de áreas extremamente difíceis de alcançar ou muito remotas, ou de áreas em que entregar serviço com as tecnologias existentes é simplesmente caro demais para as pessoas comuns", explicou ele.[116] O Loon descobriu que muitas das pessoas que pretendia conectar não tinham condições de adquirir telefones 4G ou não viam valor suficiente em se conectar à internet. "Embora tenhamos encontrado ao longo do caminho vários parceiros dispostos, não conseguimos achar uma maneira de baixar os custos o suficiente para poder construir um negócio de longo prazo sustentável", admitiu Westgarth.[117]

Musk não faz segredo nenhum de que a meta maior da Starlink é o lucro, e que prover comunicações por satélite é apenas um meio de alcançar esse fim. O mercado-alvo da Starlink são "os três ou quatro por cento de clientes que as telecoms têm mais dificuldade para alcançar, ou aquelas pessoas que simplesmente não têm conectividade nesse momento, ou que contam com uma conectividade efetivamente ruim", diz ele. Embora muitos detalhes ainda estejam sendo elaborados, os primeiros sinais sugerem que a Starlink não será barata. No início de 2021, usuários beta estavam pagando 499 dólares por um terminal de usuário e 99 dólares por mês pelos serviços. O custo real de um terminal de usuário poderia chegar perto de 2.400 dólares, o que significa que a Starlink está entrando com um forte subsídio.[118] Embora os custos possam cair à medida que aumentem as quantidades produzidas e os processos de manufatura forem melhorados, sem um apoio financeiro considerável esses terminais provavelmente ficarão fora do alcance de muitos dos possíveis usuários de internet ao redor do mundo.

Musk tem uma meta social maior, mas ela é extraterrestre. Sua meta de longo prazo não é conectar a Terra, mas colonizar Marte. "O propósito mais abrangente da SpaceX é na realidade ajudar a tornar a vida multiplanetária", diz ele.[119]

"O que é necessário para criar uma cidade em Marte? Bem, uma coisa com certeza é necessária: um monte de dinheiro. Assim, precisamos de coisas que possam gerar muito dinheiro."[120] O negócio de lançamento da SpaceX está projetado para faturar cerca de 3 bilhões de dólares por ano, segundo estimativa de Musk, enquanto a Starlink poderia faturar 30 bilhões por ano atendendo a apenas 3 a 4 por cento do mercado.[121]

Até os termos de serviço da Starlink foram redigidos com ambições interplanetárias. "Para serviços fornecidos em Marte, ou em trânsito para Marte via Starship ou outra espaçonave de colonização, as partes reconhecem Marte como um planeta livre, e que nenhum governo baseado na Terra tem autoridade ou soberania sobre atividades marcianas", observa o contrato do usuário. "Portanto, de acordo com isso, as questões serão resolvidas por meio de princípios de autogoverno, estabelecidos de boa-fé, na época da colonização marciana."[122] Enquanto isso, os serviços fornecidos a nós aqui na Terra seguirão as leis da Califórnia.

Musk sabe que outros antes dele falharam. Na década de 1990, várias companhias tentaram montar grandes constelações de LEO. "Adivinhe quantas constelações de LEO não faliram? Zero", explicou

Musk em 2020. "A Iridium está indo bem agora, mas a Iridium One faliu. A Orbcomm faliu. A Globalstar? Falência. A Teledesic? Falência... Há um punhado de outros que não foram muito longe e também acabaram falindo". Conseguir "não falir", afirma Musk, já seria um "grande passo".[123]

Mais recentemente, outras companhias também faliram. No final de 2019, a LeoSat, uma empresa que planejara lançar até 108 satélites LEO, fechou depois que seus investidores recuaram.[124] Em 2020, tanto a OneWeb quanto a Intelsat pediram falência e reemergiram com novas estruturas societárias. A OneWeb foi leiloada para o governo do Reino Unido e para a Bharti, uma empresa indiana. No final de 2020, o Reino Unido, por ter saído da União Europeia, perdeu o acesso aos serviços avançados do Galileo, incluindo os destinados ao setor militar. Talvez tenha interesse em usar a constelação OneWeb para prover serviços de posicionamento global no futuro.

Para evitar o destino de Ícaro, as companhias de satélites LEO terão que cortar drasticamente os custos.[125] Uma razão para otimismo é que os custos para construção e lançamento de satélites estão caindo. Um único míssil SpaceX Falcon 9 pode colocar sessenta satélites Starlink em órbita. Após o lançamento, a SpaceX tem como resgatar e reutilizar o primeiro estágio do míssil, e está testando maneiras de resgatar também o cone frontal.

O entusiasmo a respeito de satélites tende a enfatizar mais os lançamentos do que os desenvolvimentos igualmente cruciais em terra.[126] Para operar a pleno vapor, a Starlink poderia precisar de até 120 estações terrestres, mais que o Telesat e a OneWeb juntos, segundo um estudo do MIT.[127] Essas estações terrestres seriam equipadas com cerca de 3.500 antenas gateway, e cada uma custaria algo em torno de 1 milhão a 4 milhões de dólares.[128] As operadoras também têm que oferecer terminais de usuário a preços acessíveis, para a recepção dos sinais. O terminal de 499 dólares da Starlink, como observado antes, é fortemente subsidiado.

Tudo isso vai se somando. O custo de implantar uma grande constelação LEO pode ir de 5 a 10 bilhões de dólares, e os custos operacionais de 1 a 2 bilhões de dólares por ano. A Starlink precisaria gastar 33 bilhões de dólares até começar a dar lucro em 2031, segundo projeção da Morgan Stanley.[129] Mas o mesmo estudo estima que a Starlink terá mais de 360 milhões de assinantes em 2040, quando sua receita alcançará 90 bilhões de dólares por ano. Um horizonte tão estendido é inerentemente arriscado, mas apresenta a tentadora perspectiva de massivas recompensas em anos futuros. Se Musk mantiver o curso, sua missão a Marte talvez ganhe um poderoso fluxo de financiamento, mas pode também se extinguir na órbita baixa da Terra.

A corrida pela LEO pode muito bem virar uma maratona. De momento, a SpaceX está levantando dinheiro com facilidade, como ocorreu com sua rodada de financiamento de 1,9 bilhão de dólares encerrada em agosto de 2020 e com outra de 850 milhões, concluída em fevereiro de 2021. A Amazon e o Facebook têm recordes de dinheiro em caixa. Para companhias com orçamento mais apertado, como a OneWeb, o caminho à frente pode ser mais desafiador. A China, no entanto, tem os recursos para iniciar outra longa marcha.

"AS MELHORES AMINIMIGAS"

A China está mapeando um curso diferente na órbita baixa da Terra. Suas companhias chegaram com atraso à corrida para lançar constelações LEO, mas contam com generoso apoio estatal, por isso não têm uma preocupação tão imediata com lucratividade. Essa estratégia de ser a segunda a se mover, bancada pelo Estado, permite que a China veja o que funciona e emule os sucessos estrangeiros, evitando os custos com os quais os pioneiros têm que arcar. Mas enquanto a China fica à espera, as companhias estrangeiras vão solicitando slots orbitais e o espectro crucial para operar satélites. Perder esse momento das LEO pode reverter em prejuízos para Pequim.

O setor espacial da China continua firme nas mãos do Estado, apesar dos recentes passos em direção à comercialização.[130] Em meados de 2019, empresas aeroespaciais privadas chinesas faturaram menos de 1 bilhão de dólares, segundo Curcio.[131] Em comparação, as duas maiores companhias aeroespaciais estatais chinesas, a China Aerospace Science and Technology Corporation (CASC) e a China Aerospace Science e Industry Corporation (CASIC), tiveram receita de 75 bilhões de dólares só naquele ano.[132]

O que os esforços em LEO da China têm em comum com os das companhias dos EUA é divulgar poucos detalhes ao público. Há certa confusão entre os observadores estrangeiros pelo fato de as duas companhias, a CASC e a CASIC, terem nomes similares e se dedicarem a constelações LEO de nomes também próximos, a Hongyan e a Hongyun, respectivamente. Embora informações mais específicas sejam esparsas, a tendência geral fica clara. A China está dando impulso às suas atividades LEO na tentativa de reagir às companhias do exterior, e para isso alimenta a concorrência entre suas próprias campeãs estatais. Tanto a CASC quanto a CASIC lançaram seus primeiros satélites LEO de banda larga em dezembro de 2018.

Podemos ver que a China leva isso a sério pela capacidade que tem demonstrado de fazer avançar esses planos mesmo durante a pandemia da Covid-19. Em dezembro de 2020, a CASIC, sediada em Wuhan, concluiu a primeira instalação chinesa de "manufatura inteligente" de satélites. A fábrica, que começou a operar em maio de 2021, automatiza a instalação de componentes e sua montagem e testagem, e está projetada para produzir nada menos que 240 satélites pequenos por ano.[133]

A CASC e a CASIC são sem dúvida "as melhores aminimigas" ["*best frenemies ever*"], nas palavras de Curcio. Ter duas companhias de porte equivalente trabalhando em projetos similares pode parecer ineficiente, mas o governo chinês se beneficia dessa competição. Larry Press, professor de sistemas de informação na Universidade do Estado da Califórnia, observa que a China utilizou uma abordagem similar, de confrontar diretamente companhias estatais, na década de 1990, para entregar internet doméstica, e mais recentemente para desenvolver IA.[134]

As campeãs chinesas também trabalham juntas. A CASIC muitas vezes é uma subempreiteira em projetos liderados pela CASC, e o primeiro satélite Hongyun da CASIC foi lançado num foguete da CASC. A cooperação em serviços de lançamento às vezes também ocorre entre concorrentes do setor privado. A aeroespacial de Bezos, a Blue Origin, tem contratos para prover serviços à Telesat e à OneWeb, suas duas concorrentes em LEO.[135] De modo similar, Musk tem afirmado que a SpaceX dispõe-se a fornecer serviços de lançamento às suas concorrentes. Mas a CASC e a CASIC têm laços bem mais profundos e, em última instância, prestam contas ao mesmo patrão.

A CASC é a principal fornecedora do programa espacial da China, responsável pelos foguetes Longa Marcha, entre outras iniciativas. Seu principal projeto de banda larga em LEO é denominado Hongyan, ou "Ganso Selvagem", referência à antiga prática de usar gansos para enviar mensagens, que, segundo a lenda, remonta à dinastia Han. A constelação prevê lançar 320 satélites, com 60 deles já operando por volta de 2023 e a constelação toda ativa em 2025.[136]

A CASIC tem laços mais profundos com o setor de defesa chinês e menor experiência no desenvolvimento de satélites. Seu principal projeto de LEO é o Hongyun, ou "Nuvem de Arco-íris". Quando foi anunciada, a constelação foi descrita como composta por 156 satélites. Mas depois que concorrentes estrangeiros anunciaram planos maiores, o sistema foi expandido para 864 satélites. Os 156 satélites originais do Hongyun devem estar operando por volta de 2023, segundo autoridades chinesas, e a constelação pretende focar nos países participantes da Iniciativa Cinturão e Rota da China. No entanto, prover efetivamente esses serviços ainda exigirá que Pequim negocie os direitos de aterragem e receba aprovação de cada país, e isso requer um esforço diplomático potencialmente enorme.[137]

Assim como o Google e o Facebook, a CASIC está experimentando com outras plataformas aéreas. Por sua aptidão de extrair recursos dos profundos bolsos do Estado, ela obteve um orçamento de cerca de 15,4 bilhões para o Hongyun e para mais quatro projetos de "nuvem" (-*yun*).[138] O Projeto Xingyun é menor, com uma constelação de 80 satélites LEO projetada para usar frequências de banda estreita e links intersatélite, e oferecer uma rede de Internet das Coisas.[139] O Projeto Feiyun tem por meta construir uma rede baseada em drones alimentados por energia solar para comunicações emergenciais de longa distância, internet e observação do solo.[140] O Projeto Kuaiyun pretende usar aeronaves estratosféricas, mais leves que o ar, para rapidamente prover serviços de emergência. Por último, o Projeto Tengyun busca desenvolver até 2030 uma aeronave espacial reutilizável de dois estágios, com decolagem e aterragem horizontal.[141] Esses projetos também têm um valor propagandístico, posicionando a CASIC como empresa de ponta, já que ela compete por uma fatia maior do negócio da CASC.

A grande questão é se Pequim será bem-sucedida em integrar esses esforços. O 14º Plano Quinquenal da China, que abrange o período de 2021 a 2026, prevê montar uma rede integrada de comunicações, observação da Terra e satélites de navegação. Num passo importante para sua consolidação, em abril de 2021 a China criou uma companhia estatal, o Grupo de Rede de Satélites da China, que será responsável por todas as operações de satélites de internet.[142] A expectativa é que a nova companhia combine os projetos Hongyun e Hongyan numa única constelação, provisoriamente nomeada Guowang, ou "rede nacional", e faça uso das solicitações da China à International Telecommunications Union (ITU) de duas constelações LEO, que reunirão cerca de 13 mil satélites no total.[143] "A questão interessante é se o Xingyun também será integrado a esse projeto", diz Curcio.[144]

Apesar do aspecto de novidade que esses esforços possam ter, eles estão atrasados em relação aos das companhias espaciais comerciais estrangeiras. No passado, essa abordagem de ser a segunda a se mover funcionou para a China em outros setores, particularmente com suas companhias de ferrovias e telecomunicações. "Nós conseguimos ver o que funciona e então podemos melhorá-lo a partir disso e comercializá-lo em massa", disse um funcionário de uma companhia aeroespacial chinesa a pesquisadores do Institute for Defense Analyses.[145] Se a história se repetir, e as constelações de satélites LEO falharem, como ocorreu na década de 1990, a China terá evitado um potencial atoleiro de grande custo. Se uma ou duas forem bem-sucedidas, ela pode tentar imitar esses sucessos, adaptando-os a seus próprios mercados-alvo.

Mas chegar em segundo lugar ao espaço é arriscado. Com uma urgência própria de uma corrida do ouro, as companhias já vêm requisitando as bandas mais promissoras do espectro, o que é regulado pela ITU. "A dura realidade para quem estiver tentando causar forte impacto na conectividade global é que não importa o quanto sua rede seja boa, o sucesso não será possível sem o espectro certo", diz Ruth Pritchard-Kelly, vice-presidente de assuntos de regulamentação da OneWeb.[146] As companhias que fizerem isso primeiro por meio do processo da ITU podem desfrutar do status de "prioritárias", o que significa que não serão exigidas a fazer tantos ajustes para eliminar conflitos de frequências quanto as companhias que vierem depois.

As três bandas de maior procura para a nova geração de satélites LEO são Ku, Ka e V. O jogo de compensações é que as frequências mais altas oferecem maior velocidade, mas dentro de uma faixa menor. Ku, a banda entre as três que contém as frequências mais baixas, cobre o maior âmbito geográfico com um único raio e é a mais resistente a interferências climáticas. As frequências mais altas da banda Ka oferecem maior largura de banda, o que se traduz em velocidades mais rápidas. A banda V, que é a opção de frequências mais altas, é a menos desenvolvida comercialmente. Suas frequências costumam não ser capazes de penetrar edifícios e se atenuam ao deparar com chuva ou alta umidade no ar.

Embora a corrida dos satélites favoreça quem se movimenta na frente, a questão é bem mais complicada do que apenas se apresentar primeiro. As companhias precisam lidar com outras empresas que usam frequências similares, concorrentes que desejam a mesma fatia do espectro e com governos nacionais que têm suas próprias políticas e prioridades de segurança nacional. Surgem batalhas de solicitações e contrassolicitações legais, em âmbito nacional e internacional. Para acentuar a urgência ainda mais, em 2019, a ITU começou a pressionar para que as companhias tomassem uma decisão: ou usavam seu espectro ou aceitavam perdê-lo.

Pelas novas regras, as companhias têm que implantar 10 por cento de suas constelações em nove anos, e a metade delas em doze, e ter todas as constelações ativadas no prazo de catorze anos a partir de suas solicitações iniciais.[147]

Atender a esses marcos é apenas o início da corrida, que prossegue conforme as companhias buscam acesso a mercados individuais. Conseguir status prioritário da ITU facilita às companhias o acesso a mercados que seguem as orientações da ITU, e também a captação de dinheiro de investidores, mas não garante acesso ao mercado. Mercados relativamente abertos costumam aceitar requisições das companhias para que usem as frequências aprovadas pela ITU, ou então exigem modificações mínimas. Mas outros podem impor condições impraticáveis ou negar as requisições para proteger as próprias companhias ou se proteger do que percebem como riscos de segurança.

Em razão desses obstáculos, o caminho das constelações LEO para prover cobertura global tem a probabilidade de ser mais longo e mais sinuoso do que o esperado. Garantir direitos de prioridade não assegura sucesso financeiro. Em março de 2020, a OneWeb lançou trinta e quatro satélites e cumpriu o marco de 10 por cento da ITU. Poucos dias depois, entrou com pedido de falência. O lançamento de última hora foi estratégico, visando aumentar o valor da companhia para possíveis compradores. O espectro de direitos da companhia talvez fosse seu ativo mais valioso. Seu fracasso, porém, destacou os riscos que correm aqueles que se movimentam primeiro. O eventual vencedor será aquele que tiver os recursos para manter o curso por esse complexo processo de aprovação e coordenação.

O campo de jogo também pode se deslocar ao longo do tempo, pois os que se movem depois estão entre os que contam com melhores recursos. A Amazon e o Facebook estão assentados em volumes recordes de dinheiro em caixa, e a abordagem da China bancada pelo Estado tem poder ainda maior de se manter. Retardatários podem se tornar líderes por meio de aquisições. Houve rumores de que a Amazon estaria entre os potenciais compradores da OneWeb, e que haveria também duas organizações chinesas, que não foram nomeadas.[148] As campeãs estatais da China também poderiam adquirir companhias do incipiente setor espacial comercial do país. "Como a Amazon, a China tem fundos para encarar o longo prazo", observa Press.[149]

DISTANTE DEMAIS PARA SER CONFORTÁVEL

Mas se a China ficar esperando muito tempo, a próxima onda de megaconstelações LEO pode reduzir sua vantagem em mercados ainda não atendidos. Como o capítulo 3 expôs, a rede chinesa de provedores tem ido bem em mercados rurais e menos ricos, de Naivasha, no Quênia, a Glasgow, em Montana, que vêm sendo negligenciados pelas companhias ocidentais. Com as constelações LEO, no entanto, as companhias ocidentais poderiam atender esses mercados sem precisar construir toda a infraestrutura terrestre que as desestimulou no passado.

Em julho de 2020, visitei um dos gateways Starlink da SpaceX, escondido na clareira de uma pequena colina, no final de uma estrada de terra que saía de uma estrada rural sem placas de sinalização.

Escondido atrás de uma alta cerca verde, havia um núcleo de cúpulas brancas, cada uma com cerca de um metro e vinte de diâmetro, mirando o céu. Junto à cerca, erguia-se uma pequena edificação de tijolos, provavelmente abrigando uma estação de suprimento de energia elétrica e conexões de fibra óptica. A área toda era pequena e discreta, como se fosse um eufemismo para as centenas de satélites viajando acima de nossas cabeças a 27 mil quilômetros por hora.

A SpaceX está discretamente implantando dezenas desses gateways por todos os Estados Unidos, como o que construiu em Conrad, Montana, a poucas horas de carro de Glasgow. Em 2020, a companhia levantou preliminarmente 886 milhões de dólares em fundos, distribuídos ao longo de dez anos, do leilão do Fundo de Oportunidade Digital Rural da FCC, a fim de prover serviços a centenas de milhares de clientes em trinta e cinco estados. É uma aposta significativa na SpaceX e em sua tecnologia, tendo em conta as companhias que vieram antes dela e faliram.

Mas depois de usar a Starlink por uma semana, fiquei mais convencido de seu potencial. O sistema chegou numa caixa cinza grande, e junto vieram: uma antena parabólica branca de uns sessenta centímetros de diâmetro, um tripé, um roteador sem fio e cabos de ethernet e de força. Tudo o que precisei fazer foi achar um ponto externo com uma visão não obstruída do céu, e baixar um app de celular da Starlink que até me lembrou de certificar que não houvesse árvores interceptando o caminho. Quando ativado, o satélite girou automaticamente para assumir o ângulo mais efetivo. O processo todo, desde abrir a caixa até fazer a conexão com a internet, demorou menos de meia hora. Foi impressionantemente simples.

A conexão enfrentou bem tudo o que uma primavera da Nova Inglaterra poderia lançar sobre ela: densas nuvens, chuva pesada e ventos fortes. Ela usualmente ficava acima de 100 Mbps e algumas vezes chegou perto de 200 Mbps para downloads. Não era isenta de falhas. Meu vídeo e áudio tiveram um breve corte durante uma reunião, e o aplicativo que eu estava usando nessa reunião advertiu que a conexão estava instável. A cobertura certamente será melhor a partir do momento em que houver mais satélites online. Mas mesmo nessa fase inicial, o tempo todo em que trabalhei, a Starlink foi bem. Depois de um dia usando o sistema, até esqueci que meus dados estavam transitando pelo espaço.

O apelo do sistema era fácil de compreender. Eu estava habituado a usar conexão por fibra óptica, então a ausência de uma mudança apreciável foi vista como um sucesso. Para clientes que não tenham uma conexão rápida, ou não tenham nenhuma conexão, o sistema representará um grande avanço. Na parte da zona rural da Nova Inglaterra em que usei o sistema, o preço para acessar uma conexão firme à internet pode ser proibitivo para os residentes. Para uma única casa, o trabalho de cavar canaletas e passar o cabo pode custar milhares de dólares. Evitar esse processo de construção e pagar menos por um sistema Starlink parecem um bom negócio.

Mas a SpaceX e outros provedores de banda larga LEO talvez precisem de um impulso maior para entrar em países de baixa renda. A maioria começa focando em ganhar acesso a mercados dos Estados Unidos e da Europa, onde a receita potencial por cliente é mais alta. Essas companhias, apesar de sua retórica orientada pela missão de conectar quem não está conectado, ainda dependem da matemática comercial para se manterem operando. "Isso não é um movimento democrático. É um negócio", diz Peter B. de Selding, cofundador da Space Intel Report.[150]

Oferecer um preço acessível será crucial. A demanda é forte em economias emergentes, mas os possíveis clientes não têm condições de pagar cem dólares por mês, e menos ainda pagar algumas centenas de dólares por um terminal de usuário. Levar a internet a 90 por cento da África, segundo a Comissão de Banda Larga da ONU, pode envolver a provisão de satélite, ou outras soluções sem fio, a 10 a 20 por cento da população rural do continente. A cidade média africana, porém, tem menos de quinhentas pessoas, e cada uma delas seria capaz de pagar apenas dois ou três dólares por mês.[151]

O corte de custos só pode chegar até certo ponto, e alguém terá que pagar a conta. Em termos realistas, provedores de satélite movidos por lucro precisarão encontrar maneiras de subsidiar seus serviços em mercados de baixa renda. Parcerias com o Banco Mundial e outros bancos de desenvolvimento multilaterais são uma opção. Embora bancos de desenvolvimento tenham apoiado satélites geoestacionários de banda larga no passado, mostram-se relutantes em apoiar satélites LEO, em razão de sua tecnologia ainda em estado nascente e de seu longo histórico de dificuldades financeiras.

Uma coalizão de companhias de internet poderia cotizar os custos, mas elas enfrentam grandes barreiras. Para os que advogam ações antitruste, esse cenário soa como um pesadelo, estendendo o alcance das maiores companhias de tecnologia profundamente nos mercados do futuro. É claro que essas companhias estão em posição de lucrar ao conectar mais usuários. O Facebook, por exemplo, tem seu crescimento mais rápido de usuários na África e na Ásia-Pacífico. À medida que o nível de renda aumentar nesses mercados emergentes, a receita média por usuário provavelmente também aumentará. Mas os acionistas dificilmente apoiarão gastar recursos em um empreendimento de longo prazo, com motivação social, mesmo que haja compensações comerciais aguardando no horizonte.

Depois temos o cenário filantrópico, no qual um indivíduo com muito dinheiro ou um grupo de doadores ricos paga a conta. Considerando que os primeiros pioneiros da internet no mundo agora já estão velhos, melhorar a conectividade global poderia parecer um legado atraente a ser deixado. Bill Gates, o fundador da Microsoft, investiu pesadamente na Teledesic, um ambicioso esforço LEO que fechou as portas em 2002.[152] Ele desde então passou a se concentrar em saúde global. "O que é mais importante, a conectividade ou a vacina da malária?", ele perguntou ao *Financial Times* em 2013. "Se você acha a conectividade a coisa mais essencial, tudo bem. Eu não acho."[153]

Mark Zuckerberg, fundador do Facebook, tem outra opinião. "Conectar todos no mundo é um dos grandes desafios de nossa geração", afirmou ele em 2015.[154] "No longo prazo, realmente acho que poderia ser bom também para a nossa companhia, se você encarar isso dentro de um horizonte de tempo de 10, 20 ou 30 anos, porque muitos desses países e economias irão se desenvolver, e com o tempo serão importantes."[155]

Jeff Bezos anunciou no início de 2021 sua intenção de abandonar o cargo de CEO da Amazon para se concentrar em suas outras "paixões", entre elas a Blue Origin.[156] Essa companhia está voltada para tornar as viagens espaciais mais baratas, mais seguras e mais acessíveis, com veículos de lançamento reutilizáveis. Sua missão parece desprovida de pressa. "Não estamos numa corrida [...] Vamos tratar disso passo a passo, porque é ilusório que pular etapas nos faz avançar mais rápido. Lento é suave, e suave é rápido."[157]

Mas o tique-taque do relógio não para. Além de alinhar incentivos, as companhias de satélites ocidentais ainda precisam garantir direitos em mercados em desenvolvimento. Elas estão à frente no que diz respeito a desenvolver e implantar tecnologia e garantir direitos de prioridade nos mercados desenvolvidos e junto à ITU. Mas quanto mais se concentram em garantir direitos nos mercados desenvolvidos, melhores se tornam as chances da China. Depois que a China der o salto na tecnologia de satélites LEO, seus atuais laços comerciais e políticos, apoiados por financiamento estatal, podem lhe dar uma vantagem em mercados em desenvolvimento.

As mesmas características que ajudaram empresas chinesas a implantar conexões no solo podem acabar levando os serviços de satélites LEO chineses aos mercados estrangeiros. Subsídios e financiamento do Estado permitem que as constelações chinesas ofereçam serviços a baixo custo. A abordagem impulsionada pelo Estado da China continuará atraente para líderes ao redor do mundo que querem expandir o acesso à internet e ao mesmo tempo controlar as comunicações. Embora haja poucos detalhes disponíveis sobre as constelações chinesas, elas provavelmente irão colocar em órbita também a visão da China de soberania cibernética.

Os provedores de satélites ocidentais precisarão decidir *se* e *de que modo* irão se ajustar a governos que não desejam que seus cidadãos acessem a internet global aberta, a começar pela própria China. Os links a laser intersatélites, por meio dos quais os satélites trocam dados sem que estes passem por intermediários baseados em terra, poderiam reduzir custos e ganhar em desempenho. Mas a própria tecnologia também representa um grande desafio para governos autoritários, ameaçando excluí-los do circuito e permitir que seus cidadãos tenham acesso irrestrito e não monitorado à internet global.

Até o momento, as companhias ocidentais de satélites têm quase sempre cedido aos governos que elas cortejam, a fim de obter direitos de aterragem. A experiência da OneWeb na Rússia é decepcionantemente similar à maneira como companhias ocidentais fizeram concessões quando disputavam a corrida para entrar no mercado chinês. Depois que as autoridades russas expressaram suas preocupações, a companhia concordou em remover os links a laser intersatélite e fazer passar todo o tráfego russo por estações em terra na Rússia.[158] A OneWeb abriu mão de ter controle adicional ao concordar em se tornar sócia minoritária da companhia que fornecia esses serviços na Rússia.

Mark Rigolle, ex-CEO da LeoSat, explicou como isso coloca as companhias que usam links intersatélite em desvantagem. "Num país como a China – eles não são o único, mas são um país imenso que nos obrigará a rotear tudo pelo gateway antes que siga para fora do país ou entre vindo do exterior, portanto um dos [nossos únicos argumentos de venda] fica, por assim dizer, atenuado", declarou à *SpaceNews* em 2018.[159] Essas mudanças também são custosas, já que aumentam o volume de infraestrutura exigido em terra. Mas as companhias que não fizerem essas mudanças enfrentarão a perspectiva de ficar de fora dos mercados.

Em novembro de 2019, antes que a OneWeb declarasse falência, executivos da companhia fizeram uma viagem à China e lá anunciaram planos de construir três estações terrestres. Assinaram um contrato com a cidade de Sanya, na província chinesa de Hainan, mas na realidade ambos os lados se precipitaram. O governo central ainda não havia dado sua bênção. Após a reunião, autoridades de Hainan foram severamente repreendidas pelas autoridades do Ministério da Indústria e Tecnologia de Informação da China.[160]

Musk reconhece que nem todos os países vão querer os serviços da Starlink. Em 2015, meio de brincadeira, observou: "É concebível que continuemos transmitindo e então haveria [por parte dos países] a opção de tentar derrubar nossos satélites ou não. A China pode fazer isso. Então talvez não devêssemos fazer transmissões ali. Se ficarem bravos com a gente, podem explodir nossos satélites".[161] Mas a China tem outras ferramentas de coerção que pode usar antes de colocar os satélites Starlink na mira. Suas autoridades poderiam, por exemplo, ameaçar fechar a fábrica da Tesla em Xangai e bloquear sua presença no mercado chinês, no qual ela é uma grande vendedora de carros elétricos.

Superar esses dois desafios, isto é, oferecer um preço baixo em mercados em desenvolvimento e lidar com a questão da acessibilidade em países autoritários, pode requerer o apoio das democracias ricas. Os Estados Unidos e seus parceiros poderiam juntar seus recursos e tornar a banda larga por satélite parte de uma abordagem conjunta à melhoria da conectividade global. O esforço poderia ser formulado não como uma oposição a qualquer país, mas como um apoio aos bilhões de pessoas que permanecem desconectadas.

Embora isso dificilmente seja uma panaceia, expandir acesso à internet por satélite seria uma ação ousada que ajudaria o mundo a desafiar a pressão que a China exerce para entrar em mercados emergentes. À medida que esses mercados amadurecessem, companhias dos Estados Unidos e países aliados estariam mais bem posicionadas para prover também outros serviços. Fazer isso ajudaria os Estados Unidos a mudar de posição, a parar de reclamar das redes chinesas para começar a competir com elas. Colocaria a China na defensiva.

CAPÍTULO SETE
VENCER AS GUERRAS DE REDES

A ascensão da China reverteu completamente uma seta causal que guiava a política externa dos EUA. Por duas décadas, pensadores relevantes proclamaram que a tecnologia iria promover a democracia ao redor do mundo. Esse consenso, no entanto, caiu por terra e deu lugar a uma perspectiva mais sombria. A liberdade não está florescendo. Há um autoritarismo digital em marcha.

Agora a esperança é que as democracias venham a promover tecnologia. Nos Estados Unidos, Democratas e Republicanos estão ambos conclamando o país a se juntar às suas democracias amigas para competir com a China. As propostas vão desde formar um pequeno grupo de cinco países, que reduza as vulnerabilidades da cadeia de suprimentos, até uma bem mais ampla "Aliança de Nações Livres", que lidaria com tecnologia e também com outras questões. O que todas têm em comum é a crença de que a democracia é o traço central em torno do qual uma coalizão poderia ser construída.

Esses chamados são atraentes, tanto quanto a ideia original de que a tecnologia estava do lado da democracia. Naquela época como agora, uma questão material – a provisão de hardware e know-how – é elevada a um imperativo moral. A solução mostra-se autoevidente, e fácil demais. Não parece demandar muito sacrifício, se é que algum. Precisamos apenas ser nós mesmos, juntar forças com amigos e o resto irá fluir.

Como na esperança original de que a tecnologia pudesse favorecer a democracia, existe uma real promessa na perspectiva de várias democracias trabalharem juntas em tecnologia. Mas concretizar essa promessa não será barato, fácil ou inevitável. O sucesso exigirá boa dose de realismo, algo que esteve ausente da primeira vez.

Qualquer estratégia para competir com a China deve, é claro, começar em casa. Os Estados Unidos ainda têm as próprias comunidades para conectar, além de uma desigualdade digital que irá se ampliar enquanto for deixada por conta das forças de mercado. O país precisa fazer avançar as fronteiras da tecnologia educando e atraindo uma próxima geração de inovadores, assegurando-lhes recursos para que possam ser bem-sucedidos e criando espaço competitivo para que novos negócios floresçam. Deve elaborar políticas de dados que protejam a privacidade dos cidadãos e sua segurança. Esses esforços domésticos são urgentes e necessários, mas não são suficientes.

A China representa um desafio de escala. Sua população de 1,4 bilhão oferece às companhias chinesas acesso preferencial ao maior mercado de consumidores de classe média do mundo e dá ao governo acesso a um oceano de dados. O capacidade do governo chinês de direcionar recursos, mesmo que de modo ineficiente e com desperdício, vem impulsionando tecnologias emergentes e subsidia o custo de equipamentos chineses globalmente. Mesmo que as companhias chinesas atendam à convocação de Xi para construir uma "nova infraestrutura" em casa, elas estão dobrando a aposta em mercados emergentes.

A concorrência já está acirrada demais para ser confortável. Em 2018, os Estados Unidos e a China estavam emparelhados em suas cotas de gastos globais em P&D, com 28 por cento e 26 por cento, respectivamente.[1] Mas os gastos da China crescem mais rápido e podem ter ultrapassado os Estados Unidos em 2019, segundo o Conselho Nacional de Ciência.[2] Companhias chinesas evoluíram, e de piratear passaram a pioneiras em áreas emergentes como reconhecimento facial, pagamentos digitais e comunicações quânticas.

Mas a primazia da China em redes globais não está assegurada, longe disso. Os Estados Unidos continuam à frente em áreas cruciais, como computação de nuvem e tecnologia de satélites, assim como em semicondutores avançados. Manter essa vantagem requer uma estratégia que promova maior inovação e ao mesmo tempo se proteja contra a aquisição ilegal de tecnologias pela China. E a inovação em casa por si só tampouco é suficiente. Para obter recursos que apoiem a inovação contínua, as companhias dos EUA precisam comercializar sua pesquisa e vendê-la amplamente. Como não têm a escala da China, os Estados Unidos precisam competir em mercados externos.

Mas embora os gestores políticos dos EUA venham tentando nos últimos anos uma correção de curso, seu foco em medidas defensivas negligencia a importância de uma postura ofensiva nos mercados do exterior. Ferramentas importantes nesse sentido são: controles de exportação, proibições de equipamentos, revogações de licenças, restrições ao investimento estrangeiro e processos contra roubo de IP. Elas podem defender o mercado dos EUA e causar disrupção nas cadeias de suprimentos chinesas, mas não irão vencer essa competição global. As companhias tech da China cresceram não só por meio de apropriação de tecnologia e por receberem generosos subsídios estatais, mas porque forneceram serviços a mercados até então menosprezados. Competir globalmente irá exigir oferecer alternativas melhores.

Para implantar uma estratégia vencedora, que combine defesa e ataque, é necessária uma coalizão. Na ausência de uma coalizão, a China pode colocar companhias americanas umas contra as outras e com isso obter acesso à sua tecnologia, como fez na década de 1990, quando Nortel, AT&T e outras teles globais sabotaram umas às outras. Sem os incentivos comerciais que uma coalizão conseguiria oferecer, EUA e companhias aliadas provavelmente continuarão focadas nos mercados maiores e mais ricos, deixando de lado o mundo em desenvolvimento. Em ambos os casos, apenas uma coalizão pode compensar a escala da China. Uma coalizão, para que possa ser capaz de superar esse desafio do século XXI, precisa ser fundamentalmente diferente das que enfrentaram as ameaças no século passado. Deve ser equacionada de maneira a atrair em vez de excluir, e deve enfatizar as alternativas positivas que ofereça. Precisa reconhecer que a segurança perfeita é impossível e que a resiliência é uma base melhor para se planejar.[3] Tem que refletir sobre as redes globais e vê-las, em primeiro lugar, como uma questão tecnológica e econômica, com desdobramentos em inteligência e militares, e não o contrário. Chamemos ela de Coalizão de Economias Abertas e Resilientes [Coalition of Open and Resilient Economies, ou CORE].

A flexibilidade será crucial. Diferentes grupos de países podem alinhar-se mais naturalmente em torno de algumas questões, não em todas. A ação não pode depender de consensos unânimes. Embora os governos sejam os motores da ação, as empresas devem estar integradas mais profundamente ao processo de planejamento de políticas. O setor privado está não só na linha de frente da inovação, mas literalmente na vanguarda das Guerras de Redes. Os governos precisam se sair melhor em compreender o cálculo de risco-recompensa que as empresas enfrentam quando têm que avaliar como investir e que mercados perseguir.

É útil pensar nessa coalizão em termos de rede. Torna-se necessária a existência de um grupo de democracias ricas, com fortes interesses comuns, que deem massa crítica à coalizão. Coletivamente, um grupo de sete aliados dos EUA – Alemanha, Austrália, Canadá, Coreia do Sul, França, Japão e Reino Unido – poderia fazer frente à China. Esses sete países em conjunto superam os gastos de P&D da China, e, embora a pandemia tenha ofuscado suas perspectivas econômicas, a projeção é que eles ainda respondam por um quinto do PIB global em 2030.[4] Todos são aliados dos EUA por tratado, e são democracias.

Mas a missão da coalizão deve ir além de simplesmente proteger democracias ricas. Deve também se envolver e apoiar núcleos em ascensão na periferia, grandes economias do mundo em desenvolvimento, com uma mistura de interesses sobrepostos e distintos. Essas divisões serão fluidas. Conforme a coalizão for bem-sucedida ao longo do tempo, partes da periferia irão se juntar ao núcleo, e países na borda externa da periferia poderão também se aproximar.

Duas pontes são especialmente cruciais para construir essa coalizão. A primeira ponte estende-se sobre o Atlântico. Estados Unidos e Europa, apesar de valores comuns, têm um olhar diverso a respeito das redes globais. Os líderes europeus, à falta de uma campeã de tecnologia de porte similar, veem as companhias de tecnologia dos EUA como mais ameaçadoras ainda que as chinesas. A União Europeia tenta se posicionar como opção intermediária entre o modelo aberto dos EUA e o modelo chinês centrado no Estado. Divergências quanto a fluxos de dados, regulamentação de conteúdo e impostos digitais são aspectos que ameaçam comprometer a cooperação transatlântica.

A segunda ponte conecta o núcleo à periferia. Ela começa com a Índia, que segundo previsões passará a ser o país mais populoso do mundo nos próximos anos, configurando-se portanto como "Estado pêndulo" na concorrência global por redes. A CORE deve dar à Índia um claro caminho para uma participação plena na coalizão e também deve ajudar as economias emergentes, que, segundo as expectativas, irão responder por 70 por cento do crescimento global e por metade do PIB global por volta de 2030.[5] Muitos países na periferia irão se aproximar e extrair o máximo possível de todos os lados. Falhar em competir, porém, fará com que os mercados futuros passem às mãos da China.

Nenhuma dessas pontes pode ser construída da noite para o dia. O ceticismo com o qual os Estados Unidos são vistos na Europa e na Índia deriva de assimetrias de poder, e é reflexo dos pontos fortes da América no setor tech. Competir nos mercados em desenvolvimento exigirá incentivos que permitam mudar o cálculo de risco-recompensa de companhias que cresceram operando confortavelmente em economias ricas. A cada passo, a China tentará semear a divisão e sabotar a concorrência. Mas a alternativa é inaceitável: um futuro centrado na China, que, aliás, já vem sendo costurado, de conexão a conexão.

ARSENAL DE DEMOCRACIAS

Os Estados Unidos já superaram desafios maiores. Na Segunda Guerra Mundial, o presidente Roosevelt fez uma célebre conclamação às empresas americanas para que aumentassem a produção. Falando aos americanos em transmissão de rádio, em 29 de dezembro de 1940, lançou um chamado às armas, dirigido à indústria: "Precisamos ser o grande arsenal da democracia".[6]

Os Estados Unidos seriam capazes agora de liderar um arsenal de democracias? A lista de áreas de cooperação é longa. Para incentivar a inovação, o grupo poderia compartilhar dados, coordenar investimentos e realizar P&D conjuntamente. Poderia liderar a definição global de padrões na ITU (ONU) e em outros organismos; trabalhar para tornar as cadeias de suprimentos mais resilientes; poderia impor controles comuns de exportação sobre tecnologia sensível; recusar transferir tecnologia à China como condição para fazer negócios; tomar medidas contra o roubo de IP e ajudar a deter a coerção econômica. Com uma frente comum, todas essas ações teriam maior probabilidade de sucesso.[7] Sem ela, a China continuará tendo espaço para extrair, coagir, dividir e dominar.

Mas falar é mais fácil do que fazer, como podemos constatar ao nos lembrarmos das pressões por unidade democrática que já foram feitas.[8] Em 2000, por exemplo, a administração Clinton ajudou a criar a "Comunidade de Democracias", que chegou a abranger 106 países.[9] Depois de vários anos de reuniões, sua única realização foi uma declaração criticando a Birmânia [Mianmar] em 2003.[10] Mas a ideia essencial continuou atraente, e nos anos seguintes especialistas americanos em política externa propuseram um "Concerto de Democracias".[11] Agora, com o presidente Biden propondo uma cúpula global de democracia, parece que uma versão dessa ideia está pronta para passar à ação.

Os Republicanos há tempos se mostram também favoráveis à ideia. Em 2007, durante a campanha presidencial, o senador John McCain fez uma convocação para uma "Liga de Democracias", e prometeu organizar uma cúpula de democracias em seu primeiro ano de mandato.[12] Por volta do final da administração George W. Bush, o Departamento de Estado reuniu-se com autoridades ligadas ao planejamento político de várias democracias, e esse esforço teve sequência nos anos subsequentes no âmbito do Atlantic Council, um *think tank* americano.[13]

Mas a dura realidade da política internacional conseguiu esvaziar mais uma vez essas propostas de alto nível voltadas a formar coalizões democráticas. Na hora da verdade, os Estados Unidos sempre trabalharam pragmaticamente com outros países, qualquer que fosse seu estilo de governança – aliaram-se à União Soviética na Segunda Guerra Mundial; apoiaram ditadores na Argentina, Filipinas, Irã e em outras partes durante a Guerra Fria; e trabalharam com Kuwait e Arábia Saudita na primeira Guerra do Golfo. Em 2008, enquanto líderes de política externa, tanto Democratas quanto Republicanos, conclamavam as democracias a se unirem, os Estados Unidos continuavam trabalhando com um regime autoritário no Paquistão, em função das necessidades.[14]

Aqueles que criticam que a democracia seja usada como uma bandeira para reunir forças e competir com a China apontam que muitos parceiros-chave são, quando muito, apenas parcialmente democráticos. "Os Estados Unidos acharão difícil, até impossível, trabalhar com estados menos liberais ou não democráticos se insistirem em ver as coisas primariamente pelo prisma ideológico", é a advertência que fazem Elbridge Colby, antigo alto oficial do Departamento de Estados dos EUA, e Robert D. Kaplan, jornalista e analista geopolítico na *Foreign Affairs*. "Não adianta os Estados Unidos trazerem a bordo a Dinamarca ou a Holanda e deixarem de lado Indonésia, Malásia, Singapura, Tailândia ou Vietnã".[15]

São os interesses nacionais e não a ideologia que devem nortear a política dos EUA, embora também haja um fator realista em reunir democracias, particularmente em questões de tecnologia. Os parceiros mais essenciais da América, em termos econômicos e tecnológicos, são democracias. As democracias têm interesses comuns em redes que tornem possível expandir o acesso à informação, incentivar a livre expressão e proteger a privacidade e segurança dos usuários. Mesmo quando as democracias lutam para defender os próprios ideais, elas colocam ênfase maior nos direitos individuais em comparação com as alternativas autoritárias.

Mas há também diferenças entre as democracias, e elas impedirão uma ação coletiva, a não ser que sejam acertadas. Não há uma posição democrática universal a respeito de questões de tecnologia, e sim um espectro de posições. Um primeiro passo lógico é organizar as coisas em torno do que é comum, desde que isso não desvie a atenção da necessidade de lidar com as diferenças concretas e de trabalhar com as não democracias e com o mundo em desenvolvimento. A CORE poderia começar naturalmente como um grupo de democracias, mas precisaria ser flexível para incluir outros parceiros, conforme fosse exigido pelos interesses e questões envolvidos.

No passado, as conclamações para formar coalizões democráticas enfrentaram dificuldades porque não havia uma ameaça comum suficientemente grave para catalisar a ação. "McCain anseia pela 'solidariedade democrática vital' da Guerra Fria e vê uma liga de democracias como uma maneira de revivê-la", escreveu em 2008 Charles A. Kupchan, acadêmico e alto funcionário nas administrações Obama e Clinton. "A solidariedade do passado era fruto de uma aliança contra uma ameaça externa, e não de um alinhamento baseado exclusivamente num tipo de regime."[16] Não parece que as ameaças de grupos terroristas

227

sejam suficientemente universais, ou que a mudança climática seja sentida com tanta urgência assim.

No entanto, a ascensão da China começa a pressionar os concorrentes a se unirem. Líderes do pensamento nos Estados Unidos, Europa e Ásia concordam que a melhor maneira de lidar com a China é por meio de uma crescente colaboração entre estados que pensem de modo similar, segundo levantamento feito pelo CSIS em 2020.[17] Mais de dois terços desses líderes de pensamento apoiam banir as empresas chinesas de suas redes de 5G. Uma crescente maioria de americanos apoia construir relações com aliados, mesmo que isso cause danos às relações com a China.[18] E embora no passado as convocações para coalizões democráticas tenham vindo principalmente de americanos, mais líderes europeus estão batendo nessa tecla.[19]

Alguns líderes eleitos já estão agindo. A Aliança Interparlamentar sobre a China [Inter-Parliamentary Alliance on China, ou IPAC] anunciou em junho de 2020, no aniversário dos protestos da praça Tiananmen, que continua em expansão e já acolhe legisladores de dezoito países e da União Europeia.[20] "Alguns países – sequer havíamos solicitado sua participação – ouviram falar e então aderiram", relembrou Sir Iain Duncan Smith, um dos parlamentares fundadores.[21] Os parlamentares de cada país são de partidos políticos rivais, o que permite ao grupo representar tanto a Esquerda quanto a Direita. O grupo divulgou declarações que tratam da perseguição que a China move a minorias predominantemente muçulmanas em Xinjiang, de trabalho forçado no Tibete, participação de Taiwan na Organização Mundial da Saúde, conflitos ao longo da fronteira Índia-China e medidas de segurança nacional impostas a Hong Kong. A IPAC conseguiu mais nos seus primeiros seis meses do que a Comunidade de Democracias em vários anos.

As fileiras em expansão da IPAC revelam um desejo de cooperação entre as democracias, mas isso também coloca o risco de que acabe ficando difícil de manobrar, como ocorreu com a Comunidade de Democracias antes dela. A força somada de democracias parece ainda mais formidável à medida que a lista de parceiros cresce, por isso há a tentação natural de expandir o grupo, mas os desafios da coordenação se avolumam rapidamente. A coisa mais próxima que o terreno das relações internacionais tem de uma lei científica é que democracias constitucionais maduras não entram em guerra umas contra as outras.[22] Mas talvez igualmente válido seja que, se você reúne um número suficiente de democracias, elas juntas não vão a lugar nenhum.

Em vista desses desafios, algumas propostas podem se mostrar excessivamente ambiciosas em sua apresentação inicial. Richard Fontaine e Jared Cohen têm sugerido um "novo grupo de 'tecnodemocracias líderes'", que chamaram de "T-12". Sua lista engloba seis membros do G-7 (Estados Unidos, França, Alemanha, Japão, Canadá e Reino Unido) e mais Austrália, Coreia do Sul, Finlândia, Suécia, Índia e Israel. Eles propõem expandir esse grupo até chegar em cinco anos a um T-20. É uma meta admirável, e que ressalta a importância de escalar, ir além de um grupo nuclear de democracias ricas. Mas a Índia talvez ainda não esteja pronta, como veremos adiante neste capítulo, e admiti-la prematuramente poderia fazer o esforço naufragar logo de saída.

Outras propostas são limitadas demais. Uma dessas ideias é relançar a aliança de informações Cinco Olhos [Five Eyes] para questões de tecnologia.[23] Nascida na Segunda Guerra Mundial a partir dos esforços Aliados para monitorar as comunicações do inimigo, o grupo é formado por Estados Unidos, Reino Unido, Canadá, Austrália e Nova Zelândia. Anthony R. Wells, que trabalhou nos serviços de inteligência tanto britânicos quanto americanos, escreve em sua obra sobre a aliança que se trata de "uma poderosa força diplomática internacional, e sem dúvida a mais bem-sucedida organização de inteligência que já houve no mundo".[24]

Mas por razões práticas e políticas, a aliança Cinco Olhos não é a melhor estrutura organizacional. Seu sigilo é uma barreira à cooperação com o setor privado, onde estão muitas das soluções. Como Wells escreve, "governos da Cinco Olhos têm mostrado a tendência de reagir tardiamente à mudança tecnológica [...] são muito lentos e pesados, e o resultado é que o mundo comercial, não ligado à inteligência, está muito mais avançado no jogo técnico, por sua capacidade de inovar de modo rápido e eficaz".[25]

A aliança Cinco Olhos continuará sendo importante para aspectos da competição tecnológica EUA-China intimamente relacionados à interceptação de informações de origem eletromagnética. Está bem posicionada para colaborar na computação quântica, por exemplo, e no desenvolvimento da próxima geração de técnicas de criptografia. Mas para aplicações comerciais, o grupo de informações tem menos a oferecer. "O GCHQ [Government Communications Headquarters] talvez seja constituído apenas pelas pessoas que espionam os agentes secretos russos atuantes no Reino Unido, mas não são na realidade os caras que vão instalar torres de celular", observa Alan Beattie do *Financial Times*, referindo-se ao equivalente britânico da NSA [National Security Agency].[26]

O segundo desafio é político. Um dos principais temas que as autoridades dos EUA têm enfatizado quando criticam o equipamento de telecomunicações chinês é o risco de espionagem. Essas advertências soariam inócuas se as alternativas fossem lideradas por uma aliança de inteligência. Isso seria particularmente danoso na Europa, onde os vazamentos de Snowden ainda atormentam. Para autoridades alemãs e francesas em particular, esse incidente foi um lembrete de que eles continuam à margem do círculo fechado mais confiável. Portanto, o tamanho correto para uma coalizão inicial provavelmente estaria em algum ponto entre o T-12 e a Cinco Olhos. O Reino Unido tem proposto um grupo D-10, com os membros do G-7 e mais Coreia do Sul, Austrália e Índia.[27] Outros têm proposto um agrupamento D-10 similar, mas que incluísse a Índia como observadora e a União Europeia como membro. Em termos práticos, é melhor começar pequeno, cumprir alguns poucos objetivos concretos e então expandir. O que todos esses grupos têm em comum é que os países europeus compõem o maior bloco. Juntar-se é apenas o passo inicial. A ação coletiva irá exigir transpor a divisão transatlântica.

SINAIS PERIGOSOS DA EUROPA

Apelos para cooperação estão aparecendo agora em editoriais de opinião, em relatórios de *think tanks* e nos discursos de autoridades de ambos os lados do Atlântico. A porta está aberta, especialmente depois da saída de Trump, para ações defensivas mais coordenadas, envolvendo controles de exportação e rastreamento de investimentos.[28] Ao partirem para a ofensiva, Estados Unidos e Europa podem aumentar a cooperação para desenvolver alternativas de 5G e definir padrões tecnológicos em organismos internacionais. No entanto, fazer progressos nessas áreas exigirá tolerar divergências em outras, em particular na computação de nuvem.

Estados Unidos, China e Europa estão jogando jogos diferentes nas redes globais.[29] Em termos grosseiros, os Estados Unidos fazem o jogo do Monopólio. Eles têm as maiores companhias de tecnologia do mundo e, como um magnata, procuram abrir o caminho para a expansão. A China faz o jogo do Risco. O Estado supervisiona a postura defensiva da China em casa e a ida de suas companhias aos mercados externos. A União Europeia faz o jogo Luz Vermelha-Luz Verde. Como não tem gigantes de tecnologia, age como um guarda de trânsito, exercendo poder regulatório e exigindo que os outros obedeçam às suas regras.

Ao fazer isso, a União Europeia envia sinais conflitantes que indicam divisões mais profundas. No início de dezembro de 2020, a Comissão Europeia divulgou um artigo que pedia uma "nova agenda transatlântica para cooperação global" e declarou: "Como sociedades democráticas abertas e como economias de mercado, a União Europeia e os Estados Unidos estão de acordo em relação ao desafio estratégico apresentado pela crescente assertividade internacional da China".[30] Era uma carta de amor que pretendia aproveitar ao máximo a vitória de Biden. Ao final do mês, porém, a União Europeia estava enviando uma mensagem bem diferente. Ela anunciava um grande acordo de investimento com a China, direcionado a laços mais profundos, em vez de efetuar um recuo e fazer uma reavaliação conjunta com os Estados Unidos. Foi um anúncio revelador, independentemente de o negócio ter sido finalizado ou não. Ele "mostra que a União Europeia, com a Alemanha liderando, ainda acredita que interesses econômicos e questões estratégicas mais amplas podem ficar nitidamente separados – ideia que não é mais aceita em Washington", explica Noah Barkin, veterano jornalista e pesquisador visitante sênior do German Marshall Fund.[31]

Não há como esperar que essas diferenças fundamentais no modo de perceber ameaças simplesmente desapareçam. As autoridades da União Europeia, embora compartilhem valores com suas contrapartidas americanas, continuam muito ambivalentes a respeito de assumir uma posição mais forte, que talvez causasse impacto nos laços econômicos com a China. Há também danos persistentes da administração Trump, que cobrou tarifas de várias exportações europeias, retirou-se do Acordo de Paris e do acordo nuclear do Irã e esquivou-se de instituições multilaterais. Essas ações, que os líderes europeus viram como um unilateralismo inconsequente, erodiram a confiança e exacerbaram preocupações que já vinham de longa data.

As percepções transatlânticas sofreram forte baixa durante o tempo em que Trump ocupou a presidência. Na primavera de 2018, havia mais pessoas na Alemanha e na França, as duas maiores economias da União Europeia, que entendiam o poder e a influência dos EUA como uma ameaça do que as que viam a China ou a Rússia por esse prisma.[32] Em setembro de 2020, apenas 41 por cento dos cidadãos do Reino Unido tinham opinião favorável sobre os Estados Unidos, o índice mais baixo já registrado. Na França e na Alemanha, os índices favoráveis aos EUA caíram a níveis similares aos do início da Guerra do Iraque, e apenas uma de cada dez pessoas nesses países expressava confiança em Trump.[33]

O dano não será fácil de reparar, segundo uma enquete do Conselho Europeu de Relações Exteriores, realizada após a vitória de Biden em 2020. Maiorias em países-chave da Europa – incluindo Alemanha, França e Reino Unido – acreditam que o sistema político dos EUA está avariado, que a China será mais poderosa que os Estados Unidos dentro de uma década, e desejariam que seus governos se mantivessem neutros num conflito entre Estados Unidos e China. "Os europeus parecem inclinados a forjar seu próprio caminho em vez de se alinharem à política americana em relação à China", escrevem Ivan Krastev e Mark Leonard, que supervisionaram a enquete.[34]

Ao mesmo tempo, as percepções europeias em relação à China têm endurecido, mesmo que não se alinhem nitidamente às visões de Washington. Em 2019, a Comissão Europeia rotulou a China de "concorrente estratégico", "concorrente econômico em busca de liderança tecnológica" e "rival sistêmico que promove modelos alternativos de governança".[35] A União Europeia tem anunciado mecanismos aprimorados de rastreamento de investimentos e revelado a própria iniciativa de conectar Europa e Ásia, o que implica um foco em conectividade digital.[36] A reação da China à Covid-19, os abusos de direitos humanos, a repressão em Hong Kong e a retórica agressiva de seus diplomatas têm causado danos adicionais à sua imagem.

Os passos em falso de Pequim, combinados com uma diplomacia agressiva dos EUA e com controles de exportação ajudaram a alinhar os Estados Unidos e as principais economias da Europa a respeito do 5G. Em janeiro de 2020, a União Europeia anunciou uma "5G Toolbox" [Conjunto de instrumentos para o 5G] que inclui recomendações para mitigar riscos à segurança e ao mesmo tempo deixa decisões e implementações a critério de cada país.[37]

O Reino Unido inicialmente decidiu permitir equipamento Huawei em partes não essenciais de sua rede 5G, mas em julho de 2020 anunciou uma proibição, citando preocupações a respeito da capacidade da Huawei de fornecer componentes confiáveis e seguros após as sanções dos EUA.[38] No mesmo mês, a França anunciou a efetiva eliminação gradual de equipamento Huawei de suas redes 5G até 2028.[39] Em abril de 2021, o governo alemão adotou um novo processo para avaliação do equipamento 5G, que inclui uma análise da "confiabilidade" do fabricante e um requisito de atender às "metas da política de segurança" da Alemanha, dos EUA e da OTAN. Mas o governo alemão não mencionou nominalmente a Huawei, e não deixou claro se, e como, irá exercer esses poderes.[40]

Em meados de 2021, governos e grandes operadoras de rede em vinte e quatro dos vinte e sete países membros da UE haviam adotado medidas para restringir a Huawei em suas redes 5G. Essas restrições tampouco eram direcionadas especificamente à Huawei. Áustria e Malta são pesadamente dependentes de fornecedores chineses para suas redes 4G, o que tornaria extremamente caro uma total "remoção e substituição".[41] Em vez disso, o mais provável é que se aumente a diversidade de fornecedores quando se acrescentar novo equipamento, o que significa uma fatia de mercado menor para a Huawei. A Hungria continua a única exceção à regra, o que não é nada surpreendente, considerando o quanto cortejou agressivamente o investimento chinês e deu passos para enfraquecer as declarações coletivas da UE contra a China no passado.

As experiências de Áustria, Malta e outros que passaram a depender da Huawei como fornecedor principal destacam um desafio básico que a cooperação transatlântica poderia ajudar a enfrentar. Tanto a Huawei quanto seus principais concorrentes vendem equipamento proprietário, que não foi projetado para operar com outros produtos. Consequentemente, as operadoras de rede que adquirem soluções 4G e 5G geralmente procuram uma companhia que forneça todos os equipamentos de que necessitam. Procurar um único fornecedor simplifica o processo, mas pode também criar dependência. Quanto mais equipamento vai sendo acrescentado, mais caro fica mudar de fornecedor mais tarde.

Investimentos coordenados nas redes RAN abertas, descritas no capítulo 3, permitiriam às operadoras combinar componentes de diferentes fornecedores, o que reduziria custos e evitaria que ficassem tão dependentes. Empresas nos Estados Unidos, Japão e Coreia são líderes em produzir o software e os componentes-chave para a Open RAN, e algumas já estão trabalhando juntas. A Dish Network, que planeja prover cobertura 5G a 70 por cento da população dos EUA até 2023, fez parcerias com a Fujitsu. A Rakuten, que introduziu a primeira rede 5G com Open RAN em 2020, tem participação majoritária na Altiostar, uma fornecedora de Open RAN de Massachusetts. Com apoio de governos da "CORE", essas atividades podem ser estendidas e escaladas com maior rapidez em mercados emergentes.

Outra área onde uma maior cooperação transatlântica é ao mesmo tempo urgente e possível é a da definição de padrões internacionais. O grande mercado da União Europeia e suas regulamentações rigorosas implicam que suas regras muitas vezes se tornam um padrão global, fenômeno que Anu Bradford, professora de Direito na Universidade Columbia, chamou de "Efeito Bruxelas". Em vez de privar-se de acessar o mercado ou decidir desenvolver uma linha de produtos específica para a UE, muitas corporações multinacionais adotam os padrões UE como default. A União Europeia também é forte em organismos de padronização internacional, em relação aos quais a China tem ampliado seus esforços.

Três organismos de padronização internacional são especialmente importantes. Tecnologias que adotam padrões definidos pela International Organization for Standardization (ISO), pela International Electrotechnical Commission (IEC) e pela ITU não podem ser proibidas no comércio internacional, segundo as regras da OMC.[42] Outros países, especialmente as economias em desenvolvimento, muitas vezes seguem as orientações desses organismos ao definirem seus próprios padrões domésticos. Em 2019, a União Europeia detinha mais posições de liderança na ISO e na IEC do que os Estados Unidos ou a China.[43]

A cooperação transatlântica é urgentemente necessária nessas organizações, a começar pela escolha da liderança certa. Por exemplo, os Estados Unidos e seus parceiros europeus poderiam trabalhar juntos para eleger o próximo diretor-geral da ITU, que substituirá o atual chinês, Houlin Zhao, quando ele abandonar o cargo em 2022.[44] É necessário haver uma coordenação nos grupos de trabalho para fazer avançar padrões socialmente responsáveis em áreas emergentes, como a da vigilância por IA, e também para bloquear as propostas chinesas de proporcionar aos governos maior controle sobre a internet.[45]

Mas a campanha 5G dos Estados Unidos na Europa também aponta para os desafios que virão. Convencer países europeus a evitar equipamento 5G chinês deveria ter sido algo relativamente fácil. Afinal, são democracias ricas, com sólidas visões a respeito de proteção da privacidade e com recursos para bancar alternativas mais caras. Também há dois provedores europeus de equipamento 5G, a finlandesa Nokia e a sueca Ericsson, o que dá a elas um incentivo comercial para promover alternativas ao equipamento chinês.

A diminuição da confiança nos Estados Unidos criou oportunidades para a China na Europa. Numa campanha publicitária de 2019, a Huawei até sugeriu, de forma ousada, ser uma parceira defensora de valores comuns. "É crucial implantar o 5G à moda europeia, alinhado aos valores europeus", afirmava a companhia.[46] Alguns países recuaram ao serem publicamente pressionados por diplomatas dos EUA. Poucos países quiseram explicitamente excluir a Huawei, a fim de evitar retaliações de Pequim, e então adotaram critérios objetivos de avaliação para seu equipamento de rede que a Huawei, contudo, irá se esforçar para atender.

A administração Biden pode aproveitar a oportunidade para melhorar as percepções, mas há diferenças mais profundas que não despareceram após a derrota de Trump. Líderes do pensamento europeu, assim como seus equivalentes americanos, sugerem criar uma coalizão democrática, mas têm em mente metas diferentes. Para eles, a ameaça não é a mera abordagem autoritária da China, mas também o poder das companhias dos EUA. "Sem esforços deliberados e imediatos por parte de governos democráticos de resgatar influência, os modelos corporativos e de governança autoritária irão erodir a democracia por toda parte", adverte Marietje Schaake, presidente do Cyber Peace Institute e ex-membro do Parlamento Europeu.[47]

Os Estados Unidos poderiam remover obstáculos à cooperação adotando regulamentações nacionais de privacidade de dados alinhadas à Regulamentação Geral de Proteção de Dados da UE [General Data Protection Regulation ou GDPR), incentivando maior concorrência na economia digital e elaborando um tratado de taxação digital.[48] Cada um desses passos poderia valer a pena por si, e há crescente apoio bipartidário para eles no Congresso, apesar das divergências quanto a aspectos específicos.

Mas a Europa não está se aproximando dos Estados Unidos para oferecer uma alternativa unificada à visão de redes globais da China. Ela se posiciona como uma alternativa à China e aos Estados Unidos. "A União Europeia está em boa posição para desempenhar um papel de liderança global no fortalecimento da governança do ciberespaço, como uma efetiva 'terceira via' moderadora entre os paradigmas americano e chinês predominantes", declara um documento de trabalho da Comissão Europeia.[49] "A não ser que encontremos novas maneiras de democratizar o acesso a dados para romper esse círculo vicioso, os vencedores de hoje serão também os vencedores de amanhã."[50]

O problema subjacente é que a Europa não inclui a si mesma nos vencedores de hoje. Os Estados Unidos detêm 68 por cento da capitalização de mercado entre as setenta maiores plataformas digitais do mundo, revela estudo da ONU, e a China detém outros 22 por cento. A Europa fica com apenas 3,6 por cento.[51] O mesmo estudo descobriu que sete companhias – Microsoft, Apple, Amazon, Google, Facebook, Tencent e Alibaba – respondem por dois terços do valor total do mercado digital. Sem uma campeã própria nessa liga, a Europa reluta em defender um sistema que ela vê como benéfico para os outros.

A Alemanha chega mais perto, mas ainda está bem distante. A maior companhia tech da Europa é a alemã SAP, uma provedora de software de negócios com mais de duzentos milhões de clientes e que anuncia que 77 por cento das transações de receita mundiais passam por um de seus sistemas. No início de 2021, a Alphabet, a companhia-mãe do Google e quarta maior empresa de tecnologia dos EUA, valia mais do que as trinta empresas líderes listadas pelo índice DAX da Alemanha.[52] Apenas uma companhia da UE, a Deutsche Telekom, é citada pela Forbes entre as vinte principais empesas digitais. Em contraste com isso, doze dessas vinte empresas principais eram companhias dos EUA.[53]

A estratégia de dados da Comissão Europeia antevê um cenário drasticamente diferente para 2030. "Concorrentes como a China e os EUA já estão inovando rapidamente e projetando seus conceitos de acesso e uso de dados ao longo do globo", descreve ela.[54] A Comissão tem conclamado a União Europeia a captar uma parcela da economia de dados global que seja no mínimo equivalente ao seu peso econômico, que duplique sua fatia de mercado global de semicondutores e duplique também o número de companhias tech da UE com valor de pelo menos 1 bilhão de dólares.[55] Essas ambições são louváveis, mas metas de tal porte também dão a sensação de que poderiam ter sido extraídas de documentos chineses de políticas.

As autoridades europeias também fazem apelos a uma "soberania digital", expressão que soa um pouco como a visão da China de cibersoberania.[56] "O objetivo é criar um único espaço de dados europeu – um único mercado para dados, genuíno, aberto a dados do mundo inteiro", reza a estratégia de dados da Comissão Europeia. "Esse contexto favorável, de promover incentivos e escolhas, irá fazer com que mais dados sejam armazenados e processados na UE." O documento aconselha que tudo isso seja feito "não por decreto, mas por escolha". Porém, em termos realistas, a maior parte das companhias que atualmente armazenam dados fora da União Europeia não irão escolher mudar isso, pelos elevados custos que geraria, a não ser que sejam obrigadas.

A entrada da União Europeia na concorrência global de nuvem, com atraso e de maneira um pouco desajeitada, ilustra os limites dessa abordagem. Autoridades europeias têm expressado preocupações a respeito da Lei da Nuvem americana [CLOUD Act], aprovada pelo

Congresso em 2018, que auxilia o governo dos EUA a obter dados de empresas além de suas fronteiras no âmbito de investigações para aplicação da lei.[57] Seus argumentos podem soar parecidos com as advertências que autoridades dos EUA fazem em relação a companhias chinesas, das quais se exige legalmente que forneçam toda a assistência necessária, inclusive que permitam acesso a instalações, dados e equipamentos reservados de atividades de inteligência do Estado.[58]

A grande diferença, é claro, está no fato de que a abordagem dos EUA se baseia na observância das leis e no consentimento mútuo. O CLOUD Act não é imposto a outros países por decreto, simplesmente autoriza o governo dos EUA a negociar acordos bilaterais com governos estrangeiros sobre acesso a dados. Já tendo chegado a um acordo com o Reino Unido, o governo dos EUA está negociando agora com a União Europeia um acordo bilateral para apoiar leis de ambos os lados e prover acesso recíproco. Mas como as percepções a respeito dos Estados Unidos sofreram forte baixa na Europa durante o mandato de Trump, e os fornecedores de nuvem dos EUA continuaram crescendo, mais legisladores europeus passaram a exigir que a União Europeia invista em alternativas próprias de nuvem por uma questão de soberania. Em junho de 2020, a Alemanha e a França lançaram a GAIA-X, nome inspirado na deusa grega da Terra.[59] "Não somos a China. Não somos os Estados Unidos. Somos países europeus com nossos próprios valores", declarou Bruno Le Maire, ministro das Finanças francês, referindo-se ao projeto.[60] "A fim de alcançar a soberania digital, precisamos começar a abordar o processamento de dados da maneira que fazem as grandes companhias americanas e chinesas – as hiperescaladoras", diz o ministro da Economia alemão Peter Altmaier.[61]

Um nome mais adequado ao projeto seria Proteus, um deus grego conhecido por mudar de formas. Em documentos oficiais, a real forma do projeto pode ser difícil de decifrar. O governo alemão explica que o esforço é "uma plataforma de abrangência europeia para armazenar dados em centros de dados externos", o que soa como uma nuvem europeia. Outro documento oficial declara: "O mapa da GAIA-X prevê a criação de uma sociedade internacional sem fins lucrativos governada pela lei belga [...] que irá moldar uma estrutura para o ecossistema GAIA-X e prover funcionalidades essenciais".[62] Traduzindo: a GAIA-X está criando uma organização sem fins lucrativos que irá ajudar a definir o que a GAIA-X irá se tornar.

Aumentando essa expectativa, e refletindo a confusão que envolve a iniciativa, a mídia internacional tem se referido a ela como "a aposta da Europa para ficar independente em termos de nuvem" e "a reação europeia ao poder das gigantes de nuvem americanas e chinesas".[63] O governo alemão, no entanto, explica: "Não se deve criar produto concorrente às ofertas existentes".[64] Na realidade, companhias não europeias são impedidas de fazer parte dos conselhos diretores, mas por outro lado são bem-vindas para participar da iniciativa, desde que se comprometam a seguir os princípios da GAIA-X – uma oferta que tem sido estendida até mesmo à Huawei.[65]

Uma razão para ceticismo é que a retórica em torno da GAIA-X não está sendo apoiada por recursos efetivos. A Comissão Europeia planeja oferecer apenas 2 bilhões de euros ao longo de sete anos para computação de nuvem e almeja atrair investimento adicional de estados membros e companhias, o que elevaria o total a 10 bilhões de euros.[66] Isso é menos do que os serviços de computação de nuvem da Amazon faturam num único trimestre.[67]

Ao aproveitar o poder regulador da UE, a GAIA-X configura-se essencialmente como guardiã dos serviços de nuvem existentes. Embora questões específicas ainda estejam em desenvolvimento, ela pode se tornar uma espécie de balcão único [one-stop shop], que reúna provedores de nuvem menores da Europa. Com isso estes poderiam aumentar sua visibilidade e incentivar a criação de pools de dados compartilhados para inovação. Em tese, isso daria aos usuários da GAIA-X mais escolhas e permitiria que se movessem mais facilmente entre os provedores de nuvem. O objetivo é reduzir as barreiras de entrada a novos provedores, mas é difícil imaginar competir com o nível superior de serviços, escala, recursos e alcance global oferecido pelas gigantes de nuvem atuais.

Embora a GAIA-X provavelmente não origine gigantes tech europeias, poderia colocar companhias americanas em desvantagem e, mesmo sem intenção, favorecer as provedoras de nuvem chinesas no mundo em desenvolvimento. Sua meta subjacente, de promover provedores europeus, significa que o "preço da admissão" provavelmente será mais elevado para as companhias dos EUA. Colocar custos adicionais em provedores americanos significa que estes terão menos recursos para se expandir nos mercados em desenvolvimento.

O foco da União Europeia em soberania digital, que foi capturado pela GAIA-X, tem também seus perigos. Ele evoca aspirações que são comuns a mercados menores ao redor do mundo, mas o caminho que ela oferece será desafiador para a própria União Europeia e até mais difícil, se não impossível, para economias menores. O conceito também é facilmente passível de mau uso. A visão da UE de soberania digital tem no seu cerne os direitos individuais. Os governos da China, Rússia, Irã e de outras partes empunham a mesma bandeira, mas com finalidades menos altruístas. A soberania digital de um país pode parecer nacionalismo digital a todos os demais e, em casos extremos, mascarar um autoritarismo digital.

Em termos realistas, os Estados Unidos e seus parceiros europeus não serão capazes de combinar habilmente suas diferentes visões das redes globais. As assimetrias na divisão do mercado global, assim como as diferenças de longa data quanto a segurança e privacidade, são obstáculos a um completo alinhamento. Como os acadêmicos Henry Farrell e Abraham L. Newman escrevem, "As interações UE-EUA em privacidade e segurança nunca alcançaram um equilíbrio estável, no qual é melhor para todas as partes a configuração institucional particular do que uma alternativa viável consideradas as ações de todos os demais, e com certeza nunca irão alcançar". O que esses autores veem, em vez disso, é "uma contínua e veemente contestação".[68]

Mas a cooperação transatlântica irá resistir e pode até se beneficiar dessa luta em curso se as diferenças forem honestamente reconhecidas e tratadas de modo eficaz. Uma nova via encorajadora para cooperação é o Conselho de Comércio e Tecnologia UE-EUA, criado em junho de 2021 para tratar de questões que vão de rastreamento de investimentos e controles de exportação a inteligência artificial. Como declarou a ministra da Defesa da Alemanha, Annegret Kramp-Karrenbauer, em outubro de 2020, "Esse atrito constante com a América é uma boa coisa, algo produtivo. Esse atrito dá lugar a confrontação, discurso e disputa – e a um questionamento perpétuo das próprias posições. Essa é a essência de uma sociedade aberta".[69] O atrito será uma parte natural da CORE. Aqueles que elaboram políticas devem temperar suas expectativas adequadamente e, enquanto fortalecem a CORE, não devem perder de vista o mundo em desenvolvimento, onde a China avança.

O ESTADO-PÊNDULO

Os Estados Unidos e seus parceiros devem se preparar para um mundo que pode parecer radicalmente diferente ao final deste século. Europa e Ásia irão recuar, é o que sugerem as tendências demográficas, enquanto a África e o mundo árabe avançarão. A projeção é que a Nigéria, vigésima oitava maior economia do mundo em 2017, se torne a nona maior economia do mundo, segundo pesquisadores do Instituto para Métricas e Avaliações de Saúde [Institute for Health Metrics and Evaluation] da Universidade de Washington.[70] Durante o mesmo período, a Índia passará do sétimo para o terceiro lugar. A Turquia, da décima sétima para a nona posição em meados do século, até se estabilizar na décima primeira posição por volta de 2100. Isso obviamente são projeções, e muita coisa pode mudar nas próximas décadas. Mas elas oferecem um vislumbre de um mundo no qual as economias emergentes se farão mais presentes.

Diante dessas tendências, as democracias ricas não podem se tornar uma ilha digital. A expectativa é que países classificados como "livres" no relatório "Freedom on the Net" da Freedom House reduzam sua participação coletiva no PIB Global, de 48 por cento para 38 por cento em 2050. Ao mesmo tempo, países classificados como "não livres" devem aumentar sua participação de 22 para 30 por cento.[71] Essas são medições muito grosseiras e aproximadas do poderio econômico. Mas o poderio econômico em última instância subscreve o poder tecnológico e militar. A CORE vai precisar compensar o declínio demográfico tendo maior aproximação com o mundo em desenvolvimento.

Nesse sentido, estarão empurrando uma porta que está aberta, pois países em desenvolvimento já vêm acolhendo soluções digitais. Entre os trinta primeiros países com a maior receita digital dentro do PIB, dezesseis são do mundo emergente, segundo Ruchir Sharma, estrategista global chefe da Morgan Stanley Investment.[72] Desde 2017, a receita digital em países em desenvolvimento tem crescido com rapidez mais de duas vezes maior do que em países desenvolvidos. E tem grande potencial para crescer ainda mais.

O mundo em desenvolvimento ainda está entrando online. Mais da metade do mundo tem acesso limitado à internet ou sequer tem acesso.[73] Mais de um terço dos países ainda não contam com pontos de troca de tráfego de internet.[74] Um terço da população mundial vive em países nos quais os planos de banda larga de 1 GB para celular têm custo não acessível a um assalariado médio.[75] Entre aqueles que têm conexões para celular, estima-se que apenas 15 por cento dos seus usuários irão valer-se do 5G até 2025, enquanto perto de 60 por cento dos usuários de celular dependerão ainda do 4G.[76] A "corrida" pelo 5G, e mais amplamente por redes globais, está apenas começando.

A classe média em ascensão no mundo ajudará a definir o vencedor. Um ponto de inflexão histórico foi alcançado em 2018, quando, pela primeira vez na história humana, os cidadãos pobres e vulneráveis do mundo deixaram de ser maioria global, segundo cálculos de Homi Kharas, da Brookings Institution.[77] A classe média, definida como lares que gastam de 11 a 110 dólares por dia por pessoa, é o maior segmento de consumidores e o que cresce mais rápido na economia global. O desafio é que por volta de 2030 um quarto do consumo global de classe média irá acontecer na China, segundo Kharas e a pesquisadora da Brookings, Meagan Dooley.[78]

Conforme a CORE busca se expandir, a Índia deverá ficar no alto da lista, ou numa categoria própria. A projeção é que em 2030 a Índia tenha a segunda maior fatia de consumo de classe média, por volta de 13 por cento do total mundial.[79] A classe média da Índia já puxa a demanda por dispositivos e serviços. Em 2018, usuários indianos baixaram mais apps do que usuários no restante do mundo, excetuando a China, e passaram mais horas nas mídias sociais do que usuários na China e nos Estados Unidos.[80] Em 2025, um quarto do crescimento dos assinantes de celular do mundo estará localizado na Índia, e nessa altura os indianos terão cerca de um bilhão de smartphones.[81] Depois da China, ninguém mais chega perto da Índia.

A Índia é o Estado-pêndulo crucial. Com a Índia a bordo, a CORE teria oito das dez maiores economias do mundo em 2030.[82] O peso econômico somado de Estados Unidos e Índia continuará superando a fatia da China no PIB global em 2050, e a partir desse ponto a projeção é que a fatia da China passe a decrescer.[83] A Índia tem uma ampla reserva de talento técnico, especialmente em software e serviços. Ela poderia se tornar o embaixador da CORE para o mundo em desenvolvimento, e um beneficiário comercial básico dessa abordagem.

Os mesmos atributos também tornam perturbadora a perspectiva de perder a cooperação da Índia. Se a Índia se inclinar para Pequim, a CORE perderá seu contrapeso mais natural em relação à China. Terá que enfrentar dois países que, juntos, respondem por mais de um terço da população mundial. Claro que é inteiramente possível que a Índia permaneça não alinhada, e isso seria perder uma grande oportunidade e tornaria menos provável que outras economias emergentes gravitassem em direção à CORE.

O impulso está fortemente a favor de Washington. As percepções comuns a respeito da China estão incentivando maior cooperação entre Estados Unidos e Índia em exercícios militares e em conversações sobre segurança cibernética e compartilhamento de informações.[84] Estados Unidos e Índia parecem há tempos formar uma combinação natural, entre a mais antiga e a maior democracia do mundo. Essa promessa parece estar agora se materializando.

A Índia também vem cooperando mais intimamente com aliados-chave dos EUA. O Quad, um fórum estratégico composto por Estados Unidos, Japão, Índia e Austrália, foi inspirado pelos esforços coordenados de ajuda humanitária após o terremoto e tsunami do oceano Índico em 2004. Depois de várias tentativas sem sucesso, o grupo agora se beneficia da participação política de alto nível e da cooperação de nível operacional em questões técnicas. Os quatro países realizaram sua primeira cúpula de líderes em março de 2021 e, entre outras ações, criaram um grupo de trabalho focado em tecnologias cruciais e emergentes.[85] Esse é exatamente o tipo de trabalho de construção de pontes que os Estados Unidos devem liderar, ajudando a mover o Quad "de sua inédita *forma* de diálogo em direção a uma ação *funcional* conjunta do grupo", como Evan A. Feigenbaum e James Schwemlein escreveram para o Carnegie Endowment.[86]

Independentemente desse progresso, o alinhamento da Índia com a CORE deve continuar a ser cultivado em vez de ficar apenas como possibilidade. Mesmo quando Estados Unidos e Índia têm percepções convergentes a respeito da China como ameaça, como durante a Guerra Fria, ainda persistem divergências sobre qual seria o curso de ação correto. A lição para Nova Delhi e Washington, como a acadêmica Tanvi Madan explica, é que tanto os fins quanto os meios precisam estar alinhados, as expectativas têm que ser administradas com cuidado, e o relacionamento deve ser institucionalizado. "Os dois países podem se aproximar naturalmente conforme eles negociam com a China, mas qualquer alinhamento desse tipo, se não for alimentado, será insustentável", escreve ela.[87]

Washington às vezes se antecipa, agindo como se o alinhamento fosse inevitável ou já tivesse sido alcançado. "A América e a Índia trarão luz aos cantos mais escuros de nossa Terra", proclamou o presidente George W. Bush após a assinatura de um acordo nuclear civil em 2006.[88] Em sua última viagem à Índia como secretário de Estado dos EUA, Mike Pompeo declarou: "O que ficou muito claro agora é que há uma batalha, e a batalha no mundo é entre a liberdade e o autoritarismo, e a Índia, como os Estados Unidos, escolheu a democracia e a liberdade".[89] O problema com essas apreciações do tipo branco ou preto é que desconsideram a grande zona cinza na qual muitos países em desenvolvimento se encontram.

A Índia não escolheu formalmente um lado, mesmo agora que mostra inclinar-se para os Estados Unidos. Embora o primeiro-ministro indiano Narendra Modi tenha se distanciado do movimento não alinhado que durante décadas orientou a política externa indiana, ele ainda se esquiva. As recentes melhorias nos laços entre EUA e Índia ocorrem no domínio da segurança. Mas na esfera econômica, a preferência da Índia por indigenização ergueu barreiras à cooperação, entre elas a aplicação das tarifas mais elevadas entre as grandes economias.[90] Em Washington, talvez a impressão seja de que não existe uma Índia e sim duas, conforme a discussão seja sobre questões de segurança ou de economia.

Pequim sabe que persistem divisões e tentará explorá-las. "Existe um limite máximo da proximidade [das relações] entre EUA e Índia", afirma Ye Hailin, um dos maiores especialistas do Sul Asiático sobre a China. Mesmo em relação às características que Estados Unidos e

Índia compartilham, Ye faz questão de apontar diferenças: "Devemos lembrar de uma coisa: esses dois países podem ambos falar inglês, mas o inglês de um país tem aroma de hambúrguer, e o inglês do outro tem gosto de curry. São duas coisas diferentes".[91]

Em certo sentido, o desafio da Índia é o dilema da Europa ampliado. A Índia quer ter as próprias campeãs de tecnologia e um controle maior sobre seus dados, mas conta com menos recursos e capacidades de manufatura e é mais dependente de tecnologia chinesa. Em 2014, Modi lançou o *"Make in India"*, uma tentativa de impulsionar a manufatura doméstica removendo barreiras ao investimento estrangeiro e elevando tarifas sobre importações de eletrônicos e outros produtos manufaturados, mas que ficou aquém das expectativas.[92] Grande parte das redes da Índia é *Made in China*. A Índia importa cerca de 90 por cento de seu equipamento de telecomunicações, e 40 por cento dele foi fornecido pela China em 2019.[93] Naquele mesmo ano, a Índia também importou da China e de Hong Kong cerca de dois terços do equipamento de seus centros de dados.[94] Três das quatro maiores operadoras da Índia – Airtel, Vodafone Idea e BSNL – dependem de equipamento da Huawei e da ZTE para 30 a 40 por cento de suas redes.[95] O preço acessível é, e continuará sendo, um fator preponderante para as decisões da Índia.

Os consumidores indianos talvez não estejam preparados para abrir mão de equipamento chinês. Em 2020, após um confronto entre soldados indianos e chineses ao longo do trecho de fronteira em litígio, a Índia proibiu mais de uma centena de apps chineses. Mas vários meses após esse choque inicial, a gigante tech chinesa Xiaomi continuava sendo o fornecedor de smartphones mais popular na Índia, e havia conquistado cerca de 30 por cento do mercado de smartphones do país no segundo trimestre de 2020. As companhias chinesas Vivo, Realme e Oppo ocupavam o terceiro, quarto e quinto lugares, respectivamente. Juntas, essas quatro empresas chinesas dominam dois terços do mercado indiano de smartphones.[96] O preço mais acessível ainda pode suplantar as preocupações com segurança. Para os especialistas indianos de segurança, qualquer equipamento estrangeiro traz riscos de espionagem. "Preocupações com vigilância estrangeira sempre serão elevadas, quer se trate de Huawei (China), Nokia (Finlândia), Cisco

(EUA) ou Ericsson (Suécia)", explica Munish Sharma, pesquisador do Instituto para Estudos e Análises da Defesa [Institute for Defence Studies and Analyses, IDSA], de Nova Delhi.[97] Alguns acreditam que Nova Delhi ainda pode conseguir o melhor de ambos os mundos: equipamento do fornecedor mais barato e segurança a partir de uma supervisão eficaz. "Essa dependência [da China] não impede os estados de terem supervisão suficiente sobre esses desenvolvimentos a ponto de garantir que não se faça mau uso dessas ferramentas", escrevem Ajey Lele e Kritika Roy para o IDSA.[98]

De qualquer modo o governo indiano começa a assumir uma posição mais dura com os fornecedores chineses de equipamento 5G. No final de 2019, o governo disse que permitiria que todos os fornecedores participassem de seus testes de 5G. Mas quando anunciou oficialmente os fornecedores para esses testes, programados para durar seis meses durante 2021, os chineses não foram chamados.[99] As novas regras de compras só aceitam "fontes confiáveis", o que lembra o espírito das medidas de avaliação adotadas por democracias mais ricas.[100] Talvez a maré esteja mudando, em razão dos erros da China e do desejo de longa data da Índia de favorecer fornecedores domésticos.

Assim como a Europa e outros países, a Índia quer ressaltar o valor de seus próprios dados. Líderes de pensamento na Índia avaliam que as abordagem ao fluxo de dados de Washington e de Pequim são ambas deficientes.[101] Mas em vez de participar de discussões internacionais sobre esses assuntos, a Índia tem sempre se ausentado. Ela recusou convites para participar de conversações sobre comércio digital na OMC e de iniciativas sobre fluxos de dados no G-20.[102] Ao mesmo tempo, encaminha-se para adotar a Lei de Proteção de Dados Pessoais, uma legislação nacional que os especialistas têm chamado de "uma crua fusão das provisões do GDPR [da União Europeia] com inclinações autoritárias".[103]

Outra área em que as recentes ações da Índia ficam aquém de seu potencial é no uso de controles da internet pelo governo. A Índia é líder mundial em desligamentos da internet, que têm aumentado nos últimos anos.[104] Em agosto de 2019, o governo bloqueou todas as comunicações com Jammu e a Caxemira, privando treze milhões de pessoas da internet por celular e de serviços de banda larga, telefone fixo e TV a cabo. Foi o desligamento mais longo no mundo democrático, e estendeu-se até janeiro do ano seguinte.[105] Relatos também sugerem que o governo tem usado *spyware* para controlar ativistas, jornalistas e advogados que representam grupos marginalizados.

Em última instância, a participação da Índia na CORE deve basear-se em ações, não em aspirações. Em 2020, a Índia teve pontuação 51 (em escala de 0 a 100) no índice Freedom on the Net, da Freedom House. A pontuação média dos outros países no grupo D-10 proposto foi 77.[106] Em 2021, a classificação anual de democracia da Freedom House rebaixou a Índia para "parcialmente livre". A última vez em que a Índia recebeu essa classificação foi em 1997, ano em que as nações do G-7 prematuramente convidaram a Rússia para se juntar ao clube. Tinham a expectativa de que Moscou estivesse caminhando para reformas econômicas e democráticas mais profundas.[107] Em vez disso, a guinada autoritária da Rússia enfraqueceu o grupo até ela ser excluída dele em 2014.

Para não repetir o erro, a CORE deve trabalhar com a Índia para chegar a um acordo quanto ao plano de ação para sua plena participação na coalizão. A Índia será a sede do G-20 em 2023, o que cria um marco natural. Na preparação para essa cúpula, o país poderia tomar medidas para reduzir seus controles sobre a internet, adotar critérios mais severos para avaliar fornecedores de 5G e diminuir as barreiras comerciais com outros membros da CORE. A própria cúpula poderia incluir um foco em fluxo de dados, levando adiante os esforços iniciados em 2019, quando o Japão foi anfitrião do G-20.

As reformas na Índia poderiam ser incentivadas com políticas que ajudassem suas ambições em manufatura, como proposto por Robert K. Knake, membro sênior do Conselho de Relações Exteriores dos EUA.[108] Empresas dos países da CORE, por exemplo, poderiam receber incentivos fiscais para transferir a produção de telecomunicações da China para a Índia. Os Estados Unidos, por exemplo, terceirizam para a China 90 por cento de seus laptops e quase três quartos de seus telefones celulares.[109] Transferir parte dessa manufatura para a Índia ajudaria a tornar os países da CORE mais resilientes, pela diversificação de suas cadeias de suprimento. Fortalecer as capacidades de manufatura da Índia também traria o benefício de diminuir sua dependência da China.

Uma Índia mais aberta poderia fazer dela o embaixador da CORE no mundo em desenvolvimento. Autoridades indianas têm uma compreensão em primeira mão do jogo de compensações entre custo e segurança que norteia certas decisões. Em vez de evitar conversações internacionais sobre fluxo de dados, a Índia poderia atuar como uma ponte entre as economias mais ricas e outros mercados emergentes, como Brasil, Indonésia e África do Sul.[110] Com um setor de manufatura mais forte, poderia oferecer soluções projetadas tendo em mente mercados de renda mais baixa. A principal prioridade da Índia, obviamente, será ter mais de seus cidadãos conectados, e ao fazer isso ela irá fortalecer capacitações valiosas. Essa experiência e expertise, apoiada por financiamento e investimento de outros membros da CORE, pode ser uma combinação poderosa para conectar uma porção maior do mundo em desenvolvimento.

MELHORAR A ATUAÇÃO DO ESTADO AMERICANO

Quando Roosevelt convocou os americanos à ação nos primeiros dias da Segunda Guerra Mundial, reconheceu que apenas uma grande mudança seria capaz de vencer o desafio. "Isso só poderá ser conseguido se pararmos de fazer as coisas do jeito habitual", afirmou.[111] Para que os Estados Unidos consigam formar uma coalizão para competir com a China nas redes globais, será necessário operar três grandes mudanças de estratégia para romper com os velhos hábitos.

A primeira coisa que precisa mudar é como os Estados Unidos e seus aliados pensam a segurança e pagam por ela. Não há dúvida de que os líderes da segurança nacional estão cada vez mais às voltas com ameaças digitais. "Hoje, tecnologias disruptivas estão mudando as ações de guerra tanto quanto a Revolução Industrial conseguiu fazer", afirmou o secretário-geral da OTAN, Jens Stoltenberg, em outubro de 2020. "Cada vez mais os conflitos estão sendo definidos por bytes e megadados. Tanto quanto por balas e navios de guerra."[112] No entanto, balas e navios de guerra ainda dominam os orçamentos militares. "Gastar mais em cibernética é o óbvio", diz o almirante James Stavridis, ex-Supremo Comandante Aliado da OTAN.[113]

As questões digitais devem ter maior peso nos orçamentos governamentais. Os membros da OTAN, por exemplo, comprometem-se a gastar 2 por cento de seu PIB anual em Defesa. Safa Shahwan Edwards, vice-diretora da Iniciativa Estratégia Cibernética de Estado do Conselho Atlântico [Atlantic Council's Cyber Statecraft Initiative], propõe que os membros da aliança se comprometam a gastar 0,2 por cento de seu PIB em segurança cibernética e modernização da defesa digital. Alguns membros já cumprem essa meta, mas a maioria precisaria dobrar ou triplicar seu gasto.[114]

Muitos países europeus vêm falhando há vários anos em cumprir seu compromisso original de gastos com defesa, mas investir em defesa cibernética e defesa digital poderia ser mais viável politicamente. Por exemplo, membros da OTAN poderiam ter permissão para computar alguns gastos em infraestrutura digital essencial, que tenha aplicação direta em comunicações da OTAN, como sistemas 5G especiais, considerando-os parte de suas obrigações gerais de gastos.[115] Como Stoltenberg explicou, "Um navio de um país da OTAN pode sempre navegar perto de um navio de outro país. Mas se eles não têm como compartilhar informações, se seus sistemas de radar e rastreamento não podem se comunicar, é como se estivessem em oceanos diferentes".[116]

Os Estados Unidos também deveriam adotar essa mudança em seus orçamentos. Embora algumas tendências estejam indo numa direção positiva, o orçamento federal dos EUA é tristemente resistente a mudanças. O Departamento de Defesa requisitou 9,8 bilhões de dólares para atividades cibernéticas em seu orçamento para o ano fiscal de 2021, o que inclui 789 milhões para computação de nuvem e 1,5 bilhão para conectividade 5G. Isso pode soar como uma quantidade imensa de fundos, mas representa apenas 1,4 por cento do orçamento total. O simples enxugamento da máquina administrativa em seus pontos inflados já pouparia 125 bilhões de dólares do Departamento da Defesa ao longo de cinco anos, conclui um estudo interno.[117] Um melhor alinhamento de recursos também exigiria atualizar o modo como o governo dos EUA aloca seus funcionários. O número de músicos que o Departamento de Defesa abriga é quase trinta vezes maior que o de funcionários do Departamento de Comércio no serviço de comércio exterior.[118] Nos últimos anos, há apenas duas dúzias de funcionários do serviço comercial externo dos EUA distribuídos ao longo de todo o Oriente Médio e da África. Eles têm presença em apenas oito dos quarenta e seis países da África subsaariana. Enquanto isso, a China expande seus serviços diplomáticos na África, onde conta com dez a quarenta representantes do governo para cada funcionário do serviço comercial externo dos EUA lotado ali.[119] Em 2019, a China superou os Estados Unidos como país com mais cargos diplomáticos ao redor do mundo.[120]

Os Estados Unidos deveriam alocar mais recursos para financiar a infraestrutura digital. O Congresso tem dado passos promissores nos últimos anos, como a criação da Corporação Financeira para Desenvolvimento Internacional dos EUA [U.S. International Development Finance Corporation, DFC] e a reativação do Banco de Exportação-Importação dos EUA. Juntas, porém, essas duas instituições estão limitadas a 195 bilhões de dólares de exposição, e as regras orçamentárias restringem a capacidade da DFC de assumir participações acionárias. Para termos melhor ideia disso, as necessidades globais de investimento da ICT são estimadas em 8,9 trilhões de dólares até 2040.[121] As duas agências catalisam financiamento do setor privado, por exemplo de fundos de pensão e investidores institucionais, que é onde o real poder de fogo reside. Mas não há como escapar do fato de que são necessários mais recursos públicos.

A segunda grande mudança é na aplicação desses recursos. O governo dos EUA precisa ser mais empreendedor na maneira de abordar mercados externos e tecnologias emergentes. Vamos imaginar, por exemplo, que o governo americano tivesse um fundo de capital de risco para tecnologia estrangeira e gestores de carteira. Trabalhando com embaixadas dos EUA, esses gestores de carteira poderiam identificar startups promissoras e alimentar o desenvolvimento tecnológico localmente. Poderiam visar grandes economias de transição, como Brasil, Indonésia e Nigéria, que irão moldar tendências regionais e são elas mesmas mercados importantes.

Isso exigiria adotar uma postura mental que se sentisse menos desconfortável com o fracasso. Como ocorre com investidores de capital de risco no setor privado, esses gestores de carteira fariam apostas sabendo que muitas delas iriam fracassar. No caso do governo dos EUA, porém, mesmo essas apostas que não tivessem sucesso comercial poderiam prover insights valiosos a respeito da dinâmica local. Com esses insights e uma participação efetiva nos empreendimentos locais, os Estados Unidos seriam mais eficazes em incentivar países na adoção de políticas que favoreçam a abertura e a resiliência.

Os Estados Unidos poderiam compartilhar os riscos, e as recompensas, com parceiros e aliados. Nirav Patel, ex-alto oficial do Departamento de Estado dos EUA e cofundador da consultoria Asia Group, propõe criar um Fundo de Tecnologia Ásia-Pacífico com um banco multilateral, como o Banco de Desenvolvimento Asiático. O fundo teria um estrutura geral de parceria e permitiria que companhias participassem de projetos individuais como coinvestidoras e se tornassem com o tempo parceiras limitadas.[122] Envolver mais parceiros dessa forma e juntar os setores público e privado envolveria naturalmente alguma tentativa e erro. Mas na ausência de alternativas criativas como essas, a China continuará a preencher os espaços.

Uma maior tolerância a riscos também permitiria ao governo dos EUA investir em tecnologias que possam desafiar as redes autoritárias. O Fundo de Tecnologia Aberta [Open Technology Fund, OTF], uma empresa independente sem fins lucrativos e amparada financeiramente pela Agência para Mídia Global dos EUA [U.S. Agency for Global Media], dá apoio a ferramentas como Tor e Signal, que ajudam dissidentes a se comunicarem com segurança e a reconstruir seus sites depois de um ataque. O fundo recebe apenas 21 milhões de dólares por ano do Congresso, apesar de ajudar mais de dois bilhões de pessoas em mais de sessenta países a acessar a internet. Caberia perguntar à organização o que ela poderia fazer caso tivesse duas, quatro ou mesmo dez vezes esse orçamento.

Embora atualmente a tecnologia seja vista muitas vezes como o problema, esforços como os da OTF permitem que a tecnologia ofereça soluções criativas. Tim Hwang, destacado especialista em IA, recomenda compartilhar conhecimento sobre como superar aplicações autoritárias de IA, por exemplo, alimentando esses sistemas de "exemplos adversários", que causem disrupção em suas capacidades de identificar com precisão pessoas e objetos.[123] Um grupo para o qual Eric Schmidt e Jared Cohen oferecem coaching recomenda investir em criptografia avançada e em novas tecnologias de roteamento de pacotes, entre outras áreas.[124] Expandir a disponibilidade de banda larga de satélite, como proposto no capítulo 6, é outra via promissora.

Os céticos vão advertir que essas ações deixam a linha entre o governo dos EUA e o setor privado indefinida. Mas o governo dos EUA já faz suas apostas. Sabe-se que a Agência de Projetos de Pesquisa Avançados da Defesa [Defense Advanced Research Projects Agency, ou DARPA] investiu em projetos que ajudaram a desenvolver a internet e o GPS. Os Estados Unidos fazem apostas em pessoas por meio de programas de intercâmbio e bolsas. Felizmente, mesmo Republicanos na Câmara dos EUA, entre eles vários críticos da presença mais ativa do governo, estão exigindo algumas dessas medidas para que se possa competir com a China, o que sugere que há espaço para uma ação bipartidária.[125]

A terceira grande mudança é na maneira como os Estados Unidos apresentam seus argumentos de vendas ao mundo. Mesmo quando a administração Trump trabalhou no sentido de expandir as alternativas que envolvem outros países, ela adotou um foco muito estreito quanto aos perigos do equipamento chinês. Por exemplo, ao anunciar que o governo dos EUA daria assistência a países em desenvolvimento para a compra de equipamento de telecomunicações seguro, uma alta autoridade previu quais seriam os dois temas que o governo dos EUA planejava abordar. O primeiro, que o equipamento chinês era vulnerável à espionagem. O segundo, que o financiamento chinês funcionaria como uma armadilha.[126] Esses argumentos podem conquistar aplausos de alguns setores da opinião pública americana, mas não encontram ressonância na maioria dos países em desenvolvimento.

Para que a mensagem seja bem recebida é preciso que haja maior empatia. As advertências sobre espionagem fazem pouca diferença, pois os países em desenvolvimento pressupõem que há riscos em qualquer tecnologia estrangeira, não importa sua origem. E a advertência sobre armadilhas com dívidas pode soar paternalista e vazia, como se os países em desenvolvimento fossem vistos como vítimas incautas, e deixando de levar em conta que foram poucos os empréstimos que chegaram a gerar confisco de ativos.[127] O efeito geral é como se um potencial cliente fosse a uma concessionária Ford para fazer um *test-drive* e o vendedor perdesse tempo falando mal da concessionária Honda do outro lado da rua. Um vendedor competente vende os benefícios de seu produto, em vez de ficar apontando os defeitos da concorrência.

Em países em desenvolvimento, o preço acessível continuará orientando as decisões. Os Estados Unidos, além de proverem assistência financeira, podem aprimorar a maneira como os países avaliam custos e chegam a tomar essas decisões. A etiqueta de preço inicial dos projetos chineses costuma incluir apenas os primeiros custos, associados à construção. Depois que algo já está instalado e funcionando, há também custos operacionais e de manutenção. Ignorar essas despesas é uma receita para o desastre. É como comprar um carro e achar que não será preciso gastar para encher o tanque (ou recarregar as baterias), ou levá-lo de vez em quando ao mecânico. Isso só é um cenário seguro se o carro nunca for usado. Considere a experiência de Papua Nova Guiné, que tomou emprestados 53 bilhões de dólares do Banco de Exportação-Importação da China para permitir que a Huawei construísse um centro de dados em sua capital. Uma avaliação encomendada pelo governo australiano sugeriu que a Huawei havia deliberadamente utilizado baixos padrões de segurança cibernética no projeto. Os riscos de espionagem naturalmente ganharam as manchetes, mas a reportagem observou também que o centro de dados era disfuncional, já que não se reservou dinheiro suficiente para sua operação e manutenção.[128] Em vez de simplesmente alertar para espionagem e armadilhas de dívidas, as autoridades dos EUA deveriam destacar que o centro de dados também falhou por ser um fiasco. A Huawei parece aquela concessionária de carro que vende gato por lebre sabendo disso.

Os Estados Unidos e seus parceiros serão mais competitivos se as estimativas de projeto refletirem o custo real. Para isso têm que ajudar os países em desenvolvimento a levar em conta não apenas os custos padrão de manutenção e operação, mas também as despesas adicionais associadas à segurança cibernética. Por exemplo, o equipamento da Huawei, quer isso seja acidental ou intencional, apresenta mais bugs do que o de alguns de seus concorrentes, o que o torna mais vulnerável a ataques de hackers.[129] Mitigar os riscos pode custar caro. Mas deixar de se preocupar com isso sai mais caro ainda. Os Estados Unidos e seus parceiros na CORE devem ajudar os países em desenvolvimento a fazer uma análise objetiva desses prós e contras.[130]

Quando os Estados Unidos falarem dos problemas do equipamento chinês, precisam destacar experiências como a de Papua Nova

Guiné e focar na distância entre as promessas e os benefícios. Algumas companhias chinesas de tecnologia, na ânsia de conseguir vender, têm prometido capacidades que não são capazes de entregar, como o capítulo 4 mostrou no caso dos equipamentos de vigilância da China e da tecnologia Cidade Segura. Esses benefícios anunciados funcionam como um argumento poderoso para governos estrangeiros e para companhias que compram o equipamento. Chamar a atenção para as falsas promessas e para situações em que o equipamento falhou seria uma estratégia defensiva mais adequada para os mercados em desenvolvimento. Entrar numa disputa abertamente geopolítica pode ser um tiro pela culatra no mundo em desenvolvimento. Países em desenvolvimento não estão preparados para abrir mão de fazer negócios com a maior nação comercial do mundo. Não estão prontos para rejeitar o maior credor bilateral do mundo. São poucos os que veem os Estados Unidos e a China nesses termos maniqueístas, do bem versus o mal. Para a maioria, desenvolvimento e crescimento são prioridades mais altas do que governança democrática. Seus líderes procuram manter as opções em aberto, gerar ofertas concorrentes e evitar depender de um único parceiro externo. Poucos veem a China como um parceiro de primeira escolha. Mas os Estados Unidos precisam competir, se não, para muitos países a China será a única opção.

"O PIOR DIA POSSÍVEL"

Você não precisa de uma bola de cristal ou de roteiristas de Hollywood para imaginar um mundo conectado pela China. Os sinais de alerta já estão aí, e muitos deles foram destacados no passeio que este livro propicia. Alguns podem parecer inócuos: luzinhas verdes piscando no porão de um provedor de telecomunicações local em Glasgow, no estado americano de Montana; câmeras montadas em postes de iluminação de rua em Londres; milhares de quilômetros de cabos de fibra óptica correndo enterrados no solo ou estendidos no leito oceânico. Embora em expansão, muito do rastro digital da China ainda está fora da visão e da mente.

O futuro ganha forma de maneira mais clara no mundo em desenvolvimento, onde essa concorrência irá se desenrolar. O mesmo hardware já vem causando estragos. Servidores da sede da União Africana enviam dados a Pequim secretamente, na calada da noite. Câmeras que controlam as ruas paquistanesas vêm equipadas com hardware oculto, enquanto outras funcionam defeituosamente. Um cabo submarino cruzando o Atlântico Sul acrescenta pouco, a não ser uma dívida para a economia de Camarões. O primeiro satélite do Laos é na verdade propriedade de Pequim. Esses são os primeiros sinais da dependência digital.

Pegando os sinais de alerta atuais e adentrando mais nas especulações, Amy Webb, uma destacada futuróloga americana, prevê um cenário assustador em *The Big Nine: How the Tech Titans and Their Thinking Machines Could Warp Humanity* [As Nove Grandes: Como as gigantes da tecnologia e suas máquinas de pensamento podem desvirtuar a humanidade. O ano é 2069, e a China se assenta no centro de uma rede de mais de 150 países, todos dependentes de Pequim para comunicações, comércio e finanças. Eles se comprometeram a apoiar a "Política Global Uma China". Os Estados Unidos e o que resta de seus aliados estão avaliando suas opções, mas a China se antecipa com um ataque final guiado por IA, que é "brutal, irreversível e absoluto", arrasando as populações dos Estados Unidos e seus aliados.[131] Adeus, democracia.

Os próprios estrategistas da China compreendem bem as apostas em jogo. "O controle de uma sociedade da informação [é] a porta de acesso à oportunidade de dominar o mundo", declara Shen Weiguang, o guru da guerra de informação mencionado no capítulo 1.[132] Shen escreveu essas palavras em 1999 em seu livro, de título inquietante, *The Third World War: Total Information War* [A guerra no terceiro mundo: Guerra de informação total]. Elas se tornam ainda mais verdadeiras conforme a tecnologia de comunicações penetra mais fundo na sociedade. É bem pequena a porção da vida cotidiana, seja em cidades inteligentes como Nairóbi, no Quênia, ou em núcleos rurais como Glasgow, Montana, que consegue existir fora da infraestrutura digital. À medida que a dependência digital da sociedade aumenta, cresce o poder conquistado pelo controle desses sistemas.

A China se posiciona para ganhar poderes de informação e coercitivos que é capaz de exercer cotidianamente, e armas para o que Thomas Donahue, especialista em cibersegurança e ex-autoridade de inteligência dos EUA, chama de "o pior dia possível".[133] Todos os dias, Pequim teria o dedo no pulso da economia global. Conheceria o movimento das redes de energia, de navios cargueiros e equipamentos agrícolas. Poderia ir mais fundo e detectar o uso de energia num edifício, o conteúdo de um contêiner de carga e a produtividade de um trator. Com todos esses dados, seria capaz de construir um poderoso sistema de alerta precoce.

O conhecimento, mesmo de detalhes aparentemente supérfluos como esses, significa poder. Ao ter informações sobre a produção agrícola, por exemplo, Pequim teria como localizar e explorar ineficiências de mercado, lucrando com flutuações de preços. Poderia ajudar estados clientes a antever e evitar as agitações sociais que acompanham altas nos preços de alimentos. Rastreando o conteúdo preciso de navios cargueiros ao redor do mundo, Pequim poderia decidir estocar suprimentos cruciais antes que o resto do mundo tivesse conhecimento de uma eventual escassez em vias de ocorrer. Picos no uso de energia em instalações militares revelariam a mobilização de soldados estrangeiros. Para os líderes da China, a surpresa seria coisa do passado.

A China conheceria mais segredos do mundo, e também poderia esconder informações a seu respeito. Pequim teria olhos e ouvidos não apenas em capitais estrangeiras, mas dentro de edifícios de governos estrangeiros, em postos de comando de segurança pública e em centros de dados. Ficaria sabendo de descobertas científicas à medida que fossem feitas, de fusões e aquisições de corporações que estivessem ainda em fase de conclusão e de patentes antes de serem solicitadas. Teria acesso privilegiado a decisões confidenciais. Entraria na maioria das negociações numa posição de força muito superior.

A vantagem da China em informação significaria uma guinada épica na concorrência entre economias controladas pelo Estado e economias mais abertas. Planejadores estatais têm há muito tempo se esforçado para tomar decisões econômicas com a eficiência dos mercados, como ficou claro no colapso da União Soviética. A posição da China no centro das redes globais sanaria essa deficiência fatal. Se os esforços da China em relação à infraestrutura digital não forem contestados e forem aprimorados, o que é um cenário que embora improvável precisa ser considerado, Pequim acabaria tendo melhores informações que seus rivais apoiados em mercados abertos.

Armados com essas vantagens, os líderes chineses poderiam ficar tentados a intervir com maior frequência nos países estrangeiros. Intervenções do exterior envolvem muitos riscos. O mundo tem simplesmente variáveis demais, muitas delas desconhecidas, e é grande a probabilidade de que tivesse que arcar com consequências não pretendidas. Mas quando os líderes acreditam que têm vantagens avassaladoras e informação superior, o sucesso parece mais provável e os riscos mais manejáveis. Os líderes chineses ganhariam maior confiança em sua capacidade de prevalecer nas disputas internacionais, fossem a respeito de termos de comércio ou de território físico. A probabilidade de conflitos aumentaria.

As vantagens da China se estenderiam também ao campo de batalha. O *Global Trends 2040,* do Conselho Nacional de Inteligência dos EUA, é a mais recente previsão de uma série publicada a cada quatro anos. Ela adverte: "A superioridade nas grandes competições de força, e especificamente no campo de batalha, pode depender cada vez mais de aproveitar e proteger informações e de conectar forças militares. Cresce a probabilidade de os beligerantes colocarem como alvo as redes de computação de seus adversários, as infraestruturas cruciais, o espectro eletromagnético, os sistemas financeiros e recursos no espaço, ameaçando comunicações e minando funções de alerta".[134]

No pior dos dias possível, Pequim teria as mãos no pescoço de seus adversários. Num conflito, poderia causar estragos nas infraestruturas cruciais dos países. "Estrategicamente, o objetivo da guerra de informação é destruir as infraestruturas de informação políticas, econômicas e militares do inimigo, e, talvez, até mesmo a infraestrutura de informação de toda a sociedade", Shen explica. "Isso inclui destruir e paralisar os sistemas militares, financeiros, de telecomunicações, eletrônicos e de energia do inimigo, e as redes de computação".[135] Ou seja, a plena e desimpedida concretização dos pontos DSR [Dynamic Source Routing] da China, num mundo em que ela venceria conflitos sem disparar um tiro.[136]

É preciso esclarecer: a China está longe de possuir esse poder. A visão do PCCh vem se tornando mais aguçada e indo mais longe, mas continua fragmentada e sobrecarregada por dados. Coletar uma quantidade tão imensa de informação é apenas o primeiro passo.

O desafio técnico bem mais difícil é conseguir dar sentido a isso. De um ponto de vista puramente técnico, não fica claro se a China é capaz de alcançar essa visão de longo alcance e ainda assim perfeitamente centralizada, sequer dentro das próprias fronteiras. Fazer isso em âmbito global é exponencialmente mais difícil.

E o poder das redes tampouco é ilimitado. Mais provável seria que a China interrompesse temporariamente os sistemas, em especial de maneiras que permitissem alguma forma plausível de negação, do que ela promover uma destruição ostensiva. Apertar o botão "matar" na infraestrutura crucial de outro país, ou de um conjunto de países, não é uma carta que possa ser jogada sem gerar riscos significativos e retornos ou ganhos em rápida diminuição. O alvo talvez retaliasse, até mesmo com força militar convencional. O mundo ficaria assistindo, e mesmo aqueles que não estivessem diretamente envolvidos no conflito poderiam muito bem chegar à conclusão de que deveriam reduzir sua dependência dos sistemas chineses antes que fosse tarde demais.

Felizmente, não é tarde demais.

O AVANÇO DA LIBERDADE

Aquela crença de que a tecnologia promoveria a democracia surgiu num momento de triunfalismo americano.[137] Agora, a crença de que as democracias deveriam promover a tecnologia surge num momento de desespero. Conforme o ânimo do público passa da esperança para o medo, há o risco de que a paranoia assuma a dianteira e leve os Estados Unidos a desperdiçarem seu poder, que ainda é superior. Nos próximos anos, líderes americanos e seus equivalentes nos países da CORE terão que batalhar para conseguir o equilíbrio correto entre ação justa e reação exagerada.

A ansiedade em relação às ambições tecnológicas da China está batendo forte porque chegou com atraso. A China teve uma ascensão rápida, deu um salto nas redes sem fio, em dispositivos conectados à internet, cabos submarinos e sistemas globais de navegação por satélite. Suas ambições só têm crescido, e ela colocou foco em assumir os setores estratégicos ("*commanding heights*"). Quer dominar as conexões físicas que transportam dados, do leito do oceano ao espaço sideral e abrangendo tudo de permeio. O mais chocante são suas aplicações distópicas de tecnologia em casa. O sonho digital da China parece cada vez mais um pesadelo, e os Estados Unidos e seus parceiros estão despertando para essa realidade.

Ter consciência desses riscos é necessário para estimular a ação. Se o público americano não puder ver a China como um concorrente de longo prazo, os Estados Unidos terão dificuldades em formular e sustentar uma estratégia que precisa se disseminar por mandatos, partidos e durar décadas. Sem percepções comuns das ameaças, a ponte transatlântica continuará desarticulada, ineficiente e fraca em sua ação coletiva. Se a Índia encarar a China mais como uma ameaça irritante do que como uma ameaça existencial, trilhará um caminho fora da CORE. Mas se as percepções das ameaças continuarem a convergir, a CORE terá uma chance melhor de alcançar a massa crítica que precisa ter e de coordenar essa força coletiva.

Existe, no entanto, uma linha divisória entre ansiedade e paranoia, e cruzá-la envolve perigos particulares. Na Segunda Guerra Mundial, Roosevelt tomou a horrenda decisão de prender 120 mil pessoas de ancestralidade japonesa em campos de concentração. Considerando que o desafio atual é basicamente econômico e tecnológico, os sinais são mais sutis, mas os riscos são reais. Os Estados Unidos devem se precaver tanto contra a xenofobia e o racismo como contra o protecionismo. Esses males não brotam apenas por conta própria. Historicamente, têm sido estimulados por grupos que utilizam uma ameaça estrangeira para impor suas agendas.

Não há solução rápida para evitar essas armadilhas, nem muretas de proteção capazes de impedir a queda. Será necessária uma vigilância sustentada e uma disposição de se perguntar com frequência e honestamente se os Estados Unidos, ao competirem com a China, estão de fato se tornando uma versão melhor de si mesmos. A ansiedade pode ser aproveitada para finalidades produtivas, como fez o presidente Truman ao invocar a ameaça da União Soviética a fim de aumentar apoio para o sistema interestadual americano. De modo similar, reagir à China hoje pode envolver investimentos domésticos – em infraestrutura, mas também em educação, pesquisa e em melhores políticas de imigração – que ajudariam os Estados Unidos a manter sua vantagem competitiva.

Alguns poderão advertir que o risco maior é não ter uma reação à altura da ameaça que a China representa. Segundo essa linha de pensamento, tendo em vista o que está em jogo em caso de derrota, é melhor errar por exagerar na reação do que por ter ficado aquém. O problema é que isso perde de vista o que deveria ser o principal objetivo: retratar a China como ela é na realidade, e reagir a essa realidade.[138] Uma estratégia eficaz requer não só reconhecer os pontos fortes da China, mas também identificar e explorar suas fraquezas. Retratar a China como um colosso que se ergue sem esforço para alcançar o domínio global é fazer pelo PCCh o trabalho que cabe a ele fazer.

"Confiança é o ingrediente essencial", adverte Ryan Hass, ex-diplomata americano e destacado especialista em China.[139] Projetar confiança em casa ajuda a pôr um freio nas vozes alarmistas e desonestas. Projetar confiança externamente cria maior probabilidade de atrair parceiros. E os Estados Unidos têm todas as razões para estarem confiantes.[140] São o núcleo líder mundial em dados internacionais, abrigam as companhias mais inovadoras do mundo e são a peça-chave de uma rede global de parceiros e aliados, algo do que a China carece. As barreiras domésticas de Pequim limitam a capacidade de inovação e expansão de suas companhias. Enquanto as autoridades chinesas continuarem cedendo à própria paranoia, a China enfrentará uma dura batalha para superar os Estados Unidos como principal operador de redes do mundo.

Os Estados Unidos e seus aliados deveriam preparar-se para uma longa competição. As Guerras de Redes provavelmente não serão decididas num confronto do tipo "o vencedor leva tudo". A vitória não terá o aspecto do final da Segunda Guerra Mundial na Europa, quando as ruas se encheram de música e desfiles. Celebrar coisas que não acontecem é mais difícil, e vencer exigirá evitar desastres e resistir a disrupções. O sucesso está menos em assegurar a rendição do inimigo do que em construir sistemas resilientes. A maior parte do trabalho será técnico, repetitivo e sem glamour.

Nas batalhas e crises de redes que virão, valerá a pena ter em mente que a China possui menos razões para se sentir confiante, mas tem mais facilidade em fingir isso. As falhas e erros das democracias costumam estar mais visíveis ao mundo. Em meio ao vexame que acompanha cada falha, é fácil esquecer que a consciência desses problemas deriva muitas vezes de pontos positivos: transparência, mídia independente e Estado de direito. A abertura, por sua vez, impulsiona a adaptação. Em contraste com isso, a verdadeira extensão das falhas da China tem maior probabilidade de ficar ocultada, talvez até que Pequim não consiga mais acobertá-las. Por trás da obsessão do PCCh com controle reside uma profunda insegurança.

Adotar uma visão realista da tecnologia não significa abrir mão das aspirações que motivaram e, na realidade, cegaram muitos dos líderes nos primeiros dias da internet. Há uma imensa quantidade de coisas boas que a tecnologia das comunicações propicia todo dia, e há um incrível potencial no horizonte para expandir o acesso e melhorar a vida. Mas agora ficou dolorosamente evidente que expandir o acesso não garante resultados positivos. A conectividade não é um bem puro. Acreditar que é de outro modo eximiu governos, companhias e cidadãos de suas responsabilidades.

Vale lembrar as palavras de Reagan a um público londrino em 1989: "Mais que os exércitos, mais que a diplomacia, mais que as melhores intenções das nações democráticas, a revolução das comunicações será a maior força para o avanço da liberdade humana que o mundo já viu".[141] Essa "revolução" soava como algo que se processaria no piloto automático. Depois de desencadeada, precisaria apenas de tempo para ganhar impulso. Mas o mundo digital, longe de ser uma utopia, reflete e amplifica agora problemas concretos do mundo. Desigualdade, tribalismo e crime são coisas que prosperam online.

Quando cai o mito de que a conectividade é um "bem" puro, a amplitude do desafio fica mais clara. Não há nada de inevitável em relação ao avanço da liberdade humana. Perceber o potencial positivo da tecnologia de comunicações exigirá mais diplomacia ainda. Exigirá que as democracias ricas se mostrem à altura dos próprios princípios ao se envolverem com países em desenvolvimento. Exigirá uma revisão dos conceitos tradicionais de segurança.

Nada disso será rápido, fácil ou barato. Portanto, muita coisa precisa ser feita ainda, e é atraente demais imaginar que uma tecnologia cada vez mais inteligente irá proporcionar um atalho, uma solução mágica, a elevação da condição humana a outro estágio. Mas em vez de colocarmos nossas esperanças em ferramentas ou em grandes forças, devemos mudar nosso foco para a própria humanidade. Em diferentes graus, cada um de nós tem a responsabilidade de decidir de que maneira as redes são usadas. Os governos devem planejar com sabedoria. As empresas devem agir com cautela. Os cidadãos precisam exigir responsabilização. Os humanos precisam ser a maior força para a liberdade.

AGRADECIMENTOS

Este livro não teria sido possível sem a disposição positiva, a atenção e o saber de muitas pessoas.

O Centro de Estudos Estratégicos e Internacionais (CSIS) propiciou-me um lar profissional durante os últimos cinco anos. Obrigado, Dr. John Hamre, Craig Cohen, Josie Gable e Matthew Goodman pela liderança e pelo apoio. Também expresso gratidão à equipe do Reconnecting Asia Project. Andrew Huang foi atrás de uma longa lista de solicitações de pesquisa e mergulhou fundo em detalhes técnicos com agilidade e precisão. Emily Cipriani ofereceu auxílio desde o início nas traduções. Laura Rivas e Joseph Yinusa deram apoio em pesquisa direcionada. Maesea McCalpin ajudou todos nós a manter o rumo.

Agradeço aos colegas pelos conselhos que deram a mim e ao Reconnecting Asia Project: Bushra Bataineh, Michael Bennon, Jude Blanchette, Victor Cha, Heather Conley, Alexander Cooley, Judd Devermont, Bonnie Glaser, Michael Green, Grace Hearty, Scott Kennedy, Agatha Kratz, Sarah Ladislaw, James Lewis, Greg Poling, Peter Raymond, Richard Rossow, Daniel Runde e Stephanie Segal.

Quando percorri novo terreno, beneficiei-me da orientação de viajantes mais experientes, especialmente Blaine Curcio, Steven Feldstein, Allie Funk, Sheena Chestnut Greitens, Caleb Henry, John Melick, John McHugh, James Mulvenon, Charles Rollet, Victoria Samson, Adrian Shahbaz, Patrick Shannon, David Stanton, Brian Weeden e vários outros que ficarão anônimos.

Sou especialmente grato a Andrew Hill e ao *Financial Times* por supervisionarem o Bracken Bower Prize, uma oportunidade excepcional para escritores aspirantes. Agradeço a Allan Song e à Smith

Richardson Foundation por seu generoso apoio, e a Doron Weber da Sloan Foundation por incentivar minha exploração inicial de questões de tecnologia.

Uma equipe de ases do texto tornou este livro possível. Hollis Heimbouch e Wendy Wong na HarperCollins deixaram cada página mais inteligente, cada capítulo mais fluente, e de algum modo fizeram com que tudo ficasse divertido. O olho atento de Plaegian Alexander deu polimento ao texto final. Na Profile, a sensibilidade de Ed Lake para públicos internacionais ajudou a tornar essa história verdadeiramente global. Toby Mundy tem o dom de desafiar as leis que regem as ideias, tornando os conceitos mais amplos e ao mesmo tempo mais penetrantes, e tenho a sorte de tê-lo como agente.

Agradeço aos amigos e à família por tolerarem reações mais lentas, ligações perdidas e versões ainda não devidamente elaboradas de algumas das histórias contadas nestas páginas. Meus pais e parentes foram anfitriões generosos e me ajudaram em momentos cruciais durante um ano de isolamento, oferecendo a companhia, a mudança de cenário e a paz mental para que eu continuasse escrevendo. Após um ano de parceria no confinamento, estou mais encantado do que nunca com a fonte de infindável energia de minha companheira. É inspirador ver a paixão que ela coloca no seu trabalho, a lealdade que disponibiliza a amigos e à família, e o amor que dedica à nossa filha, Harper. Acima de tudo, obrigado, Liz.

NOTAS

CAPÍTULO UM – GUERRAS DE REDES

[1] Ronald Reagan, "The Triumph of Freedom" (discurso, palestra Churchill 1989, Londres, 13 de junho de 1989), London Broadcasting Company (LBC) / Independent Radio News (IRN) Digitisation Archive, Global Radio UK Ltd., http://bufvc.ac.uk/tvandradio/lbc/index.php/segment/0007100432001.

[2] Nicholas D. Kristof, "The Tiananmen Victory", *New York Times*, 2 de junho de 2004, www.nytimes.com/2004/06/02/opinion/the-tiananmen-victory.html.

[3] Andrew Higgins, "A Correspondent Shares 25 Years of Perspective", *Sinosphere* (blog), *New York Times*, 3 de junho de 2014, https://sinosphere.blogs.nytimes.com/2014/06/03/live-blogging-the-25-tiananmen-square-anniversary.

[4] Nicholas D. Kristof, "Satellites Bring Information Revolution to China", *New York Times*, 11 de abril de 1993, www.nytimes.com/1993/04/11/world/satellites-bring-information-revolution-to-china.html.

[5] Nicholas D. Kristof, "Death by a Thousand Blogs", *New York Times*, 24 de maio de 2005, www.nytimes.com/2005/05/24/opinion/death-by-a-thousand-blogs.html.

[6] Toru Tsunashima, "In 165 Countries, China's Beidou Eclipses American GPS", *Nikkei Asia*, 25 de novembro de 2020, https://asia.nikkei.com/Politics/International-relations/In-165-countries-China-s-Beidou-eclipses-American-GPS.

[7] "Yi tong zhongguo qianding gong jian 'yidai yilu' hezuo wenjian de guojia yi lan" 已同中国签订共建'一带一路'合作文件的国家一览 [Lista de países que assinaram documentos de cooperação com a China para a construção conjunta do "Cinturão e Rota"], Belt and Road Portal, [última modificação em 30 de janeiro de 2021, www.yidaiyilu.gov.cn/gbjg/gbgk/77073.htm.

[8] Jason Miller, "Ban on chinese products starts today despite confusion over acquisition Rule" ["Proibição de produtos chineses começa hoje apesar de confusão sobre a regra de aquisição"], Federal News Network, 13 de agosto de 2020, https://federalnewsnetwork.com/acquisition-policy/2020/08/ban-on-chinese-products-starts-today-despite-confusion-over-acquisition-rule.

[9] David Shepardson, "FCC Begins Process of Halting China Telecom U.S. Operations", Reuters, 10 de dezembro de 2020, www.reuters.com/article/usa-china-tech/fcc-begins-process-of-halting-china-telecom-u-s-operations-idUSKBN28K2ER; John McCrank e Anirban Sen, "NYSE to Delist Three Chinese Telecoms in Dizzying About-Face", Reuters, 6 de janeiro de 2021, www.reuters.com/article/us-china-u-

sa-telecom/nyse-to-delist-three-chinese-telecoms-in-dizzying-about-face-idUSKB-N29B1TR.

[10] Ellen Nakashima e Jeanne Whalen, "U.S. Bans Technology Exports to Chinese Semiconductor and Drone Companies, Calling Them Security Threats", *Washington Post*, 19 de dezembro de 2020, www.washingtonpost.com/technology/2020/12/18/china-smic-entity-list-ban.

[11] "The Clean Network", U.S. Department of State (arquivo), acessado em 22 de fevereiro de 2021, https://2017-2021.state.gov/the-clean-network/index.html.

[12] "China's Got a New Plan to Overtake the U.S. in Tech", Bloomberg, 20 de maio de 2020, www.bloomberg.com/news/articles/2020-05-20/china-has-a-new-1-4-trillion-plan-to-overtake-the-u-s-in-tech.

[13] Arjun Kharpal, "In Battle with U.S., China to Focus on 7 'Frontier' Technologies from Chips to Brain-Computer Fusion", CNBC, 5 de março de 2021, www.cnbc.com/2021/03/05/china-to-focus-on-frontier-tech-from-chips-to-quantum-computing.html.

[14] James Crabtree, "China's Radical New Vision of Globalization", *Noema Magazine*, 10 de dezembro de 2020, www.noemamag.com/chinas-radical-new-vision-of-globalization.

[15] Daniel W. Drezner, Henry Farrell e Abraham L. Newman, eds., *The Uses and Abuses of Weaponized Interdependence* (Washington, D.C.: Brookings Institution Press, 2021).

[16] Rebecca MacKinnon, Consent of the Networked: The Worldwide Struggle for Internet Freedom (Nova York: Basic Books, 2012); Evgeny Morozov, The Net Delusion: The Dark Side of Internet Freedom (Nova York: PublicAffairs, 2011).

[17] John Perry Barlow, "A Declaration of the Independence of Cyberspace", Electric Frontier Foundation, 8 de fevereiro de 1996, www.eff.org/cyberspace-independence.

[18] Tradução conforme parafraseado em Timothy L. Thomas, *Dragon Bytes: Chinese Information War Theory and Practice* (Leavenworth, KS: Foreign Military Studies Office, Fort Leavenworth, 2004), 46.

[19] Thomas, *Dragon Bytes*, 51.

[20] "Freedom of Expression and the Internet in China: A Human Rights Watch Backgrounder", Human Rights Watch, acessado em 28 de fevereiro de 2021, www.hrw.org/legacy/backgrounder/asia/china-bck-0701.htm; "Zhonghua renmin gong heguo jisuanji xinxi xitong anquan baohu tiaoli" 中华人民共和国计算机信息系统安全保护条例 [Regulamentações da República Popular da China sobre sistemas de segurança e proteção da informação de computador], Governo Central do Povo da República Popular da China, última modificação em 6 de agosto de 2005, www.gov.cn/flfg/2005-08/06/content_20928.htm.

[21] "The 11 Commandments of the Internet in China", Repórteres Sem Fronteiras [Reporters Without Borders], última modificação em 20 de janeiro de 2016, https://rsf.org/en/news/11-commandments-internet-china; para o conjunto todo de regulamentações, ver "Provisions on the Administration of Internet News Information Services (texto em chinês e tradução integral pela CECC)", Comissão Executiva do Congresso sobre a China [Congressional-Executive Commission on China], acessado em 26 de fevereiro de 2021, www.cecc.gov/resources/legal-provisions/provisions-on-the-administration-of-internet-news-information-services#body-chinese.

22 William J. Clinton, "Full Text of Clinton's Speech on China Trade Bill" (discurso, Escola Paul H. Nitze de Estudos Internacionais Avançados, Universidade Johns Hopkins, Baltimore, MD, 9 de março de 2000), https://www.iatp.org/sites/default/files/Full_Text_of_Clintons_Speech_on_China_Trade_Bi.htm.

23 Greg Walton, *China's Golden Shield: Corporations and the Development of Surveillance Technology in the People's Republic of China* (Montreal: International Centre for Human Rights and Democratic Development, 2001), https://ia803005.us.archive.org/35/items/230159-china-golden-shield/230159-china-golden-shield.pdf.

24 Jonathan Ansfield, "Bionzi Q&A: Li Xinde Shares Tips of His Trade", China Digital Times, 21 de setembro de 2006, https://chinadigitaltimes.net/2006/09/biganzi--qa-li-xinde-shares-tips-of-his-trade.

25 Nicholas D. Kristof, "Slipping over the Wall", *New York Times*, 24 de agosto de 2008, www.nytimes.com/2008/08/24/opinion/24iht-edkristof.1.15583418.html?searchResultPosition=15.

26 Sheena Chestnut Greitens, "China's Surveillance State at Home and Abroad: Challenges for U.S. Policy" (artigo de trabalho, Penn Project on the Future of U.S.China Relations, 2020), https://cpb-us-w2.wpmucdn.com/web.sas.upenn.edu/dist/b/732/files/2020/10/Sheena-Greitens_Chinas-Surveillance-State-at-Home-Abroad_Final.pdf.

27 American Telephone and Telegraph Company, "Annual Report for the Year Ending December 31, 1908", 16 de março de 1909, in *The Commercial & Financial Chronicle* 88 (Nova York: William B. Dana Company, 1909), 829, https://books.google.com/books?id=v3dIAQAAMAAJ.

28 Tom Wheeler, *From Gutenberg to Google: The History of Our Future* (Washington, D.C.: Brookings Institution Press, 2019), 184.

29 James Currier, "The Network Effects Manual: 13 Different Network Effects (and Counting)", *NFX* (blog), 9 de janeiro de 2018, https://medium.com/@nfx/the-network-effects-manual-13-different-network-effects-and-counting-a3e0 7b23017d.

30 Sophia Chen, "Why This Intercontinental Quantum-Encrypted Video Hangout Is a Big Deal", *Wired*, 20 de janeiro de 2010, www.wired.com/story/why-this-intercontinental-quantum-encrypted-video-hangout-is-a-big-deal.

31 Momoko Kidera, "Huawei's Deep Roots Put Africa beyond Reach of US Crackdown", *Nikkei Asia*, 15 de agosto de 2020, https://asia.nikkei.com/Spotlight/Huawei-crackdown/Huawei-s-deep-roots-put-Africa-beyond-reach-of-US-crackdown.

32 Paul Brodsky et al., *The State of the Network: 2020 Edition* (San Diego, CA: PriMetrica, Inc., 2020), 8, www2.telegeography.com/hubfs/assets/Ebooks/state-of-the--network-2020.pdf.

33 Tim Rühlig, *China, Europe, and the New Power Competition over Technical Standards,* (Estocolmo: Instituto Sueco de Assuntos Internacionais, 2021 [The Swedish Institute of International Affairs]), 3, www.ui.se/globalassets/ui.se-eng/publications/ui-publications/ 2021/ui-brief-no.-1-2021.pdf.

34 Daniel Fuchs e Sarah Eaton, "How China and Germany Became Partners on Technical Standardization", *Washington Post*, 16 de novembro de 2020, www.washingtonpost.com/politics/2020/11/16/how-china-germany-became-partners-technical-standardization.

35 Ghalia Kadiri e Joan Tilouine, "A Addis-Abeba, le Siège de l'Union Africaine Espionné par Pékin" [Em Addis Ababa, o quartel-general da União Africana foi espionada por Pequim], *Le Monde*, 26 de janeiro de 2018, www.lemonde.fr/afrique/article/2018/01/26/a-addis-abeba-le-siege-de-l-union-africaine-espionne-par-les-chinois_5247521_3212.html.

36 Huawei, "Huawei and the African Union Sign a MoU to Strengthen Their Technical Partnership on ICT", press release, 31 de maio de 2019, www.huawei.com/za/news/za/2019/huawei-the-african-union-sign-a-mou.

37 Raphael Satter, "Exclusive-Suspected Chinese Hackers Stole Camera Footage from African Union – Memo", Reuters, 16 de dezembro de 2020, www.reuters.com/article/us-ethiopia-african-union-cyber-exclusiv/exclusive-suspected-chinese-hackers-stole-camera-footage-from-african-union-memo-idUSKBN28Q1DB.

38 Peter Suciu, "Is China Using Hacked OPM Data?", ClearanceJobs, 19 de abril de 2019, https://news.clearancejobs.com/2019/04/19/is-china-using-hacked-opm-data; Erik Larson, "Chinese Citizen Indicted in Anthem Hack of 80 Million People", Bloomberg, 9 de maio de 2019, www.bloomberg.com/news/articles/2019-05-09/chinese-national-indicted-by-u-s-grand-jury-over-anthem-hack; Eric Geller, "U.S. Charges Chinese Military Hackers with Massive Equifax Breach", *Politico*, 10 de fevereiro de 2020, www.politico.com/news/2020/02/10/us-charges-chinese-spies-with-massive-equifax-hack-113129.

39 Zach Dorfman, "Beijing Ransacked Data as U.S. Sources Went Dark in China", *Foreign Policy*, 22 de dezembro de 2020, https://foreignpolicy.com/2020/12/22/china-us-data-intelligence-cybersecurity-xi-jinping/; Zach Dorfman, "China Used Stolen Data to Expose CIA Operatives in Africa and Europe", *Foreign Policy*, 21 de dezembro de 2020, https://foreignpolicy.com/2020/12/21/china-stolen-us-data-exposed-cia-operatives-spy-networks.

40 "China-Linked Group RedEcho Targets the Indian Power Sector amid Heightened Border Tensions", Insikt Group, Recorded Future, 28 de fevereiro de 2021, www.recordedfuture.com/redecho-targeting-indian-power-sector.

41 Shreya Jai, "From Thermal to Solar Units, China Dominates India's Power Sector", *Business Standard*, 18 de junho de 2020, https://www.business-standard.com/article/economy-policy/from-thermal-to-solar-units-china-dominates-india-s-power-sector-120061701894_1.html.

42 Evelyn Cheng, "China's Xi: 'No Force Can Stop the Chinese People and the Chinese Nation,'" CNBC, última modificação em 1 de outubro de 2019, www.cnbc.com/2019/10/01/china-70th-anniversary-xi-says-no-force-can-stop-the-chinese-people.html.

43 China Unicom, "Shengshi huacai keji fu neng: Guoqing shengdian beihou de liantong qi da liangdian – beijing liantong yuanman wancheng qingzhu xin zhongguo chengli 70 zhounian huodong tongxin fuwu baozhang" 盛世华彩 科技赋能：国庆盛典背后的联通七大亮点 – 北京联通圆满完成庆祝新中国成立70周年活动通信服务保障 [Esplendor da Era Dourada e Empoderamento Tecnológico: Sete Destaques da China Unicom por trás da Cerimônia do Dia Nacional – a Unicom Pequim é bem-sucedida em prover serviços de segurança para as comunicações nas celebrações do 70º Aniversário da Fundação da Nova China], press release, 1º de outubro de 2019, www.chinaunicom.cn/news/201910/1569940668782066081.html.

44 Jessie Yeung, James Griffiths e Steve George, "Hong Kong Protesters Hit the Streets as China Marks 70 Years of Communist Rule", CNN, última modificação em 1º de outubro de 2019, www.cnn.com/asia/live-news/china-hong-kong-oct-1-live-intlhnk/h_6551c3607349db6d0d8babac4dda0a32. Eva Dou, Natasha Khan e Wenxin Fan, "China Claims U.S. 'Black Hand' Is behind Hong Kong Protests", *Wall Street Journal*, 9 de agosto de 2019, www.wsj.com/articles/china-claims-u-s-black-hand-is-behind-hong-kong-protests-115653 56245.

45 Eva Dou, Natasha Khan e Wenxin Fan, "China Claims U.S. 'Black Hand' Is behind Hong Kong Protests", *Wall Street Journal*, 9 de agosto de 2019, www.wsj.com/articles/china-claims-u-s-black-hand-is-behind-hong-kong-protests-115653 56245

46 Melanie Hart e Jordan Link, "Chinese President Xi Jinping's Philosophy on Risk Management", Center for American Progress, 20 de fevereiro de 2020, www.americanprogress.org/issues/security/news/2020/02/20/480680/chinese-president-xi-jinpings-philosophy-risk-management.

47 Qiao Long 乔龙, "Liusi tian wang, zhongguo yulun jiandu wang zai zao gongji" 六四天网, 中国舆论监督网再遭攻击 [A Rede 4 de junho e a rede de Supervisão da Opinião Pública da China foram atacadas de novo], Radio Free Asia, 18 de agosto de 2015, www.rfa.org/mandarin/yataibaodao/meiti/ql2-08182015102821.html.

48 Li Xinde 李新德, "Tianjin dong li: Zhejiang yi gongsi pi zhi 'ju zhi zui' rang qian fading daibiao ren dan ze" 天津东丽: 浙江一公司被指'拒执罪'让前法定代表人担责 [Distrito de Dongli em Tianjin: Uma companhia de Zhejiang acusada de "Recusar cumprir penalidades criminais" deixa seu antigo representante legal assumir a culpa], *Yulun Wang* 舆论网 [Rede de Opinião] (blog), 14 de outubro de 2019, https://wemp.app/posts/2691d0e9-d092-4948-9fbe-d77041c21958; Li Xinde 李新德, "Tianjin dong li: Qian fading daibiao ren pi zhi 'ju zhi zui' jingfang huiying: Zeren yongjiu zhi" 天津东丽: 前法定代表人被指'拒执罪'警方回应: 责任永久制 [Distrito de Dongli em Tianjin: Antigo representante legal é acusado de "Recusar cumprir penalidades criminais", resposta do Departamento de Polícia: [Em última instância é sua responsabilidade], *Yulun Wang* 舆论网[Rede Opinião] (blog), 18 de outubro de 2019, https://wemp.app/posts/8c42ff1e-525b-4aab-b4e8-f67f38986c9f.

49 "Zhongguo yulun jiandu wang chuangban ren lixinde bei pan wu nian" 中国舆论监督网创办人李新德被判五年 [Li Xinde, fundador da Rede de Supervisão da Opinião Pública da China, recebe sentença de cinco anos], Radio Free Asia, 13 de janeiro de 2021, www.rfa.org/mandarin/yataibaodao/renquanfazhi/pl-01132021153542.html.

50 Ansfield, "Biganzi Q&A".

51 Katherine Atha et al., *China's Smart Cities Development: Research Report Prepared on behalf of the U.S.-China Economic and Security Review Commission* (Vienna, VA: SOS International LLC, 2020), 56–57, www.uscc.gov/sites/default/files/2020-04/China_Smart_Cities_Development.pdf.

52 Sheridan Prasso, "Huawei's Claims That It Makes Cities Safer Mostly Look Like Hype", Bloomberg, 12 de novembro de 2019, www.bloomberg.com/news/articles/2019-11-12/huawei-s-surveillance-network-claims-face-scrutiny?sref=VZPf2pAM.

53 Reuters, "Kenya Secures $666 Million from China for Tech City, Highway", 26 de abril de 2019, www.reuters.com/article/us-kenya-china/kenya-secures-666-million-from-china-for-tech-city-highway-idUSKCN1S21KG.

54 Tim Stronge, "Does 70% of the World's Internet Traffic Flow through Virginia?", *TeleGeography Blog*, TeleGeography, 30 de maio de 2019, https://blog.telegeography.com/does-70-of-the-worlds-internet-traffic-f low-through-virginia.

55 John Markoff, "Internet Traffic Begins to Bypass the U.S.", *New York Times*, 29 de agosto de 2008, www.nytimes.com/2008/08/30/business/30pipes.html.

56 "AWS, Microsoft, Google, Alibaba Share in Cloud Market", InfotechLead, 2 de abril de 2020, https://infotechlead.com/cloud/aws-microsoft-google-alibaba-share-in-cloud-market-60638.

57 Jared Cohen e Richard Fontaine, "Uniting the Techno-Democracies", *Foreign Affairs*, novembro/dezembro de 2020, www.foreignaffairs.com/articles/united-states/2020-10-13/uniting-techno-democracies.

CAPÍTULO 2 – CTRL + C

1 Northern Telecom Ltd., *Annual Report 1994*, 23 de fevereiro de 1995.

2 Northern Telecom Ltd., *Annual Report 1992*, 25 de fevereiro de 1993.

3 Como citado em Northern Telecom Ltd., *Annual Report 1992*.

4 Nick Waddell, "The Nortel Orbitor: The iPhone Killer That Was a Decade Ahead of Its Time", Cantech Letter, 9 de novembro de 2011, www.cantechletter.com/2011/11/nortels-orbitor-the-iphone-killer-that-was-a-decade-early.

5 *The Future of Warfare: Hearing before the Committee on Armed Services, United States Senate*, 114th Cong. (2015) (declaração do general Keith B. Alexander, aposentado, ex-diretor da National Security Agency), https://www.govinfo.gov/content/pkg/CHRG-114shrg99570/html/CHRG-114shrg99570.htm.

6 Northern Telecom Ltd., *Annual Report 1994*.

7 Milton Mueller e Zixiang Tan, China in the Information Age: Telecommunications and the Dilemmas of Reform (Westport, CT: Praeger, 1997), 26–29.

8 "Nortel Underlines Ties with China's Market", *People's Daily*, 27 de julho de 2001, http://en.people.cn/english/200107/27/eng20010727_75951.html.

9 Sun Ying Shea, "Major Barriers in Telecommunications Technology Transfer: Northern Telecom's Perspective" (tese de mestrado, Departamento de Comunicações, Universidade Simon Fraser, 1992), 41, https://summit.sfu.ca/item/3834.

10 Robert D. Atkinson, "Who Lost Lucent?: The Decline of America's Telecom Equipment Industry", *American Affairs* 4, nº 3 (2020): 99–135, https://americanaffairsjournal.org/2020/08/who-lost-lucent-the-decline-of-americas-telecom-equipment-industry.

11 Ann Walmsley, "The Deal That Almost Got Away: Nortel's Bid to Be a Global Player Was Pinned to a Crucial Chinese Contract", *Report on Business Magazine, Globe and Mail*, agosto de 1995, https://search.proquest.com/docview/194517 403.

12 Swapan Kumar Patra, "Innovation Network in IT Sector: A Study of Collaboration Patterns among Selected Foreign IT Firms in India and China", in *Collaboration in International and Comparative Librarianship*, ed. Susmita Chakraborty e Anup Kumar Das (Hershey, PA: IGI Global, 2014), 154, https://books.google.com/books?id=quNGAwAAQBAJ.

13 Brenda Dalglish, "China Comes to Call", *Maclean's*, 2 de maio de 1994, https://archive.macleans.ca/article/1994/5/2/china-comes-to-call.

14 Xing Fan, *China Telecommunications: Constituencies and Challenges* (Cambridge, MA: Programa de Políticas de Recursos de Informação, Centro de Pesquisa de Políticas de Informação, 1996), 146–47, www.pirp.harvard.edu/pubs_pdf/fan/fan-p96-4.pdf.

15 U.S. General Accounting Office, *Export Controls: Sale of Telecommunications Equipment to China,* GAO/NSIAD-97-5 (Washington, D.C.: U.S. General Accounting Office, 1996), www.gao.gov/assets/230/223441.pdf.

16 Marlin Fitzwater, "Statement by Press Secretary Fitzwater on Multilateral Export Controls" (discurso, comunicado da Casa Branca à imprensa, s.l., 24 de maio de 1991), in George H. W. Bush, *Public Papers of the Presidents of the United States: George H. W. Bush (1991, Book I)* (Washington, D.C.: U.S. Government Publishing Office, 1992), 558–59, https://www.govinfo.gov/content/pkg/PPP-1991-book1/html/PPP-1991-book1-doc-pg558.htm.

17 U.S. Department of Commerce, *Background Paper for Assistant Secretary Sue Eckert Meeting* (Washington, D.C.: U.S. Department of Commerce, 1994), China and the US, National Security Archive, George Washington University, Washington, D.C., https://search.proquest.com/docview/1679077299.

18 William J. Clinton, "Remarks to the Seattle APEC Host Committee" (discurso, conferência sobre Cooperação Econômica Ásia-Pacífico, Seattle, WA, 19 de novembro de 1993), The American Presidency Project, Universidade da Califórnia, Santa Barbara, https://www.presidency.ucsb.edu/documents/remarks-the-seattle-apec-host-committee.

19 Ver capítulo 13 in Michael J. Green, By More than Providence: Grand Strateg y and American Power in the Asia Pacific Since 1783 (Nova York: Columbia University Press, 2017), e capítulo 5 in Bob Davis e Lingling Wei, Superpower Showdown: How the Battle between Trump and Xi Threatens a New Cold War (Nova York: Harper Business, 2020).

20 Norman Kempster e Rone Tempest, "U.S. Imposes Sanctions on China, Pakistan over Missile Deal: Arms Technology: Export of Satellite Gear to Beijing Is Banned. Both Asian Nations Deny Violating Controls", *Los Angeles Times*, 26 de agosto de 1993, www.latimes.com/archives/la-xpm-1993-08-26-mn-28209-story.html.

21 U.S. Department of Commerce, Assistant Secretary Sue Eckert Meeting.

22 White House, *A National Security Strategy of Engagement and Enlargement,* White House Report 19960807 039 (Washington, D.C.: Casa Branca, 1996), 2–3, https://history.defense.gov/Portals/70/Documents/nss/nss1996.pdf?ver=2014-06-25-.

23 Hugo Meijer, Trading with the Enemy: The Making of US Export Control Policy toward the People's Republic of China (Nova York: Oxford University Press, 2016), 156–57.

24 William J. Clinton, "Remarks and a Question-and-Answer Session with Silicon Graphics Employees in Mountain View, California" (discurso, Mountain View, CA, 22 de fevereiro de 1993), The American Presidency Project, Universidade da Califórnia, Santa Barbara, www.presidency.ucsb.edu/documents/remarks-and-question-and-answer-session-with-silicon-graphics-employees-mountain-view. Ver também William J. Clinton, entrevista a John Culea (repórter, KFMB-TV), San Diego, CA, 22 de outubro de 1993, The American Presidency Project, Universidade da Califórnia, Santa Barbara, www.presidency.ucsb.edu/documents/interview-with-john-culea-kfmb-tv-san-diego.

25 White House, National Security Strategy, 1.

26 William J. Clinton, "Remarks in a Town Meeting with Russian Citizens in Moscow" (discurso, Moscou, 14 de janeiro de 1994), The American Presidency Project, Universidade da Califórnia, Santa Barbara, www.presidency.ucsb.edu/documents/remarks-town-meeting-with-russian-citizens-moscow.

27 U.S. General Accounting Office, *Export Controls*, 9.

28 "Joining Forces: SCM/Brooks Telecommunications L.P. of Chicago", *Chicago Tribune*, 5 de maio de 1993, www.chicagotribune.com/news/ct-xpm-1993-05-05-9305060330-story.html.

29 Jeff Gerth e Eric Schmitt, "The Technology Trade: A Special Report; Chinese Said to Reap Gains in U.S. Export Policy Shift", *New York Times*, 19 de outubro de 1998, www.nytimes.com/1998/10/19/us/technology-trade-special-report-chinese-said-reap-gains-us-export-policy-shift.html.

30 James C. Mulvenon, Soldiers of Fortune: The Rise and Fall of the Chinese Military-Business Complex, 1978–1998 (Nova York: Routledge, 2015).

31 John Polanyi, "Education in the Information Age", in Northern Telecom Ltd., *Annual Report 1994*, http://sites.utoronto.ca/jpolanyi/public_affairs/public_af fairs4g.html.

32 John Polanyi, correspondência por e-mail com o autor, 4 de dezembro de 2020.

33 Northern Telecom Ltd., *Annual Report 1994*, 34.

34 Ray Le Maistre, "Huawei Reports 2008 Revenues of $18.3B", Light Reading, 22 de abril de 2009, www.lightreading.com/huawei-reports-2008-revenues-of-$183b/d/d-id/667148; "Nortel Reconfirms 2008 Outlook, to Offer Notes", Reuters, 21 de maio de 2008, www.reuters.com/article/idUKN2138018820080521.

35 Como citado em Xiao Wei 肖卫, *Yingxiang zhongguo jing ji fazhan de ershi wei qiye lingxiu* 影响中国经济发展的二十位企业领袖 [Vinte líderes empresariais que influenciaram a economia da China] (Shenyang, China: Shenyang chubanshe 沈阳出版社[Shenyang Publishing House], 2000), 12; essa foi a fonte citada em Peilei Fan, "Promoting Indigenous Capability: The Chinese Government and the Catching-Up of Domestic Telecom-Equipment Firms", *China Review* 6, nº 1 (2006): 9–35, www.jstor.org/stable/23462007?seq=1.

36 "Opening Speech at the 12th National Congress of the Communist Party of China", *China Daily*, 1º de setembro de 1982, https://cpcchina.chinadaily.com.cn/2010-10/20/content_13918249.htm.

37 Cheng Dongsheng 程东升 e Liu Lili 刘丽丽, *Huawei Zhenxiang* 华为真相 [A Verdade da Huawei] (Pequim: Dangdai zhongguo chubanshe 当代中国出版社 [Contemporary China Publishing House], 2003), 30.

38 "'Du shang xingming' gao yanfa huawei weisheme zheme pin" '赌上性命' 搞研发华为为什么这么拼 ["Betting Your Life" on R&D: Why Huawei Works So Hard], *People's Daily*, 23 de novembro de 2018, http://ip.people.com.cn/n1/2018/1123/c179663-30417549.html.

39 Cheng e Liu, *Truth of Huawei*, 216–17.

40 Deng Yingying, "China's National Innovation System (NIS) in the Making: Case Studies of Three Indigenous Chinese Companies" (tese de mestrado, Universidade de Massachusetts Lowell, 2003), 44–45; Evan S. Medeiros et al., *A New Direction for China's Defense Industry*, MG-334-AF (Santa Monica, CA: RAND, 2005), 218,

www.rand.org/pubs/monographs/MG334.html; Bruce Gilley, "Huawei's Fixed Line to Beijing", *Far Eastern Economic Review*, 28 de dezembro de 2000, www.web.pdx.edu/~gilleyb/Huawei_FEER28Dec2000.pdf.

[41] Deng, "China's National Innovation System (NIS)", 45; Gilley, "Huawei's Fixed Line to Beijing".

[42] Qing Mu e Keun Lee, "Knowledge Diffusion, Market Segmentation and Technological Catch-Up: The Case of the Telecommunication Industry in China", *Research Policy* 34, nº 6 (agosto de 2005): 759–83, https://doi.org/10.1016/j.respol.2005.02.007.

[43] Deng, "China's National Innovation System (NIS)", 45–46.

[44] Cheng e Liu, *Truth of Huawei*, 103.

[45] Cheng e Liu, *Truth of Huawei*, 284–86.

[46] Mu e Lee, "Knowledge Diffusion", 759–83.

[47] Deng, "China's National Innovation System (NIS)", 47–48; Mu e Lee, "Knowledge Diffusion".

[48] Chuin-Wei Yap, "State Support Helped Fuel Huawei's Global Rise", *Wall Street Journal*, 25 de dezembro de 2019, www.wsj.com/articles/state-support-helped-fuel-huaweis-global-rise-11577280736.

[49] Yuan Yang e Nian Liu, "Huawei Founder Ren Zhengfei in His Own Words", *Financial Times*, 15 de janeiro de 2019, www.ft.com/content/aba92826-18db-11e9-9e64-d150b3105d21.

[50] Deng, "China's National Innovation System (NIS)", 47–48.

[51] "Huawei gongsi jibenfa (dinggao)" 华为公司基本法(定稿) [A lei básica da companhia Huawei (finalizado)], Geren tushu guan 个人图书馆 [Biblioteca Pessoal], acessado em 23 de fevereiro de 2021, www.360doc.com/content/20/0925/16/20390846_937558376.shtml.

[52] Li-Chung Chang et al., "Dynamic Organizational Learning: A Narrative Inquiry into the Story of Huawei in China", *Asia Pacific Business Review* 23, nº 4 (2017): 541–58, https://doi.org/10.1080/13602381.2017.1346910. Sobre o uso do conceito por Deng, ver Gao Yi 高屹, "Lishi xuanzele dengxiaoping (72)" 历史选择了邓小平 (72) [History Chose Deng Xiaoping (72)], *People's Daily*, 1º de agosto de 2018, http://cpc.people.com.cn/n1/2018/0801/c69113-30182455.html.

[53] Cheng e Liu, *Truth of Huawei*, 41.

[54] Cheng Dongsheng e Liu Lili, *The Huawei Miracle: English Edition* (Pequim: China Intercontinental Press, 2019), 52.

[55] A fonte a seguir observa que Chen deu o livro: Tian Tao, David De Cremer e Wu Chunbo, *Huawei: Leadership, Culture, and Connectivity* (Los Angeles: SAGE, 2017), loc. 2015 de 6460, Kindle; a fonte a seguir cita o título do livro: Johann P. Murmann, Can Huang e Xiaobo Wu, "Constructing Large Multinational Corporations from China: East Meets West at Huawei, 1987–2017", in *Academy of Management Annual Meeting Proceedings 2018* (Chicago: Academy of Management, 2018), https://doi.org/10.5465/AMBPP.2018.10189abstract.

[56] Michael E. McGrath, *Setting the PACE in Product Development: A Guide to Product and Cycle-Time Excellence* (Boston: Butterworth-Heinemann, Elsevier, 1996), 172, https://books.google.com/books?id=W2TZvWAaMLoC.

[57] Tian, De Cremer e Wu, *Huawei*, loc. 4944, Kindle; "Huawei Technologies: A Trail Blazer in Africa", *Knowledge@Wharton*, 20 de abril de 2009, https://knowledge.wharton.upenn.edu/article/huawei-technologies-a-chinese-trail-blazer-in-africa.

[58] Xiaobo Wu et al., "The Management Transformation of Huawei", in *The Management Transformation of Huawei: An Overview*, ed. Johann Peter Murmann (Cambridge, Reino Unido: Cambridge University Press, 2020), 40, www.alexandria.unisg.ch/259512/1/Murmann_Huawei_Overview.pdf.

[59] Tian, De Cremer e Wu, *Huawei*, loc. 5012-5016.

[60] Tian, De Cremer e Wu, *Huawei*, loc. 4884.

[61] Tian, De Cremer e Wu, *Huawei*, loc. 4914-4939.

[62] Tian, De Cremer e Wu, *Huawei*, loc. 5685.

[63] Tian, De Cremer e Wu, *Huawei*, loc. 5660.

[64] Tian, De Cremer e Wu, *Huawei*, loc. 5656.

[65] Murmann, Huang e Wu, "Constructing Large Multinational Corporations", 34.

[66] Tian, De Cremer e Wu, *Huawei*, loc. 4941.

[67] Tian, De Cremer e Wu, *Huawei*, loc. 5676.

[68] Spencer E. Ante, "Huawei's Ally: IBM", *Wall Street Journal*, última modificação em 10 de outubro de 2012, www.wsj.com/articles/SB10000872396390443294904578046872036296296.

[69] Tian, De Cremer e Wu, *Huawei*, loc. 4941.

[70] Clinton, "Speech on China Trade Bill".

[71] China in the WTO: What Will It Mean for the U.S. High Technology Sector?: Joint Hearing before the Subcommittee on International Economic Policy, Export and Trade Promotion and the Subcommittee on East Asian and Pacific Affairs of the Committee on Foreign Relations, United States Senate, 106th Cong. (2000), www.govinfo.gov/app/details/CHRG-106shrg66498/context.

[72] Richard Younts (vice-presidente executivo da Motorola Inc.), depoimento em *China in the WTO*.

[73] Frank Carlucci (presidente do conselho de diretores de Nortel Networks), depoimento em *China in the WTO*.

[74] Jiang Zemin, "Accelerate the Development of Our Country's Information and Network Technologies" (trecho de discurso, terceira sessão do nono Congresso Nacional do Povo e terceira sessão da nona Comissão Nacional da Conferência de Consulta Política do Povo Chinês, Pequim, 3 de março de 2000), in *On the Development of China's Information Technology Industry* (Amsterdã: Academic Press/Elsevier, 2010), 255–56.

[75] Jiang Zemin, "Report on an Inspection Tour of the US and Canadian Electronics Industries", in *On the Development of China's Information Technology Industry*, 59–72, www.oreilly.com/library/view/on-the-development/9780123813695/B9780123813695000027.xhtml#fn0010.

[76] Jiang Zemin, "Revitalize Our Country's Electronics Industry", *People's Daily*, 11 de setembro de 1983, in *On the Development of China's Information Technology Industry*, 73–77, www.oreilly.com/library/view/on-the-development/9780123813695/B9780123813695000039.xhtml#fn0010.

[77] Jiang Zemin, "Gradually Explore a Chinese Style Development Path for the Electronics Industry", in *On the Development of China's Information Technology Industry*, 85–112, www.oreilly.com/library/view/on-the-development/9780123813695/B97 80123813695000052.xhtml#fn0010.

[78] Jiang Zemin, "Initiate a New Phase in the Electronics Industry's Services for the Four Modernizations", in *On the Development of China's Information Technology Industry*, 155–77, www.oreilly.com/library/view/on-the-development/9780123813695/ B9780123813695000118.xhtml#fn0010.

[79] Jiang Zemin, "Strive to Accomplish the Two Historic Tasks of Mechanizing and Informationizing Our Army" (trecho de discurso, reunião geral da Comissão Central das Forças Armadas, Pequim, 11 de dezembro de 2000), in *On the Development of China's Information Technology Industry*, 261–62, https://learning.oreilly.com/ library/view/on-the-development/9780123813695/B9780123813695000210.xhtml# B978-0-12-381369-5.00021-0.

[80] Jiang Zemin, "Speech at the Opening Ceremony of the 16th World Computer Congress" (discurso, cerimônia de abertura, 16º Congresso Mundial de Computação, Pequim, 21 de agosto de 2000), in *On the Development of China's Information Technology Industry*, 257–59, https://learning.oreilly.com/library/ view/on-the-development/9780123813695/B9780123813695000209.xhtml#B978-0-12-381369-5.00020-9.

[81] "Jiang Zemin Says E-Commerce Will Transform China", *New York Times*, 22 de agosto de 2000, www.nytimes.com/2000/08/22/technology/jiang-zemin-says-e-commerce-will-transform-china.html.

[82] Walton, China's Golden Shield.

[83] Zixue Tai, "Casting the Ubiquitous Net of Information Control: Internet Surveillance in China from Golden Shield to Green Dam", in *International Journal of Advanced Pervasive and Ubiquitous Computing* 2, nº 1 (2010): 53–70, http://doi.org/10.4018/ japuc.2010010104.

[84] Tai, "Casting the Ubiquitous Net", 55.

[85] Mueller e Tan, *China in the Information Age,* 52; "Golden Projects", CNET, 27 de junho de 1997, www.cnet.com/news/golden-projects.

[86] Como citado em Zixue Tai, *The Internet in China: Cyberspace and Civil Society* (Nova York: Routledge, 2006), 241.

[87] Tai, Internet in China, 240–42.

[88] Walton, China's Golden Shield, 15.

[89] Walton, China's Golden Shield, 6.

[90] GE Industrial Systems, "GE Industrial Systems Acquires Nortel Networks Lentronics Product Line", press release, 25 de agosto de 2001, www.gegridsolutions.com/ multilin/pr/nnlentronics.pdf.

[91] M. Perez, "SONET-Based System Enhances Reliability", *Transmission & Distribution World* 52, nº 12 (2000): 60–63; Walton, *China's Golden Shield*, 6.

[92] Walton, China's Golden Shield, 6.

[93] Walton, China's Golden Shield, 18.

[94] Nortel Networks, *OPTera Metro 3500 Multiservice Platform: Release 12.1 Planning and Ordering Guide – Part 1 of 2*, NTRN10AN (Canadá: Nortel Networks, 2004), www.manualslib.com/manual/113141/Nortel-Ntrn10an.html?page=2#manual.

[95] Walton, China's Golden Shield, 21.

[96] Thomas C. Greene, "Nortel Helps Stalk You on Line", *The Register*, 1o de fevereiro de 2001, www.theregister.co.uk/2001/02/01/nortel_helps_stalk_you.

[97] "Nortel Breaks China Record", Light Reading, 13 de fevereiro de 2001, www.light reading.com/ethernet-ip/nortel-breaks-china-record/d/d-id/572665.

[98] "China Telecom Awards Nortel Networks China's Largest Ever Optical Contract", *Fiber Optics Weekly Update*, 16 de fevereiro de 2001.

[99] Walton, China's Golden Shield, 21.

[100] "Nortel Wins China Metro Deal", Light Reading, 27 de junho de 2002, www.lightread ing.com/cable-video/nortel-wins-china-metro-deal/d/d-id/581602.

[101] Tom Blackwell, "Exclusive: Did Huawei Bring Down Nortel? Corporate Espionage, Theft, and the Parallel Rise and Fall of Two Telecom Giants", *National Post*, 24 de fevereiro de 2020, https://nationalpost.com/news/exclusive-did-huawei-bring-down-nortel-corporate-espionage-theft-and-the-parallel-rise-and-fall-of-two-telecom-giants.

[102] *United States of America v. Huawei Technologies Co., Ltd. et al.*, 18 CR 457 (S-3) (AMD), 7 (E.D.N.Y., 2020), www.justice.gov/opa/press-release/file/1248961/download.

[103] Mark Chandler, "Huawei and Cisco's Source Code: Correcting the Record", *Cisco Blogs*, Cisco, 11 de outubro de 2012, https://blogs.cisco.com/news/huawei-and-ciscos-source- code-correcting-the-record.

[104] Corinne Ramey e Kate O'Keeffe, "China's Huawei Charged with Racketeering, Stealing Trade Secrets", *Wall Street Journal*, 13 de fevereiro de 2020, www.wsj.com/articles/chinas-huawei-charged-with-racketeering-11581618336.

[105] G. V. Muralidhara e Hadiya Faheem, "Huawei's Quest for Global Markets", in *China-Focused Cases: Selected Winners of the CEIBS Global Case Contest*, ed. CEIBS Case Center (Xangai: Shanghai Jiao Tong University Press, 2019), 72, https:// books.google.com/books?id=efGKDwAAQBAJ.

[106] Eric Harwit, *China's Telecommunications Revolution* (Oxford: Oxford University Press, 2008), 131.

[107] Chandler, "Huawei and Cisco's Source Code".

[108] Plano Economic Development Board, "Progress Report 2002", s.d., 5, https://planotexas.org/ArchiveCenter/ViewFile/Item/55.

[109] Bill Hethcock, "Huawei Makes Plano Expansion Official", *Dallas Business Journal*, 11 de novembro de 2009, www.bizjournals.com/dallas/stories/2009/11/09/daily 27.html.

[110] Carol D. Leonnig e Karen Tumulty, "Perry Welcomed Chinese Firm Despite Security Concern", *Washington Post*, 14 de agosto de 2011, www.washingtonpost.com/politics/perry-welcomed-chinese-firm-despite-security-concern/2011/08/10/gIQAAu80EJ_story.html.

[111] "Gov. Perry Helps Cut Ribbon at Huawei Technologies' New U.S. Headquarters", vídeo no YouTube, 11:46, postado por Governador Perry, 2 de outubro de 2010, www.you tube.com/watch?v=0eruWGDSYDg&ab_channel=GovernorPerry.

[112] Governador Perry, "Gov. Perry Helps Cut Ribbon".

[113] U.S. Department of Justice, "Chinese Telecommunications Conglomerate Huawei and Subsidiaries Charged in Racketeering Conspiracy and Conspiracy to Steal Trade Secrets", press release, 13 de fevereiro de 2020, www.justice.gov/opa/pr/chinese-tele-communications-conglomerate-huawei-and-subsidiaries-charged-racketeering.

[114] *Motorola, Inc. v. Lemko Corporation et al.*, 08 CV 5427, 83-86 (S.D. Ill., 2010), https://dig.abclocal.go.com/wls/documents/2019/060719-wls-motorola-huawei-doc.pdf.

[115] *Motorola, Inc.*, 08 CV at 86.

[116] Henny Sender, "How Huawei Tried to Sell Itself to Motorola for $7.5Bn", *Financial Times*, 27 de fevereiro de 2019, www.ft.com/content/fa8e7ab4-3905-11e9-b-856-5404d3811663.

[117] Nortel Networks Corporation, *2004 Annual Report*, s.d., x, https://beatriceco.com/bti/porticus/bell/pdf/Nortel_annual_2004_en.pdf.

[118] Nortel Networks Corporation, *2004 Annual Report*, xii.

[119] John Kehoe, "How Chinese Hacking Felled Telecommunication Giant Nortel", *Australian Financial Review*, última modificação em 28 de maio de 2014, www.afr.com/technology/how-chinese-hacking-felled-telecommunication-giant-nor-tel-20140526-iux6a.

[120] Siobhan Gorman, "Chinese Hackers Suspected in Long-Term Nortel Breach", *Wall Street Journal*, 14 de fevereiro de 2012, www.wsj.com/articles/SB100014240529702 03363504577187502201577054.

[121] Kehoe, "How Chinese Hacking Felled Telecommunication Giant Nortel".

[122] Blackwell, "Did Huawei Bring Down Nortel?"; Mandiant Solutions, FireEye, "APT1: Exposing One of China's Cyber Espionage Units", s.d., www.fireeye.com/content/dam/fireeye-www/ services/pdfs/mandiant-apt1-report.pdf.

[123] Ray Le Maistre, "Nortel & Huawei: Broadband Buddies", Light Reading, 1º de fevereiro de 2006, www.lightreading.com/broadband/nortel-and-huawei-broadband-buddies/d/d-id/622795.

[124] Bruce Einhorn", Nortel-Huawei, RIP", Bloomberg, 14 de junho de 2006, www.bloomberg.com/news/articles/2006-06-13/nortel-huawei-rip?sref=VZPf2pAM.

[125] James Bagnall, "Four-Year Tenure of Would-Be Saviour Couldn't Pull Nortel Out of Death Spiral", *Vancouver Sun*, 4 de novembro de 2009, www.pressreader.com/canada/vancouver-sun/20091104/282114927649044.

[126] Jonathan Calof et al., An Overview of the Demise of Nortel Networks and Key Lessons Learned: Systemic Effects in Environment, Resilience and Black-Cloud Formation (Ottawa: Telfer School of Management, Universidade de Ottawa, 2014), http://sites.telfer.uottawa.ca/nortelstudy/files/2014/02/nortel-summary-report-and-executive-summary.pdf.

[127] John F. Tyson, *Adventures in Innovation: Inside the Rise and Fall of Nortel* (Estados Unidos: Library and Archives Canada, 2014), 189, Kindle.

[128] "Timeline: Key Dates in the History of Nortel", Reuters, 14 de janeiro de 2009, www.reuters.com/article/us-nortel-timeline-sb/timeline-key-dates-in-the-history-of-nortel-idUSTRE50D3N120090115; *The Canadian Encyclopedia*, s.v. "Nortel", última modificação em 4 de janeiro de 2018, www.thecanadianencyclopedia.ca/en/article/nortel.

[129] James Bagnall, "Tech Vets Aim to Save Nortel, Build National Web Network; Ferchat Group Hopes $1B from Bankers Enough to Save Firm, Proposes Using Tax Credits to Help Fund Endeavor", *Ottawa Citizen*, 30 de maio de 2009, www.pressreader.com/canada/ottawa-citizen/20090530/281517927085416.

[130] Bagnall, "Tech Vets Aim to Save Nortel"; Barrie McKenna, "The Ghost of Nortel Continues to Haunt Canada's Tech Sector", *Globe and Mail*, 4 de dezembro de 2011, www.theglobeandmail.com/report-on-business/rob-commentary/theghost-of-nortel-continues-to-haunt-canadas-tech-sector/article1357909.

[131] Atkinson, "Who Lost Lucent?"

[132] James Bagnall, "'Were We Prepared to Just Let Nortel Sink? The Answer Was No,'" *Vancouver Sun*, 2 de novembro de 2009, www.pressreader.com/canada/vancouver-sun/20091102/282166467255135.

[133] Andy Greenberg, "The Deal That Could Have Saved Nortel", *Forbes*, 14 de janeiro de 2009, www.forbes.com/2009/01/14/nortel-huawei-china-tech-wire-cx_ag_0114-nortel.html?sh=171aa966564f.

[134] David Friend, "Nortel Bankruptcy: $7.3B in Remaining Assets to Be Split among Subsidiaries", CBC, 12 de maio de 2015, www.cbc.ca/news/business/nortel-bankruptcy-7-3b-in-remaining-assets-to-be-split-among-subsidiaries-1.3071789.

[135] Tom Hals, "Courts OK Nortel Patent Sale to Apple/RIM Group", Reuters, 11 de julho de 2011, www.reuters.com/article/us-nortel-patents/courts-ok-nortel-patent-sale-to-apple-rim-group-idUSTRE76A51Y20110711.

[136] Nathan Vanderklippe, "Huawei Founder Ren Zhengfei Denies Involvement with Nortel Collapse", *Globe and Mail*, 2 de julho de 2019, www.theglobeandmail.com/world/article-huawei-founder-ren-zhengfei-denies-involvement-with-nortel-collapse.

[137] Claude Barfield, *Telecoms and the Huawei Conundrum: Chinese Foreign Direct Investment in the United States* (Washington, D.C.: American Enterprise Institute, 2011), 13, https://www.aei.org/wp-content/uploads/2011/11/-telecoms-and-the-huawei-conundrum-chinese-foreign-direct-investment-in-the-united-states_103528582 558.pdf; "Huawei Hires R&D Chief for US", Mobile World Live, 24 de novembro de 2010, www.mobileworldlive.com/latest-stories/huawei-hires-rd-chief-for-us.

[138] John Paczkowski, "John Roese on Redefining Huawei and the Democratization of Smartphones", *All Things D* (blog), *Wall Street Journal*, 20 de outubro de 2011, http://allthingsd.com/20111020/huaweis-john-roese-live-at-asiad.

[139] Gordon Corera, "GCHQ Chief Warns of Tech 'Moment of Reckoning,'" BBC, 23 de abril de 2021, https://www.bbc.com/news/technology-56851558.

[140] Francis Vachon, "Department of National Defence's New $1-Billion Facility Falls Short on Security", *Globe and Mail*, 2 de setembro de 2016, www.theglobeandmail.com/news/politics/department-of-national-defences-new-1-billion-facility-falls-short-on-security/article31685234/; David Pugliese, "The Mystery of the Listening Devices at DND's Nortel Campus", *Ottawa Citizen*, 18 de outubro de 2016, https://

ottawacitizen.com/news/national/defence-watch/the-mystery-of-the-listening-devices-at-dnds-nortel-campus.

[141] "Nortel's Richardson Campus to Sell for More than $43 Million", *Dallas Morning News*, 24 de maio de 2011, www.dallasnews.com/business/real-estate/2011/05/24/nortels-richardson-campus-to-sell-for-more-than-43-million.

[142] Brad Howarth, "Nortel Rides the Data Wave", *Australian Financial Review*, 27 de outubro de 2000, www.afr.com/companies/nortel-rides-the-data-wave20001027-kb6yx.

CAPÍTULO 3 – "ONDE QUER QUE HAJA GENTE"

[1] Andrew Van Dam, "Using the Best Data Possible, We Set Out to Find the Middle of Nowhere", *Washington Post*, 20 de fevereiro de 2018, www.washingtonpost.com/news/wonk/wp/2018/02/20/using-the-best-data-possible-we-set-out-to-find-the-middle-of-nowhere.

[2] Jason Miller, "Ban on Chinese Products Starts Today Despite Confusion over Acquisition Rule", Federal News Network, 13 de agosto de 2020, https://federalnews-network.com/acquisition-policy/2020/08/ban-on-chinese-products-starts-today despite-confusion-over-acquisition-rule.

[3] Yun Wen, *The Huawei Model: The Rise of China's Technology Giant* (Champaign, IL: University of Illinois Press, 2020), 36.

[4] Xi Le'a 喜樂阿, "Nongcun baowei chengshi: Yi bu shangye shi" 农村包围城市: 一部商业史 [Cercando a cidade a partir do campo: uma história de negócios], Sohu, 10 de outubro de 2018, www.sohu.com/a/258532158_115207.

[5] Joan Helland et al., *Glasgow and Valley County* (Charleston, WV: Arcadia, 2010), contracapa, https://books.google.com/books?id=uv1XpQ8hUBsC&pg=PA8#v=onepage&q=diamond&f=false.

[6] Susan Crawford, *Fiber: The Coming Tech Revolution – and Why America Might Miss It* (New Haven, CT: Yale University Press, 2018), 136, Kindle.

[7] DJ&A, P.C., "City of Glasgow, Montana: Growth Policy", 30 de outubro de 2013, 128, https://2ba70dec-0753-4999-8565-a5c84d9d967a.filesusr.com/ugd/ae3595_5b0d2bb7ceb244288f31de5f0ba212ec.pdf.

[8] Federal Communications Commission, Inquiry Concerning the Deployment of Advanced Telecommunications Capability to All Americans in a Reasonable and Timely Fashion, and Possible Steps to Accelerate Such Deployment Pursuant to Section 706 of the Telecommunications Act of 1996, CC Docket No. 98-146: Report, FCC 99-005 (Washington, D.C.: Federal Communications Commission, 1999), 5, https://transition.fcc.gov/Bureaus/Common_Carrier/Reports/fcc99005-converted.pdf.

[9] Federal Communications Commission, Inquiry Concerning the Deployment of Advanced Telecommunications Capability to All Americans in a Reasonable and Timely Fashion, and Possible Steps to Accelerate Such Deployment Pursuant to Section 706 of the Telecommunications Act of 1996, CC Docket No. 98-146: Second Report, FCC 00290 (Washington, D.C.: Federal Communications Commission, 2000), 87, https://transition.fcc.gov/Bureaus/Common_Carrier/Orders/2000-/fcc00290.pdf.

10 Federal Communications Commission, *Availability of Advanced Telecommunications Capability in the United States, GN Docket No. 04-54: Fourth Report to Congress*, FCC 04-208 (Washington, D.C.: Federal Communications Commission, 2004), 5, www.fcc.gov/reports-research/reports/broadband-progress-reports/fourth-broadband-progress-report.

11 Bill Callahan, "More Digital Redlining? AT&T Home Broadband Deployment and Poverty in Detroit and Toledo", NDIA, 6 de setembro de 2017, www.digitalinclusion.org/blog/2017/09/06/more-digital-redlining-att-deployment-and-poverty-in-detroit-and-toledo.

12 Federal Communications Commission, Inquiry Concerning the Deployment of Advanced Telecommunications Capability to All Americans in a Reasonable and Timely Fashion, and Possible Steps to Accelerate Such Deployment Pursuant to Section 706 of the Telecommunications Act of 1996, as Amended by the Broadband Data Improvement Act, GN Docket No. 14-126: 2015 Broadband Progress Report and Notice of Inquiry on Immediate Action to Accelerate Deployment, FCC 15-10 (Washington, D.C.: Federal Communications Commission, 2015), www.fcc.gov/reports-research/reports/broadband-progress-reports/2015-broadband-progress-report.

13 Tom Wheeler (ex-presidente, Federal Communications Commission), entrevista ao autor, março de 2021.

14 Federal Communications Commission, *2015 Broadband Progress Report*, 111.

15 Ajit Pai, "Remarks of Ajit Pai, Chairman, Federal Communications Commission" (discurso, Federal Communications Commission, Washington, D.C., 24 de janeiro de 2017), www.fcc.gov/document/chairman-pai-remarks-federal-communi cations-commission.

16 Alex Marquardt e Michael Conte, "Huawei Connects Rural America. Could It Threaten the Country's Most Sensitive Military Sites?", CNN, última modificação em 11 de março de 2019, www.cnn.com/2019/03/11/politics/huawei-cell-towers-missile-silos/index.html.

17 Aqueles sem conexão de celular podem pagar um adicional por um link de satélite ou abrir mão das funções de tempo real e carregar dados da máquina para seus computadores por drive de USB.

18 SNemont Telephone Cooperative, Inc., mensagem de e-mail para o autor, dezembro de 2020.

19 Tim Pierce, "High-Speed Internet? Bill Gives Tax Breaks to Companies That Install Fiber Optic Cables", *Missoula Current*, 19 de fevereiro de 2019, https://missoula current.com/business/2019/02/montana-high-speed-internet.

20 Mike Rogers e C.A. Dutch Ruppersberger, *Investigative Report on the U.S. National Security Issues Posed by Chinese Telecommunications Companies Huawei and ZTE* (Washington, D.C.: Permanent Select Committee on Intelligence, U.S. House of Representatives, 2012), www.hsdl.org/?abstract&did=723367.

21 Huib Modderkolk, "Huawei Kon Alle Gesprekken van Mobiele KPN-Klanten Afluisteren, inclusief Die van de Premier" [A Huawei conseguia espionar todas as chamadas de clientes do Celular KPN, incluindo aquelas do primeiro-ministro], *De Volkskrant*, 17 de abril de 2021, https://www.volkskrant.nl/nieuws-achtergrond/huawei-kon-alle-gesprekken-van-mobiele-kpn-klanten-afluisteren-inclusief-die-van-

de-premier~bd1aece1/; Morgan Meaker, "New Huawei Fears over Dutch Mobile Eavesdropping", *The Telegraph*, 18 de abril de 2021, https://www.telegraph.co.uk/technology/2021/04/18/new-huawei-fears-dutch-mobile-eaves dropping.

[22] Cecilia Kang, "Huawei Ban Threatens Wireless in Rural Areas", *New York Times*, 25 de maio de 2019, www.nytimes.com/2019/05/25/technology/huawei-rural-wireless-service.html.

[23] Kang, "Huawei Ban Threatens Wireless".

[24] Ren Zhengfei 任正非, "Xiong jiujiu qi angang kuaguo taipingyang" 雄赳赳气昂昂跨过太平洋 [Com galhardia e coragem cruza o Pacífico], *Huawei Ren* 华为人 [Pessoal da Huawei], 18 de janeiro de 2001, http://app.huawei.com/paper/newspaper/newsBookCateInfo.do?method=showDigestInfo&infoId=13928&sortId=1.

[25] Peter Nolan, Re-balancing China: Essays on the Global Financial Crisis, Industrial Policy and International Relations (Londres: Anthem Press, 2015), 117.

[26] Cheng e Liu, *Truth of Huawei*, 69.

[27] Li Jie 李杰, "Mosike bu xiangxin yanlei" 莫斯科不相信眼泪 [Moscou não acredita em lágrimas], *Huawei Ren* 华为人 [Pessoal da Huawei], 5 de novembro de 2002, http://app.huawei.com/paper/newspaper/newsBookCateInfo.do?method=showDigestInfo&infoId=13969&sortId=1.

[28] Li, "Mosike bu xiangxin yanlei".

[29] Yang Shaolong, The Huawei Way: Lessons from an International Tech Giant on Driving Growth by Focusing on Never-Ending Innovation (Nova York: McGraw-Hill Education, 2017), 188.

[30] Yang, *Huawei Way*, 195–96.

[31] William C. Kirby, Billy Chan e John P. McHugh, *Huawei: A Global Tech Giant in the Crossfire of a Digital Cold War*, Harvard Business School Case 320-089 (Boston: Harvard Business School Publishing, 2020), www.hbs.edu/faculty/Pages/item.aspx?num=57723.

[32] Ma Guangyi 马广义, "Dongbian richu xibian wangui" 东边日出西边晚归[Partindo com o nascer do sol a leste, voltando com o pôr do sol a oeste], *Huawei Ren* 华为人 [Pessoal da Huawei], 30 de novembro de 2005, http://app.huawei.com/paper/newspaper/newsBookCateInfo.do?method=showDigestInfo&infoId=13486&sortId=8.

[33] Peng Zhongyang 彭中阳, "Wo shi yi ge kuaile de xiao bing" 我是一个快乐的小兵 [Sou um soldadinho feliz], *Huawei Ren* 华为人 [Pessoal da Huawei], 20 de janeiro de 2009, http://app.huawei.com/paper/newspaper/newsBookCateInfo.do?method=showDigestInfo&infoId=14144&sortId=1.

[34] Peng, "Wo shi yi ge kuaile de xiao bing".

[35] Wang Hong 汪宏, "Feizhou dalu shang de Huawei ren" 非洲大陆上的华为人[Pessoal da Huawei no continente africano], *Huawei Ren* 华为人 [Pessoal da Huawei], 12 de junho de 2000, http://app.huawei.com/paper/newspaper/newsBookCateInfo.do?method=showDigestInfo&infoId=13841&sortId=1.

[36] ZTE: A Threat to America's Small Businesses: Hearing before the Committee on Small Business, United States House of Representatives, 115th Cong. 7–8 (2018) (depoimento de Andy Keiser, pesquisador visitante, National Security Institute,

Antonin Scalia Law School, George Mason University), www.govinfo.gov/content/pkg/CHRG-115hhrg30507/pdf/CHRG-15hhrg30507.pdf.

[37] Amy MacKinnon, "For Africa, Chinese-Built Internet Is Better Than No Internet at All", *Foreign Policy*, 19 de março de 2019, https://foreignpolicy.com/2019/03/19/for-africa-chinese-built-internet-is-better-than-no-internet-at-all.

[38] Ren Zhengfei 任正非, "Ren Zhengfei yu 2000–22 qi xueyuan jiaoliu jiyao" 任正非2000–22期学员交流纪要 [Minutas de uma conversa entre Ren Zhengfei e trainees das classes de 2000 a 2022], *Huawei Ren* 华为人 [Pessoal da Huawei], 8 de setembro de 2000, http://app.huawei.com/paper/newspaper/newsBook CateInfo.do?method=showDigestInfo&infoId=13873&sortId=1.

[39] Yang, *Huawei Way*, 191.

[40] Peng Gang 彭刚, "Bai niluohe pan de xingfu shenghuo" 白尼罗河畔的幸福生活 [A Happy Life on the Shores of the White Nile], *Huawei Ren* 华为人 [Pessoal da Huawei], 29 de setembro de 2011, http://app.huawei.com/paper/newspaper/newsBookCateInfo.do?method=showDigestInfo&infoId=14213&sortId=13&commentLanguage=1.

[41] "Is Corporate 'Wolf-Culture' Devouring China's Over-Worked Employees?", China Labour Bulletin, 27 de maio de 2008, https://clb.org.hk/content/corporate-%E2%80%9Cwolf-culture%E2%80%9D-devouring-china%E2%80%99s-overworked-employees.

[42] Chen Hong, "Thousands of Huawei Staff 'Quit,'" *China Daily*, 3 de novembro de 2007, www.chinadaily.com.cn/bizchina/2007-11/03/content_6228248.htm.

[43] "Huawei gongsi juxing dongshihui zilü xuanyan xuanshi dahui" 华为公司举行董事会自律宣言宣誓大会 [Huawei realiza cerimônia de votos de autodisciplina para seu conselho diretor], *Huawei Ren* 华为人 [Pessoal da Huawei], 4 de fevereiro de 2013, http://app.huawei.com/paper/newspaper/newsBookCateInfo.do?method=showDigestInfo&infoId=17479&sortId=8.

[44] Ren Zhengfei, "Minutes of the Briefing on the Progress of Differentiated Appraisals for Regions", Huawei Executive Office Speech No. [2015] 050, como citado in Weiwei Huang, *Built on Value: The Huawei Philosophy of Finance Management* (Singapura: Palgrave Macmillan, 2019), 130, https://link.springer.com/content/pdf/10.1007%2F978-981-13-7507-1_5.pdf.

[45] Gilley, "Huawei's Fixed Line to Beijing".

[46] "Russia and China 'Broke Iraq Embargo'" BBC, 19 de dezembro de 2002, http://news.bbc.co.uk/2/hi/europe/2591351.stm.

[47] Ellen Nakashima, Gerry Shih e John Hudson, "Leaked Documents Reveal Huawei's Secret Operations to Build North Korea's Wireless Network", *Washington Post*, 22 de julho de 2019, www.washingtonpost.com/world/national-security/leaked-documents-reveal-huaweis-secret-operations-to-build-north-koreas-wireless-network/2019/07-/22/583430fe-8d12-11e9-adf3-f70f78c156e8_story.html.

[48] Yi Mingjun 易明军, "Chuanyue zhandi" 穿越战地 [Cruzando o campo de batalha], *Huawei Ren* 华为人 [Pessoal da Huawei], 15 de janeiro de 2004, http://app.huawei.com/paper/newspaper/newsBookCateInfo.do?method=showDigestInfo&infoId=13968&sortId=1.

49 "Huawei Wins Iraq Deal", Light Reading, 23 de julho de 2007, www.lightreading.com/huawei-wins-iraq-deal/d/d-id/644593.

50 "Zai digelisihe pan" 在底格里斯河畔 [Às margens do rio Tigre], *Huawei Jiashi* 华为家事 [A Importância da Família Huawei] (blog), 22 de abril de 2017.

51 Larry Wentz, Frank Kramer e Stuart Starr, *Information and Communication Technologies for Reconstruction and Development* (Washington, D.C.: Center for Technology and National Security Policy, 2008), 18, www.aesanetwork.org/wp-content/uploads/2018/02/Information-andCommunication-Technologies-for-Reconstruction-and-Development-1.pdf.

52 Asian Development Bank, *Extended Annual Review Report* (Mandaluyong, Philippines: Asian Development Bank, 2011), 3, www.adb.org/sites/default/files/project-document/60266/42919-01-afg-xarr.pdf.

53 Lin Jincan 林进灿, "Afuhan gongzuo shenghuo shi lu" 阿富汗工作生活实录 [Um relato real da vida de trabalho no Afeganistão], *Huawei Ren* 华为人 [Pessoal da Huawei], 28 de setembro de 2010, http://app.huawei.com/paper/newspaper/newsPaperPage.do?method=showSelNewsInfo&cateId=2101&pageId=2461&infoId=4522&sortId=1&commentLanguage=1&commentId=20009&search_result=2.

54 Amy Nordrum, "Afghan Wireless Launches First LTE Network in Afghanistan", *IEEE Spectrum*, 1º de junho de 2017, https://spectrum.ieee.org/tech-talk/telecom/wireless/afghan-wireless-launches-first-4g-lte-network-in-afghanistan.

55 Jon B. Alterman, "Fighting but Not Winning", Center for Strategic and International Studies, 25 de novembro de 2019, www.csis.org/analysis/fighting-not-winning.

56 Thomas Donahue, "The Worst Possible Day: U.S. Telecommunications and Huawei", *PRISM* 8, no. 3 (2020): 17, https://ndupress.ndu.edu/Media/News/NewsArticle-View/Article/2053215/the-worst-possible-day-us-telecommunicationsand-huawei.

57 Ren Zhengfei 任正非, "Ren Zhengfei guanyu zhen'ai shengming yu zhiye zeren de jianghua" 任正非关于珍爱生命与职业责任的讲话 [Palestra de Ren Zhengfei sobre apreço pela vida e pelas responsabilidades profissionais], *Huawei Ren* 华为人 [Pessoal da Huawei], May 5, 2011, http://app.huawei.com/paper/newspaper/newsBookCateInfo.do?method=showDigestInfo&infoId=14240&sortId=13.

58 Lois Lonnquist, *Fifty Cents an Hour: The Builders and Boomtowns of the Fort Peck Dam* (Helena, MT: MtSky Press, 2006), loc. 1145 de 5005, Kindle.

59 Lonnquist, *Fifty Cents an Hour,* loc. 2755.

60 Lonnquist, *Fifty Cents an Hour,* loc. 2166.

61 Lonnquist, *Fifty Cents an Hour,* loc. 226.

62 Kristen Inbody, "Fort Peck Dam Puts Country Back to Work", *Great Falls Tribune,* 3 de março de 2017, www.greatfallstribune.com/story/life/my-montana/2014/06/29/fort-peck-dam-puts-country-back-work/11559491.

63 David Meyer, "MTA Official Defends 2nd Avenue Subway's $6B Price Tag", *New York Post,* 16 de setembro de 2019, https://nypost.com/2019/09/16/mta-official-defends-2nd-avenue-subways-6b-price-tag.

64 Darryl Fears, "This Fish Lived in Peace for 70 Million Years. Then It Met the Army Corps of Engineers", *Washington Post,* 26 de janeiro de 2015, www.washingtonpost.

com/news/energy-environment/wp/2015/01/26/after-70-million-years-a-prehisto-ric-fish-is-vanishing-in-montana-heres-why.

[65] Franklin D. Roosevelt, "Informal Remarks of the President" (discurso, Fort Peck, MT, 6 de agosto de 1934), Franklin D. Roosevelt Presidential Library and Museum, Hyde Park, NY, www.fdrlibrary.marist.edu/_resources/images/msf/msf00746.

[66] Erin Blakemore, "These Women Taught Depression-Era Americans to Use Electricity", History, última modificação em 1º de março de 2019, https://www.history.com/news/new-deal-great-depression-rural-electrification.

[67] *Missouri River (Fort Peck Dam), Mont.: Hearings before the Committee on Rivers and Harbors, House of Representatives*, 75th Cong. 14 (1937) (Jerry J. O'Connell, deputado por Montana), https://books.google.com/books?id=K55IAAAAMAAJ.

[68] Carl Kitchens e Price Fishback, "Flip the Switch: The Spatial Impact of the Rural Electrification Administration 1935–1940" (artigo de trabalho, National Bureau of Economic Research, 2013), www.nber.org/papers/w19743.

[69] Carl Kitchens, "US Electrification in the 1930s", VoxEU, 29 de janeiro de 2014, https://voxeu.org/article/us-electrification-1930s.

[70] Eugene Pike, entrevistado por Merri Ann Hartse, s.l., circa novembro de 1979, Rural Electrification Oral History Project, Archives and Special Collections, Mansfield Library, University of Montana, Missoula, MT, https://scholarworks.umt.edu/ruralelectrification_oralhistory/3.

[71] Joshua Lewis e Edson Severnini, "Shortand Long-Run Impacts of Rural Electrification: Evidence from the Historical Rollout of the U.S. Power Grid", *Journal of Development Economics* 143 (2020): 1, https://doi.org/10.1016/j.jdeveco.2019.102412.

[72] Michael W. Kahn, "FCC Chairman: Co-ops Key to Rural Broadband", Cooperative, 16 de janeiro de 2018, www.cooperative.com/news/Pages/ceo-close-up-fcc-broadband.aspx.

[73] Brad Smith e Carol Ann Browne, *Tools and Weapons: The Promise and the Peril of the Digital Age* (Nova York: Penguin, 2019), 156.

[74] Michael Bennet, "Bennet Urges FCC Chairman to Reconsider Proposal to Limit Resources for Program Essential to Bridging the Digital Divide between Rural and Urban Communities", press release, 21 de maio de 2019, www.bennet.senate.gov/public/index.cfm/2019/5/bennet-urges-fcc-chairman-to-reconsider-proposal-to-limit-resources-for-program-essential-to-bridging-the-digital-divide-between-rural--and-urban-communities.

[75] Federal Communications Commission, Inquiry Concerning Deployment of Advanced Telecommunications Capability to All Americans in a Reasonable and Timely Fashion, GN Docket No. 18-238: 2019 Broadband Deployment Report, FCC 19-44 (Washington, D.C.: Federal Communications Commission, 2019), 16, https://docs.fcc.gov/public/attachments/FCC-19-44A1.pdf.

[76] Andrew Perrin, "Digital Gap between Rural and Nonrural America Persists", Pew ResearchCenter, 31 de maio de 2019,www.pewresearch.org/fact-tank/2019/05/31/digital-gap-between-rural-and-nonrural-america-persists.

[77] Joan Engebretson, "USTelecom Measures Rural Broadband Gap: 65% of Rural Areas Have 25/3 Mbps vs. 98% of Non-Rural Areas", Telecompetitor, 3 de dezem-

bro de 2018, www.telecompetitor.com/ustelecom-measures-rural-broadband-gap-65-of-rural-areas-have-25-3-mbps-vs-98-of-non-rural-areas.

[78] Dan Littmann et al., *Communications Infrastructure Upgrade: The Need for Deep Fiber* (Chicago: Deloitte, 2017), www2.deloitte.com/content/dam/Deloitte/us/Documents/technology-media-telecommunications/us-tmt-5GReady-theneed- for-deep-fiber-pov.pdf.

[79] Elsa B. Kania (@EBKania), "Perhaps support and funding for online training of workers in critical digital skillsets, such as cyber security and data science?", Twitter, 29 de abril de 2020, 11:22 a.m., https://twitter.com/EBKania/status/1255532911639629830.

[80] White House, "Fact Sheet: The American Jobs Plan", press release, 31 de março de 2021, https://www.whitehouse.gov/briefing-room/statements-releases/2021/03/31/fact-sheet-the-american-jobs-plan.

[81] *5G Supply Chain Security: Threats and Solutions: Hearing before the S. Comm. on Commerce, Science, & Transportation*, 116th Cong. (2020) (declaração de James A. Lewis, vice-presidente sênior e diretor, Technology Policy Program, Center for Strategic and International Studies), https://csis-website-prod.s3.amazonaws.com/s3fs-public/congressional_testimony/Jim%20Lewis%20Written%20Statement%203-4-20.pdf.

[82] Federal Communications Commission, Huawei Designation, PS Docket No. 19-351; ZTE Designation, PS Docket No. 19-352; Protecting against National Security Threats to the Communications Supply Chain through FCC Programs, WC Docket No. 18-89: Comments of Parallel Wireless – Innovators of Open 4G and 5G ORAN Network Solutions (Washington, D.C.: Federal Communications Commission, 2020) (depoimento de Steve Papa, CEO, Parallel Wireless), https://ecfsapi.fcc.gov/file/1041345868634/FCC%20Comments%20Supply%20Chain%20Security%20Parallel%20Wireless%20 April%2013.pdf.

[83] Sean Kinney, "Is Open RAN Key to the 5G Future?", *RCRWireless News*, 7 de setembro de 2020, www.altiostar.com/wp-content/uploads/2020/10/RCR-Wireless--Is-Open-RAN-key-to-the-5G-Future.pdf.

[84] Morning Consult, "Broadband Survey Results" (apresentação, Internet Innovation Alliance, s.l., 2 de setembro de 2020), https://internetinnovation.org/wp-content/uploads/IIA-Broadband-Survey-Results-Registered-Voters-Final.pdf.

[85] Crawford, *Fiber*, 210.

[86] John Hendel, "Biden Infrastructure Plan Sparks Lobbying War over How to Fix America's Internet", *Politico*, 21 de abril de 2021, https://www.politico.com/news/2021/04/21/biden-infrastructure-broadband-lobbying-484002.

[87] Stu Woo, "The U.S. vs. China: The High Cost of the Technology Cold War", *Wall Street Journal*, 22 de outubro de 2020, www.wsj.com/articles/the-u-s-vs-china-the--high-cost-of-the-technology-cold-war-11603397438.

[88] Kang, "Huawei Ban Threatens Wireless".

[89] Gregg Hunter, correspondência com o autor, dezembro de 2020.

[90] Jim Salter, "5G in Rural Areas Bridges a Gap That 4G Doesn't, Especially Lowand Mid-band", *Ars Technica*, 14 de setembro de 2020, https://arstechnica.com/features/2020/09/5g-03-rural.

91 Jon Brodkin, "T-Mobile Touts 'Nationwide 5G' That Fails to Cover 130 Million Americans", *Ars Technica*, 2 de dezembro de 2019, https://arstechnica.com/information-technology/2019/12/t-mobile-touts-nationwide-5g-that-fails-to-cover--130-million-americans.

92 Ruopu Li, Kang Cheng e Di Wu, "Challenges and Opportunities for Coping with the Smart Divide in Rural America", *Annals of the American Association of Geographers* 110, nº 2 (2020): 565, https://doi.org/10.1080/24694452.2019.169 4402.

93 Kevin J. O'Brien, "An Optimist on 3G Despite Losing It All – Technology – International Herald Tribune", *New York Times*, 30 de julho de 2006, www.nytimes.com/2006/07/30/technology/30iht-3Gschmid.2332154.html? searchResultPosition=131; Kevin J. O'Brien, "3G Cost Billions: Will It Ever Live Up to Its Hype?", *New York Times*, 30 de julho de 2006, www.nytimes.com/2006/07/30/technology/30iht-3G.html?searchResultPosition=98.

94 Mark T. Esper, "As Prepared Remarks by Secretary of Defense Mark T. Esper at the Munich Security Conference" (discurso, Conferência de Segurança de Munique, Munique, 15 de fevereiro de 2020), www.defense.gov/Newsroom/Speeches/Speech/Article/2085577/remarks-by-secretary-of-defense-mark-t-esper-at-the-munich-security-conference.

95 Rob Schmitz, "U.S. Pressures Europe to Find Alternatives to Huawei", NPR, 15 de fevereiro de 2020, www.npr.org/2020/02/15/806366021/europe-pressures-u-s-to--back-low-cost-alternative-to-huawei.

96 Maximilian Mayer, "Europe's Digital Autonomy and Potentials of a U.S.German Alignment toward China", American Institute for Contemporary German Studies, Johns Hopkins University, 16 de dezembro de 2020, www.aicgs.org/2020/12/ europes-digital-autonomy-and-potentials-of-a-u-s-german-alignment-toward-china.

97 "Chinesischer Botschafter Ken Wu: 'Die Sicherheitsbedenken der USA gegen Huawei Sind Scheinheilig'" [Embaixador chinês Wu Ken: 'As preocupações da Segurança dos EUA a respeito da Huawei são hipócritas'], vídeo online, 38:49, de entrevista ao vivo na *Handelsblatt*, postado por *Handelsblatt*, 13 de dezembro de 2019,www.handelsblatt.com/video/live/handelsblatt-live-chinesischer-botschafter-ken-wu-die--sicherheitsbedenken-der-usa-gegen-huawei-sind-scheinheilig/25332882.html?ticket=ST-1259683-3gjcruN7Ek1kqpedwqBg-ap1.

98 Heiko Maas, "Speech by Foreign Minister Heiko Maas on European Digital Sovereignty on the Occasion of the Opening of the Smart Country Convention of the German Association for Information Technology, Telecommunications and New Media (Bitkom)" (discurso, Convenção sobre País Inteligente, Associação Alemã de Tecnologia da Informação, Telecomunicações e Novas Mídias, Berlim, 27 de outubro de 2020), www.auswaertiges-amt.de/en/newsroom/news/maas-bitkom/2410398.

99 Elysée (Escritório do Presidente da França), "Il Est Temps pour l'Europe d'Avoir Sa Propre Souveraineté Technologique!" [É hora da Europa ter sua própria soberania tecnológica!], press release, 9 de dezembro de 2020, www.elysee.fr/emmanuel- macron/2020/12/09/il-est-temps-pour-leurope-davoir-sa-propre-souverainete-technologique.

100 Anthony Boadle e Andrea Shalal, "U.S. Offers Brazil Telecoms Financing to Buy 5G Equipment from Huawei Rivals", Reuters, 20 de outubro de 2020, www.reuters.com/article/us-usa-brazil-trade/u-s-offers-brazil-telecoms-financing-to-buy-5g-equipment-from-huawei-rivals-idUSKBN2751TA.

[101] "Brazilian Telecoms Snub U.S. Official over Huawei 5G Pressure: Source", Reuters, 6 de novembro de 2020, www.reuters.com/article/us-usa-brazil-5g/brazilian-tele coms-snub-u-s-official-over-huawei-5g-pressure-source-idUSKBN27M2YP.

CAPÍTULO 4 – QUINHENTOS BILHÕES DE OLHOS

[1] Frase de abertura do *1984,* de George Orwell (Boston: Houghton Mifflin Harcourt, 1977), 2: "*It was a bright, cold day...*"

[2] Lin Yijiang, "CCP Demands Cameras Installed in Rental Properties", *Bitter Winter*, 8 de abril de 2019, https://bitterwinter.org/ccp-demands-cameras-installed-in-ren tal-properties.

[3] Sheena Chestnut Greitens, "'Surveillance with Chinese Characteristics': The Deve-lopment and Global Export of Chinese Policing Technology" (artigo apresentado no Princeton University IR Colloquium, Princeton, NJ, última modificação em 30 setembro de 2019), http://ncgg.princeton.edu/IR%20Colloquium/Greitens Sept2019.pdf.

[4] Charles Rollet, "China Public Video Surveillance Guide: From Skynet to Sharp Eyes", IPVM, 14 de junho de 2018, https://ipvm.com/reports/sharpeyes.

[5] Mais precisamente, 1 para cada 2,27 pessoas; ver Xiao Qiang, "The Road to Unfree-dom: President Xi's Surveillance State", *Journal of Democracy* 30, nº 1 (2019): 53–67.

[6] "Zhejiang Dahua Technology Co., Ltd.", Yahoo! Finance, acessado em 1º de feverei-ro de 2021, https://finance.yahoo.com/quote/002236.SZ/key-statistics?p=002236. SZ; "Hangzhou Hikvision Digital Technology Co., Ltd.", Yahoo! Finance, acesso em 1º de fevereiro de 2021, https://finance.yahoo.com/quote/002415.SZ/key-statisti-cs?p=002415.SZ; "CNY/USD Chinese Yuan US Dollar", Investing, acessado em 1º de fevereiro de 2021, www.investing.com/currencies/cny-usd-historical-data.

[7] Liza Lin e Newley Purnell, "A World with a Billion Cameras Watching You Is Just around the Corner", *Wall Street Journal*, 6 de dezembro de 2019, www.wsj. com/articles/a-billion-surveillance-cameras-forecast-to-be-watching-within-two- -years-11575565402.

[8] Greitens, "'Surveillance with Chinese Characteristics'"; ver também Steven Felds-tein, "The Global Expansion of AI Surveillance" (artigo de trabalho, Carnegie Endo-wment for International Peace, 2019), https://carnegieendowment.org/2019/09/17/ global-expansion-of-ai-surveillance-pub-79847.

[9] Kai Strittmatter, *We Have Been Harmonized: Life in China's Surveillance State* (Nova York: HarperCollins, 2020), 7–8, Kindle.

[10] Ver, por exemplo, "Opinion: China Is Exporting Its Digital Authoritarianism", *Washington Post*, 5 de agosto de 2020, www.washingtonpost.com/opinions/china- -is-exporting-its-digital-authoritarianism/2020/08/05/f14df896-d047-11ea-8c- 55-61e7fa5e82ab_story.html.

[11] Charles Rollet, correspondência com o autor, janeiro de 2021.

[12] Jessica Chen Weiss, "Understanding and Rolling Back Digital Authoritarianism", War on the Rocks, 17 de fevereiro de 2020, https://warontherocks.com/2020/02/ understanding-and-rolling-back-digital-authoritarianism/; Matthew Steven Erie e Thomas Streinz, "The Beijing Effect: China's 'Digital Silk Road' as Transnational

Data Governance", *New York University Journal of International Law and Politics* (a publicar), https://ssrn.com/abstract=3810256.

[13] Steven Feldstein, correspondência com o autor, janeiro de 2021; ver também Steven Feldstein, *The Rise of Digital Repression: How Technology Is Reshaping Power, Politics, and Resistance* (Nova York: Oxford University Press, 2021).

[14] Walton, China's Golden Shield, 26.

[15] National Development and Reform Commission et al., *Guanyu jiaqiang gonggong anquan shipin jiankong jianshe lianwang yingyong gongzuo de ruogan yijian* 关于加强公共安全视频监控建设联网应用工作的若干意见 [Várias opiniões sobre o fortalecimento da construção de aplicativos para redes de vídeos de vigilância na segurança pública], Fagai gaoji (2015) 996 hao 发改高技 (2015) 996 号 [Desenvolvimento e Reforma (2015) nº 996] (Pequim: Comissão para Desenvolvimento Nacional e Reforma, 2015), www.ndrc.gov.cn/xxgk/zcfb/tz/201505/t20150513_963825.html.

[16] Jessica Batke e Mareike Ohlberg, "State of Surveillance: Government Documents Reveal New Evidence on China's Efforts to Monitor Its People", ChinaFile, 30 de outubro de 2020, www.chinafile.com/state-surveillance-china.

[17] Zhang Zihan, "Beijing's Guardian Angels?", *Global Times*, 10 de outubro de 2012, www.globaltimes.cn/content/737491.shtml.

[18] *Encyclopedia Britannica*, s.v. "Baojia", última modificação em 31 de agosto de 2006, www.britannica.com/topic/baojia.

[19] Batke e Ohlberg, "State of Surveillance".

[20] "Xueliang gongcheng bai yi ji shichang cheng anfang hangye xin lanhai" 雪亮工程百亿级市场 成安防行业新蓝海 [The Sharp Eyes Project's Ten-Billion Yuan Market Has Become the Security Industry's New "Blue Ocean"], *China Daily*, 6 de novembro de 2019, https://caijing.chinadaily.com.cn/a/201911/06/WS5dc23537a31099ab995ea387.html.

[21] Paul Mozur e Aaron Krolik, "A Surveillance Net Blankets China's Cities, Giving Police Vast Powers", *New York Times*, 17 de dezembro de 2019, www.nytimes.com/2019/12/17/technology/china-surveillance.html.

[22] Yuan Yang e Nian Liu, "China Survey Shows High Concern over Facial Recognition Abuse", *Financial Times*, 5 de dezembro de 2019, www.ft.com/content/7c32c7a-8-172e-11ea-9ee4-11f260415385.

[23] Imagem do texto de Guo Bing encontrada em um vídeo de *Xin jing bao* 新京报 [Notícias de Pequim], ver "Zhongguo ren lian shibie di yi an" 中国人脸识别第一案 [Primeiro caso de reconhecimento facial na China], Weibo, acessado em 22 de julho de 2020, https://s.weibo.com/weibo?q=%23E4%B8%AD%E5%9B%BD%E4%BA%BA%E8%84%B8%E8%AF%86%E5%88%AB%E7%AC%A-C%E4%B8%80%E6%A1%88%23&sudaref=tineye.com&display=0&retcode=6102#_loginLayer_1595203062674.

[24] Wu Shuaishuai 吴帅帅, "'Shua lian di yi an' hangzhou kaiting" '刷脸第一案' 杭州开庭 [O julgamento do "Primeiro caso de escaneamento facial" começa em Hangzhou], Xinhua, 23 de junho de 2020, www.zj.xinhuanet.com/2020-06/23/c_1126149163.htm.

25 Du Qiongfang, "Park in Hangzhou Found Guilty of Breach of Contract for Using Visitor's Facial Recognition Information", *Global Times*, 21 de novembro de 2020, www.globaltimes.cn/content/1207570.shtml.

26 "Zheda faxue boshi jujue 'shua lian' ru yuan, qisu hangzhou yesheng dongwu shijie huo li'an" 浙大法学博士拒绝'刷脸'入园，起诉杭州野生动物世界获立案 [Zhejiang University Law School Doctoral Graduate Refuses "Facial Scanning" for Park Entry, Will File Lawsuit against Hangzhou Safari Park], *The Paper*, 3 de novembro de 2019, www.thepaper.cn/newsDetail_forward_4855453.

27 George Qi, Qianqian Li e Darren Abernethy, "China Releases Draft Personal Information Protection Law", *National Law Review* 11, nº 21 (2021), www.natlaw review. com/article/china-releases-draft-personal-information-protection-law.

28 Qin Jianhang, Qian Tong e Han Wei, "Cover Story: The Fight over China's Law to Protect Personal Data", Caixin Global, 20 de novembro de 2020, www.caixinglobal.com/2020-11-30/cover-story-the-fight-over-chinas-law-to-protect-personal-data-101633699.html.

29 "'Ren lian shibie di yi an' pan dongwuyuan shanchu yuangao zhaopian xinxi, yuangao cheng jiang jixu shangsu" '人脸识别第一案' 判动物园删除原告照片信息，原告称将继续上诉 [O "Primeiro caso sobre reconhecimento facial" decreta que o zoológico apague a informação fotográfica do demandante; demandante diz que levará processo adiante], Xinhua, 21 de novembro de 2020, www.xinhuanet.com/legal/2020-11/21/c_1126767913.htm.

30 "Urumqi Riots Three Years On – Crackdown on Uighurs Grows Bolder", Anistia Internacional, 4 de julho de 2012, www.amnesty.org/en/press-releases/2012/07/urumqi-riots-three-years-crackdown-uighurs-grows-bolder/; Austin Ramzy, "A Year after Xinjiang Riots, Ethnic Tensions Remain", *Time*, 5 de julho de 2010, http:// content. time.com/time/world/article/0,8599,2001311,00.html.

31 Congressional-Executive Commission on China, "Chairs Urge Ambassador Branstad to Prioritize Mass Detention of Uyghurs, Including Family Members of Radio Free Asia Employees", press release, 3 de abril de 2018, www.cecc.gov/media-center/press-releases/chairs-urge-ambassador-branstad-to-prioritize-mass-detention--of-uyghurs.

32 Bethany Allen-Ebrahimian, "Exposed: China's Operating Manuals for Mass Internment and Arrest by Algorithm", Consórcio Internacional de Jornalistas Investigativos, 24 de novembro de 2019, www.icij.org/investigations/china-cables/exposed--chinas-operating-manuals-for-mass-internment-and-arrest-by-algorithm.

33 Sophia Yan, "'One Minute Felt Like One Year': A Day in the Life of Inmates in the Xinjiang Internment Camps", *The Telegraph*, 26 de março de 2019, www.telegraph.co.uk/news/2019/03/26/dispatch-day-life-inmate-xinjiang-internment-camps/; "China: Free Xinjiang 'Political Education' Detainees", Human Rights Watch, 10 de setembro de 2017, www.hrw.org/news/2017/09/10/china-free-xinjiang-political-education-detainees#.

34 Orwell, *1984*, 211.

35 Austin Ramzy e Chris Buckley, "Leaked China Files Show Internment Camps Are Ruled by Secrecy and Spying", *New York Times*, 24 de novembro de 2019, www. nytimes.com/2019/11/24/world/asia/leak-chinas-internment-camps.html.

[36] Paul Mozur e Nicole Perlroth, "China's Software Stalked Uighurs Earlier and More Widely, Researchers Learn", *New York Times*, última modificação em 19 de janeiro de 2021, www.nytimes.com/2020/07/01/technology/china-uighurs-hackers-malware-hackers-smartphones.html?smid=em-share.

[37] Ver "China: Minority Region Collects DNA from Millions", Human Rights Watch, 13 de dezembro de 2017, www.hrw.org/news/2017/12/13/china-minority-region-collects-dna-millions; e Sui-Lee Wee, "China Uses DNA to Track Its People, with the Help of American Expertise", *New York Times*, 21 de fevereiro de 2019, www.nytimes.com/2019/02/21/business/china-xinjiang-uighur-dna-thermo-fisher.html.

[38] Charles Rollet, "Hikvision Admits Minority Recognition, Now Claims Canceled", IPVM, 23 de julho de 2020, https://ipvm.com/reports/hikvision-cancels; "Dahua Racist Uyghur Tracking Revealed", IPVM, 4 de novembro de 2020, https://ipvm.com/reports/dahua-uyghur; "Patenting Uyghur Tracking – Huawei, Megvii, More", IPVM, 12 de janeiro de 2021, https://ipvm.com/reports/patents-uyghur.

[39] Michael Wines, "To Protect an Ancient City, China Moves to Raze It", *New York Times*, 27 de maio de 2009, www.nytimes.com/2009/05/28/world/asia/28kashgar.html.

[40] Chris Buckley e Paul Mozur, "How China Uses High-Tech Surveillance to Subdue Minorities", *New York Times*, 22 de maio de 2019, www.nytimes.com/2019/05/22/world/asia/china-surveillance-xinjiang.html.

[41] Gerry Shih, "Digital Police State Shackles Chinese Minority", Associated Press, 17 de dezembro de 2017, https://apnews.com/1ec5143fe4764a1d8ea73ce4a3e2c570.

[42] Bahram K. Sintash, "Demolishing Faith: The Destruction and Desecration of Uyghur Mosques and Shrines", Uyghur Human Rights Project (UHRP), outubro de 2019, https://docs.uhrp.org/pdf/UHRP_report_Demolishing_Faith.pdf.

[43] Rian Thum (@RianThum), "Last year, the Chinese government destroyed the central Uyghur graveyard and sacred shrine in Khotan. We can now see part of what they put in its place: a parking lot", Twitter, 28 de abril de 2020, 10:42 a.m., https://twitter.com/RianThum/status/1255146071258349574?s=20.

[44] Orwell, *1984*, 121.

[45] Nathan Ruser et al., *Cultural Erasure: Tracing the Destruction of Uyghur and Islamic Spaces in Xinjiang*, Policy Brief Report nº 38 (Canberra: Australian Strategic Policy Institute, 2020), www.aspi.org.au/report/cultural-erasure.

[46] Charles Rollet, "Hikvision Wins Chinese Government Forced Facial Recognition Project across 967 Mosques", IPVM, 16 de julho de 2018, https://ipvm.com/reports/hik-mosques.

[47] Charles Rollet, "Dahua and Hikvision Win over $1 Billion in Government Backed Projects in Xinjiang", IPVM, 23 de abril de 2018, https://ipvm.com/reports/xinjiang-dahua-hikvision.

[48] Ver Jonathan E. Hillman e Maesea McCalpin, *Watching Huawei's "Safe Cities"* (Washington, D.C.: Center for Strategic and International Studies, 2019), www.csis.org/analysis/watching-huaweis-safe-cities; Greitens, "China's Surveillance State at Home and Abroad"; Sheena Chestnut Greitens, "The Global Impact of China's Surveillance Technology", in *The 2020-21 Wilson China Fellowship: Essays on the Rise of China and Its Implications*, ed. Abraham M. Denmark e Lucas Myers (Washington, D.C.: Woodrow Wilson International Center for Scholars, 2021), 129-52, https://www.wilsoncenter.org/2020-21-essay-collection.

49 "Hikvision North America 2017 Corporate Video", vídeo do YouTube, 2:10, postado por Hikvision USA, 1º de julho 2017, https://www.youtube.com/watch?v=fV4l-ZE y3KDg.

50 Hangzhou Hikvision Digital Technology Co., Ltd., *2019 Annual Report*, 25 de abril de 2020, 14, www.hikvision.com/content/dam/hikvision/en/brochures/hikvision-financial-report/Hikvision%202019%20Annual%20Report.pdf.

51 Matthew Luce, "A Model Company: CETC Celebrates 10 Years of Civil-Military Integration", *China Brief* 12, nº 4 (2012): 10–13, https://jamestown.org/program/a--model-company-cetc-celebrates-10-years-of-civil-military-integration.

52 "How Mass Surveillance Works in Xinjiang, China", Human Rights Watch, última modificação em 2 de maio de 2019, www.hrw.org/video-photos/interactive/2019/05/02/china-how-mass-surveillance-works-xinjiang.

53 Ma Si, "CETC Speeds Reform Efforts", *China Daily*, última modificação em 16 de setembro de 2017, www.chinadaily.com.cn/china/fiveyearson/2017-09/16/content_32063151.htm.

54 Zhong dian hai kang jituan youxian gongsi 中电海康集团有限公司 [CETHIK Group Co., Ltd.], "Zhonggong zhong dian haikang jituan youxian gongsi di yi ci daibiao dahui longzhong zhaokai" 中共中电海康集团有限公司第一次代表大会隆重召开 [CETHIK Group Co., Ltd.'s First CCP Congress Was Held], press release, 27 de abril de 2015, www.cethik.com/news_detail.aspx?c_kind=1&c_kind2=8&id=565.

55 "Hikvision Celebrates Xi Jinping Visit", vídeo do YouTube, 1:35, postado por IPVM, 23 de junho de 2019, www.youtube.com/watch?v=i5zZQH4R0ZU.

56 John Honovich, "Hikvision Gets $3 Billion from Chinese Government Bank", IPVM, 9 de dezembro de 2015, https://ipvm.com/reports/hikision-gets-%2431-billion-usd-financing-from-chinese-government-bank.

57 "We Visited Hikvision HQ", *a&s Adria*, 25 de dezembro de 2018, www.asadria.com/en/we-visited-hikvision-hq/; sobre informações da Western Digital, ver "WD Debuts Surveillance-Class Hard Drive Line", *SDM Magazine*, 4 de março de 2014, www.sdm mag.com/articles/90042-wd-debuts-surveillance-class-hard-drive-line.

58 Seagate, "Seagate Launches First Drive for AI-Enabled Surveillance", press release, 28 de outubro de 2017, www.seagate.com/news/news-archive/seagate-launches-first-drive-for-ai-enabled-surveillance-master-pr.

59 Yukinori Hanada, "US Sanctions Blur Chinese Dominance in Security Cameras", *Nikkei Asia*, 12 de novembro de 2019, https://asia.nikkei.com/Economy/Trade-war/US-sanctions-blur-Chinese-dominance-in-security-cameras.

60 Sobre o exemplo dos apartamentos em Nova York City, ver "Hikvision's Custom--Tailored VMS Software Protects New York City Residents", *SDM Magazine*, 3 de novembro de 2014, www.sdmmag.com/articles/90628-hikvisions-custom-tailored-vms-software-protects-new-york-city-residents; sobre o exemplo do Sunset Plaza Hotel, ver "Hikvision Provides 24-Hour Video Surveillance to Hollywood's Sunset Plaza Hotel", *SDM Magazine*, 15 de abril de 2016, www.sdmmag.com/articles/92342-hikvision-provides-24-hour-video-surveillance-to-hollywoods-sunset-plaza-hotel.

61 "Memphis Police Department Combines Traditional and Unconventional Surveillance to Keep the City Safe", *SDM Magazine*, 29 de janeiro de 2016, www.sdmmag.

com/articles/92037-memphis-police-department-combines-traditional-and-uncon-ventional-surveillance-to-keep-the-city-safe; "Hikvision and Eagle Eye Networks Provide Mobile Video Surveillance Solution", *SDM Magazine*, 10 de abril de 2015, www.sdmmag.com/articles/91176-hikvision-and-eagle-eye-networks-provide-mo-bile-video-surveillance-solution; sobre o exemplo do crime do laboratório no Colorado, ver "Hikvision Video Surveillance Secures Crime Lab in Colorado", *SDM Magazine*, 4 de abril de 2016, www.sdmmag.com/articles/92248-hikvision-video--surveillance-secures-crime-lab-in-colorado; ver também o estudo de caso original: Hikvision USA Inc., "Panoramic Surveillance Captures Fine Detail in Crime Lab", April 1, 2016, https://web.archive.org/web/20160615223003/http:/overseas.hikvision.com/ueditor/net/upload/2016-04-02/292a12ff-7fbb-4398-9e09-c294a-c527a6c.pdf.

[62] Avi Asher-Schapiro, "Exclusive: Half London Councils Found Using Chinese Surveillance Tech Linked to Uighur Abuses", Reuters, 18 de fevereiro de 2021, www.reuters.com/article/us-britain-tech-china/exclusive-half-london-councils-found-u-sing-chinese-surveillance-tech-linked-to-uighur-abuses-idUSKBN2AI0QJ

[63] Charu Kasturi, "How Chinese Security Cameras Are Compromising US Military Bases", OZY, 23 de julho de 2019, www.ozy.com/the-new-and-the-next/how-chine-se-security-cameras-are-compromising-us-military-bases/95665.

[64] John Honovich, "Ban of Dahua and Hikvision Is Now US Gov Law", IPVM, 13 de agosto de 2018, https://ipvm.com/reports/ban-law.

[65] John Honovich, "Ezviz = Hikvision = Chinese Government", IPVM, 8 de janeiro de 2016, https://ipvm.com/reports/ezviz-=-hikvision-=-chinese-government.

[66] "EZVIZ", Amazon, acessado em abril de 2020, www.amazon.com/stores/EZVIZ/page/D7A0ED48-0F3C-458E-9479-9F9FD0790D7F?ref_=ast_bln.

[67] Cisco, "Digital Impact: How Technology Is Accelerating Global Problem Solving" (apresentação, s.l., 2018), www.cisco.com/c/dam/assets/csr/pdf/Digital-Impact--Playbook.pdf.

[68] "Mi Band", Xiaomi United States, acessado em 18 de fevereiro de 2021, www.mi.com/global/miband.

[69] Daniel R. Deakin, "Xiaomi Mi Band Global Sales Top 13 Million Units for Q2 2020 as Pro and Lite Variant Rumors Still Linger for the Mi Band 5", NotebookCheck.net, 23 de setembro de 2020, www.notebookcheck.net/Xiaomi-Mi-Band-global-sa-les- top-13-million-units-for-Q2-2020-as-Pro-and-Lite-variant-rumors-still-linger--for-the-Mi-Band-5.495089.0.html.

[70] Dan Strumpf, "U.S. Blacklisted China's Xiaomi Because of Award Given to Its Founder", *Wall Street Journal*, última modificação em 5 de março de 2021, www.wsj.com/amp/articles/u-s-blacklisted-chinas-xiaomi-because-of-award-given-to-its-fou-nder-11614947281.

[71] Laura DeNardis, *The Internet in Everything: Freedom and Security in a World with No Off Switch* (New Haven, CT: Yale University Press, 2020), 68, Kindle.

[72] *Statement for the Record: Worldwide Threat Assessment of the US Intelligence Community: Senate Armed Services Committee*, 114th Cong. 1 (2016) (depoimento de James R. Clapper, ex-diretor da National Intelligence), www.armed-services.senate.gov/imo/media/doc/Clapper_02-09-16.pdf; DeNardis, *Internet in Everything*, 230.

73 "Inside the Infamous Mirai IoT Botnet: A Retrospective Analysis", *Cloudflare Blog*, Cloudflare, 14 de dezembro de 2017, https://blog.cloudflare.com/inside-mirai-the--infamous-iot-botnet-a-retrospective-analysis/; Brian Karas, "Hacked Dahua Cameras Drive Massive Mirai Cyber Attack", IPVM, 27 de setembro de 2016, https://ipvm.com/reports/dahua-ddos.

74 James A. Lewis, "Securing the Information and Communications Technology and Services Supply Chain", Center for Strategic and International Studies, 2 de abril de 2021, https://www.csis.org/analysis/securing-information-and-communications- technology-and-services-supply-chain.

75 EZVIZ, "EZVIZ Named as CES 2018 Innovation Awards Honoree", press release, 9 de janeiro de 2018, www.ezvizlife.com/newsroom/ezviz-named-as-ces-2018-innovation-awards-honoree/5.

76 EZVIZ, "Innovation Awards Honoree".

77 Sobre o exemplo das escolas de Minnesota, ver "Minn. School District Upgrades Video Surveillance System", *Campus Safety*, 5 de setembro de 2016, www.campussafety magazine.com/news/minn-_school_district_upgrades_video_surveillance_system/; sobre o exemplo dos campos de Xinjiang, ver "Hikvision Cameras Covering Concentration Camps", IPVM, 29 de julho de 2019, https://ipvm.com/reports/hik vision-bbc.

78 Hikvision Oceania, *Hikvision Face Recognition Solution – Powered by Artificial Intelligence (AI)* (s.l.: Hikvision Oceania, s.d.), www.scribd.com/document/405 887979/Hikvision-Facial-Recognition-Oceania-1-1-pdf.

79 "2MP Hikvision Facial Capture Recognition Camera Surveillance Face Recognition Software", Veley Security Ltd., acessado em 18 de fevereiro de 2021, https://veleysecurity.en.made-in-china.com/product/TNqxYiPoCIWO/China-2MP--Hikvision-Facial-Capture-Recognition-Camera-Surveillance-Face-Recognition--Software.html.

80 National Institute of Standards and Technology, U.S. Department of Commerce, *Ongoing Face Recognition Vendor Test (FRVT) Part 3: Demographic Effects, Annex 8: False Match Rates with Matched Demographics Using Application Images*, NIST Interagency Report 8280 (Gaithersburg, MD: National Institute of Standards and Technology, 2019), https://pages.nist.gov/frvt/reports/demographics/annexes/annex_08.pdf.

81 "What We Offer", DeepinMind Series, Hikvision, acessado em 18 de fevereiro de 2021, www.hikvision.com/en/products/IP-Products/Network-Video-Recorders/DeepinMind-Series.

82 Ethan Ace, "Hikvision DeepInMind Tested Terribly", IPVM, 15 de fevereiro de 2018, https://ipvm.com/reports/deepinmind-test.

83 Rob Kilpatrick, "Hikvision DeepinMind 2019 Test", IPVM, 6 de junho de 2019, https://ipvm.com/reports/deepinmind-retest.

84 Drew Harwell, "Federal Study Confirms Racial Bias of Many FacialRecognition Systems, Casts Doubt on Their Expanding Use", *Washington Post*, 19 de dezembro de 2019, www.washingtonpost.com/technology/2019/12/19/federal-study- confirms--racial-bias-many-facial-recognition-systems-casts-doubt-their-expanding-use.

[85] Kashmir Hill, "Another Arrest e Jail Time, Due to a Bad Facial Recognition Match", *New York Times*, última modificação em 6 de janeiro de 2021, www.nytimes.com/2020/12/29/technology/facial-recognition-misidentify-jail.html.

[86] Mara Hvistendahl, "How Oracle Sells Repression in China", *The Intercept*, 18 de fevereiro de 2021, https://theintercept.com/2021/02/18/oracle-china-police-surveillance.

[87] Shoshana Zuboff, *The Age of Surveillance Capitalism: The Fight for a Human Future at the New Frontier of Power* (Nova York: PublicAffairs, 2018).

[88] "Ren Zhengfei's Roundtable with Media from Latin America and Spain", entrevista a Pablo Diaz, *Voices of Huawei* (blog), Huawei, 11 de dezembro de 2019, www.huawei.com/us/facts/voices-of-huawei/ren-zhengfeis-roundtable-with-media-from--latin-america-and-spain.

[89] Hoover Institution, Stanford University, "Q&A: Elizabeth Economy on the Biden Administration's China Challenge", press release, 20 de janeiro de 2021, www.hoover.org/news/qa-elizabeth-economy-biden-administrations-china-challenge.

[90] Charles Rollet, "Evidence of Hikvision's Involvement with Xinjiang IJOP and Re--Education Camps", IPVM, 2 de outubro de 2018, https://ipvm.com/reports/hikvision-xinjiang; Charles Rollet, "In China's Far West, Companies Cash In on Surveillance Program That Targets Muslims", *Foreign Policy*, 13 de junho de 2018, https://foreignpolicy.com/2018/06/13/in-chinas-far-west-companies-cash-in-on-surveillance-program-that-targets-muslims.

[91] Marco Rubio, senador americano pela Flórida, "ICYMI | Financial Times: US Funds Pull Out of Chinese Groups Involved in Xinjiang Detention", press release, 28 de março de 2019, www.rubio.senate.gov/public/index.cfm/2019/3/icymi-financial--times-us-funds-pull-out-of-chinese-groups-involved-in-xinjiang-detention; Hangzhou Hikvision Digital Technology Co., Ltd., *2018 Environmental, Social and Governance Report*, abril de 2019, www.hikvision.com/content/dam/hikvision/ en/ investor-relations/Hikvision%202018%20ESG%20Report.pdf.

[92] Rachel Fixsen, "Denmark's AkademikerPension Bans Chinese Surveillance Kit Firm", Investment & Pensions Europe, 24 de novembro de 2020, www.ipe.com/news/denmarks-akademikerpension-bans-chinese-surveillance-kit-firm/10049183.article.

[93] Hikvision, *Advanced Security, Safer Society: Safe City Solution* (Hangzhou, China: Hikvision, s.d.), www.hikvision.com/content/dam/hikvision/en/brochures-download/vertical-solution-brochure/Safe-City-Solution-Brochure.pdf.

[94] Joel Gehrke, "'It Improves Targeting': Americans under Threat from Chinese Facial Recognition Systems, Rubio Warns", *Washington Examiner*, 27 de agosto de 2019, www.washingtonexaminer.com/policy/defense-national-security/chinas- overseas-smart-city-surveillance-empire-could-trap-americans-lawmakerswarn.

[95] Marco Rubio, senador americano pela Flórida, "Rubio, Wyden Urge State Department to Issue Travel Advisories for Americans Traveling to Countries Using Chinese Surveillance", press release, 1º de agosto de 2019, www.rubio.senate. gov/public/index.cfm/2019/8/rubio-wyden-urge-state-department-to-issue-travel-advisories--for-americans-traveling-to-countries-using-chinese-surveillance.

[96] Atha et al., *China's Smart Cities Development*, 3.

[97] Helen Warrell e Nic Fildes, "UK Spies Warn Local Authorities over 'Smart City' Tech Risks", *Financial Times*, 6 de maio de 2021, https://www.ft.com/content/46d35d-62-0307-41d8-96a8-de9b52bf0ec3.

[98] National Cyber Security Centre, GCHQ, *Connected Places: Cyber Security Principles* (Londres: National Cyber Security Centre, 2021), https://www.ncsc.gov.uk/collection/connected-places-security-principles.

[99] Atha et al., *China's Smart Cities Development*, 60.

[100] Jay Greene, "Microsoft Won't Sell Police Its Facial-Recognition Technology, Following Similar Moves by Amazon and IBM", *Washington Post*, 11 de junho de 2020, www.washingtonpost.com/technology/2020/06/11/microsoft-facial-recognition.

[101] Huawei, "Network-Wide Intelligence, Opening and Sharing – Development Trend of Video Surveillance Technology and Service" (apresentação, s.l., 2016), https://reconasia-production.s3.amazonaws.com/media/filer_public/aa/3d/aa3d5c68-e-826-46c6-a2a5-bc8454d6a5ba/huawei_intelligent_video_surveillance_technology_and_service_development_trend_material.pdf.

[102] ZTE, "Smart City: Road to Urban Digital Transformation" (apresentação, evento techUK sobre conectividade digital local, s.l., 13 de outubro de 2017), www.slideshare.net/TechUK/zte-smart-city-solution-overview.

[103] Sean Patton, "Hikvision, Dahua, and Uniview Falsify Test Reports to South Korea", IPVM, 10 de dezembro de 2020, https://ipvm.com/reports/hikuaview-sk.

[104] John Honovich e Charles Rollet, "Hikvision Impossible 30 People Simultaneously Fever Claim Dupes Baldwin, Alabama", IPVM, 1º de setembro de 2020, https://ipvm.com/reports/baldwin-30.

[105] Sean Patton e Charles Rollet, "Alabama Schools Million Dollar Hikvision Fever Camera Deal", IPVM, 11 de agosto de 2020, https://ipvm.com/reports/alabama-hik.

[106] Bent Flyvbjerg, "Introduction: The Iron Law of Megaproject Management", in *The Oxford Handbook of Megaproject Management*, ed. Bent Flyvbjerg (Oxford: Oxford University Press, 2017), 1–18, https://ti.org/pdfs/IronLawof Megaprojects.pdf.

[107] "HUAWEI – Safe City Post Project Documentary", vídeo do YouTube, 7:57, postado por Xdynamix, 14 de novembro de 2017, https://www.youtube.com/watch?v=-cmU JxdBlUYE&t=272s.

[108] Prasso, "Huawei's Claims That It Makes Cities Safer Mostly Look Like Hype".

[109] Agência Nacional de Polícia, Ministério do Interior, Governo do Paquistão, *Crimes Reported by Type and Province* (Islamabad: National Police Bureau, s.d.), http://web.archive.org/web/20191101090153/http:/www.pbs.gov.pk/sites/default/files/tables/Crimes%20Reported%20by%20Type%20and%20Provinces%20s.pdf.

[110] Assembleia Nacional do Paquistão, "It Is My Life Mission to Provide Job to Unemployed Youth of Pakistan: Says Speaker NA", press release, 15 de setembro de 2018, http://na.gov.pk/en/pressrelease_detail.php?id=3248.

[111] Munawer Azeem, "Leaked Safe City Images Spark Concern among Citizens", *Dawn*, 27 de janeiro de 2019, www.dawn.com/news/1459963.

[112] Leo Kelion e Sajid Iqbal, "Huawei Wi-Fi Modules Were Pulled from Pakistan CCTV System", BBC, 8 de abril de 2019, www.bbc.com/news/technology-47856098.

[113] Embaixada da República Popular da China na República Islâmica do Paquistão, "Statement of the Spokesperson from the Chinese Embassy in Pakistan", press re-

lease, 21 de maio de 2020, http://pk.chineseembassy.org/eng/zbgx/t1781421.htm. As estimativas variam amplamente, com 62 bilhões de dólares mencionado com frequência como meta original, apenas uma fração do que tem sido entregue.

[114] Michael Rubin, "Is Pakistan Nothing More than a Colony of China?", American Enterprise Institute, 5 de maio de 2020, www.aei.org/op-eds/is-pakistan-nothing--more-than-a-colony-of-china/; Fakhar Durrani, "Will Coronavirus Affect CPEC and Pak Economy?", *The News International*, 7 de fevereiro de 2020, www.thenews.com.pk/print/610253-will-coronavirus-affect-cpec-and-pak-economy.

[115] "China-Pakistan Cross-Border Optical Fiber Cable Project: Special Report on CPEC Projects (Transportation Infrastructure: Part 3)", Embaixada da República Popular da China na República Islâmica do Paquistão, 1º de outubro de 2018, http:// pk.chineseembassy.org/eng/zbgx/CPEC/t1627111.htm.

[116] "Safe City: Kenya", vídeo online, postado por Huawei, 2018, https://web.archive.org/web/20200428034508/https:/e.huawei.com/en/videos/global/2018/201804101038#.

[117] Huawei, "Huawei Unveils Safe City Solution Experience Center at 2016 Mobile World Congress", press release, 23 de fevereiro de 2016, www.huawei.com/us/press--events/news/2016/2/unveils-safe-city-solution-experience-center.

[118] "Crime Statistics", Serviço Nacional de Polícia, Governo do Quênia, acessado em 27 de fevereiro de 2021, www.nationalpolice.go.ke/crime-statistics.html.

[119] Reuters, "Kenya Secures $666 Million"; Mark Anderson, "Kenya's Tech Entrepreneurs Shun Konza 'Silicon Savannah,'" *The Guardian*, 5 de janeiro de 2015, www.theguardian.com/global-development/2015/jan/05/kenyatechnology- entre preneurs-konza-silicon-savannah.

[120] "Konza Technology City Approved as Kenya's Vision 2030 Flagship Project", Konza Technopolis, 18 de outubro de 2019, www.konza.go.ke/timeline/konza-tech nology-city-approved-as-kenyas-vision-2030-flagship-project/; "Kenya Begins Construction of 'Silicon' City Konza", BBC, 23 de janeiro de 2013, www.bbc.com/news/world-africa-21158928.

[121] "Smart City", Konza Technopolis, acessado em 15 de fevereiro de 2021, www.konza.go.ke/smart-city.

[122] Patrick Vidija, "Smart City: Development at Konza Takes Shape as 40% Sold Off", *The Star* (Quênia), 2 de fevereiro de 2021, www.the-star.co.ke/news/big-read/2021-02-02-smart-city-development-at-konza-takes-shape-as-40-sold-off.

[123] Vidija, "Smart City".

[124] Presidência, República do Quênia, "Press Statement: On April 27, 2019, in Statements and Speeches", press release, 27 de abril de 2019, www.president.go.ke/2019/04/27/press-statement-2.

[125] Reuters, "Kenya Secures $666 Million"; Andrew Kitson e Kenny Liew, "China Doubles Down on Its Digital Silk Road", Reconnecting Asia, Center for Strategic and International Studies, 14 de novembro de 2019, https://reconnect ingasia.csis.org/analysis/entries/china-doubles-down-its-digital-silk-road/; Sebastian Moss, "Huawei to Build Konza Data Center and Smart City in Kenya, with Chinese Concessional Loan", Data Center Dynamics, 30 de abril de 2019, www.datacenterdynamics.com/en/news/huawei-build-konza-data-center-and-smart-city-kenya-chinese-concessional-loan/; "Konza Technopolis Board of Directors", Konza Technopolis, acessado em

18 de março de 2021, www.konza.go.ke/eng-john-tanui/; "Eng. John Tanui, MBS: CEO, Konza Technopolis Development Authority", LinkedIn, acessado em 18 de março de 2021, www.linkedin.com/in/johntanui/?originalSubdomain=ke.

[126] "Kenyan Gov't, Chinese Firm Launch Construction of Major Power Transmission Project", Xinhua, 15 de novembro de 2019, www.xinhuanet.com/english/2019-11/15/c_138558244.htm; Liu Hongjie, "Chinese Company Empowers Kenya's Economic Transformation", *China Daily*, 15 de novembro de 2019, www.chinadaily.com.cn/a/201911/15/WS5dce9c50a310cf3e35577bc8_1.html; "Government Launches High Voltage Substation in Konza", vídeo do YouTube, 1:52, postado por KBC Channel 1, 15 de novembro de 2019, www.youtube.com/watch?v=_LzLbt-0JutM&ab_channel=KBCChannel1; "Kenya: Chinese Firm to Build Konza Technopolis Power Line", *African Energy Newsletter*, 21 de novembro de 2019, www.africa-energy.com/article/kenya-chinese-firm-build-konza-technopolis-power-line.

[127] Alibaba Cloud, "Alibaba Cloud Harnesses AI and Data Analytics Expertise to Advance China's Innovations in Urban Governance and Astronomy", press release, 13 de outubro de 2016, www.alibabacloud.com/press-room/alibaba-cloud-harnesses--ai-and-data-analytics-expertise-to-advance; "Alibaba Cloud's City Brain Solution Improves Urban Management in Hangzhou", *China Daily*, 20 de setembro de 2018, www.chinadaily.com.cn/a/201809/20/WS5ba3499ea310c4cc 775e7568.html.

[128] "Alibaba Cloud Intelligence Brain", Alibaba Cloud, acessado em 27 de fevereiro de 2021, www.alibabacloud.com/solutions/intelligence-brain/city; Liz Lee, "Alibaba to Take on Kuala Lumpur's Traffic in First Foreign Project", Reuters, 29 de janeiro de 2018, www.reuters.com/article/us-alibaba-malaysia/alibaba-to-take-on-kuala-lumpurs-traffic-in-first-foreign-project-idUSKBN1FI0QV.

[129] Jianfeng Zhang et al., "City Brain: Practice of Large-Scale Artificial Intelligence in the Real World", *IET Smart Cities* 1, nº 1 (2019): 28–37, https://doi.org/10.1049/iet-smc.2019.0034.

[130] "You Can't Spell Attribution without AI", *Course Studies* (blog), Corsair's Publishing, 28 de abril de 2019, https://course-studies.corsairs.network/you-cant-spell-attribution-without-ai-99c47327b6f4.

[131] Min Wanli, "The Road to Digital Intelligence with Alibaba Cloud ET Brain", *Alibaba Cloud Community Blog*, Alibaba Cloud, 12 de outubro de 2018, www.alibabacloud.com/blog/594066.

[132] "Kuala Lumpur Traffic", TomTom, acessado em 1º de fevereiro de 2020, www.tomtom.com/en_gb/traffic-index/kuala-lumpur-traffic.

[133] "Xi Calls for Making Major Cities 'Smarter,'" vídeo do YouTube, 1:30, postado por CCTV Video News Agency, 1º de abril de 2020, www.youtube.com/watch?v=cJpsMWZDFD8&t=10s&ab_channel=CCTVVideoNewsAgency.

[134] "Xinhua Headlines-Xi Focus: Xi Stresses Coordinating Epidemic Control, Economic Work, Achieving Development Goals", Xinhua, 1º de abril de 2020, www.xinhuanet.com/english/2020-04/01/c_138938742.htm.

[135] Lee J, "Smart Cities with Not-So-Smart Security – Again!", DataBreaches.net, 14 de janeiro de 2020, www.databreaches.net/smart-cities-with-not-so-smart-security-again.

[136] Zack Whittaker, "Security Lapse Exposed a Chinese Smart City Surveillance System", TechCrunch, 3 de maio de 2019, https://techcrunch.com/2019/05/03/china--smart-city-exposed.

137 Ver Philip Wen e Drew Hinshaw, "China Asserts Claim to Global Leadership, Mask by Mask", *Wall Street Journal*, 1º de abril de 2020, www.wsj.com/articles/china-asserts-claim-to-global-leadership-mask-by-mask-11585752077; Paul Mozur, Raymond Zhong e Aaron Krolik, "In Coronavirus Fight, China Gives Citizens a Color Code, with Red Flags", *New York Times*, última modificação em 7 de agosto de 2020, www.nytimes.com/2020/03/01/business/china-coronavirus-surveillance. html.

138 Artificial Intelligence Industry Alliance, "AI Support for Coronavirus Control AIIA Research Report", trad. Jeffrey Ding, acessado em 20 de março de 2020, https://docs.google.com/document/d/1Xq1ioXVv3t4czWp9_HIgX7KkuXtScbit_NU1nn-qfi7Y/edit#heading=h.4sboxyupia1u.

139 Ethan Ace e John Honovich, "Dahua Rigs Fever Cameras, Covers Up", IPVM, 20 de novembro de 2020, https://ipvm.com/reports/dahua-fever.

140 Yuan Yang, Nian Liu e Sue-Lin Wong, "China, Coronavirus and Surveillance: The Messy Reality of Personal Data", *Financial Times*, 2 de abril de 2020, www.ft.com/content/760142e6-740e-11ea-95fe-fcd274e920ca.

141 Raymond Zhong e Paul Mozur, "To Tame Coronavirus, Mao-Style Social Control Blankets China", *New York Times*, 20 de fevereiro de 2020, www.nytimes.com/2020/02/15/business/china-coronavirus-lockdown.html.

142 Jiefei Liu, "Founder of Alibaba Cloud Says Smart Cities Can't Solve Problems Caused by China's Rapid Urbanization", *TechNode* (blog), 2 de julho de 2018, https://technode.com/2018/07/02/techcrunch-city-brain.

143 Chris Buckley, "Was That a Giant Cat? Leopards Escape, and a Zoo Keeps Silent (at First)", *New York Times*, 10 de maior de 2021, https://www.nytimes.com/2021/05/10/world/asia/china-zoo-leopards.html.

144 Atha et al., *China's Smart Cities Development*, 43–54.

145 Yuan Yang, "The Role of AI in China's Crackdown on Uighurs", *Financial Times*, 11 de dezembro de 2019, www.ft.com/content/e47b33ce-1add-11ea-97df-cc63de-1d73f4.

146 "China's Algorithms of Repression", Human Rights Watch, 1º de maio de 2019, www.hrw.org/report/2019/05/01/chinas-algorithms-repression/reverse-engineering--xinjiang-police-mass.

147 Jennifer Pan, *Welfare for Autocrats* (Nova York: Oxford University Press, 2020), 174, Kindle.

148 Sarah Dai, "China Adds Huawei, Hikvision to Expanded 'National Team' Spearheading Country's AI Efforts", *South China Morning Post*, 30 de agosto de 2019, www.scmp.com/tech/big-tech/article/3024966/china-adds-huawei-hikvision-expanded--national-team-spearheading.

149 Hangzhou Hikvision Digital Technology Co., Ltd., *2019 Annual Report*.

150 Elizabeth Schulze, "40% of A.I. Start-Ups in Europe Have Almost Nothing to Do with A.I., Research Finds", CNBC, 6 de março de 2019, www.cnbc.com/2019/03/06/40-percent-of-ai-start-ups-in-europe-not-related-to-ai-mmc-report.html.

151 "Zhucheng shi tongchou liyong 'xueliang gongcheng' dazao 'san dapingtai'" 诸城市统筹利用'雪亮工程'打造'三大平台' [Zhucheng City Integrates Applications from the "Sharp Eyes Project" in the Creation of the "Three Major Platforms"],

Sohu, 23 de novembro de 2019, anteriormente publicado in *People's Daily*, 23 de novembro de 2019, www.sohu.com/a/355605010_114731.

[152] Reuters, "U.S. Says No Change in Its Genocide Determination for China's Xinjiang", 9 de março de 2021, www.reuters.com/article/us-china-usa-xinjiang/u-s-says--no-change-in-its-genocide-determination-for-chinas-xinjiang-idUSKBN2B1 2LG.

[153] Strittmatter, *We Have Been Harmonized*, 194.

[154] Pan, *Welfare for Autocrats*, 176.

CAPÍTULO 5 – UMA DOBRA NA INTERNET

[1] "What Is BGP? | BGP Routing Explained", Cloudflare, acessado em 24 de janeiro de 2021, www.cloudf lare.com/learning/security/glossary/what-is-bgp.

[2] Paula Jabloner, "The Two-Napkin Protocol", *CHM Blog,* Computer History Museum, 4 de março de 2015, https://computerhistory.org/blog/the-two-napkin-protocol/?key=the-two-napkin-protocol.

[3] "World – Autonomous System Number Statistics – Sorted by Number", Regional Internet Registries Statistics, última modificação em 18 de janeiro de 2021, www-public.imtbs-tsp.eu/~maigron/RIR_Stats/RIR_Delegations/World/ASN-ByNb.html.

[4] Doug Madory, "China Telecom's Internet Traffic Misdirection", *Internet Intelligence* (blog), Oracle, 5 de novembro de 2018, https://blogs.oracle.com/internetintelligence/china-telecoms-internet-traffic-misdirection.

[5] Chris C. Demchak e Yuval Shavitt, "China's Maxim – Leave No Access Point Unexploited: The Hidden Story of China Telecom's BGP Hijacking", *Military Cyber Affairs* 3, nº 1 (2018): 1–5, https://doi.org/10.5038/2378-0789.3.1.1050.

[6] Doug Madory, "Large European Routing Leak Sends Traffic through China Telecom", *Internet Intelligence* (blog), Oracle, 6 de junho de 2019, https://blogs.oracle.com/internetintelligence/large-european-routing-leak-sends-traffic-through-china--telecom; Craig Timberg, "The Long Life of a Quick 'Fix': Internet Protocol from 1989 Leaves Data Vulnerable to Hijackers", *Washington Post,* 31 de maio de 2015, www.washingtonpost.com/sf/business/2015/05/31/ net-of-insecurity-part-2.

[7] Rahul Hiran, Niklas Carlsson e Phillipa Gill, "Characterizing Large-Scale Routing Anomalies: A Case Study of the China Telecom Incident", in *Passive and Active Measurement: 14th International Conference, PAM, 2013, Hong Kong, China, March 18–19, 2013, Proceedings* (Heidelberg: Springer, 2013), 229–38, https://doi.org/10.1007/978-3-642-36516-4_23.

[8] U.S.-China Economic and Security Review Commission, *2010 Report to Congress of the U.S.-China Economic and Security Review Commission* (Washington, D.C.: U.S. Government Printing Office, 2010), 243–44, www.uscc.gov/sitesdefault/files/ annual_reports/2010-Report-to-Congress.pdf.

[9] Doug Madory, correspondência com o autor, janeiro de 2021; ver também Doug Madory, "Visualizing Routing Incidents in 3D" (apresentação, RIPE 80, reunião virtual, 12–14 de maio de 2020), https://ripe80.ripe.net/presentations/14-3dleak_viz_madory_ripe.pdf.

[10] "Grande potência cibernética" pode também ser traduzido como "grande potência de rede". Yang Ting 杨婷, "Xi Jinping: Ba woguo cong wangluo daguo jianshe chengwei wangluo qiangguo" 习近平:把我国从网络大国建设成为网络强国 [Xi Jinping: Fazer a China passar de Grande País Cibernético a Grande Potência Cibernética], Xinhua, 27 de fevereiro de 2014, www.xinhuanet.com//politics/2014-02/27/c_119538788.htm.

[11] Pengxiong Zhu et al., "Characterizing Transnational Internet Performance and the Great Bottleneck of China", *Proceedings of the ACM on Measurement and Analysis of Computing Systems* 4, nº 13 (2020): 7, https://doi.org/ 10.1145/3379479.

[12] Graham Webster e Katharin Tai, "Translation: China's New Security Reviews for Cloud Services", *Cybersecurity Initiative: Blog,* New America, 23 de julho de 2019, www.newamerica.org/cybersecurity-initiative/digichina/blog/translation-chinas- new-security-reviews-cloud-services.

[13] "Azure China Playbook: Performance and Connectivity Considerations", Microsoft, última modificação em 20 de julho de 2020, https://docs.microsoft.com/en-us/azure/china/concepts-performance-and-connectivity.

[14] Kirtus G. Leyba, correspondência com o autor, janeiro de 2021.

[15] Kirtus G. Leyba et al., "Borders and Gateways: Measuring and Analyzing National AS Chokepoints", in *Compass '19: Proceedings of the 2nd ACM SIGCAS Conference on Computing and Sustainable Societies* (Nova York: Association for Computing Machinery, 2019), 184–94, https://doi.org/10.1145/3314344.3332502.

[16] Bill Marczak et al., "An Analysis of China's 'Great Cannon,'" in *FOCI '15: 5th USENIX Workshop on Free and Open Communications on the Internet* (Washington, D.C.: USENIX Association, 2015), www.usenix.org/system/files/ conference/foci15/foci-15-paper-marczak.pdf.

[17] Zhu et al., "Great Bottleneck of China", 17.

[18] Margaret E. Roberts, *Censored: Distraction and Diversion Inside China's Great Firewall* (Princeton, NJ: Princeton University Press, 2018).

[19] David Bandurski, "A Brief Experiment in a More Open Chinese Web", *TechStream* (blog), Brookings Institution, 12 de novembro de 2020, www.brookings.edu/techstream/a-brief-experiment-in-a-more-open-chinese-web.

[20] "China's Quiet Experiment Let Millions View Long-Banned Websites", Bloomberg, 12 de outubro de 2020, www.bloomberg.com/news/articles/2020-10-12/china-s-quiet-experiment-to-let-millions-roam-the-real-internet?sref=VZPf2pAM.

[21] Zhu et al., "Great Bottleneck of China", 2.

[22] China Telecom Global Ltd., "Unified Carrier Licence Telecommunications Ordinance (Chapter 106)", 5 de janeiro de 2020, 2, www.chinatelecomglobal.com/files/Tariff_Notice_for_IP_Transit.pdf.

[23] Robert Clark, "China Finally Embraces Full Internet Peering", Light Reading, 2 de março de 2020, www.lightreading.com/asia/china-finally-embraces-full-internet-peering/d/d-id/757892.

[24] "Internet Way of Networking Use Case: Interconnection and Routing", Internet Society, 9 de setembro de 2020, www.internetsociety.org/resources/doc/2020/internet-impact-assessment-toolkit/use-case-interconnection-and-routing.

25 Hal Roberts et al., *Mapping Local Internet Control* (Cambridge, MA: Berkman Center for Internet & Society, Harvard University, 2011), https://cyber.harvard. edu/netmaps/mlic_20110513.pdf.

26 Rebecca MacKinnon, "Networked Authoritarianism in China and Beyond: Implications for Global Internet Freedom" (artigo apresentado em Liberation Technology in Authoritarian Regimes, Stanford, CA, outubro de 2010), 21, https:// rconversation. blogs.com/MacKinnon_Libtech.pdf.

27 MacKinnon, "Networked Authoritarianism", 21.

28 Ryan Fedasiuk, "A Different Kind of Army: The Militarization of China's Internet Trolls", *China Brief* 21, nº 7 (2021): 8, https://jamestown.org/program/a-different-kind-of-army-the-militarization-of-chinas-internet-trolls.

29 Gary King, Jennifer Pan e Margaret E. Roberts, "How the Chinese Government Fabricates Social Media Posts for Strategic Distraction, Not Engaged Argument", *American Political Science Review* 111, nº 13 (2017): 485, https://doi.org/10.1017/S0003055417000144.

30 Raymond Zhong et al., "Leaked Documents Show How China's Army of Paid Internet Trolls Helped Censor the Coronavirus", ProPublica, 19 de dezembro de 2020, www.propublica.org/article/leaked-documents-show-how-chinas-army-of-paid-internet-trolls-helped-censor-the-coronavirus.

31 Marczak et al., "Analysis of China's 'Great Cannon,'" 1.

32 Internet Society, "Internet Way of Networking".

33 Blake Miller, "The Limits of Commercialized Censorship in China", SocArXiv (2019), https://doi.org/10.31235/osf.io/wn7pr.Roberts, *Censored*, loc. 4144.

34 Roberts, *Censored*, loc. 4144.

35 Yanfeng Zheng e Qinyu Wang, "Shadow of the Great Firewall: The Impact of Google Blockade on Innovation in China", *Strategic Management Journal* (em breve), http://dx.doi.org/10.2139/ssrn.3558289.

36 Paul Brodsky et al., *The State of the Network: 2021 Edition* (San Diego, CA: PriMetrica, 2021), https://www2.telegeography.com/hubfs/assets/Ebooks/state-of-the--network-2021.pdf.

37 Paul Mozur, "A Hong Kong Internet Provider Confirms It Censored a Website under the New Security Law", *New York Times*, última modificação em 22 de janeiro de 2021, www.nytimes.com/live/2021/01/14/business/us-economy-coronavirus#a--hong-kong-internet-provider-confirms-it-censored-a-website-under-the-new-security-law.

38 Xi Jinping, "Remarks by H.E. Xi Jinping, President of the República Popular da China , at the Opening Ceremony of the Second World Internet Conference" (discurso, Segunda Conferência Mundial sobre Internet, Wuzhen, China, 16 de dezembro de 2015), www.fmprc.gov.cn/mfa_eng/wjdt_665385/zyjh_ 665391/ t1327570.shtml.

39 Yali Liu, "Building CHN-IX: The First IXP in Mainland China", *APNIC Blog*, APNIC, 22 de abril de 2016, https://blog.apnic.net/2016/04/22/building-chn-ix-first--ixp- mainland-china.

40 "CHN-IX: Revamping China's Internet Infrastructure", ChinaCache, 25 de janeiro de 2019, https://en.chinacache.com/chn-ix-revamping-chinas-interent-infrastructure.

41 Securities e Exchange Commission, *Form 20-F, ChinaCache International Holdings Ltd.: Annual and Transition Report of Foreign Private Issuers [Sections 13 or 15(d)]* (Washington, D.C.: Securities and Exchange Commission, 2020), https://sec/.report/Document/0001104659-20-041187.

42 Securities and Exchange Commission, *Form 20-F, ChinaCache,* 7–11.

43 "CNIX", PeeringDB, acessado em 27 de janeiro de 2021, www.peeringdb.com/ix/1303.

44 According to PeeringDB, acessado em 25 de janeiro de 2021, https://www.peeringdb.com/advanced_search?country__in=US&reftag=ix.

45 H. B. Acharya, Sambuddho Chakravarty e Devashish Gosain, "Few Throats to Choke: On the Current Structure of the Internet", in *2017 IEEE 42nd Conference on Local Computer Networks* (Los Alamitos, CA: IEEE, 2017), 339–46, https:// doi.org/10.1109/LCN.2017.78.

46 "The Top 500 Sites on the Web", Alexa, acessado em 25 de janeiro de 2021, www.alexa.com/topsites.

47 "AS 4809", AS Rank, acessado em 25 de janeiro de 2021, https://asrank.caida.org/asns/4809.

48 "AS 3356", AS Rank, acessado em 26 de janeiro de 2021, https://asrank.caida.org/asns/3356.

49 Dave Allen, "Analysis by Oracle Internet Intelligence Highlights China's Unique Approach to Connecting to the Global Internet", *Internet Intelligence* (blog), Oracle, 19 de julho de 2019, https://blogs.oracle.com/internetintelligence/analysis-by-oracle-internet-intelligence-highlights-china%e2%80%99s-unique-approach-to-connecting-to-the-global-internet.

50 Daniel R. Headrick e Pascal Griset, "Submarine Telegraph Cables: Business and Politics, 1838–1939", *Business History Review* 75, nº 3 (2001): 553, https://doi.org/10.2307/3116386.

51 "Unofficial USCBC Chart of Localization Targets by Sector Set in the MIIT Made in China 2025 Key Technology Roadmap", U.S.-China Business Council, 2 de fevereiro de 2016, www.uschina.org/sites/default/files/2-2-16%20Sector%20and%20Localization% 20Targets%20for%20Made%20in%20China%202025.pdf.

52 P. M. Kennedy, "Imperial Cable Communications and Strategy, 1870–1914", *The English Historical Review* 86, nº 341 (1971): 751, https://doi.org/10.1093/ ehr/LXXXVI.CCCXLI.728.

53 HMN Tech, "Huawei Marine Achieves over 100 Contracts", press release, 21 de janeiro de 2020, www.hmntechnologies.com/enPressReleases/37319.jhtml; HMN Tech, "Building the Backbone for Global Connectivity", press release, 9 de janeiro de 2019, www.hmntechnologies.com/enPressReleases/37315.jhtml.

54 "Hannibal – Mediterranean | Telecoms: Global Marine Installs FOC Connecting Tunisia and Sicily", Global Marine, acessado em 25 de janeiro de 2021, https:// global marine.co.uk/projects/hannibal-mediterranean.

55 Zhang Hongxiang 张红祥, "Haishang 54 tian" 海上54天 [54 Dias no Mar], *Huawei Ren* 华为人 [Pessoal da Huawei], 8 de fevereiro de 2010, http://app.huawei.com/paper/newspaper/newsBookCateInfo.do?method=showDigestInfo&infoId=14233&sortId=1.

56 "The SGSCS System Represents HMN's First Repeater and Branching Unit Solution, Linking Trinidad, Guyana to Suriname in South America", Global Marine, novembro de 2019, https://globalmarine.co.uk/wp-content/uploads/2019/11/sgscs--case-study.pdf.

57 Bao Pengyun 鲍鹏云, "Cong ludi dao haiyang" 从陆地到海洋 [Da Terra ao Mar], *Huawei Ren* 华为人 [Pessoal da Huawei], 30 de maio de 2011, http://app.huawei.com/paper/newspaper/newsBookCateInfo.do?method=showDigestInfo &infoId=14261&sortId=1.

58 Especialista do setor, entrevistado pelo autor, junho de 2020.

59 "Suriname Guyana Submarine Cable System (SGSCS)", HMN Tech, acessado em janeiro de 2021, www.hmntechnologies.com/enExperience/37690.jhtml.

60 Federal Communications Commission, *Improving Outage Reporting for Submarine Cables and Enhanced Submarine Cable Outage Data, GN Docket No. 15-206: Report and Order*, FCC 16-81 (Washington, D.C.: Federal Communications Commission, 2016), 52, https://docs.fcc.gov/public/attachments/FCC-16-81A1. pdf.

61 Stephen Malphrus, "Keynote Address" (discurso, Cúpula ROGUCCI, Dubai, 19 de outubro de 2009).

62 "Hibernia Atlantic Selects Huawei Technologies USA", *Fiber Optics Weekly Update,* 1 de junho de 2007, https://books.google.com/books?id=6Q3P9P77wcwC.

63 "Huawei Marine to Build Hibernia Atlantic's Project Express", Lightwave Online, 17 de janeiro de 2012, www.lightwaveonline.com/network-design/article/16664889/huawei-marine-to-build-hibernia-altantics-project-express.

64 Lightwave Online, "Hibernia Atlantic's Project Express".

65 Jeremy Page, Kate O'Keeffe e Rob Taylor, "America's Undersea Battle with China for Control of the Global Internet Grid", *Wall Street Journal*, 12 de março de 2019, www.wsj.com/articles/u-s-takes-on-chinas-huawei-in-undersea-battle-over-the-global-internet-grid-11552407466.

66 Tom McGregor, "China Breakthroughs: SAIL Ahead on South Atlantic Cable Network", CCTV, 5 de julho de 2017, http://english.cctv.com/2017/07/05/ARTIT i0QntQhXqvZoN4dwobj170705.shtml.

67 HMN Tech, "South Atlantic Inter Link Connecting Cameroon to Brazil Fully Connected", press release, 5 de setembro de 2018, www.hmntechnologies.com/en Press-Releases/37306.jhtml.

68 Doug Madory, correspondência por e-mail com o autor, 20 de dezembro de 2020.

69 Jonathan E. Hillman, *The Emperor's New Road: China and the Project of the Century* (New Haven, CT: Yale University Press, 2020).

70 Nicole Starosielski, *The Undersea Network* (Durham, NC: Duke University Press, 2015), 41.

71 Iara Guimarães Altafin, "Especialistas apontam soluções para reduzir vulnerabilidade da internet", Agência Senado, 6 de novembro de 2013, www12.senado.leg.br/noticias/materias/2013/11/06/especialistas-apontam-solucoes-para-reduzir-vulnerabilidade-da-internet.

72 "EllaLink: Connecting Europe to Latin America", Capacity Media, 14 de abril de 2020, www.capacitymedia.com/articles/3825273/ellalink-connecting-europe-to-latin-america.

73 Jamal Shahid, "Army Seeks Fibre Optic Cables along CPEC", *Dawn*, 25 de janeiro de 2017, www.dawn.com/news/1310593.

74 Hengtong Group, "PEACE Submarine Cable Project Perfectly Interpreting 'China Manufacturing Global Quality,'" press release, 30 de setembro de 2018, www.hengtonggroup.com/en/news/news-detail-510319.htm.

75 Khurram Husain, "Exclusive: CPEC Master Plan Revealed", *Dawn*, última modificação em 21 de junho de 2017, www.dawn.com/news/1333101.

76 Farhan Bokhari e Kathrin Hille, "Pakistan Turns to China for Naval Base", *Financial Times*, 22 de maio de 2011, www.ft.com/content/3914bd36-8467-11e0-afcb--00144feabdc0.

77 Andres Schipani, "Spying and Stability: Djibouti Thrives in 'Return to Cold War,'" *Financial Times*, 11 de maio de 2021, https://www.ft.com/content/418b5250-f7 fa--4ad3-837f-871dd259ec87.

78 Abdi Latif Dahir, "Thanks to China, Africa's Largest Free Trade Zone Has Launched in Djibouti", *Quartz*, 9 de julho de 2018, https://qz.com/africa/1323666/china-and-djibouti-have-launched-africas-biggest-free-trade-zone.

79 Deborah Brautigam, Yufan Huang e Kevin Acker, *Risky Business: New Data on Chinese Loans and Africa's Debt Problem* (Washington, D.C.: China-Africa Research Initiative, Paul H. Nitze School of Advanced International Studies, Johns Hopkins University, 2020), https://static1.squarespace.com/static/5652847de 4b033f56 d2bdc29/t/6033fadb7ba591794b0a9dff/1614019291794/BP+3+-+ Brautigam%-2C+Huang%2C+Acker+-+Chinese+Loans+African+Debt.pdf; Yufan Huang e Deborah Brautigam, "Putting a Dollar Amount on China's Loans to the Developing World", *The Diplomat*, 24 de junho de 2020, https://thediplomat. com/2020/06/putting-a-dollar-amount-on-chinas-loans-to-the-developing-world.

80 "Submarine Cable Map", TeleGeography and HMN Tech, acessado em 27 de fevereiro de 2021, www.submarinecablemap.com.

81 Michael Sechrist, *Cyberspace in Deep Water: Protecting Undersea Communication Cables by Creating an International Public-Private Partnership* (Cambridge, MA: Harvard Kennedy School of Government, 2010), www. belfercenter.org/sites/default/files/files/publication/PAE_final_draft_-_043010. pdf.

82 Ivan Seidenberg, "Keynote Address: Customer Partnership Conference", Defense Information Systems Agency Customer Partnership Conference, 21 de abril de 2009, como citado em Sechrist, *Cyberspace in Deep Water*, 9.

83 Especialista do setor, entrevistado pelo autor, em maio de 2020.

84 Takashi Kawakami, "Huawei to Sell Undersea Cable Unit to Deflect US Spy Claims", *Nikkei Asia*, 4 de junho de 2019, https://asia.nikkei.com/Spotlight/Huawei-crackdown/Huawei-to-sell-undersea-cable-unit-to-def lect-US-spy-claims.

85 Hengtong Group, "Hengtong haiyang shang bang 2018 nian suzhoushi zhuan jing te xin shifan qiye mingdan" 亨通海洋上榜2018年苏州市专精特新示范企业名单 [Hengtong Marine está na Lista da Cidade de Suzhou 2018 de Empresas-Modelo Novas e Especializadas], press release, 2 de novembro de 2018, http://cn.hengtongmarine.com/index.php/news/newsInfo/22.html.

86 Headrick e Griset, "Submarine Telegraph Cables", 553.

87 Ver capítulo 2 in Hillman, *The Emperor's New Road*.

88 Dave Allen, "Analysis by Oracle Internet Intelligence Highlights China's Unique Approach to Connecting to the Global Internet", *Internet Intelligence* (blog), Oracle, 19 de julho de 2019, https://blogs.oracle.com/internetintelligence/analysis-by-oracle-internet-intelligence-highlights-china%e2%80%99s-unique-approach-to-connecting-to-the-global-internet.

89 "Amazon Cloud Demands Massive On-the-Ground Infrastructure", *Seattle Times*, última modificação em 6 de dezembro de 2016, www.seattletimes.com/ business/amazon-cloud-demands-massive-on-the-ground-infrastructure.

90 Canalys, "Global Cloud Services Market Q1 2020", press release, 30 de abril de 2020, https://www.canalys.com/newsroom/worldwide-cloud-infrastructure-services-Q1-2020; Canalys, "Global Cloud Services Market Q2 2020", press release, 30 de julho de 2020, https://canalys.com/newsroom/worldwide-cloud-infrastructure-services-Q2-2020; Canalys, "Global Cloud Infrastructure Market Q3 2020", press release, 29 de outubro de 2020, https://www.canalys.com/ newsroom/worldwide-cloud-market-q320; Canalys, "Global Cloud Infrastructure Market Q4 2020", press release, 2 de fevereiro de 2021, https://www.canalys. com/newsroom/global--cloud-market-q4-2020.

91 Raj Bala et al., "Gartner Magic Quadrant for Cloud Infrastructure as a Service, Worldwide", Gartner, 19 de julho de 2019, www.gartner.com/en/documents/3947472/magic-quadrant-for-cloud-infrastructure-as-a-service-wor; Alibaba Group, "Alibaba Group Announces December Quarter 2020 Results", press release, 2 de fevereiro de 2021, www.alibabagroup.com/en/news/press_pdf/p210202.pdf.

92 Canalys, "Cloud Services Market Q1 2020"; Canalys, "Cloud Services Market Q2 2020"; Canalys, "Cloud Infrastructure Market Q3 2020"; Canalys, "Cloud Infrastructure Market Q4 2020".

93 ThousandEyes, Cisco Systems Inc., *Cloud Performance Benchmark: 2019–2020 Edition* (San Francisco: Cisco Systems, Inc., 2020), 38, https://marketo-web.thousandeyes.com/rs/thousandeyes/images/ThousandEyes-Cloud-Performance-Benchmark-2019-2020-Edition.pdf.

94 Pei Li e Josh Horwitz, "In Cloud Clash with Alibaba, Underdog Tencent Adopts More Aggressive Tactics", Reuters, 2 de julho de 2020, www.reuters.com/article/us--tencent-alibaba-cloud-focus/in-cloud-clash-with-alibaba-underdog-tencent- adopts-more-aggressive-tactics-idUSKBN2433F9.

95 Josh Horwitz, "Alibaba to Invest $28 Billion in Cloud Services after Coronavirus Boosted Demand", Reuters, 19 de abril de 2020, www.reuters.com/article/us-china--alibaba-cloud-investment/alibaba-to-invest-28-billion-in-cloud-services-after-coronavirus-boosted-demand-idUSKBN22208E.

96 Pei Li, "Tencent to Invest $70 Billion in 'New Infrastructure,'" Reuters, 26 de maio de 2020, www.reuters.com/article/us-tencent-cloud-investment/tencent-to-invest--70-billion-in-new-infrastructure-idUSKBN2320VB.

97 Nikki Sun, "Tencent's Plans for Indonesia Herald Wave of Asian Data Centres", *Financial Times*, 18 de abril de 2021, https://www.ft.com/content/05a17586-5b08-4f-2f-a228-f2c757c824b9.

98 Li Jingying 李菁瑛, "Zhongguo dianxin xuanbu weilai jiang ba yun jisuan fuwu zuowei zhuye" 中国电信宣布未来将把云计算服务作为主业 [China Telecom

305

anuncia que no futuro irá fazer dos serviços de computação de nuvem seu principal negócio], Leifeng Wang 雷锋网 [Leifeng Net], 9 de novembro de 2020, www.leiphone.com/news/202011/9r5uwvX7I7YM0lzn.html.

[99] Ding Yi, "Baidu Sets Out Its Ambitions for AI, Cloud Computing, Amid 'New Infrastructure' Push", Caixin Global, 22 de junho de 2020, www.caixinglobal.com/2020-06-22/baidu-sets-out-its-ambitions-for-ai-cloud-computing-amid-new-infrastructure-push-101570657.html.

[100] "30,000,000 American Depositary Shares: Representing 450,000,000 Ordinary Shares", Kingsoft Cloud Holdings Ltd., 7 de maio de 2020, 35, https://ir.ksyun.com/static-files/29ac7d9f-935c-4540-a9a1-f8c66937a27e.

[101] "Bringing the Digital World to Cape Verde", Huawei, acessado em 25 de janeiro de 2021, https://e.huawei.com/en/case-studies/global/2018/201807051343.

[102] Jonathan E. Hillman e Maesea McCalpin, *Huawei's Cloud Strategy: Economic and Strategic Implications* (Washington, D.C.: Center for Strategic and International Studies, 2021), https://reconasia.csis.org.

[103] Kathrin Hille, Qianer Liu e Kiran Stacey, "Huawei Focuses on Cloud Computing to Secure Its Survival", *Financial Times*, 30 de agosto de 2020, www.ft.com/content/209aa050-6e9c-4ba0-b83c-ac8df0bb4f86.

[104] "Renzhengfei guanyu huawei yun de jianghua shifangle naxie zhongyao xinxi?" 任正非关于华为云的讲话释放了哪些重要信息？ [Que informação importante o discurso de Ren Zhengfei sobre a Huawei Cloud poderia revelar?], Tengxun wang 腾讯网 [Tencent Net], 6 de janeiro de 2021, https://xw.qq.com/amphtml/20210106A0B7F500.

[105] Zhang Erchi e Timmy Shen, "Huawei Deactivates AI and Cloud Business Group in Restructuring", Caixin Global, 6 de abril de 2021, https://www.caixin global.com/ 2021-04-06/huawei-deactivates-ai-and-cloud-business-group-in-restructuring-101686317.html.

[106] Huawei, "Bringing the Digital World to Cape Verde".

[107] James Hamilton, "How Many Data Centers Needed World-Wide", *Perspectives* (blog), abril de 2017, https://perspectives.mvdirona.com/2017/04/how-many-data-centers-needed-world-wide.

[108] "Hyperscale Data Center Count Reaches 541 in Mid-2020; Another 176 in the Pipeline", Synergy Research Group, 7 de julho de 2020, www.srgresearch.com/articles/hyperscale-data-center-count-reaches-541-mid-2020-another-176-pipeline.

[109] Steve Dickinson, "China's New Cybersecurity Program: No Place to Hide", *China Law Blog*, Harris Bricken, 30 de setembro de 2019, https://harrisbricken.com/chinalawblog/chinas-new-cybersecurity-program-no-place-to-hide.

[110] Eileen Yu, "Alibaba Points to Singapore in Response to Cloud Security Concerns", ZDNet, 30 de outubro de 2015, www.zdnet.com/article/alibaba-points-to-singapore-in-response-to-cloud-security-concerns.

[111] "Alibaba Cloud Responses to CSA CAIQ v3.0.1", Alibaba Cloud, 6 de março de 2020, 3, https://video-intl.alicdn.com/video/ABC_CSA_CAIQ.pdf?spm=a3c0i.87485.6110357070.3.119f72c9QdPSj J&file=ABC_CSA_CAIQ.pdf.

[112] Kevin Xu, "China's Cloud Ceiling", *Interconnected* (blog), 15 de outubro de 2020, https://interconnected.blog/chinas-cloud-ceiling.

[113] International Data Corporation, correspondência por e-mail com o autor, abril de 2021.

[114] Google, Temasek, e Bain & Company, *e-Conomy SEA 2020: At Full Velocity: Resilient and Racing Ahead* (s.l.: Google, 2020), 29, https://storage. googleapis.com/gweb-e-conomy-sea.appspot.com/assets/pdf/e-Conomy_SEA_ 2020_Report.pdf.

[115] "Singapore", Submarine Cable Map, acessado em 26 de janeiro de 2021, www.sub-marine cablemap.com/#/country/singapore.

[116] Paul Brodsky et al., *The State of the Network: 2021 Edition* (San Diego, CA: Primetrica, Inc., 2021), https://www2.telegeography.com/hubfs/assets/Ebooks/ state-of-the-network-2021.pdf.

[117] Sun, "Tencent's Plans for Indonesia"; Mercedes Ruehl, "US and Chinese Cloud Companies Vie for Dominance in South-East Asia", *Financial Times*, 19 de maio de 2020, www.ft.com/content/1e2b9cd9-f82e-4d3b-a2d8-f20c08bdc3aa; James Henderson, "Is Microsoft Building Data Centres in Indonesia?", Channel Asia, 28 de fevereiro de 2020, www.channelasia.tech/article/671441/microsoft-building-data-centres-indonesia.

[118] Arpita Mukherjee et al., "COVID-19, Data Localisation and G20: Challenges, Opportunities and Strategies for India" (artigo de trabalho, Indian Council for Research on International Economic Relations, 2020), 18, http://icrier.org/pdf/Working_Paper_398.pdf.

[119] Neil Munshi, "Africa's Cloud Computing Boom Creates Data Centre Gold Rush", *Financial Times,* 2 de março de 2020, www.ft.com/content/402a18c8-5a32-11ea-abe5-8e03987b7b20.

[120] John Melick (ex-presidente, Djibouti Data Center), entrevistado pelo autor, 13 de julho de 2020.

[121] Russell Southwood, *Africa Interconnection Report: Analysis of Sub-Saharan Africa's Cloud & Data Centre Ecosystem* (s.l.: Balancing Act, 2020), 20, https://f.hubspotusercontent00.net/hubfs/3076203/Africa%20Interconnection%20Report%202021.pdf.

[122] Southwood, *Africa Interconnection Report*, 14.

[123] Toby Shapshak, "South Africa Is Now a Major Hub for Big Tech's Cloud Datacenters", *Quartz*, 20 de março de 2019, https://qz.com/africa/ 1576890/ amazon-microsoft-huawei-building-south-africa-data-hubs.

[124] Steve Song, "Africa Telecoms Infrastructure in 2019", *Many Possibilities* (blog), 3 de janeiro de 2020, https://manypossibilities.net/2020/01/africa-telecoms-infra structure-in-2019.

[125] Michael D. Francois, Chris George e Jayne Stowell, "Introducing Equiano, a Subsea Cable from Portugal to South Africa", *Google Cloud Blog*, Google, 28 de junho de 2019, https://cloud.google.com/blog/products/infrastructure/introducing-equiano-a-subsea-cable-from-portugal-to-south-africa.

[126] "Meet the Partners", 2Africa, acessado em 25 de janeiro de 2021, www.2africacable.com/meet-the-partners.

[127] Anne Edmundson et al., "Nation-State Hegemony in Internet Routing", in *Compass '18: Proceedings of the 1st ACM SIGCAS Conference on Computing and Sustainable Societies* (Nova York: Association for Computing Machinery, 2018), 1–11, https://doi.org/10.1145/3209811.3211887.

[128] Huawei Cloud, "Huawei Cloud Accelerates Digital Transformation in Brazil", press release, 6 de dezembro de 2019, https://en.prnasia.com/releases/apac/huawei-cloud--accelerates-digital-transformation-in-brazil-267227.shtml.

[129] "Alibaba Plans to Launch Cloud Services in Colombia", Latin America Business Stories, 28 de fevereiro de 2020, https://labsnews.com/en/news/business/ alibaba-plans--to-launch-cloud-services-in-colombia.

[130] Ren Zhengfei, "Ren Zhengfei's Roundtable with Media from Latin America and Spain", entrevistado por Pablo Díaz, *Voices of Huawei* (blog), Huawei, 11 de dezembro de 2019, www.huawei.com/us/facts/voices-of-huawei/ren-zhengfeis-roundtable--with -media-from-latin-america-and-spain.

[131] "Four Reasons Why Chile Is Becoming Latin America's Data Center Hub", *Invest-Chile Blog*, InvestChile, 16 de outubro de 2019, https://blog.investchile.gob.cl/four--reasons-why-chile-is-becoming-latin-americas-data-center-hub.

[132] Josefina Dominguez Iino, "Huawei and Alibaba Join Amazon in Potentially Installing Regional Data Centers in Chile", LatamList, 16 de março de 2019, https://latamlist.com/huawei-and-alibaba-join-amazon-in-potentially-installing-regional-data-centers-in-chile.

[133] "Fiber Optic Austral", HMN Tech, acessado em 27 de janeiro de 2021, www.hmn-tech nologies.com/enExperience/37709.jhtml.

[134] Yohei Hirose e Naoyuki Toyama, "Chile Picks Japan's Trans-Pacific Cable Route in Snub to China", *Nikkei Asia*, 29 de julho de 2020, https://asia.nikkei.com/Business/Telecommunication/Chile-picks-Japan-s-trans-Pacific-cable-route-in-snub-to-China.

[135] "Huawei to Open 2nd Data Center in Chile", Xinhua, 24 de setembro de 2020. www.xinhuanet.com/english/2020-09/24/c_139393114.htm.

[136] "Ren Zhengfei's Roundtable with Media from Latin America and Spain."

[137] Federal Communications Commission, *China Mobile International (USA) Inc. Application for Global Facilities-Based and Global Resale International Telecommunications Authority Pursuant to Section 214 of the Communications Act of 1934, as Amended, ITC214-20110901-00289: Memorandum Opinion and Order*, FCC 19-38 (Washington, D.C.: Federal Communications Commission, 2019), 20, https://licensing.fcc.gov/myibfs/download.do?attachment_key=1682030.

[138] Federal Communications Commission, "FCC Denies China Mobile USA Application to Provide Telecommunications Services", press release, 9 de maio de 2019, https://docs.fcc.gov/public/attachments/DOC-357372A1.pdf.

[139] Kate O'Keeffe, "FCC Signals Likely Revocation of Four Chinese Telecom Firms' Licenses", *Wall Street Journal*, 24 de abril de 2020, www.wsj.com/articles/fcc-signal-s-likely-revocation-of-four-chinese-telecom-firms-licenses-11587755961.

[140] Kate O'Keeffe (@Kate_OKeeffe), "NEW: The FCC just gave 4 Chinese stateowned telecom operators 30 days to prove they're not Chinese state-owned telecom operators. In other words: expect imminent license revocations", Twitter, 24 de abril de 2020, https://twitter.com/Kate_OKeeffe/status/1253768210387734528?s=20.

[141] Jeanne Whalen e David J. Lynch, "Outgoing Trump Administration Bans Investments in Chinese Companies It Says Support China's Military", *Washington Post*, 12 de novembro de 2020, www.washingtonpost.com/technology/2020/ 11/12/trump--bans-investment-china.

[142] Federal Communications Commission, "FCC Initiates Proceeding Regarding Revocation and Termination of China Telecom (Americas) Corporation's Authorizations", press release, 10 de dezembro de 2020, https://docs. fcc.gov/public/attachments/DOC-368702A1.pdf; David Shepardson, "FCC Moves against Two Chinese Telecoms Firms Operating in U.S.", Reuters, 17 de março de 2021, www.reuters.com/article/us-usa-china-telecom-idUSKBN2B92FE.

[143] Kevin Salvadori e Nico Roehrich, "Advancing Connectivity between the Asia-Pacific Region and North America", *Engineering Blog*, Facebook, 28 de março de 2021, https://engineering.fb.com/2021/03/28/connectivity/echo-bifrost.

[144] "Global Resources", China Mobile International, acessado em 27 de janeiro de 2021, www.cmi.chinamobile.com/en/pop; "Global Data Center Map", China Telecom Americas, acessado em 27 de janeiro de 2021, www.ctamericas.com/global-data-center-map/; "China Unicom Global Resource: PoPs", China Unicom, acessado em 27 de janeiro de 2021, https://network.chinaunicomglobal.com/#/resource/pops.

[145] Demchak e Shavitt, "China's Maxim", 1.

[146] Kieren McCarthy, "You Won't Guess Where European Mobile Data Was Rerouted for Two Hours. Oh. You Can. Yes, It Was China Telecom", *The Register*, 10 de junho de 2019, www.theregister.com/2019/06/10/bgp_route_hijack_china_tele com.

[147] Markoff, "Internet Traffic Begins to Bypass the U.S."; National Security Agency, *Untangling the Web: A Guide to Internet Research*, NSA DOCID 4046925 (Washington, D.C.: National Security Agency, 2007), 487, www.nsa.gov/Portals/ 70/documents/news-features/declassified-documents/Untangling-the-Web.pdf.

[148] Ted Hardie, "Thoughts on the Clean Network Program", Medium, 5 de agosto de 2020, https://medium.com/@ted.ietf/thoughts-on-the-clean-network-program--5f1c43764152.

[149] "Network Operator Participants", MANRS, acessado em 25 de janeiro de 2021, www.manrs.org/isps/participants.Internet Society, "Internet Way of Networking".

[150] Internet Society, "Internet Way of Networking".

[151] Ge Yu (@Ge_Yu), "Thank you, @DougMadory, for championing this issue over the years", Twitter, 11 de dezembro de 2020, https://twitter.com/Ge_Yu/status/1337433056421027840?s=20.

[152] Richard Chirgwin, "Oracle 'Net-Watcher Agrees, China Telecom Is a Repeat Offender for Misdirecting Traffic", *The Register*, 6 de novembro de 2018, www.theregister.com/2018/11/06/oracles_netwatchers_agree_china_telecom_is_a_repeat_bgp_offender.

[153] No entanto, a participação entre os provedores americanos de nuvem e conteúdo é forte, com Amazon, Google, Facebook e Microsoft a bordo. Ver MANRS, "Network Operator Participants", para uma lista completa dos participantes.

CAPÍTULO 6 – AS *COMMANDING HEIGHTS*

[1] "Blastoff! China Launches Beidou Navigation Satellite-3", vídeo do YouTube, 44:50, postado por VideoFromSpace, 22 de junho de 2020, www.youtube. com/watch?-v=Hb04dOf4ZoQ&ab_channel=VideoFromSpace.

2 European Global Navigation Satellite Systems Agency, *GSA GNSS Market Report: Editor's Special: GNSS and Newspace* (Luxemburgo: Escritório de Publicações da União Europeia, 2019), www.gsa.europa.eu/system/files/reports/market_ report_ issue_6_v2.pdf.

3 David Hambling, "What Would the World Do without GPS?", BBC, 4 de outubro de 2020, www.bbc.com/future/article/20201002-would-the-world-cope-without- -gps-satellite-navigation.

4 Deng Xiaoci, "China Completes BDS Navigation System, Reduces Reliance on GPS", *Global Times,* 23 de junho de 2020, www.globaltimes.cn/content/ 1192482.shtml.

5 Anatoly Zak, "Disaster at Xichang", *Air & Space Magazine*, fevereiro de 2013, https://www.airspacemag.com/history-of-flight/disaster-at-xichang-2873673/?page=1.

6 Matt Ho, "Chinese Long March-3B Rocket Fails during Launch of Indonesian Satellite", *South China Morning Post*, 10 de abril de 2020, www.scmp.com/ news/ china/science/article/3079407/chinese-long-march-3b-rocket-fails-during-launch- -indonesian.

7 Andrew Jones, "China Launches Final Satellite to Complete Beidou System, Booster Falls Downrange", *SpaceNews*, 23 de junho de 2020, https://spacenews. com/china- -launches-final-satellite-to-complete-beidou-system-booster-falls-down range.

8 Adam Mann, "SpaceX Now Dominates Rocket Flight, Bringing Big Benefits – and Risks – to NASA", *Science*, 20 de maio de 2020, www.sciencemag.org/news/2020/05/ spacex-now-dominates-rocket-flight-bringing-big-benefits-and-risks-nasa.

9 Mike Wall, "SpaceX's Starship May Fly for Just $2 Million Per Mission, Elon Musk Says", Space, 6 de novembro de 2019, www.space.com/spacex-starship-flight-passenger-cost-elon-musk.html.

10 "'SoftBank World 2017' Day 1 Keynote Speech, Masayoshi Son", vídeo do YouTube, 2:12:15, postado por ソフトバンク [SoftBank], 1º de agosto de 2017, www.youtube.com/watch?v=z7kHvHKElQc.

11 "Fenfei zai xinshijide tiankong – Zhongyang junwei weiyuan, kongjun silingyuan xu qiliang da benbao jizhe wen" 奋飞在新世纪的天空 – 中央军委委员、空军司令员许其亮答本报记者问 [Voando vigorosamente no céu do novo século – membro da Comissão Central das Forças Armadas e comandante da Força Aérea Xu Qiliang responde às questões do nosso repórter], Sina, 1º de novembro de 2009, http://mil.news.sina.com.cn/2009-11-02/0625572165.html. Linguagem similar foi usada no Livro Branco da Defesa de 2015 da China: "O espaço sideral tornou-se uma *commanding height* na competição estratégica internacional. Os países envolvidos estão desenvolvendo suas forças e instrumentos espaciais, e já aparecem os primeiros sinais de militarização do espaço sideral"; ver Agência de Informação do Conselho de Estado da República Popular da China, *China's Military Strategy* (Pequim: Agência de Informações do Conselho de Estado, 2015), www.andrewerickson.com/ wp-content/uploads/2019/07/China-Defense-White- Paper_2015_English-Chinese_Annotated.pdf.

12 Sina, "Fenfei zai xinshijide tiankong".

13 William Matthew, "To Military Planners, Space Is 'the Ultimate High Ground,'" *Air Force Times*, 18 de maio de 1998.

14 "Chinese Navigation Exhibition Opens in Vienna", Xinhua, 12 de junho de 2019, www.xinhuanet.com/english/2019-06/12/c_138134675.htm.

[15] "50th Anniversary of the Launch of Dongfanghong 1, China's First Satellite", *South China Morning Post*, 24 de abril de 2020, www.scmp.com/photos/3081412/50th--anniversary-launch-dongfanghong-1-chinas-first-satellite?page=6.

[16] "Five Momerable [sic] Moments in China's Space Probe", *China Daily*, última modificação em 23 de abril de 2016, www.chinadaily.com.cn/china/2016-04/23/content_24779035.htm.

[17] Evan A. Feigenbaum, *China's Techno-Warriors: National Security and Strategic Competition from the Nuclear to the Information Age* (Redwood City, CA: Stanford University Press, 2003), 141.

[18] Lei Ceyuan 雷册渊, "'863' Jihua, yige weida keji gongcheng de taiqian muhou" '863' 计划，一个伟大科技工程的台前幕后 [O Plano "863": A face pública e os bastidores de um grande projeto de tecnologia], Sina, 22 de novembro de 2016, http://book.sina.com.cn/excerpt/rwws/2016-11-22/1610/doc-ifxxwrwh4 929717-p2.shtml.

[19] Larry Greenemeier, "GPS and the World's First 'Space War,'" *Scientific American*, 8 de fevereiro de 2016, www.scientificamerican.com/article/gps-and-the-world-s-first e-space-war.

[20] Dean Cheng, "Chinese Lessons from the Gulf War", in *Chinese Lessons from Other Peoples' Wars*, ed. Andrew Scobell, David Lai e Roy Kamphausen (Carlisle, PA: Strategic Studies Institute, U.S. Army War College, 2011), 163, https://pub lications.armywarcollege.edu/pubs/2163.pdf.

[21] Gao Yubiao 高宇标, ed. chefe, *Lianhe zhanyi xue jiaocheng* 联合战役学教程 [Joint Campaign Teaching Materials] (Pequim: Junshi kexue chubanshe 军事科学出版社 [Military Science Press], 2001), 54–57.

[22] Minnie Chen, "'Unforgettable Humiliation' Led to Development of GPS Equivalent", *South China Morning Post*, 13 de novembro de 2009, www.scmp.com/article/698161/unforgettable-humiliation-led-development-gps-equivalent.

[23] Select Committee on U.S. National Security and Military/Commercial Concerns with the People's Republic of China, U.S. House of Representatives, 105th Cong., *U.S. National Security and Military/Commercial Concerns with the People's Republic of China: Volume I*, Report 105-851 (Washington, D.C.: U.S. Government Printing Office, 1999), xvii–xix, https://china.usc.edu/sites/default/files/article/ attachments/cox-report-1999-us-china-military-security.pdf.

[24] Kevin Pollpeter, "China's Space Program: Making China Strong, Rich, and Respected", *Asia Policy* 27, nº 2 (2020): 12–18, https://doi.org/10.1353/asp.2020.0027.

[25] Embaixada da República Popular da China nos Estados Unidos, "2003 Nian 10 yue 30 ri waijiaobu fayanren zai jizhe zhaodaihui shang da jizhe wen" 2003年10月30日外交部发言人在记者招待会上答记者问 [30 de outubro de 2003: Foreign Ministry Spokesperson Answers Journalists' Questions at Press Conference] ["Porta-voz do ministério das Relações Exteriores responde a perguntas de jornalistas na coletiva de imprensa"], press release, 30 de outubro de 2003, www.china-embassy.org/chn/FYRTH/ t39627.htm.

[26] David Lague, "Special Report – In Satellite Tech Race, China Hitched a Ride from Europe", Reuters, 22 de dezembro de 2013, www.reuters.com/article/breakout-beidou/special-report-in-satellite-tech-race-china-hitched-a-ride-from-europe-idUSL-4N0JJ0J320131222.

27 "China's Beidou GPS-Substitute Opens to Public in Asia", BBC, 27 de dezembro de 2012, www.bbc.com/news/technology-20852150.

28 Stephen Clark, "China Expands Reach of Beidou Navigation Network with Another Launch", Spaceflight Now, 19 de novembro de 2018, https:// spaceflightnow.com/2018/11/19/china-expands-reach-of-beidou-navigation-network-with-another-launch.

29 Agência de Informações do Conselho de Estado da República Popular da China, "China's BeiDou Navigation System Starts Global Service", press release, última modificação em 28 de dezembro de 2018, http://english.scio.gov.cn/pressroom/2018-12/28/content_74320992.htm.

30 Kevin L. Pollpeter, Michael S. Chase e Eric Heginbotham, *The Creation of the ELP Strategic Support Force and Its Implications for Chinese Military Space Operations*, RR-2058-AF (Santa Monica, CA: RAND, 2017), www.rand.org/pubs/research_reports/RR2058.html; John Costello e Joe McReynolds, *China's Strategic Support Force: A Force for a New Era*, China Strategic Perspectives nº 13 (Washington, D.C.: National Defense University Press, 2018), https://ndupress.ndu.edu/Portals /68/Documents/stratperspective/ china/ china-perspectives_13.pdf.

31 Costello e McReynolds, *China's Strategic Support Force*.

32 "Full Text of White Paper on China's Space Activities in 2016", Conselho de Estado da República Popular da China, última modificação em 28 de dezembro de 2016, http://english.www.gov.cn/archive/white_paper/2016/12/28/content_281475527159496.htm.

33 Changfeng Yang, "Directions 2021: BDS Marches to New Era of Global Services", *GPS World*, 8 de dezembro de 2020, www.gpsworld.com/directions-2021-bds-marches-to-new-era-of-global-services.

34 Ryan Woo e Liangping Gao, "China Set to Complete Beidou Network Rivalling GPS in Global Navigation", Reuters, 11 de junho de 2020, www.reuters.com/article/us-space-exploration-china-satellite/china-set-to-complete-Beidou-network-rivalling-gps-in-global-navigation-idUSKBN23J0I9.

35 Tsunashima, "China's Beidou Eclipses American GPS".

36 Minnie Chan, "Mainland China Deploys More Amphibious Weapons along Coast in Taiwan Mission", *South China Morning Post*, 5 de agosto de 2020, www.scmp.com/news/china/military/article/3096179/mainland-deploys-more-amphibious--weapons-along-coast-long.

37 Huang Wei-ping, "ELP Drills Might Be a System Check", *Taipei Times*, 19 de setembro de 2020, www.taipeitimes.com/News/editorials/archives/2020/09/19/2003743685.

38 Rob Miltersen, "Chinese Aerospace along the Belt and Road", China Aerospace Studies Institute, Air University, 14 de junho de 2020, 9, www.airuniversity.af.edu/Portals/10/CASI/documents/Chinese_Aerospace_Along_BR.pdf?-ver=2020-06-26-085618-537.

39 "Saudi Shoura Council Wants Steps to Assess Public Agencies", *Arab News*, 9 de julho de 2019, www.arabnews.com/node/1522921/saudi-arabia; Dana Goward, "BeiDou a Threat to the West, but Perhaps Not Individuals", *GPS World*, 11 de agosto de 2020, www.gpsworld.com/beidou-a-threat-to-the-west-but-perhaps-not--individuals.

[40] Quan Li e Min Ye, "China's Emerging Partnership Network: What, Who, Where, When and Why", *International Trade, Politics and Development* 3, nº 2 (2019): 66–67, https://doi.org/10.1108/ITPD-05-2019-0004.

[41] Marcus Weisgerber, "Russian and Chinese Satellites Are Helping US Pilots Spy on Russia and China", *Defense One*, 5 de março de 2020, www.defenseone.com/technology/2020/03/russian-and-chinese-satellites-are-helping-us-pilots-spy-russia-and--china/163542.

[42] "BeiDou Headed Upwards of 1 Trillion This Decade. That's Yuan." *Inside GNSS*, 26 de maio de 2021, https://insidegnss.com/beidou-headed-upwards-of-1-trillion-this--decade-thats-yuan.

[43] "Global Smartphone Market Share: By Quarter", Counterpoint Research, 20 de novembro de 2020, www.counterpointresearch.com/global-smartphone-share/; Abhilash Kumar, "Global Smartphone Market Shows Signs of Recovery in Q3, Xiaomi Reaches 3rd Place and Realme Grows Fastest at 132% QoQ", press release, 30 de outubro de 2020, www.counterpointresearch.com/global-smartphone-market-shows-signs-recovery-q3-realme-grows-fastest-132-qoq.

[44] Lukas Scroth, "The Drone Manufacturer Ranking 2020", Drone Industry Insights, 6 de outubro de 2020, https://droneii.com/the-drone-manufacturer-ranking-2020.

[45] European Global Navigation Satellite Systems Agency, *GSA GNSS Market Report*, 6.

[46] Fang Zuwang e Anniek Bao, "Late to Switch On, Apple Tunes into China's Homegrown Nav System", Caixin Global, 15 de outubro de 2020, www. caixinglobal.com/2020-10-15/late-to-switch-on-apple-tunes-into-chinas-homegrown-nav-system-101615153.html; "Qualcomm Collaborates with Samsung to Be First to Employ BeiDou for Location-Based Mobile Data", *GPS World*, 22 de novembro de 2013, www.gpsworld.com/qualcomm-collaborates-with-samsung-to-be-first-to-employ-beidou-for-location-based-mobile-data.

[47] European Global Navigation Satellite Systems Agency, *GSA GNSS Market Report*, 6.

[48] Nikki Sun, "China's Geely Follows Tesla into Space with Own Satellite Network", *Nikkei Asia*, 24 de abril de 2020, https://asia.nikkei.com/Business/China-tech/China-s-Geely-follows-Tesla-into-space-with-own-satellite-network.

[49] China Satellite Navigation Office, "Development of BeiDou Navigation Satellite System" (apresentação, Krasnoyarsk, Rússia, 18 de maio de 2015), www.unoosa. org/documents/pdf/psa/activities/2015/RussiaGNSS/Presentations/5.pdf.

[50] Agência de Informações do Conselho de Estado da República Popular da China, "Guo xin ban juxing beidou sanhao xitong tigong quanqiu fuwu yizhounian youguan qingkuang fabu hui" 国新办举行北斗三号系统提供全球服务一周年有关情况发布会 [A Agência de Informações do Conselho de Estado realiza coletiva de imprensa sobre desenvolvimentos relevantes a respeito do primeiro aniversário do lançamento dos serviços globais do Beidou-3], press release, 27 de dezembro de 2019, www.scio.gov.cn/xwfbh/xwbfbh/wqfbh/39595/42270/ index.htm.

[51] Agência Europeia de Sistemas de Satélites de Navegação Global, *GSA GNSS Market Report*, 10.

[52] Stuart A. Thompson e Charlie Warzel, "8 Things to Know about Our Investigation into the Location Business", *New York Times*, 19 de dezembro de 2019, www.nytimes.com/interactive/2019/12/19/opinion/nyt-cellphone-tracking-investigation.html.

53 Liz Sly, Dan Lamothe e Craig Timberg, "U.S. Military Reviewing Its Rules after Fitness Trackers Exposed Sensitive Data", *Washington Post*, 29 de janeiro de 2018, www.washingtonpost.com/world/the-us-military-reviews-its-rules-as-new-details-of-us-soldiers-and-bases-emerge/2018/01/29/6310d518-050f-11e8-aa-61-f3391373867e_story.html.

54 Liz Sly, "U.S. Soldiers Are Revealing Sensitive and Dangerous Information by Jogging", *Washington Post*, 29 de janeiro de 2018, www.washingtonpost.com/world/a-map-showing-the-users-of-fitness-devices-lets-the-world-see-where-us-soldiers-are-and-what-they-are-doing/2018/01/28/86915662-0441-11e8-aa61-f3391373867e_story.html.

55 China-Arab States BDS/GNSS Center in AICTO, "Arab Region Beidou Cooperation on Satellite Navigation" (apresentação, 13º Encontro do Comitê Internacional sobre GNSS, Xi'an, China, 7 de novembro de 2018), www.unoosa.org/doc uments/pdf/icg/2018/icg13/wgb/wgb_22.pdf.

56 "Second Edition China-Arab States BDS Cooperation Forum", China ArabStates BDS, acessado em 1º de fevereiro de 2021, http://bds-aicto.org.

57 Test and Assessment Research Center of China Satellite Navigation Office and the Arab Information and Communication Technologies Organization, *China-Arab Joint BDS Test & Evaluation Results* (s.l.: China Satellite Navigation Office, 2019),http://bds-aicto.org/wp-content/uploads/2019/04/China-Arab-Joint-BDS-Test-Evaluation-Results-ver6.0.pdf.

58 Dr. Todd Humphreys (professor-assistente, Universidade do Texas em Austin), comunicação pessoal com o autor, agosto de 2020.

59 "U.S. Still Not Allowing GLONASS Stations", *GPS World*, 31 de outubro de 2014, www.gpsworld.com/us-still-not-allowing-glonass-stations.

60 Xiaochun Lu, "Update on BeiDou Navigation Satellite System and PNT System" (apresentação, Stanford 2019 PNT Symposium, National Time Service Center, Chinese Academy of Sciences, 19 de outubro de 2019), http://web.stanford.edu/group/scpnt/pnt/PNT19/presentation_files/I10-Lu-Beidou_PNT_Up date.pdf. A companhia que operava uma terceira estação na Austrália anunciou em 2020 que não iria renovar seu contrato com clientes chineses; ver Jonathan Barrett, "Exclusive: China to Lose Access to Australian Space Tracking Station", Reuters, 21 de setembro de 2020, www.reuters.com/article/china-space-australia-exclusive/ exclusive-china-to-lose-access-to-australian-space-tracking-station-idUSKCN26C0HB.

61 Jordan Wilson, *China's Alternative to GPS and Its Implications for the United States* (Washington, D.C.: U.S.-China Economic and Security Review Commission, 2017), 2, www.uscc.gov/sites/default/files/Research/Staff%20Report_China's%20Alternative%20to%20GPS%20and%20Implications%20for%20the%20 United%20States.pdf; Stephen Chen, "Thailand Is Beidou Navigation Network's First Overseas Client", *South China Morning Post*, 4 de abril de 2013, www.scmp.com/news/china/article/1206567/thailand-beidou-navigation-networks-first-over seas-client.

62 Agência de Informações do Conselho de Estado da República Popular da China, "Beidou xitong yi fugai jin 30 ge 'yidai yilu' yanxian guojia" 北斗系统已覆盖近30个 "一带一路" 沿线国家 [O sistema Beidou cobre cerca de 30 países ao longo do "Cinturão e Rota"], press release, 16 de dezembro 2017, http://www.scio. gov.cn/xwfbh/xwbfbh/wqfbh/35861/37517/xgbd37524/Document/1614255/1614255.htm.

[63] Dean Cheng, "How China Has Integrated Its Space Program into Its Broader Foreign Policy" (artigo apresentado na 2020 CASI Conference, China Aerospace Studies Institute, Air University, s.l., setembro de 2020), www.air university.af.edu/Portals/10/CASI/Conference-2020/CASI%20Conference %20China %20Space%20and%20 Foreign%20Policy-%20Cheng.pdf?ver=tXD5KaN9JfGMNNf-oqH-Yw%3D%3D.

[64] Alan C. O'Connor et al., *Economic Benefits of the Global Positioning System (GPS)*, RTIReport No. 0215471 (Research Triangle Park, NC: RTI International, 2019), www.rti.org/sites/default/files/gps_finalreport618.pdf?utm_campaign=SSES_ SSES_ALL_Aware2019&utm_source=Press%20Release&utm_medium=Website&utm_content=GPSreport.

[65] Nicholas Jackman, "Chinese Satellite Diplomacy: China's Strategic Weapon for Soft and Hard Power Gains" (tese de mestrado, Wright State University, 2018), https://corescholar.libraries.wright.edu/cgi/viewcontent.cgi?article=3064& context=etd_all; Vidya Sagar Reddy, *China's Design to Capture Regional SatCom Markets*, ORF Special Report nº 70 (Nova Délhi: Observer Research Foundation, 2018), www.orfonline.org/wp-content/uploads/2018/07/ORF_SpecialReport_70_China_SatCom.pdf; Julie Michelle Klinger, "China, Africa, and the Rest: Recent Trends in Space Science, Technology, and Satellite Development" (artigo de trabalho, China-Africa Research Initiative, Paul H. Nitze School of Advanced International Studies, Johns Hopkins University, 2020), https://static1.squarespace.com/static/5652847de4b033f56d2b-dc29/t/5ecdb4ab6dad0e 25fa0feb06/1590539437793/WP+38+-+Klinger+-+China+Africa+Space+Satellites.pdf.

[66] "Launch Record", China Great Wall Industry Corporation, última modificação em 10 de abril de 2019, www.cgwic.com/Launchservice/LaunchRecord.html; "China to Launch Palapa-N1 Satellite Covering Indonesia and Surrounding Areas", China Aerospace Science and Technology Corporation, última modificação em 2 de abril de 2020, http://english.spacechina.com/n16421/n17212/c2878985/content.html.

[67] Craig Covault, "Sino Setback—Advanced Chinese Space Technology Initiative Is Off to a Disastrous Start", SpaceRef, 3 de dezembro de 2006, www.spaceref.com/news/viewnews.html?id=1175.

[68] U.S.-China Economic and Security Review Commission, *China's Proliferation Practices and Role in the North Korea Crisis: Hearing before the U.S.-China Economic and Security Review Commission* (Washington, D.C.: U.S. Government Printing Office, 2005), 55, www.uscc.gov/sites/default/files/transcripts/ 3.10.05ht. pdf.

[69] "Company Profile", China Great Wall Industry Corporation, acessado em 18 de março de 2021, www.cgwic.com/About/index.html; Jasper Helder et al., "International Trade Aspects of Outer Space Activities", in *Outer Space Law: Legal Policy and Practice*, ed. Yanal Abul Failat e Anél Ferreira-Syman (Londres: Globe Law and Business, 2017), 285–305, www.akingump.com/a/web/61872/aoiVR/outer-space--law-international-trade-aspects-of-outer-space-act.pdf.

[70] Peter B. de Selding, "Winter Is Coming for Asian Satellite Operators as Capacity Outpaces Demand", *SpaceNews*, 2 de junho 2015, https://spacenews.com/winter-is--coming-for-asian-satellite-operators-as-capacity-outpaces-demand.

[71] Blaine Curcio, "Satellites for Nations: The Dawn of a New Era", West East Space, 24 de novembro de 2019, https://westeastspace.com/2019/11/24/satellites-for-nations--the-dawn-of-a-new-era.

72 R. A. Boroffice, "The Nigerian Space Program: An Update", *African Skies* 12 (2008): 42, http://adsabs.harvard.edu/full/2008AfrSk..12...40B.

73 Boroffice, "Nigerian Space Program".

74 Peter B. de Selding, "China to Build and Launch Nigerian Telecom Satellite", *SpaceNews*, 21 de fevereiro de 2005, https://spacenews.com/china-build-and-launch-nigerian-telecom-satellite.

75 De Selding, "China to Build".

76 Li Peng 李鹏, "Zhongguo jin chukou yinhang 2 yi meiyuan zhichi niriliya guojia 1 hao gongcheng" 中国进出口银行2亿美元支持尼日利亚国家1号工程 [O Banco de Exportação-Importação da China provê 200 milhões de dólares em apoio ao Projeto Nacional Nº 1 da Nigéria], Sina, 14 de janeiro de 2006, http://finance.sina.com.cn/roll/20060114/1028496709.shtml; Klinger, "China, Africa, and the Rest"; Dai Adi 戴阿弟, "Zhongguo yu niriliya qianshu jianli zhanlüe huoban guanxi beiwanglu" 中国与尼日利亚签署建立战略伙伴关系备忘录 [China e Nigéria assinam um memorando de intenções sobre o estabelecimento de uma parceria estratégica], Sina, 17 de janeiro de 2006, http://news.sina. com.cn/c/2006-01-17/10388006240s.shtml.

77 "China Launches Communications Satellite for Nigeria", *China Daily*, última modificação em 15 de maio de 2007, http://en.people.cn/200705/14/eng20070514_374236.html.

78 Governo Central do Povo da República Popular da China, "Niriliya tongxin weixing yi hao zai xichang fashe zhongxin chenggong fashe" 尼日利亚通信卫星一号在西昌发射中心成功发射 [O NigComSat-1 teve lançamento bem-sucedido no Centro de Lançamento de Xichang], press release, 14 de maio de 2007, www.gov.cn/jrzg/2007-05/14/content_613077.htm.

79 "NigComSat-1R Becoming White Elephant Four Years after – Investigation", *Punch*, 16 de abril de 2016, https://punchng.com/nigcomsat-1r-becoming-white-elephant-four-years-after-investigation/; "NigComSat: Nigeria's Satellite Company Still Not Profitable 14 Years after Launch", International Centre for Investigative Reporting, 20 de março de 2020, www.icirnigeria.org/nigcomsat-nigerias-satellite-company-still-not-profitable-14-years-after-launch.

80 Especialista do setor, correspondência com o autor, janeiro de 2021.

81 James Kwen, "Reps Begin Probe of Alleged N180.9M Insurance Breach", Business Day, 18 de agosto de 2020, https://businessday.ng/insurance/article/reps-begin-probe-of-alleged-n180-9m-insurance-breach.

82 "Nigeria Agrees $550 Million Satellite Deal with China", Reuters, 3 de janeiro de 2018, www.reuters.com/article/us-nigeria-satellite-china/nigeria-agrees-550-million-satellite-deal-with-china-idUSKBN1ES1G0.

83 Emmanuel Elebeke, "Nigeria Wins Bid to Manage Belarus's Satellite for 15 Years", Vanguard, 30 de dezembro de 2015, www.vanguardngr.com/2015/12/nigeria-wins-bid-to-manage-belaruss-satellite-for-15-years.

84 "Belintersat 1 (ZX 15, ChinaSat 15)", Gunter's Space Page, acessado em 1º de fevereiro de 2021, https://space.skyrocket.de/doc_sdat/belintersat-1.htm; "ChinaSat 15", China Satellite Communications Co., Ltd., última modificação em 17 de fevereiro de 2016, http://english.csat.spacechina.com/n931903/ c1162059/ content.html.

316

[85] Everest Amaefule, "NigComSat, Belarus Sign Satellite Backup Deal", *Punch*, 27 de outubro de 2017, https://punchng.com/nigcomsat-belarus-sign-satellite-backup-deal.

[86] Tomasz Nowakowski, "China's Long March 3B Rocket Successfully Launches First Laotian Satellite", SpaceFlight Insider, 22 de novembro de 2015, www.space flightinsider.com/missions/commercial/chinas-long-march-3b-rocket-successfully--launches-first-laotian-satellite/; "Chinese, Lao Leaders Mark Successful Launch of Communication Satellite", China.org.cn, 21 de novembro de 2015, www.china.org. cn/world/Off_the_Wire/2015-11/21/content_37124112.htm.

[87] Iulia-Diana Galeriu, "'Paper Satellites' and the Free Use of Outer Space", GlobaLex, Hauser Global Law School Program, Escola de Direito da Universidade Nova York, abril de 2018, www.nyulawglobal.org/globalex/Paper_satellites_free_use_outer_space1.html.

[88] Peter B. de Selding, "Laos, with China's Aid, Enters Crowded Satellite Telecom Field", *SpaceNews*, 30 de novembro de 2015, https://spacenews.com/laos-with-chinese-aid-is-latest-arrival-to-crowded-satellite-telecom-field.

[89] Caleb Henry, "Venezuela's Flagship Communications Satellite Out of Service and Tumbling", *SpaceNews*, 23 de março de 2020, https://spacenews.com/venezuelas-f lagship-communications-satellite-out-of-service-and-tumbling.

[90] Reddy, *China's Design to Capture Regional SatCom Markets*; Thilanka Kanakarathna, "'SupremeSAT' Cost Rs 460Mn Obtained from CEB Funds: Champika", *Daily Mirror*, 17 de setembro de 2017, www.dailymirror.lk/article/-SupremeSAT-cost-Rs--mn-obtained-from-CEB-funds-Champika-136771.html.

[91] Caleb Henry, "Cambodia to Buy Chinese Satellite as Relations Tighten on Belt and Road Initiative", *SpaceNews*, January 12, 2018, https://spacenews.com/cambodia-to-buy-chinese-satellite-as-relations-tighten-on-belt-and-road-initiative/; "DR Congo's Planned Launch of CongoSat-1 Still a Mirage", Space in Africa, 27 de outubro de 2018, https://africanews.space/dr-congos-planned-launch-of-congosat--1-still-a-mirage/; "CongoSat 01", Gunter's Space Page, acessado em 1º de fevereiro de 2021, https://space.skyrocket.de/doc_sdat/congosat-1.htm; "Nicaragua Plans to Have 2 Satellites in Orbit by 2017", Agencia EFE, 18 de novembro de 2015, www.efe.com/efe/english/technology/nicaragua-plans-to-have-2-satellites-in-or bit-by-2017/50000267-2767737; Ministério das Relações Exteriores da República Popular da China, "Joint Statement between the People's Republic of China and the Islamic Republic of Afghanistan", press release (comunicado), 18 de maio de 2016, www.fmprc.gov.cn/mfa_eng/wjdt_ 665385/2649_665393/t1367681.shtml.

[92] Maria Jose Haro Sly, "China and South American Region Eye Cooperation in Science and Technology", Global Times, 16 de janeiro de 2020, https://www.globaltimes. cn/content/1177087.shtml; "Ecnec Approves Rs261Bn Development Projects", *Dawn*, 7 de janeiro de 2020, www.dawn.com/news/1526768; "Inauguration: Prime Minister Lauds Success of PAKSAT-1R", *Express Tribune*, 6 de novembro de 2011, https://tribune.com.pk/story/288079/paksat-1r-pakistans-first-indigenously-made--satellite-inaugurated.

[93] Curcio, "Satellites for Nations".

[94] Richard Swinford e Bertrand Grau, "High Throughput Satellites: Delivering Future Capacity Needs", Arthur D. Little, 2015, www.adlittle.com/sites/default/files/ viewpoints/ADL_High_Throughput_Satellites-Viewpoint.pdf; Rajesh Mehrotra, *Regulation of Global Broadband Satellite Communications GSR Advanced Copy*, (Ge-

nebra: International Telecommunication Union, 2011), www.itu.int/ITU-D/treg/Events/Seminars/GSR/GSR11/documents/BBReport_BroadbandSatellite Regulation-E.pdf.

[95] "Alcomsat-1 Satellite Delivered to Algeria", China Great Wall Industry Corporation, 2 de abril de 2018, www.cgwic.com/news/2018/0402.html; "Alcomsat-1 Successfully Positioned in Geostationary Orbit", Xinhua, 19 de dezembro de 2017, www.xinhuanet.com/english/2017-12/19/c_136837590.htm.

[96] "SpaceX Seattle 2015", vídeo do YouTube, 25:53, postado por Cliff O, 17 de janeiro de 2015, www.youtube.com/watch?v=AHeZHyOnsm4&ab_channel=CliffO.

[97] Jim Cashel, *The Great Connecting: The Emergence of Global Broadband and How That Changes Everything* (Nova York: Radius Book Group, 2019).

[98] Michael Koziol, "SpaceX Confident about Its Starlink Constellation for Satellite Internet; Others, Not So Much", *IEEE Spectrum*, 6 de janeiro de 2019, https://spectrum.ieee.org/aerospace/satellites/spacex-confident-about-its-starlink-constellation-for-satellite-internet-others-not-so-much.

[99] Israel Leyva-Mayorga et al., "LEO Small-Satellite Constellations for 5G and Beyond-5G Communications", *IEEE Access* 8 (2020), https://doi.org/10.1109/ACCESS.2020.3029620.

[100] Jeff Hecht, "Laser Links Will Link Small Satellites to Earth and Each Other", *Laser Focus World*, 24 de março de 2020, www.laserfocusworld.com/lasers-sources/article/14104017/laser-links-will-link-small-satellites-to-earth-and-each-other.

[101] Sandra Erwin, "DARPA's Big Bet on Blackjack", *SpaceNews*, 8 de janeiro de 2020, https://spacenews.com/darpas-big-bet-on-blackjack.

[102] Valerie Insinna, "Behind the Scenes of the US Air Force's Second Test of Its Game-Changing Battle Management System", *C4ISRNET*, 4 de setembro de 2020, www.c4isrnet.com/it-networks/2020/09/04/behind-the-scenes-of-the-us-air-forces-second-test-of-its-game-changing-battle-management-system.

[103] Gillian Rich, "SpaceX Starlink Impresses Air Force Weapons Buyer in Big LiveFire Exercise", *Investor's Business Daily*, 23 de setembro de 2020, www.investors.com/news/spacex-starlink-impressed-air-force-in-big-live-fire-exercise.

[104] Cliff O, "SpaceX Seattle 2015".

[105] Mark Handley, "Delay Is Not an Option: Low Latency Routing in Space", *HotNets* 17, nº 1 (2018): 85–91, https://doi.org/10.1145/3286062.3286075.

[106] Todd Cotts, "The Digital Divide: Solutions for Connecting the Forgotten 1 Billion", *Intelsat Blog*, Intelsat, 4 de novembro de 2019, www.intelsat.com/resources/blog/connecting-the-forgotten-1-billion.

[107] Amazon, "Amazon Building Project Kuiper R&D Headquarters in Redmond, WA", press release, 18 de dezembro de 2019, www.aboutamazon.com/news/company-news/amazon-building-project-kuiper-r-d-headquarters-in-redmond-wa.

[108] Louise Matsakis, "Facebook Confirms It's Working on a New Internet Satellite", *Wired*, 20 de julho de 2018, www.wired.com/story/facebook-confirms-its-working-on-new-internet-satellite.

[109] "Athena", Gunter's Space Page, acessado em 2 de fevereiro de 2021, https://space.skyrocket.de/doc_sdat/athena_pointview.htm.

[110] Devin Coldewey, "Facebook Permanently Grounds Its Aquila Solar-Powered Internet Plane", *TechCrunch*, 26 de junho de 2018, https://techcrunch.com/ 2018/06/26/facebook-permanently-grounds-its-aquila-solar-powered-internet-plane.

[111] Astro Teller, "How Project Loon's Smart Software Learned to Sail the Winds", *X, the moonshot factory* (blog), 16 de fevereiro de 2017, https://blog.x.company/how-project-loons-smart-software-learned-to-sail-the-winds-ec904e6d08c.

[112] "Frequently Asked Questions", Loon, acessado em 1º de fevereiro de 2021, https://loon.com/faqs/; Paresh Dave, "Google Internet Balloon Spinoff Loon Still Looking for Its Wings", Reuters, 1º de julho de 2019, www.reuters.com/article/us-alphabet-loon-focus/google-internet-balloon-spinoff-loon-still-looking-for-its-wings-idUS KCN1TW1GN.

[113] Salvatore Candido, "1 Million Hours of Stratospheric Flight", *Loon* (blog), 23 de julho de 2019, https://medium.com/loon-for-all/1-million-hours-of-stratospheric-f light-f7af7ae728ac.

[114] Abdi Latif Dahir, "A Bird? A Plane? No, It's a Google Balloon Beaming the Internet", *New York Times*, 7 de julho de 2020, www.nytimes.com/2020 /07/07/world/africa/google-loon-balloon-kenya.html.

[115] Ben Geier, "How Google Could Make Billions from Balloons", *Fortune*, 3 de março de 2015, https://fortune.com/2015/03/03/google-loon.

[116] Steven Levy, "Alphabet Pops Loon's Balloons – but Won't Call It a Failure", *Wired*, 21 de janeiro de 2021, www.wired.com/story/plaintext-alphabet-pops-loons-balloons.

[117] Alastair Westgarth, "Saying Goodbye to Loon", *Loon* (blog), 21 de janeiro de 2021, https://medium.com/loon-for-all/loon-draft-c3fcebc11f3f.

[118] Dave Mosher, "SpaceX May Shell Out Billions to Outsource Starlink Satellite-Dish Production, an Industry Insider Says – and Lose Up to $2,000 on Each One It Sells", *Insider*, 28 de dezembro de 2020, www.businessinsider.com/spacex-starlink -satellite-dish-user-terminal-cost-stmelectronics-outsource-manufacturer-2020-11.

[119] "Elon Musk, Satellite 2020 Conference, Washington DC, March 9, 2020", vídeo do YouTube, 47:18, postado por Space Policy and Politics, 24 de março de 2020, www.youtube.com/watch?v=ywPqLCc9zBU&ab_channel=SpacePolicyandPolitics.

[120] Cliff O, "SpaceX Seattle 2015".

[121] Ramish Zafar, "SpaceX Could Earn $30 Billion Annually from Starlink, 10x of Sending ISS Supplies – Elon Musk", *Wccftech*, 9 de março de 2020, https:// wccftech.com/spacex-could-earn-30-billion-annually-from-starlink-10x-of-sending-iss-supplies-elon-musk.

[122] u/Smoke-away, "Starlink Beta Terms of Service", *Reddit*, 28 de outubro de 2020, www.reddit.com/r/Starlink/comments/jjti2k/starlink_beta_terms_of_service.

[123] Space Policy and Politics, "Elon Musk, Satellite 2020 Conference".

[124] Caleb Henry, "LeoSat, Absent Investors, Shuts Down", *SpaceNews*, 13 de novembro de 2019, https://spacenews.com/leosat-absent-investors-shuts-down.

[125] Chris Daehnick et al., "Large LEO Satellite Constellations: Will It Be Different This Time?", McKinsey & Company, 4 de maio de 2020, www.mckinsey.com/industries/aerospace-and-defense/our-insights/large-leo-satellite-constellations-will-it-be-different-this-time.

126 "News", Leptong Global Solutions, acessado em 1º de fevereiro de 2021, https://lepton global.com/geo-meo-leo-satellites-why-geo-is-winning.

127 Inigo del Portillo, Bruce G. Cameron e Edward F. Crawley, "A Technical Comparison of Three Low Earth Orbit Satellite Constellation Systems to Provide Global Broadband" (apresentação, 69º Congresso Internacional de Aeronáutica 2018, Brêmen, Alemanha, 2018), www.mit.edu/~portillo/files/Comparison-LEO-IAC--2018-slides.pdf.

128 Daehnick et al., "Large Leo Satellite Constellations"; "Focus: Kratos, The Looming HTS Gateway Crunch", *SatMagazine*, março de 2018, www.satmagazine.com/story.php?number=856311740.

129 Michael Sheetz, "Morgan Stanley Expects SpaceX Will Be a $100 Billion Company Thanks to Starlink and Starship", CNBC, 22 de outubro de 2020, www.cnbc.com/2020/10/22/morgan-stanley-spacex-to-be-100-billion-company-due-to-s-tarlink-starship.html.

130 Conselho de Estado da República Popular da China, *Guowuyuan guanyu chuangxin zhongdian ling yu tou rongzi jizhi guli shehui touzi de zhidao yijian: Guo fa (2014) 60 hao* 国务院关于创新重点领域投融资机制鼓励社会投资的指导意见: 国发(2014) 60号 [Opiniões para orientação do Conselho de Estado sobre inovação de investimento e mecanismos de financiamento em áreas-chave para incentivar o investimento social: Documento Nacional (2014) Nº 60], 000014349/2014-00142 (Pequim: Conselho de Estado, 2014), www.gov.cn/zhengce/content/2014-11/26/content_9260.htm.

131 Blaine Curcio, "Best Frenemies Ever: CASC, CASIC, and the Aerospace Bridge", West East Space, 17 de junho de 2019, https://westeastspace.com/ 2019/06/17/best-frenemies-ever.

132 "Global 500: China Aerospace Science & Industry", *Fortune*, última modificação em 10 de agosto de 2020, https://fortune.com/company/china-aerospace-science--industry/global500/; "Global 500: China Aerospace Science & Technology", *Fortune*, última modificação em 10 de agosto de 2020, https://fortune.com/company/china-aerospace-science-technology/global500.

133 Zhao Lei, "Testing at Smart Satellite Factory Now Underway", *China Daily*, 18 de janeiro de 2021, http://epaper.chinadaily.com.cn/a/202101/18/WS6004c322a31099a2343534de.html.

134 Larry Press, "China Will Be a Formidable Satellite Internet Service Competitor", *CIS 471* (blog), 28 de janeiro de 2020, https://cis471.blogspot.com/2020/01/china--will-be-formidable-satellite.html.

135 Blue Origin, "Blue Origin to Launch Telesat's Advanced Global LEO Satellite Constellation", press release, 31 de janeiro de 2019, www.blueorigin.com/news/blue-o-rigin-to-launch-telesats-advanced-global-leo-satellite-constellation; Caleb Henry, "Blue Origin Signs OneWeb as Second Customer for New Glenn Reusable Rocket", *SpaceNews*, 8 de março de 2017, https://spacenews.com/blue-origin-gets-oneweb-as--second-new-glenn-customer.

136 Larry Press, "China on Its Way to Becoming a Formidable Satellite Internet Service Competitor", CircleID, 29 de janeiro de 2020, www.circleid.com/posts/202 00129_china_becoming_a_formidable_satellite_internet_service_competitor.

137 Jacqueline Myrrhe, "5th CCAF – China (International) Commercial Aerospace Forum: Jointly Building an Industrial Ecology to Lead the Development of Commercial Aerospace", *Go Taikonauts!*, nº 28 (março de 2020), www.go-taikonauts.com/images/newsletters_PDF/2019_CCAF-Wuhan_web.pdf.

138 China Aerospace Science and Industry Corporation, "Shangye hangtian dachao qi yangfan qicheng kai xin pian – dang de shiba da yilai zhongguo hangtian ke gongshangye hangtian fazhan zongshu" 商业航天大潮起 扬帆启程开新篇 – 党的十八大以来中国航天科工商业航天发展综述 [Ascensão da onda de comercialização aeroespacial; partindo para um novo capítulo: um resumo do desenvolvimento comercial aeroespacial pela CASIC desde o 18º Congresso do Partido], press release, 26 de setembro de 2017, http://www.casic.com.cn/n12377419/n12378166/c1 2564106/content.html.

139 "China Launches Two Satellites for IoT Project", Xinhua, 12 de maio de 2020, www.xinhuanet.com/english/2020-05/12/c_139051254.htm; Deng Xiaoci, "China Successfully Builds Laser Communication Links for New-Generation Space-Borne IoT Project", *Global Times*, 13 de agosto de 2020, www.globaltimes.cn/content/1197631.shtml.

140 Zhao Lei, "Solar-Driven Drone under Development", *China Daily*, 18 de março de 2019, www.chinadaily.com.cn/a/201903/18/WS5c8ecf35a3106c65c34ef0d0.html; "China to Fly Solar Drone to Near Space", *Asia Times*, 18 de março de 2019, https://asiatimes.com/2019/03/china-to-fly-solar-drone-to-near-space.

141 China Aerospace Science and Industry Corporation Ltd., "Commercial Aerospace on the Cloud to Navigate China's Digital Economy – the 6th China (International) Commercial Aerospace Summit Forum Opened in Wuhan", press release, 12 de novembro de 2020, www.casic.com/n525220/c18355884/content.html; "A Chinese SpaceX? Aerospace Industry Eyes Commercial Market", China Space Report, 16 de setembro de 2016, https://chinaspacereport.wordpress.com/2016/ 09/16/a-chinese-spacex-aerospace-industry-eyes-commercial-market/; Chen Lan, Dr. William Carey e Jacqueline Myrrhe, "Wuhan – China's Center of the Commercial Universe", *Go Taikonauts!*, nº 21 (abril de 2018), www.go-taikonauts.com/images/newsletters_PDF/2017_Wuhan_web.pdf; Tan Yuanbin 谭元斌 e Hu Zhe 胡喆, "Hangtian ke gong jituan 'wu yun yiche' gongcheng qude xilie zhongyao jinzhan" 航天科工集团'五云一车'工程取得系列重要进展 [O projeto "Cinco nuvens e um veículo" da CASIC fez uma série de avanços importantes], Xinhua, 19 de outubro de 2020, www.xin huanet.com/ fortune/2020-10/19/c_1126631246.htm; Zhang Su 张素, "Zhongguo hangtian ke gong jihua zai 2030 nian shifei 'kong tian feiji' " 中国航天科工计划在2030年试飞 '空天飞机' [A CASIC planeja realizar um voo-teste do "Avião Espacial" em 2030], Xinhua, 13 de setembro de 2016, http://www.xinhuanet.com//politics/2016-09/13/c_129280259.htm.

142 "Guozi wei guanyu zujian zhongguo weixing wangluo jituan youxian gongsi de gonggao" 国资委关于组建中国卫星网络集团有限公司的公告 [Anúncio da Comissão de Supervisão e Administração de Ativos do Estado sobre o estabelecimento do China Satellite Network Group Co., Ltd.], Comissão de Supervisão e Administração de Ativos de Propriedade Estatal do Conselho de Estado, 29 de abril de 2021, http://www.sasac.gov.cn/n2588030/n2588924/c18286531/content.html.

143 Andrew Jones, "China Is Developing Plans for a 13,000-Satellite Megaconstellation", *SpaceNews*, 21 de abril de 2021, https://spacenews. com/china-is-developing-plans-

-for-a-13000-satellite-communications-megaconstellation/; Blaine Curcio e Jean Deville, "#SpaceWatchGL Column: Dongfang Hour China Aerospace News Roundup 8", SpaceWatch.Global, March 14, 2021, https://spacewatch.global/2021/03/spacewatchgl-column-dongfang-hour-china-aerospace-news-roundup-8-14-march-2021.

[144] Blaine Curcio, correspondência com o autor, novembro de 2020.

[145] Irina Liu et al., *Evaluation of China's Commercial Space Sector*, IDA Document D-10873 (Washington, D.C.: Science & Technology Policy Institute, Institute for Defense Analyses, 2019), 75–76, www.ida.org/-/media/feature/publications/e/ev/evaluation-of-chinas-commercial-space-sector/d-10873.ashx.

[146] OneWeb, "OneWeb Secures Global Spectrum Further Enabling Global Connectivity Services", press release, 7 de agosto de 2019, www.oneweb.world/media-center/oneweb-secures-global-spectrum-further-enabling-global-connectivity-services.

[147] "Non-Geostationary Satellite Systems", International Telecommunication Union, última modificação em dezembro de 2019, www.itu.int/en/mediacentre/backgrounders/Pages/Non-geostationary-satellite-systems.aspx.

[148] Peter B. de Selding, "OneWeb Bidders Include 2 from China, Eutelsat, with France and Other EU Nations, SpaceX, Amazon, Cerberus", Space Intel Report, 6 de maio de 2020, www.spaceintelreport.com/oneweb-bidders-include-2-from-china-eutelsat-with-france-other-eu-nations-spacex-amazon-cerberus.

[149] Press, "China on Its Way."

[150] Peter B. de Selding (cofundador, Space Intel Report), entrevista feita pelo autor, dezembro de 2020.

[151] Broadband Commission for Sustainable Development, *Connecting Africa through Broadband: A Strateg y for Doubling Connectivity by 2021 and Reaching Universal Access by 2030* (s.l.: Broadband Commission for Sustainable Development, 2019), 121–26, www.broadbandcommission.org/Documents/working-groups/Digital-Moon shotforAfrica_Report.pdf.

[152] Sharon Pian Chan, "The Birth and Demise of an Idea: Teledesic's 'Internet in the Sky,'" *Seattle Times*, 7 de outubro de 2002, https://archive.seattletimes.com/archive/?date=20021007&slug=teledesic070.

[153] Richard Waters, "An Exclusive Interview with Bill Gates", *Financial Times*, 1º de novembro de 2013, www.ft.com/content/dacd1f84-41bf-11e3-b064-00144feabdc0.

[154] Emily Chang e Sarah Frier, "Mark Zuckerberg Q&A: The Full Interview on Connecting the World", Bloomberg, 19 de fevereiro de 2015, www.bloomberg.com/news/articles/2015-02-19/mark-zuckerberg-q-a-the-full-interview-on-connecting-the-world?sref=VZPf2pAM.

[155] Chang e Frier, "Mark Zuckerberg Q&A".

[156] Amazon, "Email from Jeff Bezos to Employees", press release, 2 de fevereiro de 2021, www.aboutamazon.com/news/company-news/email-from-jeff-bezos-to-employees?utm_source=social&utm_medium=tw&utm_term=amznnews&utm_content=exec_chair&linkId=110535487.

[157] "Blue's Mission: Building a Road", Blue Origin, acessado em 18 de março de 2021, www.blueorigin.com/our-mission.

158 Larry Press, "Are Inter-Satellite Laser Links a Bug or a Feature of ISP Constellations?" CircleID, 3 de abril de 2019, www.circleid.com/posts/20190403_inter_satellite_ laser_links_bug_or_feature_of_isp_constellations.

159 Caleb Henry, "Satcom Companies Willing to Partner with China to Gain Market Access", *SpaceNews*, 29 de junho de 2018, https://spacenews.com/satcom-companies-willing-to-partner-with-china-to-gain-market-access.

160 Especialista do setor, entrevistado pelo autor, novembro de 2020.

161 Cliff O, "SpaceX Seattle 2015".

CAPÍTULO 7 – VENCER AS GUERRAS DE REDES

1 John F. Sargent, Jr., *Global Research and Development Expenditures: Fact Sheet*, CRS Report No. R44283 (Washington, D.C.: Congressional Research Service, 2020), 3, https://fas.org/sgp/crs/misc/R44283.pdf.

2 Giuliana Viglione, "China Is Closing Gap with United States on Research Spending", *Nature*, 15 de janeiro de 2020, www.nature.com/articles/d41586-020-00084-7.

3 Ganesh Sitaraman, "A Grand Strategy of Resilience: American Power in the Age of Fragility", *Foreign Affairs*, setembro/outubro de 2020, www.foreignaffairs.com/articles/united-states/2020-08-11/grand-strategy-resilience.

4 Melissa Flagg, *Global R&D and a New Era of Alliances* (Washington, D.C.: Center for Security and Emerging Technology, 2020), https://cset.georgetown.edu/research/global-rd-and-a-new-era-of-alliances/; Sargent, *Global Research and Development Expenditures*; "International Macroeconomic Data Set", Economic Research Service, U.S. Department of Agriculture, última modificação em 8 de janeiro de 2021, https://www.ers.usda.gov/data-products/international-macroeconomic-data-set.aspx.

5 Tim Pemberton, "The World in 2030", HSBC, 2 de outubro de 2018, www.mobile news.hsbc.com/blog/the-world-in-2030.

6 Franklin D. Roosevelt, "Fireside Chat" (discurso, Washington, D.C., 29 de dezembro de 1940), The American Presidency Project, Universidade da Califórnia, Santa Barbara, https://www.presidency.ucsb.edu/documents/fireside-chat-9.

7 *U.S.-China: Winning the Economic Competition: Hearing before the Subcommittee on Economic Policy of the Committee on Banking, Housing, and Urban Affairs, U.S. Senate*, 116th Congress (2020) (depoimento de Martijn Rasser, pesquisador sênior, Technology and National Security Program, Center for a New American Security), www.banking.senate.gov/imo/media/doc/Rasser%20Testimony%207-22-20.pdf; David Moschella e Robert D. Atkinson, "Competing with China: A Strategic Framework", Information Technology and Innovation Foundation, 31 de agosto de 2020, https://itif.org/publications/2020/08/31/competing-china-strategic-frame work.

8 Emiliano Alessandri, "World Order Re-Founded: The Idea of a Concert of Democracies", *The International Spectator* 43, nº 1 (2008): 73–90, https://doi.org/10.1080/03932720801892555.

9 "About the CoD", Community of Democracies, acessado em 18 de março de 2021, https:// community-democracies.org/values/organization.

10 Thomas Carothers, *Is a League of Democracies a Good Idea?* (Washington, D.C.: Carnegie Endowment for International Peace, 2008), https://carnegieendowment.org/files/pb59_carothers_league_final.pdf.

11 Ivo H. Daalder e James Lindsay, "An Alliance of Democracies", *Washington Post*, 23 de maio de 2004, www.washingtonpost.com/archive/opinions/2004/05/23/an-alliance-of-democracies/73065856-4082-4d0f-a4b1-bdfca773d93d/; Richard Perle, "Democracies of the World, Unite", *American Interest*, 1º de janeiro de 2007, www.the-american-interest.com/2007/01/01/democracies-of-the-world-unite/; Anne-Marie Slaughter, John Ikenberry e Philippe Sands, "The Global Governance Crisis", *The InterDependent*, United Nations Association of the USA, 2006, https://scholar.princeton.edu/sites/default/files/slaughter/files/interdependent.pdf.

12 John McCain, "McCain Remarks – Hoover Institution (May 1, 2007)" (discurso, Hoover Institution, Universidade Stanford, Stanford, CA, 1º de maio de 2007), https:// www.hoover.org/sites/default/files/uploads/inline/docs/McCain_05-01-07.pdf.

13 David Gordon e Ash Jain, "Forget the G-8. It's Time for the D-10", *Wall Street Journal*, 16 de junho de 2013, www.wsj.com/articles/SB1000142412788732468840457854126298939 1492; "D-10 Strategy Forum", Atlantic Council, acessado em 18 de março de 2021, www.atlanticcouncil.org/programs/scowcroft-center-for-strategy-and-security/global-strategy-initiative/democratic-order-initiative/d-10-strategy-forum.

14 David Rohde, "U.S. Embrace of Musharraf Irks Pakistanis", *New York Times*, 29 de fevereiro de 2008, www.nytimes.com/2008/02/29/world/asia/29pstan.html.

15 Elbridge Colby e Robert D. Kaplan, "The Ideology Delusion", *Foreign Affairs*, 4 de setembro de 2020, www.foreignaffairs.com/articles/united-states/2020-09-04/ideology-delusion.

16 Charles A. Kupchan, "Minor League, Major Problems", *Foreign Affairs*, novembro/dezembro de 2008, www.foreignaffairs.com/articles/2008-11-01/minor-league-major-problems.

17 "Mapping the Future of U.S. China Policy", Center for Strategic and International Studies, acessado em 11 de fevereiro de 2020, https://chinasurvey.csis.org.

18 Dina Smeltz e Craig Kafura, "Do Republicans and Democrats Want a Cold War with China?", Chicago Council on Global Affairs, 13 de outubro de 2020, www.thechicagocouncil.org/publication/lcc/do-republicans-and-democrats-want-cold-war-china?utm_source=tw&utm_campaign=ccs&utm_medium=social &utm_term=china-brief-ccs20&utm_content=text.

19 Marietje Schaake, "How Democracies Can Claim Back Power in the Digital World", *MIT Technology Review*, 29 de setembro de 2020, www.technology review.com/2020/09/29/1009088/democracies-power-digital-social-media-governance-tech-companies-opinion.

20 "Team", Inter-Parliamentary Alliance on China, acessado em 11 de fevereiro de 2021, https://ipac.global/team.

21 Latika Bourke, "MPs from Eight Countries Form New Global Coalition to Counter China", *Sydney Morning Herald*, 5 de junho de 2020, www.smh.com.au/world/europe/mps-from-eight-countries-form-new-global-coalition-to-counter-china-20200604-p54zqj.html.

22 Robert S. Singh, "In Defense of a Concert of Liberal Democracies", *Whitehead Journal of Diplomacy and International Relations* 10, no. 1 (2009): 19–29, http://blogs. shu.edu/journalofdiplomacy/files/archives/03%20Singh.pdf.

23 Helen Warrell, Alan Beattie e Demetri Sevastopulo, "UK Turns to 'Five Eyes' to Help Find Alternatives to Huawei", *Financial Times*, 13 de julho de 2020, www.ft.com/ content/795a85b1-621f-4144-bee0-153eb5235943.

24 Anthony R. Wells, *Between Five Eyes: 50 Years of Intelligence Sharing* (Philadelphia: Casemate Publishers, 2020), loc. 156 of 5424, Kindle.

25 Wells, *Between Five Eyes*, loc. 4189, Kindle.

26 Alan Beattie, "Five Eyes, 5G and America's Self-Sabotaging Trade Wars", *Financial Times*, 16 de julho de 2020, www.ft.com/content/f0f782c4-bd3f-4c0f-83c-1-4629a2c 295dc.

27 Lucy Fisher, "Downing Street Plans New 5G Club of Democracies", *The Times*, 29 de maio de 2020, www.thetimes.co.uk/article/downing-street-plans-new-5g-club-o-f-democracies-bfnd5wj57; Atlantic Council, "D-10 Strategy Forum."

28 Julie Smith et al., *Charting a Transatlantic Course to Address China* (Washington, D.C.: Center for a New American Security and the German Marshall Fund of the United States, 2020), 18, https://s3.us-east-1.amazonaws.com/files.cnas.org/documents/ CNAS-Report-Transatlantic-August-2020-final.pdf?mtime=20201019111640&focal=none.

29 Eric McGlinchey, professor associado na Universidade George Mason, tem usado uma versão diferente dessa comparação para descrever Estados Unidos, Rússia e China na Ásia Central; ver Eric McGlinchey, *Central Asia's Autocrats: Geopolitically Stuck, Politically Free*, PONARS Eurasia Policy Memo No. 380 (Washington, D.C.: PONARS Eurasia, 2015), www.ponarseurasia.org/new-policy-memo-central-asia-s--autocrats-geopolitically-stuck-politically-free.

30 Comissão Europeia, *Joint Communication to the European Parliament, the European Council and the Council: A New EU-US Agenda for Global Change* (Bruxelas: Comissão Europeia, 2020), https://ec.europa.eu/info/sites/info/files/joint-communication-eu-us-agenda_en.pdf.

31 Noah Barkin, "Watching China in Europe – January 2021", German Marshall Fund of the United States, janeiro de 2021, https://sites-gmf.vuturevx.com/61/6509/january-2021/january-2021(1).asp?sid=584b91fc-5916-4605-9a57-a6e6163b3aa3.

32 Jacob Poushter e Christine Huang, "Climate Change Still Seen as the Top Global Threat, but Cyberattacks a Rising Concern", Pew Research Center, 10 de fevereiro de 2019, www.pewresearch.org/global/2019/02/10/climate-change-still-seen-as-the--top-global-threat-but-cyberattacks-a-rising-concern.

33 Richard Wike, Janell Fetterolf e Mara Mordecai, "U.S. Image Plummets Internationally as Most Say Country Has Handled Coronavirus Badly", Pew Research Center, 15 de setembro de 2020, www.pewresearch.org/ global/2020/09/15/us-image-plummets-internationally- as-most-say-country-has-handled-corona virus-badly.

34 Ivan Krastev e Mark Leonard, *The Crisis of American Power: How Europeans See Biden's America*, Conselho Europeu de Relações Exteriores, ECFR/363 (Berlim: Conselho Europeu de Relações Exteriores, 2021), https://ecfr.eu/publication/the-crisis--of-american-power-how-europeans-see-bidens-america.

[35] *China's Expanding Influence in Europe and Eurasia: Hearing before the Subcommittee on Europe, Eurasia, Energy, and the Environment of the Committee on Foreign Affairs, House of Representatives*, 116th Cong. 11 (2019) (depoimento de Philippe Le Corre, pesquisador sênior não residente, Carnegie Endowment for International Peace), https://www.govinfo.gov/content/pkg/CHRG-116hhrg36214/pdf/CHRG--116hhrg36214.pdf.

[36] Comissão Europeia, *Joint Communication to the European Parliament, the European Council and the Council: EU-China – A Strategic Outlook* (Estrasburgo: Comissão Europeia, 2019), https://ec.europa.eu/commission/presscorner/detail/en/fs_19_6498.

[37] Comissão Europeia, "Secure 5G Networks: Commission Endorses EU Toolbox and Sets Out Next Steps", press release, 29 de janeiro de 2020, https://ec.europa.eu/commission/presscorner/detail/en/ip_20_123.

[38] Department for Digital, Culture, Media & Sport, National Cyber Security Centre and the Rt Hon Oliver Dowden CBE MP, "Huawei to Be Removed from UK 5G Networks by 2027", press release, 14 de julho de 2020, www.gov.uk/government/news/huawei-to-be-removed-from-uk-5g-networks-by-2027.

[39] Mathieu Rosemain e Gwénaëlle Barzic, "French Limits on Huawei 5G Equipment Amount to De Facto Ban by 2028", Reuters, 22 de julho de 2020, www.reuters.com/article/us-france-huawei-5g-security-exclusive/exclusive-french-limits-on-huawei-5g-equipment-amount-to-de-facto-ban-by-2028-idUSKCN24N26R.

[40] Laurens Cerulus, "Germany Falls in Line with EU on Huawei", *Politico*, 23 de abril 2021, https://www.politico.eu/article/germany-europe-huawei-5g-data-privacy--cybersecurity.

[41] Annabelle Timsit, "Who Will Win the Battle to Replace Huawei in Europe?", *Quartz*, 30 de outubro de 2020, https://qz.com/1920889/who-will-win-the-battle--to-replace-huawei-in-europe/; "Four European Countries Have Only Chinese Gear in 4G Networks, Researcher Says", Reuters, 30 de junho de 2020, www.reuters.com/article/us-europe-telecoms-china/four-european-countries-have-only-chinese-gear--in-4g-networks-researcher-says-idUSKBN241187.

[42] Stacie Hoffmann, Dominique Lazanski e Emily Taylor, "Standardising the Splinternet: How China's Technical Standards Could Fragment the Internet", *Journal of Cyber Policy* 5, nº 2 (2020): 239–64, https://doi.org/10.1080/2373887 1.2020.1805482.

[43] Nigel Cory e Robert D. Atkinson, "Why and How to Mount a Strong, Trilateral Response to China's Innovation Mercantilism", Information Technology and Innovation Foundation, janeiro de 2020, https://itif.org/publications/2020/01/13/why--and-how-mount-strong-trilateral-response-chinas-innovation-mercantilism.

[44] "Biography – Houlin Zhao", International Telecommunication Union (ITU), acessado em 18 de março de 2021, www.itu.int/en/osg/Pages/biography-zhao.aspx.

[45] Ver, por exemplo, a proposta da China para "Novo IP": Madhumita Murgia e Anna Gross, "Inside China's Controversial Mission to Reinvent the Internet", *Financial Times*, 27 de março de 2020, www.ft.com/content/ba94c2bc-6e27-11ea-9bca-bf5039 95cd6f.

[46] "Vote for 5G", Huawei, acessado em 1º de novembro de 2020, www.huawei.eu/story/vote-5g/; Matina Stevis-Gridneff, "Blocked in U.S., Huawei Touts 'Shared Values' to Compete in Europe", *New York Times*, 27 de dezembro de 2019, www.nytimes.com/2019/12/27/world/europe/huawei-EU-5G-Europe.html.

47 Schaake, "How Democracies Can Claim Back Power."

48 Alexandra de Hoope Scheffer et al., *Transatlantic Trends 2020: Transatlantic Opinion on Global Challenges before and after COVID-19* (Washington, D.C.: German Marshall Fund of the United States, 2020), www.gmfus.org/ sites/default/files/TT20_Final.pdf; Smith et al., *Charting a Transatlantic Course to Address China*, 17.

49 Katja Bego e Markus Droemann, "A Vision for the Future Internet" (artigo de trabalho, NGI Forward, Next Generation Internet, 2020), 20, www.ngi.eu/wp-content/uploads/sites/48/2020/10/Vision-for-the-future-internet-long-version-final-1.pdf.

50 Bego e Droemann, "Vision for the Future Internet", 26.

51 United Nations Conference on Trade and Development (UNCTAD), *Digital Economy Report 2019: Value Creation and Capture: Implications for Developing Countries*, UNCTAD/DER/2019 (Nova York: United Nations Publishing, 2019), 2, https://unctad.org/system/files/official-document/der2019_en.pdf.

52 "DAX® (TR) EUR", Qontigo, última modificação em 12 de fevereiro de 2021, www.dax-indices.com/index-details?isin=DE0008469008.

53 "Top 100 Digital Companies: 2019 Ranking", *Forbes*, acessado em 1º de fevereiro de 2021, www.forbes.com/top-digital-companies/list/#tab:rank.

54 Comissão Europeia, *Communication from the Commission to the European Parliament, the Council, the European Economic and Social Committee of the Regions: A European Strateg y for Data* (Bruxelas: Comissão Europeia, 2020), https://ec.europa.eu/info/sites/info/files/communication-european-strategy-data-19feb2020_en.pdf.

55 Comissão Europeia, *Communication from the Commission to the European Parliament, the Council, the European Economic and Social Committee and the Committee of the Regions Empty: 2030 Digital Compass: The European Way for the Digital Decade*, COM/2021/118 (Bruxelas: Comissão Europeia, 2021), https://eur-lex.europa.eu/legal-content/en/TXT/?uri=CELEX%3A52021DC0118.

56 Adam Segal, "China's Vision for Cyber Sovereignty and the Global Governance of Cyberspace", in *An Emerging China-Centric Order: China's Vision for a New World Order in Practice*, ed. Nadège Rolland, NBR Special Report no. 87 (Seattle, WA: The National Bureau of Asian Research, 2020), https://www.nbr.org/wp-content/uploads/pdfs/publications/sr87_aug2020.pdf.

57 Clarifying Lawful Overseas Use of Data or the CLOUD Act, H.R.4943, 115th Congress (2018), www.congress.gov/bill/115th-congress/house-bill/4943; "The Cloud Act", Electronic Privacy Information Center, acessado em 2 de fevereiro de 2021, https://epic.org/privacy/cloud-act/; "The CLOUD Act and the European Union: Myths vs. Facts", BSA | The Software Alliance, fevereiro de 2019, www.bsa.org/files/policy-filings/02282019CLOUDACTEUMythvsFact.pdf; U.S. Department of Justice, *Promoting Public Safety, Privacy, and the Rule of Law around the World: The Purpose and Impact of the CLOUD Act White Paper* (Washington, D.C.: U.S. Department of Justice, 2019), www.justice.gov/opa/press-release/file/1153446/download.

58 Murray Scot Tanner, "Beijing's New National Intelligence Law: From Defense to Offense", *Lawfare* (blog), 20 de julho de 2017, www.lawfareblog.com/beijings-new-national-intelligence-law-defense-offense; "China Passes Tough New Intelligence Law", Reuters, 27 de junho de 2017, www.reuters.com/article/us-china-security-lawmaking/china-passes-tough-new-intelligence-law-idUSKBN19I1FW; Bonnie Girard, "The Real Danger of China's National Intelligence Law", *The Diplomat*, 23 de

fevereiro de 2019, https://thediplomat.com/2019/02/the-real-danger-of-chinas-national-intelligence-law/; Arjun Kharpal, "Huawei Says It Would Never Hand Data to China's Government. Experts Say It Wouldn't Have a Choice", CNBC, 5 de março de 2019, www.cnbc.com/2019/03/05/huawei-would-have-to-give-data-to-china-government-if-asked-experts.html.

[59] "European Cloud Network to Start in Late 2020", Euractiv, 5 de novembro de 2019, www.euractiv.com/section/digital/news/european-cloud-network-to-start-in-late-2020.

[60] Phillip Grüll e Samuel Stolton, "Altmaier Charts Gaia-X as the Beginning of a 'European Data Ecosystem,'" Euractiv, 5 de junho de 2020, www.euractiv.com/section/data-protection/news/altmaier-charts-gaia-x-as-the-beginning-of-a-european-data-ecosystem.

[61] Melissa Heikkilä e Janosch Delcker, "EU Shoots for €10B 'Industrial Cloud' to Rival US", *Politico*, 15 de outubro de 2020, www.politico.eu/article/eu-pledges-e10-billion-to-power-up-industrial-cloud-sector.

[62] Ministério Federal de Assuntos Econômicos e Energia, Governo Federal da Alemanha, *GAIA-X: The European Project Kicks Off the Next Phase* (Berlim: Ministério Federal de Assuntos Econômicos e Energia, 2020), www.bmwi.de/Redaktion/EN/Publikationen/gaia-x-the-european-project-kicks-of-the-next-phase.pdf?__blob=publicationFile&v=7.

[63] Liam Tung, "Meet GAIA-X: This Is Europe's Bid to Get Cloud Independence from US and China Giants", ZDNet, 8 de junho de 2020, www.zdnet.com/article/meet-gaia-x-this-is-europes-bid-to-get-cloud-independence-from-us-and-china-giants/; Silvia Amaro, "Meet Gaia X – Europe's Answer to the Power of U.S. and Chinese Cloud Giants", CNBC, 16 de julho de 2020, www.cnbc.com/2020/07/17/gaia-x-europes-answer-to-us-and-chinese-tech-giants-power.html.

[64] "Frequently Asked Questions about the GAIA-X Project: Common Digital Infrastructure for Europe", Governo Federal da Alemanha, 1º de outubro de 2020, www.bundesregierung.de/breg-en/service/gaia-x-1795070; GAIA-X, "List of New Members to the GAIA-X AISBL", press release, 29 de março de 2021, https:// www.data-infrastructure.eu/GAIAX/Redaktion/EN/Downloads/gaia-press-release-march-31-list-en.pdf?__blob=publicationFile&v=3.

[65] Daphne Leprince-Ringuet, "Europe's Cloud Computing Project Needs to Hurry Up, If It Wants to Catch Its Giant Rivals", ZDNet, 12 de novembro de 2020, www.zdnet.com/article/europes-cloud-computing-project-needs-to-hurry-up-if-it-wants-to-catch-its-giant-rivals/; "Microsoft Announced as a Member of GAIA-X", *Microsoft Corporate Blogs*, Microsoft, 26 de novembro de 2020, https://blogs.microsoft.com/eupolicy/2020/11/26/microsoft-announced-as-a-member-of-gaia-x/; Max Peterson, "What's Next for Europe's Data Revolution? AWS Joins the GAIA-X Initiative", *AWS Public Sector Blog*, Amazon, 19 de novembro de 2020, https://aws.amazon.com/blogs/publicsector/what-next-europes-data-rev olution-aws-joins-gaia-x-initiative/; Catherine Stupp, "European CloudComputing Initiative Limits U.S. Companies' Role", *Wall Street Journal*, 23 de novembro de 2020, www.wsj.com/articles/european-cloud-computing-initiative-limits-u-s-companies-role-11606127402.

[66] União Europeia, *Declaration: Building the Next Generation Cloud for Businesses and the Public Sector in the EU* (s.l.: União Europeia, 2020), https://ec.europa.eu/news room/dae/document.cfm?doc_id=70089.

67 Canalys, "Global Cloud Infrastructure Market Q4 2020".

68 Henry Farrell e Abraham L. Newman, *Of Privacy and Power: The Transatlantic Struggle over Freedom and Security* (Princeton, NJ: Princeton University Press, 2019), loc. 3538 de 6092, Kindle.

69 Annegret Kramp-Karrenbauer, "Speech by Federal Minister of Defense Annegret Kramp-Karrenbauer on the Occasion of the Presentation of the Steuben Schurz Media Award" (discurso, Steuben Schurz Society, Frankfurt, Alemanha, 23 de outubro de 2020), https://nato.diplo.de/blob/2409698/75266e6a100b6e3589 5f431c3ae-66c6d/20201023-rede-akk-medienpreis-data.pdf.

70 Institute for Health Metrics and Evaluation, "The Lancet: World Population Likely to Shrink after Mid-Century, Forecasting Major Shifts in Global Population and Economic Power", press release, 14 de julho de 2020, previamente publicado por *The Lancet*, www.healthdata.org/news-release/lancet-world-population-likely-shrink-after-mid-century-forecasting-major-shifts-global.

71 "Countries", Freedom House, acessado em 2 de março de 2021, https://freedomhouse.org/countries/freedom-net/scores; Stein E. Vollset et al., "Fertility, Mortality, Migration, and Population Scenarios for 195 Countries and Territories from 2017 to 2100: A Forecasting Analysis for the Global Burden of Disease Study", *The Lancet* 396, nº 10258 (2020): 1285–1306, https://doi.org/10.1016/S0140-6736(20)30677-2.

72 Ruchir Sharma, "Technology Will Save Emerging Markets from Sluggish Growth", *Financial Times*, 11 de abril de 2021, https://www.ft.com/content/2356928b-d-909-4a1d-b108-7b60983e3d22.

73 UNCTAD, *Digital Economy Report 2019*, iv.

74 UNCTAD, *Digital Economy Report 2019*, 12.

75 UNCTAD, *Digital Economy Report 2019*, 13.

76 UNCTAD, *Digital Economy Report 2019*, 8.

77 Homi Kharas e Kristofer Hamel, "A Global Tipping Point: Half of the World Is Now Middle Class or Wealthier", *Future Development* (blog), Brookings Institution, 27 de setembro de 2018, www.brookings.edu/blog/future-development/2018/09/27/a--global-tipping-point-half-the-world-is-now-middle-class-or-wealthier.

78 Dados fornecidos por Homi Kharas e Meagan Dooley, outubro de 2020. Ver também Homi Kharas e Meagan Dooley, "China's Influence on the Global Middle Class", Brookings Institution, outubro de 2020, https://www.brookings.edu/research/chinas-influence-on-the-global-middle-class.

79 Dados fornecidos por Homi Kharas e Meagan Dooley, outubro de 2020.

80 Noshir Kaka et al., *Digital India: Technology to Transform a Connected Nation* (s.l.: McKinsey & Company, 2019), 1, www.mckinsey.com/~/media/McKinsey/Business%20Functions/McKinsey%20Digital/Our%20Insights/Digital%20India%20Technology%20to%20transform%20a%20connected%20nation/MGI-Digital-India-Report-April-2019.pdf.

81 "India 5G Activities Updates", GSMA, 3 de setembro de 2019, www.gsma.com/asia-pacific/resources/india-5g-updates.

82 Inclui o G-7 (Canadá, França, Alemanha, Itália, Japão, Reino Unido e Estados Unidos).

[83] Dados fornecidos pelo Institute for Health Metrics and Evaluation da Universidade de Washington, outubro de 2020.

[84] William Mauldin e Rajesh Roy, "Pompeo Touts U.S.-India Defense Deal, with an Eye on China", *Wall Street Journal*, 27 de outubro de 2020, www.wsj.com/articles/pompeo-touts-u-s-india-defense-deal-with-an-eye-on-china-11603791947; "India Says to Sign Military Agreement with U.S. on Sharing of Satellite Data", Reuters, 26 de outubro de 2020, www.reuters.com/article/us-india-usa-defence-idUS KBN-27B1QY; Sanjeev Miglani, "India, U.S., Japan and Australia Kick Off Large Naval Drills", Reuters, 3 de novembro de 2020, www.reuters.com/article/us-india-navy-drills-idUSKBN27J11Z.

[85] White House, "Fact Sheet: Quad Summit", press release, 12 de março de 2021, www.whitehouse.gov/briefing-room/statements-releases/2021/03/12/fact-sheet--quad-summit.

[86] Evan A. Feigenbaum e James Schwemlein, "How Biden Can Make the Quad Endure", Carnegie Endowment for International Peace, 11 de março de 2021, https:// carnegieendowment.org/2021/03/11/how-biden-can-make-quad-endure-pub-84046.

[87] Tanvi Madan, *Fateful Triangle: How China Shaped US-India Relations during the Cold War* (Washington D.C.: Brookings Institution Press, 2020).

[88] George W. Bush, "President Discusses Strong U.S.-India Partnership in New Delhi, India" (discurso, Purana Qila, Nova Délhi, Índia, 3 de março de 2006), https:// georgewbush-whitehouse.archives.gov/news/releases/2006/03/20060303-5. html; "Bush, India's Singh Sign Civil Nuclear Cooperation Agreement", U.S. Department of State (arquivo), 2 de março de 2006, https://web.archive.org/web/20060306172637/http://usinfo.state.gov/sa/Archive/2006/Mar/02-806725.html.

[89] "Secretary Michael R. Pompeo with Rahul Shivshankar of Times Now", U.S. Department of State (arquivo), 27 de outubro de 2020, http://web.archive.org/web/20201102040052/www.state.gov/secretary-michael-r-pompeo-with-rahul-shiv shankar-of-times-now.

[90] Office of the U.S. Trade Representative, *2021 National Trade Estimate Report on Foreign Trade Barriers* (Washington, D.C.: Office of the U.S. Trade Representative, 2021), 248, https://ustr.gov/sites/default/files/files/reports/2021/2021NTE.pdf.

[91] Han Lin 韩琳, "Zhongguo xiwang yu yindu jianli zhengchang de guojia guanxi yin tai zhanlüe buzu wei ju" 中国希望与印度建立正常的国家关系印太战略不足为惧 [A China espera estabelecer relações estado-estado normais com a Índia, não se deve temer a Estratégia Indo-Pacífico], Zhongguo wang 中国网[China Net], 14 de julho de 2020, http://fangtan.china.com.cn/2020-07/14/content_76270833.htm.

[92] Escritório da Representação Comercial dos Estados Unidos, *2021 National Trade Estimate Report*; Escritório do Conselheiro Econômico, Departamento de Promoção da Indústria e do Comércio Interno, Ministério do Comércio e Indústria, Governo da Índia, *Key Economic Indicators* (Nova Délhi: Ministério do Comércio e Indústria, última modificação em 2021), https://eaindustry.nic.in/Key_Economic_ Indicators/Key_Macro_Economic_Indicators.pdf; Russell A. Green, *Can "Make in India" Make Jobs? The Challenges of Manufacturing Growth and High-Quality Job Creation in India* (Houston, TX: James A. Baker III Institute for Public Policy, Rice University, 2014), www.bakerinstitute.org/media/files/files/9b2bf0a2/Econ-pub-MakeInIndia-121514.pdf; M. Suresh Babu, "Why 'Make in India' Has Failed", *The Hindu*, 20

de janeiro de 2020, www.thehindu.com/opinion/op-ed/why-make-in-india-has-failed/article30601269.ece.

[93] Munish Sharma, *The Road to 5G: Technology, Politics and Beyond*, IDSA Monograph Series No. 65 (Nova Délhi: Instituto para Estudos e Análises da Defesa, 2019), 116, https://idsa.in/system/files/monograph/monograph-65.pdf; "Merchandise Trade Matrix – Imports of Individual Economies in Thousands of United States Dollars, Annual", UNCTADstat, UNCTAD, acessado em 2 de fevereiro de 2021, https://unctadstat.unctad.org/wds/TableViewer/tableView.aspx?ReportId=195167.

[94] Mukherjee et al., "COVID-19, Data Localisation and G20: Challenges, Opportunities and Strategies for India".

[95] Harsh V. Pant e Aarshi Tirkey, "The 5G Question and India's Conundrum", *Orbis* 64, nº 4 (2020): 571–88, https://doi.org/10.1016/j.orbis.2020.08.006.

[96] Ding Yi, "Xiaomi Still Top Dog in Indian Smartphone Market Despite Tensions", Caixin Global, 10 de agosto de 2020, www.caixinglobal.com/2020-08-10/xiaomi-still-top-dog-in-indian-smartphone-market-despite-tensions-10159 0849.html.

[97] Sharma, *Road to 5G*.

[98] Ajey Lele e Kritika Roy, *Analysing China's Digital and Space Belt and Road Initiative*, IDSA Occasional Paper No. 54/55 (Nova Délhi: Instituto para Estudos e Análises da Defesa, 2019), 57, https://idsa.in/system/files/opaper/china-digital-bri-op55.pdf.

[99] Ministério das Comunicações, Governo da Índia, "Telecom Department Gives Go-Ahead for 5G Technology and Spectrum Trials", press release, 4 de maio de 2021, https://pib.gov.in/PressReleasePage.aspx?PRID=1715927.

[100] "India Doesn't Name Huawei among Participants in 5G Trials", Reuters, 4 de maio de 2021, https://www.reuters.com/technology/india-doesnt-name-huawei-among-participants-5g-trials-2021-05-04.

[101] Nisha Holla, "Democratising Technology for the Next Six Billion", *Digital Frontiers* (blog), Observer Research Foundation, 19 de outubro de 2020, www.orfonline.org/expert-speak/democratising-technology-next-six-billion.

[102] Mukherjee et al., "COVID-19, Data Localisation and G20", 3.

[103] Arindrajit Basu e Justin Sherman, "Key Global Takeaways from India's Revised Personal Data Protection Bill", *Lawfare* (blog), 23 de janeiro de 2020, www.law fare-blog.com/key-global-takeaways-indias-revised-personal-data-protection-bill.

[104] "Freedom on the Net 2020: India", Freedom House, acessado em 1 de fevereiro de 2021, https://freedomhouse.org/country/india/freedom-net/2020.

[105] Sonia Faleiro, "How India Became the World's Leader in Internet Shutdowns", *MIT Technology Review*, 19 de agosto de 2020, www.technologyreview.com/2020/08/19/1006359/india-internet-shutdowns-blackouts-pandemic-kashmir.

[106] Adrian Shahbaz e Allie Funk, *Freedom on the Net 2020: The Pandemic's Digital Shadow* (Washington, D.C.: Freedom House, 2020), https://freedomhouse.org/sites/default/files/2020-10/10122020_FOTN2020_Complete_Report_FINAL.pdf.

[107] James Dobbins, "Why Russia Should Not Rejoin the G7", *The RAND Blog*, RAND, 13 de junho de 2018, www.rand.org/blog/2018/06/why-russia-should-not-rejoin-the-g-7.html.

[108] Robert K. Knake, *Weaponizing Digital Trade – Creating a Digital Trade Zone to Promote Online Freedom and Cybersecurity*, Council Special Report No. 88 (Nova York:

Council on Foreign Relations, 2020), 11, https://cdn.cfr.org/sites/default/files/report_pdf/weaponizing-digital-trade_csr_combined_final.pdf.

[109] Esses produtos podem incluir componentes dos EUA e outros não chineses, mas são montados na China; ver James Rogers et al., *Breaking the China Supply Chain: How the "Five Eyes" Can Decouple from Strategic Dependency* (Londres: The Henry Jackson Society, 2020), 26, https://henryjacksonsociety.org/wp-content/uploads/2020/05/Breaking-the-China-Chain.pdf.

[110] Mukherjee et al., "COVID-19, Data Localisation and G20", 39.

[111] Roosevelt, "Fireside Chat".

[112] Jens Stoltenberg, "Keynote Speech by NATO Secretary General Jens Stoltenberg at the Global Security 2020 (GLOBSEC) Bratislava Forum" (discurso, Global Security 2020 Bratislava Forum, Bratislava, Eslováquia, 7 de outubro de 2020), www.nato.int/cps/en/natohq/opinions_178605.htm.

[113] James Stavridis e Dave Weinstein, "NATO's Real Spending Emergency Is in Cyberspace", Bloomberg, 18 de julho de 2018, www.bloomberg.com/opinion/articles/2018-07-18/nato-s-real-spending-emergency-is-in-cyberspace.

[114] Safa Shahwan Edwards, Will Loomis e Simon Handler, "Supersize Cyber", Atlantic Council, 14 de outubro de 2020. www.atlanticcouncil.org/content-series/nato 20-2020/supersize-cyber.

[115] Lindsay Gorman, "NATO Should Count Spending on Secure 5G towards Its 2% Goals", *Defense One*, 3 de dezembro de 2019, www.defenseone.com/ideas/2019/12/nato-should-count-secure-5g-spending-towards-its-2-goals/161648.

[116] Stoltenberg, "Keynote Speech by NATO Secretary General".

[117] "The Defense Business Board's 2015 Study on How the Pentagon Could Save $125 Billion", *Washington Post*, 22 de janeiro de 2015, http://apps.washingtonpost.com/g/documents/investigations/the-defense-business-boards-2015-study-on-how-the-pentagon-could-save-125-billion/2236/; "Pentagon Buried Study That Found $125 Billion in Wasteful Spending: Washington Post", Reuters, 5 de dezembro de 2016, www.reuters.com/article/us-usa-defense-waste/pentagon-buried-study-that-found-125-billion-in-wasteful-spending-washington-post-idUSKBN13V08B; Lawrence J. Korb, "The Pentagon's Fiscal Year 2021 Budget More than Meets U.S. National Security Needs", Center for American Progress, 6 de maio de 2020, www.americanprogress.org/issues/security/reports/2020/05/06/484620/pentagons-fiscal-year-2021-budget-meets-u-s-national-security-needs.

[118] Jessica Tuchman Mathews, "America's Indefensible Defense Budget", Carnegie Endowment for International Peace, 27 de junho de 2019, https:// carnegieendowment.org/2019/06/27/america-s-indefensible-defense-budget-pub-79394; "Foreign Commercial Service", American Foreign Service Association, acessado em 15 de fevereiro de 2021, www.afsa.org/foreign-commercial-service.

[119] American Foreign Service Association, correspondência com o autor, março de 2019.

[120] "Global Diplomacy Index", Lowy Institute, acessado em 1º de fevereiro de 2021, https:// globaldiplomacyindex.lowyinstitute.org.

[121] "Forecasting Infrastructure Investment Needs and Gaps", Global Infrastructure Outlook, acessado em 1º de fevereiro de 2021, https://outlook.gihub.org.

[122] Nirav Patel, "US Should Offer a Digital Highway Initiative for Asia", *Strait Times*, 8 de fevereiro de 2018, www.straitstimes.com/opinion/us-should-offer-a-digital-highway-initiative-for-asia.

[123] Tim Hwang, *Shaping the Terrain of AI Competition* (Washington, D.C.: Center for Security and Emerging Technology, 2020), 19, https://cset.georgetown.edu/research/shaping-the-terrain-of-ai-competition.

[124] Eric Schmidt et al., *Asymmetric Competition: A Strategy for China and Technology* (s.l.: China Strategy Group, 2020), https://assets.documentcloud.org/documents/2046 3382/final-memo-china-strategy-group-axios-1.pdf.

[125] China Task Force, U.S. House of Representatives, 116th Cong., *China Task Force Report* (Washington, D.C.: U.S. House of Representatives, 2020), 27, https:// gop--foreignaffairs.house.gov/wp-content/uploads/2020/09/CHINA-TASK-FORCE-REPORT-FINAL-9.30.20.pdf.

[126] Stu Woo, "U.S. to Offer Loans to Lure Developing Countries Away from Chinese Telecom Gear", *Wall Street Journal*, 18 de outubro de 2020, www.wsj.com/articles/u-s-to-offer-loans-to-lure-developing-countries-away-from-chinese-telecom--gear-11603036800.

[127] Agatha Kratz, Allen Feng e Logan Wright, "New Data on the Debt Trap Question", Rhodium Group, 29 de abril de 2019, https://rhg.com/research/new-data-on- the--debt-trap-question/; Agatha Kratz, Matthew Mingey e Drew D'Alelio, *Seeking Relief: China's Overseas Debt after COVID-19* (Nova York: Rhodium Group, 2020), https://rhg.com/research/seeking-relief.

[128] Angus Grigg, "Huawei Data Centre Built to Spy on PNG", *Australian Financial Review*, 11 de agosto de 2020, www.afr.com/companies/telecommunications/huawei-data-centre-built-to-spy-on-png-20200810-p55k7w.

[129] Huawei Cyber Security Evaluation Centre Oversight Board, *Annual Report 2019: A Report to the National Security Adviser of the United Kingdom* (Londres: Cabinet Office, 2019), https://assets.publishing.service.gov.uk/government/uploads/ system/ uploads/attachment_data/file/790270/HCSEC_OversightBoardReport-2019.pdf; Lily Hay Newman, "Huawei's Problem Isn't Chinese Backdoors. It's Buggy Software", *Wired*, 28 de março de 2019, www.wired.com/story/huawei-threat-isnt-backdoors-its-bugs/; Kate O'Keeffe e Dustin Volz, "Huawei Telecom Gear Much More Vulnerable to Hackers than Rivals' Equipment, Report Says", *Wall Street Journal*, 25 de junho de 2019, www.wsj.com/articles/huawei-telecom-gear-much-more-vulnerable-to-hackers-than-rivals-equipment-report-says-11561501573.

[130] Herb Lin, "Huawei and Managing 5G Risk", *Lawfare* (blog), 3 de abril de 2019, www.lawfareblog.com/huawei-and-managing-5g-risk; Carisa Nietsche e Martijn Rasser, "Washington's Anti-Huawei Tactics Need a Reboot in Europe", *Foreign Policy*, 30 de abril de 2020, https://foreignpolicy.com/2020/04/30/huawei-5g-europe-united-states-china.

[131] Amy Webb, *The Big Nine: How the Tech Titans and Their Thinking Machines Could Warp Humanity* (Nova York: PublicAffairs), 208, Kindle.

[132] Thomas, *Dragon Bytes*, 35.

[133] Thomas Donahue, "The Worst Possible Day: U.S. Telecommunications and Huawei", *PRISM* 8, nº 3 (2020), https://ndupress.ndu.edu/Media/News/News-Article-View/Article/2053215/the-worst-possible-day-us-telecommunications-and-huawei.

[134] National Intelligence Council, *Global Trends 2040: A More Contested World*, NIC 202102339 (Washington, D.C.: National Intelligence Council, 2021), 102, https://www.odni.gov/files/ODNI/documents/assessments/GlobalTrends_2040.pdf.

[135] Como citado in Thomas, *Dragon Bytes*, 45.

[136] Shen Weiguang, "Checking Information Warfare-Epoch Mission of Intellectual Military", *People's Liberation Army Daily*, 2 de fevereiro de 1999, a partir de paráfrase e citação extraídos de Thomas, *Dragon Bytes*, 13.

[137] James A. Lewis, "A Necessary Contest: An Overview of U.S. Cyber Capabilities", *Asia Policy* 15, nº 2 (2020): 92, https://doi.org/10.1353/asp.2020.0016.

[138] Ryan Hass, "China Is Not Ten Feet Tall", *Foreign Affairs*, 3 de março de 2021, www.foreignaffairs.com/articles/china/2021-03-03/china-not-ten-feet-tall.

[139] Ryan Hass, *Stronger: Adapting America's China Strateg y in an Age of Competitive Interdependence* (New Haven, CT: Yale University Press, 2021).

[140] Michael Beckley, *Unrivaled: Why America Will Remain the World's Sole Superpower* (Ithaca, NY: Cornell University Press, 2018).

[141] Reagan, "Triumph of Freedom".

Este livro foi composto com tipografia Adobe Garamond Std e
impresso em papel Off-White 80 g/m² na Formato Artes Gráficas.